20세기 미국의 정체성을 결정한 몇 가지 중대한 변화들

빅 체인지

THE
BIG
CHANGE

F.L. 알렌 지음 | 박진빈 옮김

■ 일러두기

─ 이 책은 1952년 Harper & Brothers 출판사에서 초판 출간된 『*The Big Change : American Transforms Itself : 1900-1950*』을 번역하였다.
─ 각 장의 소제목은 옮긴이와 편집자가 붙였다.
─ 본문의 〔 〕는 옮긴이 주이다.
─ 본문에 편집된 사진과 그림, 각종 설명 글은 한국어판에서 독자의 이해를 돕고자 추가한 것이다.
─ 본문의 마일, 피트, 인치, 파운드, 에이커 등의 도량형 단위는 독자의 편의를 위해 미터법으로 환산하여 표기했다.

이 책은 20세기 전반기 50년간 미국에서 벌어진 주요 변화들 가운데 일부를 스케치하려는 시도이다.

이런 주제를 선택하면 누구라도 엄청난 캔버스를 앞에 두고 어떤 숫자의 그림이라도 그릴 수 있다. 구식 역사 교과서 방법을 본떠 맥킨리부터 트루먼까지 미국 정치에 집중할 수도 있을 것이다. 1900년 외교 관계에서 미국의 입장과, 반세기 후 불편할 정도로 엄청나진 우리의 역할을 대조하여 조명할 수도 있겠다. 미국의 미술, 음악, 문학, 혹은 문화, 혹은 그 모든 것에 초점을 맞출 수도 있겠다. 거의 믿을 수 없는 의학이나 공공 보건의 진보, 혹은 과학과 기술의 진보를 다룰 수도 있다. 청교도주의의 쇠퇴, 가족 유대의 느슨해짐, 부모의 권위의 축소, 이혼율의 증가, 여성의 경제적·사회적·정치적 해방 등에 집중할 수도 있다. 인간이나 신의 본성과 관련한 미국 사상의 변화, 공식적 종교가 누린 위엄의 점진적인 몰락, 전쟁이나 전쟁에 대한 소문들이 불러일으킨 공포 분위기나 절망적인 불확실성으로 가득한 세계에서 걱정스레 영적 안정감을 추구하는 노력 등을 주로 다룰 수도 있겠다.

아니면 우리의 경제제도가 민주화라 불릴 법한 이유로 혹은 자본주의가 민주적 목표로 조정된 까닭에 미국의 삶의 성격과 질에 발생한 변화들에 주요 관심을 고정시킬 수도 있다. 산업 및 사업 활동이 어마어마하게 확장되고, 다양한 정치적 · 사회적 · 경제적 동력들과 연계된 방식이 미국의 생활수준을 바꾸고, 그와 함께 평균적인 미국인의 사고방식과 시민으로서 갖는 지위에 대한 생각을 바꾸어 놓은 것에 대해 말이다.

나는 이 두 번째 주제가 더 중요하다고 보고 이를 이 책의 주제로 잡았다. 이것은 결국 20세기 전반 반세기, 바로 미국의 이야기인 것이다. 이렇게 선택한 이유는 또 있다. 내가 묘사하려는 이 변화들이 아직도 널리 이해되지 못했다고 믿기 때문이다.

이 변화들이 외국에서 이해되지 않고 있음은 반복하여 증명되고 있다. 비신스키나 그로미코 아니면 말릭이, 예를 들어 "월가의 종복從僕"이라며 미국을 비난했을 때, 그것은 오늘날보다는 1900년의 미국을 과장되게 비난한 것이다. 만일 그런 말들이 유럽의 비공산주의자들에게 깊은 인상을 준다면, 이는 적어도 어느 정도는 대다수 유럽인들이 미국에 대한 고릿적 생각을 가지고 자랐기 때문이다. 그리고 또한 그들과 그이외 유럽인들이 미국에서 기업과 기업인이 중요하다는 것을 알고, 오늘날의 이들이 한두 세대 전의 그들과 유사하다고 생각하고, 또 유럽의 기업이나 기업인처럼 행동한다고 생각하기 때문이다. 일반적인 유럽인들이 미국에 대해 떠올리는 인상은 오늘날의 미국과는 애석할 정도로 연관성이 없다.

그뿐만이 아니다. 미국의 기업 체계와 미국인의 삶에 일어난 변화들은 지금 여기 있는 우리에게도 완전히 이해되지 않고 있다. 우리 자신의 생각도 몹시 오래된 것으로 보이는데, 특히 논쟁에 몰입할 때 그렇다. 거대한 기업의 대표이사가 "자유로운 사업"을 옹호하고 "사회주의"에 반대하는 말을 한마디 하려 한다면, 그가 마음속에 품고 있는 "자유로운 사업"의 인상이 그가 실제로 운영하고 있는 광대하고 조직적이고 분업화된 기구가 아니라 옛날식의 동네 가게를 닮았다는 것을 갑자기 깨닫게 될 것이다. 그리고 그가 비난하는 "사회주의"가 실제 미국의 풍경에서 중요한 위치를 차지한 어떤 것과도 방향이나 의미가 꽤 다른 교과서적인 사회주의라는 것도. 선봉을 고무시키고 뒤편에서 적들을 괴롭히려고 경영진과 주주들의 "이윤에 대한 욕망"을 폄훼하고 "임전 중인 노동자들"을 선동하려고 하는 노동운동가가, 1920년쯤에 제작한 다 낡아빠진 유인물을 끄집어내고 있는 것이다. 그리고 우리는 모두 "미국적 생활 방식" 같은 말을 들을 때면 우리가 소년 소녀 시절에 미국에서 경험한 몇 가지 즐거운 부분을 떠올린다. 나이가 더 들수록 이 마음속의 이미지는 더욱 시대착오적이 된다. 그러므로 그런 이미지가 만들어진 때로부터 일어난 변화들을 정리하는 것이 유용하다.

내가 말하려는 이야기에는 그림자가 깊게 자리 잡고 있다. 오늘날 그 그림자 중에는 어두운 것들이 있다. 강조하건대, 이것은 낙원을 얻은 이야기는 아니다. 우리가 군사적 재앙은 말할 것도 없고 경제적 재앙을 어떻게 방지하는지 알게 되었다는 확실성은 그 어디에도 없다. 하지만 내 생각에 이것은 대체적으로는 희망적인 이야기다. 지금 같은 불안한 시기에 많은 이들이 그리워하는 좋았던 옛 시절이 사실 별로 좋지 않았음을 기억함으로써 일말의 위안을 삼을 수 있을 것이다. 그리고 우리는 염세주의자들의 통곡에도 불구하고 진보의 세기에 살고 있으며, 국제무대의 험악한 상황에도 불구하고 희망의 시대에 살고 있다는 것을 말이다.

프레드릭 루이스 알렌(F. L. A.)
1952년 2월 24일

차례

1부 | 구질서

01 새로운 세기가 시작되다

02 특권층의 호사스러움

25대 윌리엄 매킨리(1843~1901) 재임 1897~1901. 공화당

미국 역사상 가장 뚱뚱한 대통령. 보호 관세주의를 주장하였으며, 1893
년 공황을 극복하고 풍요로운 시대를 구가했다. 1898년 미국-스페인 전
쟁 이후 많은 해외 식민지를 확보하여 대표적인 제국주의 대통령으로 기
억된다.

26대 시어도어 루스벨트(1858~1919) 재임 1901~1908. 공화당

매킨리 정부의 부통령으로 있다가 매킨리가 암살되는 바람에 어부지리로
대통령이 된 경우. 내정 면에서 혁신주의를 내세우고, 외교적으로는 먼
로주의를 확대 해석한 적극적인 개입 정책을 폈다. 러일전쟁의 조정, 모
로코 문제 중재 등의 공로로 1907년 노벨평화상 수상. 강인한 정신과 육
체의 단련을 중시한 군인으로 쿠바 전장에서 직접 싸우기도 했다.

27대 윌리엄 하워드 태프트(1857~1930) 재임 1909~1913. 공화당

법률가 출신으로 루스벨트의 추천을 받아 공화당 대통령 후보로 지명되
어 당선되었다. 1912년 민주당의 윌슨에 패하고, 1921~1930년에 대법원
장을 지냈다.

28대 토머스 우드로우 윌슨(1856~1924) 재임 1913~1921. 민주당

프린스턴 대학 총장 출신으로 거대 자본을 규제하는 일련의 개혁 법안들
을 통과시켰다. 제1차 세계대전 때 중립주의와 전쟁 불참전을 내걸고 재
선됐으나, '민주주의를 위한 전쟁'을 명분으로 나중에 참전했다. 파리평
화회의와 국제연맹 창설을 주도하여 1919년 노벨평화상을 받았으나, 미
국 상원은 베르사유 조약을 끝내 비준하지 않아서 윌슨의 임기 말을 우
울하게 만들었다.

29대 워렌 G. 하딩(1865~1923) 재임 1921~1923. 공화당

대기업 위주의 산업 장려책을 시행하고, 워싱턴회의를 개최하여 미국의 대외적 위치를 확고히 했다. 재임 중 정치 스캔들이 터졌는데, 알래스카 주의 유세를 마치고 돌아오던 중 샌프란시스코에서 급사했다. 임기 중 내내 높았던 인기와는 동떨어지게 무능하고 부패한 정치인이었으며, 패거리 문화를 백악관에 판치게 한 장본인이라는 평가를 받는다.

30대 존 캘빈 쿨리지(1872~1933) 재임 1923~1929. 공화당

대통령의 급서로 대통령직을 승계한 두 번째 부통령. 제1차 세계대전 후의 보수적인 기조를 정책에 반영하여 기업 규제 완화, 세금 감면 정책 등을 폈다. '쿨리지 번영'이라는 말이 있을 만큼 1920년대 황금시절의 최대 수혜자로 평가된다.

31대 허버트 후버(1874~1964) 재임 1929~1933. 공화당

상무장관으로 재임하다가 1928년부터 미국을 덮친 경제 대공황기에 대통령에 당선되어 국내적으로는 군비 축소 등 불황 타개책을 마련하고, 대외적으로는 라틴아메리카 등 다른 나라들과 선린외교 정책을 수립했다. 대공황을 타파하지 못한 탓에 융통성 없는 원칙주의자로 기억된다.

32대 프랭클린 D. 루스벨트(1882~1945) 재임 1933~1945. 민주당

변호사 출신으로 뉴욕 주지사를 거쳐 1932년 선거에서 그 유명한 '뉴딜'을 내세우며 당선되었다. 제2차 세계대전 당시 중립을 고수하다 일본의 진주만 기습으로 참전했다. 미국 역사상 처음으로 대통령에 4선되었으나, 국제연합을 구상하던 중 뇌출혈로 사망했다. 정계 입문 후 소아마비로 다른 사람의 도움 없이는 혼자 서지도 걷지도 못했으나, 당시 언론은 대공황과 전쟁 수행기의 민심에 끼칠 영향을 고려하여 보도하지 않아 국민들은 이 사실을 몰랐다.

33대 해리 S. 트루먼(1884~1972) 재임 1945~1953. 민주당

대통령의 급서로 대통령직을 계승한 세 번째 부통령. 지명도 낮은 정치인이었으나 의외로 강력한 국내외 정책을 펴서 재선에 성공한다. 뉴딜을 계승한 '페어딜'을 추진했으며, 제2차 세계대전 이후 반소와 반공을 내세운 '트루먼 독트린'을 발표하여 냉전의 기초를 마련했다. 반공의 일환으로 한국전쟁의 참전도 적극 주도했다.

34대 드와이트 D. 하이젠하워(1890~1969) 재임 1953~1961. 공화당

육군참모총장 맥아더의 참모로 시작하여, 1942년 연합군 북아프리카 지역 사령관, 1943년 연합군 최고사령관, 1945년 육군참모총장, 1948년 컬럼비아 대학교 총장, 1950년 나토 군 최고사령관 등을 지냈다. 국내적으로 균형 재정을 유지하고, 대외적으로 한국전쟁과 인도차이나 전쟁의 휴전을 주도하고, 수에즈 운하 문제를 수습했다.

35대 존 F. 케네디(1917~1963) 재임 1961~1963. 민주당

매사추세츠 주 하원 의원과 상원 의원을 거쳐, 1960년 '뉴 프런티어'를 내세우며 당선되었다. 미국 역사상 최연소이자 최초의 가톨릭 신자 대통령. 의회와의 갈등으로 실질적인 업적은 이루지 못했다. 소련과 부분적인 핵실험 금지조약을 체결하는 등 해빙 무드를 조성하고, 중남미 나라들과 '진보를 위한 동맹'을 결성했으며, 베트남 사태 개입에 신중한 태도를 취했다. 텍사스 댈러스에서 자동차 퍼레이드 중 저격당해 사망했다. 1957년 퓰리처상 수상 작가이기도 하다. 그런데 이 책은 대필설이 대세이다.

36대 린던 B. 존슨(1908~1973) 재임 1963~1969. 민주당

대통령의 암살로 대통령직을 승계한 네 번째 부통령. 1964년 '위대한 사회'와 '가난과의 전쟁'을 내세우고 압도적인 지지로 재선된 후 개혁과 복지 정책을 적극 추진했다. 외교적으로는 대소 긴장 완화 정책을 유지했으나, 베트남전 참전으로 국내외적인 비난을 받았다. 재임 대통령으로 재선 출마를 포기한 유일한 인물.

37대 리처드 M. 닉슨(1913~1994) 재임 1969~1974. 공화당

변호사 출신으로 하원 시절부터 반공주의자로 명성을 떨치고 상원과 부통령을 거쳐 대통령이 되었다. 미국 대통령으로는 처음으로 중국을 방문하고, 1969년 아시아 국가들에 대한 전쟁 불개입과 경제 원조 중심의 호혜 정책인 '닉슨 독트린'을 발표하는 등 성과를 올렸으나, 민주당사 불법 도청 사건에 연루된 '워터게이트 스캔들'로 의회에서 탄핵이 확실시되자 사임했다.

38대 제럴드 R. 포드(1913~2006) 재임 1974~1977. 공화당

닉슨의 부통령인 스피로 애그뉴가 탈세 혐의로 사임하자, 하원 의장에서 부통령으로 승격했다가 닉슨 사임 후 대통령직을 이어받은 다섯 번째 대통령이 되었다. 닉슨에 대한 특사와 인플레이션 억제 실패로 임기 중 지지율이 급격히 떨어졌다.

39대 지미 카터(1924~) 재임 1977~1981. 민주당

땅콩 농장 경영자에서 상원 의원과 주지사를 거쳐, 대통령이 되었다. 에너지 파동 해결과 중동 평화 정착에 노력하고, 중국과의 국교 정상화와 소련과의 제2차 전략무기제한협정(SALT)을 성공시켰다. 그러나 1979년 11월 테헤란 주재 미 대사관 인질 사태를 해결하지 못하고, 국내 경제정책이 실패하며 재선에 실패했다. 퇴임 후 분쟁 조정자로 활약하여, 2002년 노벨평화상을 받았다.

40대 로널드 레이건(1911~2004) 재임 1981~1989. 공화당

영화배우 출신으로 캘리포니아 주지사를 거쳐, '강하고 풍족한 미국'을 구호로 내걸고 대통령이 되었다. 보수적이고 강인한 정책들을 잇달아 시행했으나, 조세 감면과 사회복지 지출 억제 등 이른바 '레이거노믹스'의 결과 재정 적자가 일어나고, 대외적으로 레바논 파병과 리비아 폭격 등 호전적인 미국의 이미지를 심었다. 실질적으로는 무능한 면이 많았으며, 이란-콘트라 사건 등에도 연루됐음에도 불구하고 대중적 인기가 높았다.

41대 조지 부시(1924~) 재임 1989~1993. 공화당

석유와 원양회사의 이사장 출신으로 하원 의원, 레이건의 후광을 입어 부통령이 된 후 대통령으로 당선된다. 동구권의 몰락에도 불구하고 걸프 전 등을 통해 군사대국의 지위를 강화시켰다.

42대 윌리엄 클린턴(1946~) 재임 1992~2000. 민주당

'빌'이란 애칭으로 알려진 미국 역사상 세 번째로 젊은 대통령. 아칸소 대학 법학과 교수에서 아칸소 주 법무장관, 최연소 주지사를 거쳐 대통 령이 되었다. 막강한 군사력과 적극적인 경제정책을 내걸고 출범했으나, 1997년 백악관 여직원 르윈스키와의 성추문 사건으로 의회의 탄핵을 받 고 위기를 맞았다. 그러나 실용적인 대외 정책과 강한 친화력으로 끝까 지 높은 지지율을 얻었다.

43대 조지 W. 부시(1946~) 재임 2001~ . 공화당

제2대와 제6대 대통령을 지낸 애덤스 부자에 이어 미국 역사상 부자父子 가 대통령이 된 두 번째 경우. 아버지 뒤를 이어 석유 사업을 하다가 텍 사스 주지사에 재선된 후, 2000년 선거에서 전체 표 수에서는 뒤졌으나 선거인단 수에서 민주당의 앨 고어를 누르고 대통령이 되었다. 9·11 사 건 이후 테러와의 전쟁을 선포하고 이라크 침공, 공포심을 이용한 보수 적 국내 정책을 추진했다.

44대

?

1부

구질서

1900년 무렵, **뉴욕** 맨해튼 브로드웨이의 겨울 풍경

1 새로운 세기가 시작되다

1900년 1월 1일 뉴욕의 아침

1900년 1월 1일 아침, 뉴욕 브롱스 지구에 있는 반 코틀란트 공원
에서 뉴욕 주민들을 대상으로 한 스케이트 대회가 열렸다. 때마침
눈까지 내리기 시작했다. 하지만 한겨울의 매서운 추위도 그 전날
밤 20세기의 시작 또는 19세기 마지막 해의 시작을 축하하려고 로
어 브로드웨이에 모였던 사람들의 열기를 꺾기에는 역부족이었다.
이 신년 행사를 어떻게 해석할 것인지를 놓고는 약간의 견해 차이
가 있었지만, 그 규모나 활기가 대단했다는 데에는 이견이 없었다.

케이블카는 사람들로 꽉 찼고, 트리니티 교회 앞의 브로드웨이는 뚫고 지나가기가 어려울 지경이었고, 월 가는 재무부 분국에 이르기까지 사람들로 북적거렸으며, 확성기의 엄청난 소음은 폭죽 소리로 종종 끊겼다. 1899년은 멋진 해였고, 이제 새로운 해가 밝아 오고 있었다.

1월 1일자 《뉴욕 타임스》 사설은 낙관적인 논조를 띠었다. '1899년은 놀라운 한 해였다. 상업과 생산 부문에서 실로 경이로운 해였다. …… 최고 기록 행진이 1900년에도 이어질 것이라고 확신하기 때문에, 막 지나간 열두 달이 최고의 해였다고 말하기 어렵다. …… 새해의 출발점에서 본 앞날은 매우 밝다.'

세계에서 가장 막강한 은행의 수장이자 미국의 기업계를 통틀어 가장 강력한 인물인 존 피어폰트 모건은, 업타운의 매디슨 애비뉴와 36번가가 만나는 길모퉁이에 우뚝 선 갈색사암으로 지어진 대저택에서 마호가니로 장식된 서재에 틀어박혀 홀로 카드놀이를 하며 저물어 가는 한 해의 마지막 밤을 보냈다. 그리고 이듬해 열두 달 동안 모건은 유럽 여행을 하면서 헤아릴 수 없이 많은 양의 필사본과 희귀 서적, 그림들을 구매한다. 딸의 결혼식에 참석할 2,400명의 하객들을 맞이하고자 저택 옆에 임시 무도회장을 짓기도 한다. 세계에서 유례가 없는 최대 규모의 회사인 US스틸을 설립하고자 앤드루 카네기와 협상을 시작한 것도 이 해이다. 작은 키에 번뜩이는 눈을 가진 이 '강철왕'은 1900년 개인 수입이 소득세 없이 2,300만 달러[지금 돈으로 치면 4억8,656만 달러쯤]가 넘었다. 카드를 늘어놓으며, 모건은 이 모든 것을 예측하지는 못해도 만족했다. 다음은, 장차 그의 사위이자 애정 어린 전기 작가가 1899년 12월 31일 저녁을 서술한 부분이다.

■ J. P. 모건의 시대

'미 산업계를 주무른 3명의 왕'. 1903년 독일의 한 매체에 실린 만평. 왼쪽부터 카네기 강철회사의 **'강철왕'** 앤드류 카네기, **'금융왕'** J. P. 모건, 스탠더드 오일의 **'석유왕'** 윌리엄 록펠러.

"100만 달러를 버는 것은 바보라도 할 수 있지만, 머리를 쓰지 않고서는 그것을 유지할 수 없다."

John Pierpont Morgan(1837~1913). 20세기 초는 미국의 '금융왕' 모건의 전성기였다. 1895년 아버지 J. S. 모건의 금융업을 물려받아 회사 이름을 'J. P. 모건 앤드 컴퍼니'로 바꾼 그는, 영국의 자본을 미국 시장으로 끌어들였다. 19세기 후반 미국의 공업과 철도 건설을 위한 자금 조달에 중요한 역할을 하고, 이로써 국제적 금융가로서의 지위를 확립하였다. 그러나 이렇게 되기까지 순조롭기만 한 것은 아니었다. 1869년 제이굴드와 짐 피스크에게서 알바니 앤드 서스케해나 철도 운영권을 빼앗았고, 거기서 출발해서 전미 철도회사들을 병합해 나갔다. 1901년에는 세계 최초의 자산 규모 10억 달러짜리 회사인 US스틸을 설립했다. 모건은 제조업과 광산업에 자금을 대고 은행·보험·운송·통신업을 통제했으며, 주기적 경제공황에 따른 재정 악화 시기에는 연방 정부에 고금리로 금화를 대출해 주었고, 남북전쟁기엔 금화 투기를 했다는 비난도 들었다. 모건은 스포츠를 좋아하여 국제 요트경기에 출전하기도 했으며, 수많은 자선 활동도 벌였다. 수집한 미술품을 메트로폴리탄 미술관에 기증했으며, 뉴욕시에 도서관을 헌납했고, 자신의 런던 집을 미국 정부에 기증하여 대사관으로 쓰게 했다.

US스틸 탄생 축하연

1901년 1월, 카네기 사에서는 US스틸(철강회사)의 탄생이 임박한 것을 축하하는 연회가 열렸다. 카네기는 영국 스코틀랜드 출신의 미국 산업자본가로, 1892년 US스틸 사의 모태인 카네기철강회사를 설립하여 당시 미국 철강의 4분의 1을 생산했다. 1901년 카네기는 이 회사를 4억4천만 파운드에 모건계 제강회사와 합병하여 미국 철강 시장의 65퍼센트를 지배하는 US스틸 사를 탄생시켰다. 이후 카네기는 은퇴하여 교육과 문화 사업을 벌였다.

모건의 집은 그가 딱 원하는 위치에 있었고, 그의 생활 방식에 잘 맞았다. 모건 부인은 건강했고, 아직 미혼인 두 딸 루이자, 앤과 함께 살았다. 이미 결혼한 자식과 손자들은 모두 건강하고 행복했으며, 모건 자신도 건강했다. 근처에는 친구들이 살았다. 그와 같은 부류의 사람들, 알게 된 사업가나 은행가 등과 어울렸는데, 대부분 그와 같은 윤리 기준과 관점을 가진 이들이었다. 뉴욕은 아직 친밀감 있고 정이 넘치는 도시였으며, 살기에 유쾌한 곳이었다. …… 자정이 되어 종소리와 경적이 새해의 시작을 알릴 때, 그는 더 젊은 사람에게나 있을 법한 열정을 갖고 이제 막 시작되려는 새로운 세기의 엄청난 가능성에 기대를 걸고 있었다.

〔『친숙한 초상*An Intimate Portrait*』(1939). J. P. 모건을 추억한 이 책은 모건의 첫째 사위인 허버트 리빙스턴 새터리Herbert Livingston Satterlee가 썼다.〕

뉴욕의 뒷골목 풍경

물론 그 한편에는 뉴욕을 결코 "살기 유쾌한 도시"라고 말하기 어려운 수많은 뉴욕 사람들이 있었다. 로어 이스트 사이드는 오늘날 우리로선 믿기 어려울 정도로 더럽고 비참했으며, 가난에 찌들어 있었다. 미국의 산업 지구와 다른 여러 도시에서, 이민자 가족들은 평균 이하 혹은 더 형편없는 생활을 영위했다. 미국의 평균적인 임금 생활자가 한 해에 500달러, 지금으로 따지면 대략 1,500달러도 채 벌지 못하던 시절이었다.〔그로부터 또 50여 년이 지난 지금 가치로 따지면 1만2천 달러(1,200만원)쯤 된다.〕

　미국으로 건너온 지 얼마 되지 않은 이민자들은 대부분 이보다 훨씬 적은 돈을 손에 쥐었다. 몇 년 뒤, 업튼 싱클레어*가 시카고의 도축장 구역에 사는 폴란드인, 리투아니아인, 슬로바키아인들의 사정을 적나라하게 폭로한 것을 반 윅 브룩스**의 요약으로 살펴보자.

　유럽의 폭정으로 무시당하고 움츠렸던 이민자들은 결국 미국의 무관심으로 완전히 망가져버렸다. 부동산 소개업자, 정치 보스들……, 그리고 이민자들의 권리를 인정하길 거부한 법관들이 그들을 등쳐먹었다. 녹조류로 오염되어 악취가 진동하는 물가에서는 쓰러져 가는 판잣집에 살던 아기들이 빠져 죽고, 그들의 딸들은 어쩔 수 없이 매춘을 하고, 그 아들들은 고용주가 안전장치를 갖추지 않아서 끓어오르는 양조 탱크에 빠져도 아무도 알지 못했고 관심조차 갖지 않았다.

＊**Upton Sinclair(1878~1968)** 사회주의 사상을 전파하고 사회악을 고발하는 르포 작가로 유명하다. 대표작이라 할 소설 『정글』(1906)은 도축업과 육가공업계의 부정부패와 비위생적인 환경, 이민 노동자의 처참한 현실을 고발했다. 이 책은 식품위생법이나 도축법 등의 혁신주의 개혁을 일으켰다.

＊＊**Van Wyck Brooks(1886~1963)** 미국 문학비평가, 전기 작가, 역사가. 미국 문학사를 정리한 저서로 유명해졌으며, 일화를 풍부하게 엮은 전기들을 섞어 쓰는 스타일이 특징적이다. 『*Makers and Finders*』로 명성을 얻고, 『뉴잉글랜드의 개화*The Flowering of New England*』로 역사 부문 퓰리처상을 수상했다.

■ 시어도어 루스벨트 vs 프랭클린 델러노 루스벨트

20세기 전반기 미국에는 두 명의 루스벨트 대통령이 있었다. 시어도어(Theodore Roosevelt)는 1901년부터 1909년까지, 프랭클린(Franklin Delano Roosevelt)은 1933년부터 1945년까지 미국을 이끌었다. 두 사람은 먼 인척 관계인 두 루스벨트 가문의 사람들로, 프랭클린의 부인인 엘리노어가 테디의 조카딸(형의 딸)이다.

시어도어 루스벨트

1903년 촬영한 시어도어 루스벨트 대통령의 가족사진.

미국의 제26대 대통령(1858~1919)으로, 지금도 '테디' 루스벨트는 미국민들에게 가장 사랑받는 대통령으로 남아 있다. 뉴욕의 부유한 가정에서 태어나 하버드 대학교를 졸업하고, 23세 때 뉴욕 주의회 공화당 의원으로 선출되었다. 정치적 부패를 비난하며 당수와 맞서 혁신파를 주도하고, 정화운동에 앞장섰다. 1889년 관리제도 개혁위원회 위원을 거쳐 뉴욕 시의 경찰총장, 1896년 해군 차관보에 임명되었다가 미국-스페인 전쟁이 일어나자 관직을 사임하고 의용군을 조직하여 쿠바에 출정하여 일약 국민적 영웅이 되었다. 전쟁 후 뉴욕 주지사에 당선되고, 1900년 매킨리 대통령 시절에 부통령을 지내다가 매킨리가 암살당해 1901년 제26대 대통령으로 취임하고, 1904년 재선되었다.

대통령으로 재임할 때 혁신주의를 내걸고 트러스트 규제, 철도 통제, 노동자 보호 입법, 자원 보존 등에 힘썼다. 외교적으로는 1823년 먼로 대통령이 제창하여 미국의 전통적 정책이 된 외교 방침 곧, 외교적 불간섭주의에서 벗어나 베네수엘라 문제, 카리브 해 문제, 파나마 운하 건설 등 강력한 외교를 추진했다. 이 밖에 러일전쟁을 조정하고, 모로코 문제를 중재한 공으로 1907년 노벨평화상을 받았다. 러일전쟁을 중재한 조약이 '포츠머스 조약'인데, 이때 일본의 아시아 진출을 막으려고 일본의 한국 보호권을 인정한 '가쓰라-태프트

밀약을 맺어 우리나라가 일본에 합병되는 것을 인정한 장본인이다. 1909년 대통령 임기를 마치고 정계에 복귀하여 1912년 제3당인 진보당(Progressive Party)을 조직하고, 국가권력이 국민의 복지 향상에 적극 개입하는 '새로운 국민주의'에 입각한 정강을 내걸고 대통령선거에 출마했으나, '새로운 자유'를 내세운 민주당의 토머스 우드로우 윌슨에게 패하였다.

프랭클린 델러노 루스벨트

미국의 제32대 대통령(1882~1945)인 프랭클린은 '뉴딜정책'으로 대공황기 미국 경제를 구해낸 대통령으로 유명하다. 뉴욕에서 태어나서 하버드 대학교를 졸업하고, 변호사로 활동하다 1910년 뉴욕 주의 민주당 상원의원으로 당선되었다. 윌슨의 대통령선거를 지원하고 윌슨 정부의 해군 차관보로 제1차 세계대전을 치렀다. 1921년에 소아마비에 걸렸으나 치료 후 정계에 복귀하여 1928년 뉴욕 주지사에 당선되고, 1932년 민주당 대통령 후보로 지명되어 그 수락 연설 때 나온 것이 그 유명한 '뉴딜(New Deal)'이다. 1929년 미국에 몰아닥친 대공황으로 허덕이던 미국민들은 이 경제정책에 환호했고, 프랭클린은 H. C. 후버를 물리치고 당선되었다. 대통령 취임 후에는 강력한 내각을 조직하고 경제공황을 극복하기 위하여 뉴딜정책을 실시했다. 통화금융제도의 재건과 통제, 산업, 특히 상공업의 통제, 농업의 구제와 통제, 구제사업과 공공사업의 촉진, 정부 재정의 절약 및 행정의 과감한 개혁 등을 추진했다.

1936년 대통령에 재선되었으나 1937~38년 경제 악화로 고심하던 중 1939년 제2차 세계대전 발발이라는 위기 속에 전쟁 초기에는 중립을 선언하였으나 후에 적극적으로 영국과 프랑스를 원조하였다. 1941년 일본의 진주만 공격을 계기로 참전하였다. 대서양헌장의 발표를 비롯하여 카사블랑카·카이로·테헤란·얄타 등의 연합국 회의에서 전쟁의 결정적 지도권을 장악하여 영국의 총리 처칠과 긴밀한 연락을 취하면서 지도적 역할을 다하고 전쟁 종결에 많은 노력을 기울였다. 1944년 미국 역사상 유일하게 대통령에 4선되고 국제연합 등 전후 세계의 구상을 구체화하는 데 노력하였으나, 1945년 4월 세계대전의 종결을 보지 못하고 뇌출혈로 사망하였다.

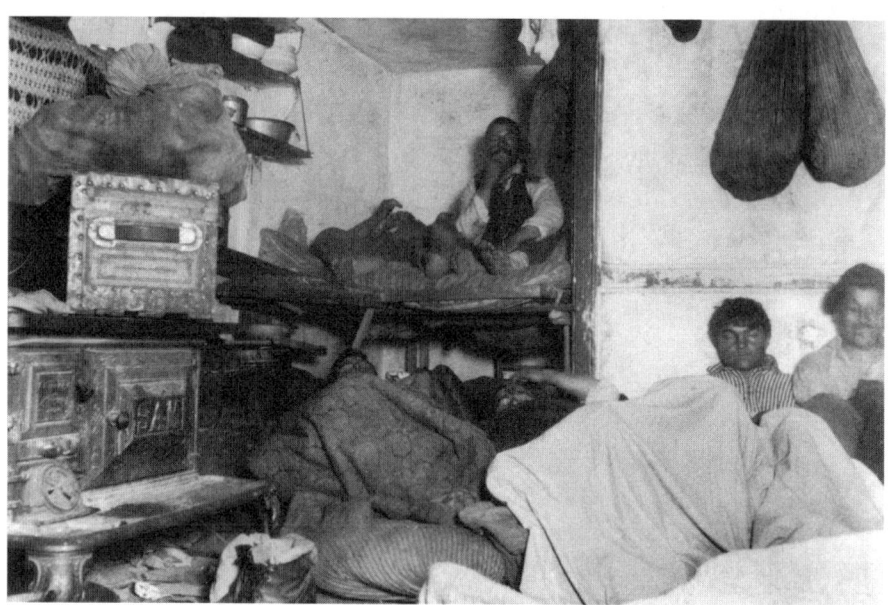

덴마크 이민자 출신
사진작가이자
신문기자인 **제이콥
리스**가 촬영한 19세기
말 뉴욕 로어
이스트사이드 **빈민가
사람들**. 주로 이민자
출신들인 이 사람들은
이와 같은 자리당
5센트짜리 거주지에서
생활하며 도시
빈민층을 형성했다.

"아무도 알지 못했고 관심조차 갖지 않았다." 왜 그랬을까?

왜냐하면 당시는 자기만족의 시대였기 때문이다. 1890년대 중반의 불경기가 끝나자, 미국 내부에서 일어났던 부의 불균형을 항의하는 목소리가 약해졌다. 인민주의 운동은 죽었다. 은화 자유 주조 운동 역시 사그라졌다. 한때 분노했던 초원 지대 주들의 농부들은 풍작을 이루어, 1899년 어느 여행객이 "캔자스와 네브래스카의 모든 곳간이 새로 페인트칠되어 있었다."라고 말할 정도였다.

시어도어 루스벨트가 "추문을 폭로하는 자(muckrakers)"라고 이름 붙인 일군의 저널리스트들이 미국 사회의 어두운 이면을 가차없이 폭로한 연구들을 출판하기 전이었다. 저널리즘과 마찬가지로, 미국 소설계 역시 나이든 앰브로즈 비어스〔날카로운 독설로 '비터 비어스'라고 불린 미국의 저널리스트 겸 소설가〕가 "허약하고 경박한 시대"라고 부른 시기를 통과하고 있었다. 〔자연주의적 사실주의의 대표 작가〕 허먼 드라이저의 처녀작 『시스터 캐리Sister Carrie』

〔시골 처녀가 도시 남자들을 유혹하여 성공한다는 내용〕가 1900년에 출간되었는데, 거의 주목받지 못한 채 너무 천박하고 외설적이라는 이유로 발행이 중단되었다. 명망 있는 언론과 상류층 사람들은 보통 사람들의 인생사에는 별로 신경 쓰지 않았다. 그들의 관심사는 주로 신사 숙녀들의 인생사, 사교계의 화려함과 돌아가는 사정, 선택받은 자들을 위한 고상하고 세련된 문화 증진에 있었다. 잘나가는 은행가인 모건의 만족스러운 생활을 서술한 전기 작가의 표현에서 잘난 체하는 듯한 자기만족적 어조를 어렴풋이 느꼈다면, 이는 태생 좋은 사람들이 밝은 미래를 낙관할 때 보이는 일반적인 태도라고 보면 되겠다.

모건은 안정과 상식의 시대를 자신 있게 예견했다. 〔오하이오의 공화당 의원이자 실업가〕 마크 해너 등의 정치 지도자들은 어리석은 평등주의 사상이 정부 내 어디에도 발붙이지 못할 것이라 내다봤고, 정치가가 아닌 자신과 같은 은행가, 즉 사교 클럽에서 즐겨 만났던 부와 판단력을 가진 명예로운 사람들이 미국 사업계를 지배할 거라고 예상했다.

저 멀리 〔서부 국경 지대의 인디애나 주에 있는 도시〕 테러 호트에 있는, 높은 천장에 방 여섯 개짜리 집의 2층 침실에서는, 키가 크고 여윈 데다 머리가 벗겨진 한 인디애나 주민이 바깥에 있는 철도 선로를 굽어보고 있었다. 유진 V. 뎁스, 그는 미래에 대해 꽤 다른 꿈을 꾸고 있었다. 왕년에 기관차 화부로 일했던 그는 1894년 풀먼 파업을 주도했고, 한동안 감옥살이를 했으며, 감방에서 마르크스주의 책들을 탐독한 뒤 열렬한 사회주의자가 되었다. 고귀한 그의 희망은 1900년 사회민주주의당(Social Democratic Party)의 강령으로 구체화되었는데, 뎁스는 이 당의 대통령 후보로 나섰으나 9만6천 표를 얻는 데 그쳤다. 하지만 이는 시작에 불과했다.

■ 1894년 풀먼 파업

풀먼 철도 파업 기간에 풀먼에 있는 아케이드 빌딩 앞에 늘어선 일리노이 주 방위군.

시카고 외곽의 풀먼 침대차 회사 직원 4천여 명이 28퍼센트에 달하는 회사의 임금 삭감 조치에 반발하여 일으킨 파업이다. 회사의 소유주인 조지 풀먼은 이른바 '복지자본주의' 신봉가로, 적당한 임금에 주거 환경을 제공하여 노동을 안정시킨다는 목표를 가졌다. 이에 시카고 남쪽의 공장에 노동자 거주지를 겸한 마을을 조성해서 풀먼 사 직원들을 살게 했다. 이 주택들은 상하수도 시설과 가스가 설비된 아름다운 집들이었고, 공공시설도 갖추고 있었다. 하지만 노동자들은 곧 그들이 빚의 사슬에 묶인 노예로 전락했음을 깨달았다. 풀먼 타운의 주택뿐만 아니라 모든 상점이 회사 소유로, 노동자들은 오로지 회사 소유의 상점과 거래해야 했고 가격 책정에는 관여할 수 없었던 것이다. 또한 상품 구입 등에 채무를 지게 된 노동자들은 그들의 임금으로 이 모든 것을 갚기란 어려운 일임을 알게 되었고, 회사가 통제하는 공간 속에서 행동과 생활까지 제약받을 수밖에 없음을 깨달았다. 그러던 중 다른 가격은 변하지 않은 채 임금만 대폭 삭감되었다는 회사의 통보는 노동자들을 분노하게 했다. 그들이 가입해 있던 전미철도노조(American Railway Union)의 지도자 유진 뎁스가 풀먼차에 대한 전면 보이콧을 시작으로 파업을 지지하고 나섰다. 파업은 풀먼 공장의 생산을 중지시켰고, 12만5천 철도 노동자들의 연쇄 지지 파업으로 철도업계가 마비되기에 이르렀다. 그런데 풀먼의 요청으로 연방군이 출동하여 파업을 진압했으니, 노동조정법이나 노사관계법, 노동권이 보장되지 않던 시절에 정부는 기업의 편에서 일방적 조치를 취했던 것이다. 이 과정에서 파업 노동자 13인이 사망하고 57명이 부상을 당했다. 철도회사의 재산 손실은 34만 달러 정도. 뎁스는 체포되었고, 철도 마비 사태로 인한 우편물 운송 방해라는 연방법 위반 혐의로 기소되었다. 그는 감옥에서 6개월간 복역했는데, 바로 이때 마르크스의 저서를 접하고 사회주의자로 거듭났다.

당시 뎁스는 몰랐을 테지만, 1912년 즈음에는 100만 명에 가까운 지지자를 확보할 운명이었으니 말이다.

1904년 **유진 뎁스**가 대통령 후보로 나선 사회주의자당의 포스터.

비록 확고한 논리를 갖추진 못했으나 이 친절하고 인정 많은 사내는 이민 노동자들의 절박한 상황을 아주 잘 알았고, 그들의 불행을 해결할 유일한 방안을 자신이 안다고 확신했다. 그는 철도·전신·공공시설·광산의 국유화를 요구했고, 그보다 조금 덜 열성적으로 전반적인 생산수단 및 분배의 공공 소유를 외쳤다. 이렇게 해야만 사업장에서 일어나는 무시무시한 일들과 당시의 불평등을 종식시킬 수 있다고 뎁스는 믿었다.

모건과 뎁스가 다가올 반세기 동안 나라에 무슨 일이 벌어질지 예상할 수 있었다면, 둘 다 당황했을 것이다. 다양하고 때로는 대립적인 힘들의 조합이, 1900년의 미국과 전혀 다를 뿐더러 두 사람이 마음속에 그린 그림과도 완전히 다른 미국을 만들어 냈기 때문이다. 놀라운 생산능력과 세계에서 유례가 없는 광범위한 부의 분배가 결합하는 미국이 조만간 도래할 것이었다.

곧 일어날 거대한 변화의 성격과 범위를 이해하려면, 우선 1900년으로 돌아가서 주변을, 즉 당시의 풍경과 삶의 조건, 사람들을 살펴보아야 한다.

첫 번째, 풍경이다.

풍경 1. "저 말들 좀 봐!"

정교하게 만들어진 타임머신을 타고 1900년 전형적인 미국 지방 도시의 중심부 거리로 돌아간다면, 오늘날의 시선을 가진 당신의 입에서 제일 먼저 튀어나올 말은 "저 말들 좀 봐!"일 것이다.

1900년에 미국 전체의 등록 자동차 대수는 1만3,824대에 불과했다.(1950년에는 4,400만 대가 넘었다.)〔2000년 교통부 통계 2억1,800만 대〕 그나마 비교적 큰 도시와 부유한 휴양지에 몰려 있었으므로, 어지간한 곳에서 자동차를 구경하기란 쉽지 않았다. 1900년 당시 사람들은 자동차를 부자들, 그것도 모험을 좋아하는 부자들, 즉 언제 자신을 망가뜨릴지 모를 예측 불가능한 기계에 운을 맡기는 이들의 장난감쯤으로 여겼다. 도시 외곽에 포장된 도로라고는 찾아보기 힘들었고, 길가 정비소나 주유소는 물론 없었다. 자동차 운전자는 어쩔 수 없이 본인이 정비공이 되어야 했다. 모르긴 몰라도, 아마 당시 미국 남녀의 절반이 한 번도 자동차를 본 적이 없었을 것이다. 1899년 〔엠포리아 출신의 저명한 신문 편집자〕 윌리엄 알렌 화이트가 캔자스 주 엠포리아에서 거리 박람회를 계획했을 때, 박람회에서 가장 주목을 끄는 전시품으로 시카고에서 자동차를 기차로 운반해 왔는데, 이 차는 미주리 강을 건너 온 최초의 자동차였다.

반면, 말은 어디에나 있었다. 서리형 마차, 4~6인승 데모크렛, 1인승 마차, 승합마차, 온갖 종류의 운반용 마차 등이 소도시 주요 도로를 활보했고, 경작용 트랙터가 없는 시골 농장에서는 수확물을 실어 날랐다.

서리형 마차. 좌석이 두 개인 4인승 사륜마차이다.

마차가 있는 풍경과 소리, 기분은 미국인들이 보편적으로 경험하는 삶의 일부였다. 따가닥거리는 말발굽 소리, 쇠타이어를 단 마차가 돌투성이 길에서 덜컹거리는 소리, 내리막길에서 마차의 속도를 늦추는 브레이크의 삐걱거리는 소리, 말이 재채기할 때 숨을 죽여 주는 센스. 마차 바퀴 타이어와 목제 살에 붙어 있던 모래가 바퀴가 돌아가면서 작은 폭포가 되어 조금씩 떨어지는 광경. 우거진 풀 길 위로 마차가 새겨놓은, 말발굽 때문에 두 줄이 아닌 세 줄로 뻗은 바퀴 자국들. 가파른 언덕길에서는 짐의 무게를 줄이고자 마차에서 내려 걸어 올라가는 남성 전용 고행 체험 코스. 경멸에 찬 눈초리로 마부의 미숙함을 비웃는 말에게 마구를 달아야 하는 초심자가 겪는 한층 더 혹독한 시련.

미국 북부의 겨울은 썰매 방울의 딸랑거리는 소리로 가득했다. 여름날 저녁이면 가족들은 정문 현관에 나와 앉아, 무수히 많은 미국 소도시들의 가로수 길을 따라 자태를 뽐내며 저녁 나들이에 나선 도시의 멋진 마차들을 구경했다. 속보로 달리는 은행가의 말들이나, 운동 좋아하는 법률가가 타고 다니는 1.6킬로미터를 2분 40초에 주파한다는 경주용 말 소리를 한번 들어 보려고 열심히 기다리는 감정가들도 있었다. 댕그렁 댕그렁 울리는 종소리와 함께 내리막길을 기울어지며 질주하는 세 마리 말이 끄는 소방차는 도시 생활의 장관 중 하나였다.

교통수단은 전적으로 철도와 짐마차에 의존하고, 전화도 드물고, 라디오는 아예 없던 시절에, 지역사회들이 서로 얼마나 멀게 느껴졌을지는 요즘 우리로선 가늠하기 어렵다. 특히 철도가 지나가지 않는 마을은 정말로 멀었다. 군청 소재지로부터 8킬로미터쯤 떨어진 곳에 사는 농부에겐 토요일 오후, 말을 수레에 매고 가족과 함께 시내에 장 보러 가는 일이 대단한 행사였다. 그의 손자 손녀들에겐 10분 정도만 운전하면 되는 대수롭지 않은 일이 되겠지만 말이다. 16킬로미터쯤 떨어져 사는 친구를 만나러 가는 일은 하루가 꼬박 드는 여행을 하는 거나 마찬가지였다. 말을 중간 중간 쉬게 하고 여물을 먹여야 했기 때문이다. 때문에 각 지방과 마을, 농장들이 생산, 사교, 오락 등의 면에서 이후 세대보다 훨씬 더 자족적이었다는 사실은 놀랍지 않다. 여행과 통신 측면에서 미국은 실로 거대한 나라였다.

그랬기 때문에 당시의 미국인들은 자신들의 생활권을 벗어나는, 경제적·정치적·국제적 상황에서 비롯된 갖가지 혼란이 만들어 내는 불안감에서 상대적으로 자유로운 편이었다. 그들의 지평은 멀리 있지 않았다. 그들은 낯익은 사람과 친숙한 물건, 구체적으로는 개인과 가족, 그리고 그들과 생각이 통하는 아주 비슷한 부류의 읍내 주민들 사이에서 살아갔다. 한 사람의 성공이나 실패는 그 사람의 시야 안에서 일어나는 힘과 사건들에 달려 있는 편이었다. 그 사람의 재산, 더 나아가 인생까지도 자신의 경험과는 무관한 이유에서 워싱턴이나 베를린, 혹은 모스크바에서 결정된 사항으로 좌지우지된다고 느끼는 일은 그의 아들이나 손자보다 드물었다. 가족 마차의 흙받기 너머로 바라본 세상은 그다지 편하지 않을지는 몰라도, 적어도 대부분 이해할 수 있었다.

풍경 2. "저 치마 좀 봐!"

1900년 시골 도시의 중심가에 선 당신의 두 번째 탄성은 아마도 "저 치마 좀 봐!"일 것이다.

당시, 마을의 모든 성인 여성들이 말 그대로 거리를 쓸고 다니는 드레스를 입었기 때문이다. 드레스를 야무지게 올려 쥐는 법을 배우지 못한 여성들은 실제로 치맛단을 더럽히고 망가뜨리면서 드레스로 거리를 청소하고 다녔다. 하이칼라에 치마가 바닥에 끌리는 셔츠웨이스트 드레스가 말해주듯, 1900년의 여성은 옷으로 몸을 충분하게 감싸고 다녔다. (이 감싸기에 자의적인 한계가 있었던 것만은 틀림없다. 당시 상류사회 여성의 이브닝드레스는 마치 1950년대 텔레비전 스타가 입은 어깨가 드러나는 데콜테 같았지만, 뒤로 끌리는 옷자락이 있어서 춤출 때면 힘껏 올려 쥐어야 했다.) 시골에서 입는 옷도, 심지어 골프나 테니스용 의복조차, 치마는 땅에서 5~8센티미터 이상 올라가면 안 되었다. 보통 빳빳한 세일러 형태였던 모자도 언제나 반드시 써야 했다. 오늘날 1900년의 사진첩을 꺼내 보면 맨 먼저 눈에 띄는 것은, 바닷가에서든 산속에서든 모든 여성이 도시용 의복을 입었다는 점이다.

1906년 무렵의 하이칼라 **셔츠웨이스트 드레스**(위)와 1950년대 스크린 스타 오드리 햅번의 **데콜테** 차림(아래).

슈미즈, 코르셋, 코르셋 커버, 그리고 한 벌 이상의 페티코트 등…… 어느 계절이건 여성은 속옷을 겹겹이 입었다. 당시의 코르셋은 끔찍한 개인 감옥으로, 고래 뼈의 도움을 받아 여성의 신체를 모래시계 모양으로 왜곡시키는 데 초점을 맞추었다. 드레스는 거의 변함없이 투피스 형태였는데, 코르셋으로 시작된 고행은 몸을 빳빳하게 경직시켜 모래시계 효과를 완성시키는 드레스의 보디스로 더 심해졌다. 양쪽 가슴은 거의 하나로 모아질 정도로 압박되었고, 지위 고하를 막론하고 "편편한 앞면"에 경사진 뒷면이 올바른 매무새였다. 때문에 최신 유행 복장을 그렸던 도판 화가들이 제대로 차려입은 여성을 묘사할 때면, 눌리지 않은 뒷면의 상쇄 효과에도 불구하고 완벽한 자세를 만들려고 여성을 거의 앞으로 쓰러질 듯이 그렸다.

오늘날의 기준에서 보면, 남성복 역시 엄격했고 격식을 따졌다. 깃은 높고 빳빳했다. 사무실에서 일하는 남자는 단추가 세 개 달린 코트와 의무적으로 입어야 하는 조끼, 좁다란 바지로 구성된 일상적인 신사복 속에다 탈착이 가능한 빳빳한 커프스와 품을 댄 셔츠를 입었다. 임원급 사업가나 은행가였다면 프록코트에, 격식이 떨어지는 중산모 대신 실크해트를 쓰고 출근했을 것이다. 관행적으로 딱딱한 밀짚모자를 쓰기로 정한 5월 15일부터 9월 15일 사이를 제외하곤 말이다.(이 기간에도 부자들은 파나마 모자를 쓸 수 있었다.) 넓게 트인 장소가 아닌 곳에서 모자 없이 잘 차려입은 남성이란 상상조차 할 수 없었다. 날씨가 견딜 수 없이 더울 때면 코트는 벗을 수도 있었고, 신문사의 편집실처럼 격식을 차리지 않는 사무실에서는 으레 코트를 벗었다. 하지만 조끼는 절대로 벗으면 안 되었다.(이 원칙은 그들이 입던 셔츠를 고려해 보건대, 심미적인 이유와 무관하지 않다.) 그 관습은 〔형식에 구애받지 않는 편안한, 허심탄회한 등을 의미하는〕 "셔츠 바람"이라는 말로 지금까지 우리 언어에 남아 있다.

시골에서는 푸른색 서지 코트에 흰색 플란넬 바지(아니면 더 경제적인 흰색 즈크천 바지)를 입었고, 예의를 차리는 자리라면 트위드 코트에 승마 바지나 골프용 반바지를 입었다. 하지만 다시 도시로 돌아올 때나, 혹은 농부가 읍 소재지를 방문하려고 도회지 의복을 입을 때면, 7월의 태양 아래서도 변함없이 엄격하게 풀을 먹여 빳빳한 칼라와 커프스가 달린 스리피스 정장을 입어야 했다.

이렇게 남녀를 불문하고 가차 없던 옷차림은 이성 간의 관계를 규정하는 당시의 일반적인 원칙을 반영한 것이었다. 이상적인 여성이란, 실크와 모슬린뿐 아니라 순결과 예의범절로 몸을 감싼 보호받는 숙녀였다. 이상적인 남성은 청렴의 화신이건 방탕아이건 간에, 그의 보호에 맡겨진 가냘픈 이의 평판과 신병을 용감하게 지켰다.

미혼 여성은 도시에서 저녁 파티에 나갈 때마

실크해트와 프록코트를 차려입은 1900년의 '신사'와 양산을 받쳐 든 '숙녀'.

다 반드시 〔사교계에 나가는 젊은 미혼 여성을 시중들거나 보호하는 나이든 여성인〕 샤프론을 동반해야 했다. 부유한 이의 딸이면 하녀가 샤프론을 대신했는데, 이런 상황에서는 하녀의 정절은 누가 보호해야 할지 명확하지가 않았다. 엘리노어 루스벨트는 스무 살 무렵에 친구인 밥 퍼거슨이 있어 주어서 다행이었다고 자서전에 기록한 바 있다. 퍼거슨

1905년 1월, 뉴욕에서 결혼식을 올린 **엘리노어 루스벨트**. 미국의 32대 대통령인 프랭클린 루스벨트의 부인이자 사회운동가였다.

은, 화가인 베이 에멧의 화실에서 저녁 파티를 즐기고 난 뒤 집에 바래다 주는 것을 허락받을 만큼 엘리노어가 가족처럼 여긴 친구였다. '그가 없었다면 할머니가 정한 규칙대로, 시중드는 사람을 항상 동반해야 했을 것'이라고 엘리노어는 썼다.

〔변호사 겸 외교관인〕 제임스 W. 제라드는 당시 뉴욕 사교계를 지배했던 엄한 규칙을 이렇게 증언했다. 그가 노년에 쓴 글에 따르면, '내가 서른 살일 때조차도, 아가씨에게 둘이서만 저녁 식사를 하자고 청했다면 바로 채였을 것이다. 만약 아가씨에게 칵테일을 건넸다면, 촌뜨기 철면피라는 딱지를 달고 사교계에서 쫓겨났을 것이다.' 당시에는 여성이 술집이나 열차의 흡연실에서도 절대로 목격되어서는 안 되었다는 사실은 구태여 덧붙일 필요가 없겠다.

여기서 '샤프론'이란 것은 주로 도시의 관례였음을 분명히 해두어야겠다. 작은 지방, 특히 〔미국 동부 애팔래치아 산계의 일부로, 미국 북동부 펜실베이니아에서 남쪽으로 버지니아 남서쪽까지 뻗는〕 앨리게니 산맥 서쪽과 도시인의 휴가지인 시골에서는 규범이 훨씬 느슨했다. 〔비평가이자 편집자, 예일 대학의 교수인〕 헨리 사이들 캔비는 다음과 같이 말했다.

〔요즘과 같은〕 10대와 20대 초반 남녀의 자유로운 교제는 아마도 오늘날의 다른 세계사 지평에서는 찾아보기 힘들 것이다. 우

리는 서로 믿음이 있었으며 신뢰받았다. 여름엔 함께 아디론댁〔뉴욕 북동부에 뻗어 있는 산맥〕숲을 휘젓고 다녔고, 오두막집에서 한쪽엔 여자 애들이 다른 쪽에선 남자 애들이 누워 잤으며, 짝을 지어 외따로이 떨어진 험한 산길을 좇으며 하루를 보내기도 했다. 겨울에는 멀리 떨어진 못에서 스케이트를 타고, 봄에는 달빛이 비치는 델라웨어 언덕에서 사랑에 빠지거나 헤어지기도 하며 밤새도록 앉아 있었다. 사랑의 저속한 요소들에서 승화된 호색적 흥분감이 끊임없이 일었으나 결코 노골적인 성욕에 휘둘리지 않았다.

과묵과 억제의 윤리관

하지만 이런 식의 친교 내내 가상의 샤프론이 늘 붙어 있었다고 단언할 수 있다. 무감독의 자율 관리 제도가 사실상 작동하고 있었기 때문이다. 이 젊은 남녀들은 서로 완벽한 예의범절을 지키며 행동해야 한다는 것을 알았고, 이를 지키지 못하는 경우는 거의 없었다. 캔비가 덧붙이듯이, '같은 계층 사람과의 우정과 정중한 연애에서 얻지 못하는 것을 소년들은 다른 데서 추구했다. 육체적인 매력을 숨김없이 추구할 수 있는 여자들, 소위 매춘부들(은어로 Chippies)을 찾아 유원지나 밤거리를 배회했다.' 그러면서도 같은 계급의 "숙녀"들은 다른 식으로 생각하고, 입맞춤이 사실상 청혼이나 다름없다는 관례를 따랐다.

물론 '보호받는 숙녀'라는 관념이 전체 여성 인구의 20.4퍼센트가 생계 노동에 종사하는 현실에서 유지되기란 쉽지 않았다. 이 불행한 현실을 당대의 도덕가들은 무척 염려했다. 사무실에서 일하는 여성의 수가 꾸준히 증가하자, 이들을 불우한 경제적 환경의 희생자로 보는 시선이 많아졌다. 아버지들이 딸들을 제대로 부양하기 어려운 처지에 있는 가엾은 여성들이라고 이해한 것이다. 그러면서 무례한 사업가와의 피치 못할 관계로 인해 그들의 순결함이 더럽혀지지 않길 바랐다.

"유리한 처지"에 있지 못해서 주급 6~8달러라는 낮은 임금(1950년대 돈으로 대략 18~25달러에 해당하는)을 받으면서 상점과 공장에서 일하던 수백만 여성들은 섬뜩한 유혹에 넘어가기 쉽다고 여겨졌다. 오 헨리의 가슴 아픈 단편소설[「미완성 스토리An Unfinished Story」]에 등장하는 가난한 여점원은 자기 방에 하르툼의 키치너 경 초상을 남성적 기사도 정신의 화신으로 여기고 간직하지만, 쥐꼬리만 한 봉급으로 굶주림에 허덕이는 그녀는 '돼지(piggy)'라는 이름의 저질 무뢰한에게 순결을 빼앗긴다.

'가엾은' 처지의 여성으로 말하자면, 하녀로 일한 무수한 여성들도 빼놓을 수 없다. 하지만 도시에서 일한 하녀들은 대부분 이민자나 흑인이었으므로 더 나은 운명을 기대하기는 어려웠다. 어찌 되었건 간에, 이들은 쉴 틈이 거의 없었기 때문에 유혹당할 일도 없었다. 시골 마을의 하녀는 농부의 딸인 경우가 많았다. 누구나 바라듯이, 이들은 순결을 간직한 채 곧 사무원이나 철도청 직원과 결혼하여 살림을 꾸려 나갈 이들이었다. (덧붙이자면, 남부 지방을 제외하면 이런 하녀들의 근무지는 소수의 부잣집으로 국한되었다. 실제로 이들이 어떤 대접을 받았든지 간에, 미국 민주주의 사상을 옹호하는 견해에서 이들은 '여자 애들'로, 혹은 교양이 좀 떨어지는 집단에서는 '도우미'로 통했다.)

'하르툼의 키치너 경' (1850~1916). 영국의 군인으로, 동수단의 지사와 이집트 군사령관 등을 지냈고, 보어 전쟁과 제1차 세계대전에 참전했다. 덥수룩한 수염에 검지손가락을 앞으로 내밀고 "조국은 당신을 필요로 한다!"고 말하는 모병 포스터의 모델로 유명하다.

불우한 환경 때문에 '잘 자란' 아가씨가 어쩔 수 없이 생계 노동을 해야 한다면, 학교 선생님이나 음악 선생님, 정규 간호사 등의 직업이 적당하다고 여겨졌다. 재능이 있다면 작가나 예술가, 가

수, 오페라 성악가도 될 수 있었다. 무대에 서는 여성도 있었다. 하지만 여기에는 사회적 지위의 추락이라는 상당한 위험이 뒤따랐다. 여배우들은 대개 제일 '헤프다'고 알려졌기 때문이다.(여성의 경제적 지위와 기회에 관한 논의에서, 성적인 가치를 기준으로 한 여성 직업의 영향은 빈번하게 거론되었다.)

모든 반대를 무릅쓰고 타오르는 열정으로 의사 같은 다른 직업에 몰두한 개척자들도 있었다. 이들은 여자답지 않다는 이유로 괴짜로 여겨지지 않은 예외적인 집단에 속했고, 이들의 결정에 대한 비판이라야 돈을 벌기 시작한 여자는 자기 생각밖에 안 해서 아버지를 쓸데없이 당황시킨다는 정도였다. 혹여 아버지가 딸을 부양할 능력이 없다고 여기는 사람이 있을지도 모르기 때문이다. 여성에게 가장 안전하고도 최선의 길이라고 합의된 일반적인 견해는, 집에 있으면서 어머니를 도와 가사를 담당하며 '적당한 남자'를 기다리는 것이었다.

프로이트 이후 이러한 규범 때문에 감정이 억눌려 신경증이 양산되었을 거란 추측이 나올 법하다. 하지만 캔비는 『확신의 시대 *The Age of Confidence*』에서 전체적으로 볼 때 그 같은 추측은 사실이 아니라고 주장했는데, 그의 의견이 맞는 것 같다. 과묵과 억제라는 규칙이 수많은 인생에 상처를 주었다 해도, 대다수의 사람들이 그러한 규범을 따르는 삶을 솔직하고 성적으로 비교적 자유롭게 사는 삶에 비해 눈에 띌 정도로 힘들어 하지는 않았다. 물론 규범에는 불행한 측면이 있었다.

남자들의 흡연실 대화를 제외하고는 성적 기능을 둘러싼 침묵이 너무나 냉혹하게 지켜졌기 때문에, 거의 모든 미국 여성은 성에 대해 막연한 짐작만으로, 종종 극도로 겁을 먹은 상태에서 결혼 생활을 시작했다. 대부분의 기혼 여성에게 성생활은 해가 갈수록 불쾌한 강요로 남았다. 아이를 낳을 의무와 권리를 이유로, 남편에게는 충족시켜야 할 짐승 같은 본능이 있다는 이유로(품행 나쁜 여자들과의 모험에 빠져들지 않도록), 감수하는 것이 부부 관계였다.

그러나 당시 이미 이혼율이 상승하고 있었다. 1900년에는 결혼한 12.7쌍 중 한 쌍이 이혼했는데, 전후 비정상적인 시기였던 1946년에는 2.6쌍에 한 쌍, 비교적 정상으로 회복된 1949년에는 4.1쌍에 한 쌍이 이혼을 했다. 하지만 1900년의 수치도 평균적인 미국 사회가 이혼에 대해 품었던 악의적인 혐오감이 얼마나 컸는지 알려 주지는 못한다. 결혼 생활이 양쪽에게 모두 악몽이더라도, 계속 유지되어야만 했다. 이것이 여론의 판결이었다.

그 결과, 소도시든 대도시든지 간에 불화가 너무 심해서 오랫동안 서로 얘기하지 않고 지내면서도, 계속 한 집에 살면서 같은 테이블에서 식사하고 아이들을 키우며 심지어 한 침대를 쓰는 중년 또는 초로의 부부를 쉽게 볼 수 있었다. 자신들이 선善으로 향하는 유일한 길을 걷고 있다는 확고한 신념을 갖고서 말이다.

서부 근교에 사는 어려움

만일 지금 타임머신을 타고 1900년의 미국으로 거슬러 올라간다면, 얼마 지나지 않아 당시의 도시와 마을이 지금에 비해 얼마나 작았는지 보고 놀랄 것이다. 1900년도 그해에 미국 본토의 인구는 50년 뒤의 절반에 불과했다. 1950년에는 미국의 인구가 1억5천만 명을 조금 넘는데, 당시에는 7,600만에도 못 미쳤다.〔지금 미국 인구는 2007년 기준 3억 명이다.〕지금은 촌락들이 자리 잡은 허허벌판과 장차 소도시로 성장할 마을들이 눈에 띄겠지만, 오늘날의 모습과 비교하여 두드러지게 변화한 곳은 대도시와 그 근교이다. 특히 서부 해안과 텍사스의 도시들이 그러하다.

당시 급성장 중이던 캘리포니아의 소도시 로스앤젤레스의 인구
는 고작 10만2,489명이었다. 이는 1950년 인구의 약 19분의 1에
해당한다.〔그 후로도 LA는 급성장해서 2000년 인구가 384만 명으로 미
국 내 인구 순위 2위를 차지했다.〕 1899년 『베데커 가이드북』〔독일의
카를 베데커 회사에서 발행하는 여행 안내서로, 1832년 이래 각국의 여
행 안내서를 발행하고 있다.〕에 따르면, 10년 사이에 '아도비 벽돌
〔진흙벽돌〕로 지어진 가옥들은 석재와 벽돌로 된 상업 지역과 우
아한 나무로 지어진 주거지역에 자리를 내주었다.'고 되어 있다.
텍사스의 아주 작은 도시였던 휴스턴에는 4만4,633명의 주민이 살
았다. 이 숫자가 1950년에는 13배나 불어났다. 또 다른 작은 도시
댈러스에는 4만2,638명이 거주했는데, 1950년에는 주민이 10배 이
상 늘었다.

서부 지역의 인구가 이처럼 적었다는 사실은 당시 미국 산업과
문화단체가 얼마나 동부 쪽에 쏠려 있었는지 말해 준다. 그런데
이 동부 도시들에서조차 오늘날 도시에서는 당연한 요소들을 찾
아보기 힘들었다. 고층 건물을 예로 들어 보자. 당시 이 나라에서
제일 높은 건물은 뉴욕 시 센트럴 공원 근처에 있는 29층짜리 이
빈스 신디케이트 빌딩으로, 첨탑을 포함하여 전체 높이가 약 116
미터였다. 뉴욕 방문객들이 아직 "그 유명한 스카이
라인"에 감탄하기 전이었다. 다른 도시에서는 10~12
층짜리 건물도 놀라움의 대상이었다.

1900년대 초반
이빈스 신디케이트
빌딩.

전기로 된 가로등도 거의 없었다. 대부분의 미국
도시에서 해질 무렵이면 사다리를 들고 가는 점등원
의 모습을 흔하게 볼 수 있었다. 점등원은 사다리를
가로등 기둥에 걸쳐 놓고 올라가 가스등에 불을 붙였

다. 전등 조명 광고도 아직 드물었
다. 뉴요커들은 5번 가와 브로드웨
이 23번 가에 위치한, 나중에 플래
타이언 빌딩이 들어서게 될 자리에
놓인, 대형 하인즈 광고판에 놀라
움을 금치 못했다. 녹색 전구로 거
대한 피클을 형상화한 이 15미터짜

바로 그 **하인즈**
광고판!

리 광고판은, 그 위를 가로질러 하얀 전구가 '하인즈'라는 문구를
밝혔으며, 그 아래로 "57가지 맛"과 같은 슬로건이 깜빡였다. 이는
실로 선구적인 광경이었다. 브로드웨이가 진정한 불야성 거리로
태어나기 전의 일이었으니 말이다.

 도시의 대중교통 수단을 보자면, 완공된 지하철은 단 하나, 보
스턴에 있는 짧은 노선뿐이었고, 1900년 뉴욕 지하철이 착공되었
다. 뉴욕과 시카고에 엄청난 고가철도가 생길 무렵, 미국 소도시민
들은 대부분 경전차를 이용했다.(뉴욕은 증기로 돌리던 노선에 이제
막 전력을 공급하기 시작한 참이었다.) 전차 바퀴가 길모퉁이를 돌
때 내는 날카로운 굉음이 시골 사람들에겐 현대 문명의 진정한 서
곡으로 들렸을 것이다. 노선 전차 붐이 일었다. 금융 전문지들은
신규 전차회사의 증권 광고로 꽉 찼다. 시가 전차 철도 개발에 투
자하는 것은 미국의 원대한 미래에 투자하는 것이나 다름없었다.

 각 도시는 중심부 외곽에 주택가를 두었는
데, 모두 철도나 전차 노선에서 걸어 다닐 수
있을 정도의 거리에 있었다. 한 세대 또는 두
세대가 사는 집들이 늘어선 긴 구역들이 비어
있던 부지와 벌판에 을씨년스럽게 들어섰다.
형편이 나은 이들은 쾌적한 잔디로 둘러싸인

1900년 무렵
워싱턴 교외 지역을
오간 **경전차**.

집에 살았다. 교외의 소도시에서 직장까지 검댕투성이가 되는 철도를 이용하는 통근자들도 많았다. 하지만, 도시 외곽 지역은 다가올 자동차 시대의 교외 지역과는 많은 차이가 있었다.

철도나 전차에서 몇 킬로미터 떨어져 산다는 것은, 역에 마차를 대기시킬 수 있거나 유별나게 튼튼한 다리를 가진 뚜벅이들에게나 가능한 일이었다. 마차만 해도 마부를 고용할 능력이 없다면 아주 불편한 수단이었다. 그렇기 때문에 근교 지역은 규모가 작았고, 그 주위엔 황량한 벌판이 펼쳐져 있었다. 1900년의 통근자로서는, 주일 산책을 하러 갔던 들판과 숲에 한 세대도 지나지 않아 수백 개의 교외 별장이 들어설 거라는 생각만큼 믿기 어려운 것도 없었을 것이다. 하지만 도래하는 자동차 시대엔 그런 데 가는 건 별일도 아닌 것이 된다.

부자는 별장으로, 서민은 유원지로

도시를 떠나 시골로 가면서 현대의 시선으로 주변을 둘러보다 보면 의아해지는 점이 있다. 시골로 가더라도 도시인들의 여름 별장이 별로 없다는 것이다. 물론 부자들은 각자 휴가용 휴양지가 있었다. 메인 주 연안 건너 군도에 있는 바 하버, 아일보로, 노스 헤이븐, 보스턴 북쪽 해안선을 따라 있는 네이헌트, 베벌리, 맨체스터, 버셔즈의 레녹스, 뉴욕 지역의 턱시도 파크, 레이크우드, 체다허스트, 새로이 뜨는 롱 아일랜드 북쪽 해안, 애틀랜틱 시티와 케이프 메이, 버지니아의 스프링스와 웨스트 버지니아, 경마 시즌에는 사라토가 스프링스, 겨울철엔 팜 비치, 웨스트 코스트의 샌타 바버라 등은 부자들의 단골 휴양지였다. 이 휴양지 중 압도적인 수가 북동부에 치우쳐 있는 이유는 분명하다. 멋진 휴가를 보내고자 대부분의 남부 사람들은 가능하면 북쪽으로, 서부인들은 동쪽으로 이동했기 때문이다. 이후 따스한 겨울 날씨 덕에 쾌적한 휴양지로 인기가 높아진 곳들은 당시에는 주로 건강을 돌보는 보양지로만 알려져 있었다. 1899년판 『베데커 가이드북』에는 다음과 같이 되어 있다.

> 유명한 겨울 휴양지들은 플로리다, 캘리포니아, 캐롤라이나, 조지아, 버지니아 주 등에 있다. 이 지역을 방문하는 환자들 중 상당수는 소비 풍조의 희생물이 되지만, 통풍, 류머티즘, 신경쇠약증, 위황병〔철 결핍성 빈혈증〕, 빈혈, 신장 질환, 심장병, 불면증, 만성 기관지염, 천식, 과로 등의 환자들은 눈에 띄게 호전된다. ……

이 책자는 특히 환자들에게 캘리포니아 주에 있는 로스 앤젤레스, 샌타 바버라, 샌 디에고, 샌 버나디노를 추천했다. '폐가 약한 사람들'에겐 로키 산맥 지대의 콜로라도 스프링스, 조지아 주의 토머스빌, 사우스 캐롤라이나 주의 에이켄을 추천했다.

대부분의 주요 휴양지에는 멋진 별장들이 있었고, 그중 몇몇은 호화롭기까지 했다. 야생의 대자연에 특별한 취미가 있던 수많은 부유한 가문들이〔겨울철 스포츠와 관광지로 유명한 뉴욕 주 북동부에 있는 산림 지역인〕 애디론댁의 넓은 지대를 사서 호화로운 '야영장'을 만들고 싶어 했다. 이와 달리 케이프 코드나 화이트 마운틴, 미시간 호숫가, 바위투성이의 몬트레이 해안 등 꾸밈없는 경관을 좋아하는 사람들은 두세 달쯤 머물 수 있는 비교적 수수한 별장을 짓고자 했다.

하지만 그러려면 두 가지를 고려해야 했다. 하나는 철도 접근

20세기 초
캘리포니아 주 남부
샌디에이고의
호텔과 **휴양지** 풍경.

성, 다른 하나는 오직 소수에게만 허락된 시간적 여유라는 것이었다. 여름 별장 짓기 붐은 이제 막 시작 단계였다. 1950년의 별장 수와 비교해 보면, 아직 10분의 1 정도에 불과했다. 아직까지는 대형 여름 휴양지 호텔의 전성시대였다. 휴가를 보내려는 부유층이 일주일에서 한 달 정도 단기간 머무르려고 방문했다. 망루와 작은 탑에, 깃발들이 휘날리는 깎아지른 듯한 호텔에는 넓은 광장과 융단이 끝없이 깔린 회랑, 엄청나게 넓은 식당이 있었다. 식당에서는 양이 많은 미국식 식사를 제공했다. 샐러리와 올리브로 시작해서 수프와 생선, 로스트비프를 거쳐 아이스크림, 케이크, 견과류로 마무리하는 메뉴였다. 식사 중간에 식욕을 돋우고자 입가심 삼아 먹는 셔벗도 포함되었다.

이렇게 뼈근한 규모가 부담스러운 사람들을 위해서는 셀 수 없이 많은 기숙사가 마련되어 있었다. 해변이나 호숫가를 따라 여기저기 몰려 있는 조그마한 지붕이 덮인 통나무집 현관에는 나른함을 즐기는 학교 선생들이 있었고, 잔디밭에서는 학생들이 크로케 경기를 했다. 기숙사들은 저마다 감상적이거나 익살맞은 간판을 내걸었다. 예를 들어, '들러 가 오두막(Bide-a-Wee Cottage)'('By the way'와 발음이 비슷하다.), '오세요 여관(Doocum Inn)'('Do Come In'과 발음이 비슷하다.) 이런 식이었다.

하지만 이도 저도 안 되는 사람들, 곧 상위 소득층에 속하지 않는 압도적 다수의 미국인들은 뜨거운 여름 내내 그냥 집을 지켰다. 차가 없던 그들은 나이아가라 폭포나 애틀랜틱 시티행 보통 객차를 특별 할인된 요금으로 관광하는 것으로 만족해야 했다. 아니, 지붕이 없는 전차를 타고 도시를 벗어나 노선 끝에 있는 유원지인 트롤리 파크로 가끔 소풍 가는 것으로 때우는 경우가 더 많았다.

미국에는 아직 즐길 만한 장소가 많았다. 수천 킬로미터를 뻗은 해안선, 수백 개의 호수와 강, 수백 개의 산에서 어느 누구의 허가도 받지 않고 마음대로 야영하고 수영하며 사냥과 낚시를 즐기며 탐험할 수 있었다. 어떻게든 그곳에 갈 수만 있다면 말이다.

이때 벌써 미국인이 수세대에 걸쳐 땅을 정복하며 국토를 훼손하고 있다고 지적한, 선견지명을 가진 자연보호주의자들이 있었다. 이들은 숲이 토막토막 난도질당하고, 농지가 오남용되며, 자연 자원이 전 국토에 걸쳐 약탈되고 있다고 지적하며, 자원을 보존하면서 사람들에게 휴식 공간을 제공하려면 국립공원이 필요하다고 주장했다.

하지만 대부분의 사람들에게 이러한 경고는 이해하기 어려운 것이었다. 목재상이 어느 숲을 망가뜨렸다면, 다른 숲에 가서 놀면 된다는 식이었다. 별장 소유자가 어느 바닷가를 사들인다면, 누구에게나 자유롭게 개방된 다른 해변으로 가면 되었다. 자연이 주는 아낌없는 혜택은 끝이 없어 보였다. 〔미국의 저명한 경제학자 겸 공학자〕 스튜어트 체이스가 오랜 세월이 지난 뒤 언급했듯이, 당시의 지배적인 태도는 그야말로 '미친 모자 장수Mad Hatter'〔「이상한 나라의

1894년 개장한 **트롤리 파크**는 미국에서 여덟 번째로 오래된 놀이 공원으로, 세계에서 가장 오래된 목제 롤러코스터로 유명하다.

앨리스」의 등장인물로 미친 사람을 비꼬는 표현〕 같았다. 이 찻잔이
더러워지면 다른 찻잔을 사용한 미친 모자 장수 말이다.

여름 별장에 이르는 머나먼 여정

여름용 별장을 소유할 정도로 운이 좋은 소수에 속하더라도, 별장
으로 출발하는 의식은 복잡했다. 우선, 도시에 사는 집은 떠나기
전 철저한 청소와 분해 과정을 거쳐야 했는데, 이는 며칠씩 걸리
는 일이었다. 출발 하루 전날에는, 운송회사 직원이 수많은 짐 궤
짝을 가지러 들렀다. 1900년 당시 사람들이 여행 가방 몇 개만 달
랑 들고 몇 주간 휴가를 떠나는 요즘 휴가객들의 모습을 보았다면
깜짝 놀랐을 것이다. 드디어 거사일 아침이 되면 가족들은 가방과
외투, 우산, 그 외에 낚시 도구, 골프 클럽, 개, 고양이, 카나리아
새장 등의 짐을 싸안은 채, 한 필 혹은 두 필이 끄는 마차를 타고
역으로 출발했다.

그 다음엔 내부를 체스터 아서〔1880년 부통령에 당선된 뒤 이듬해
가필드 대통령이 암살당해 대통령직을 승계한 미국의 제21대 대통령〕

1890년대 **풀먼식
객차** 내부.

시대 풍으로 공들여 장식한 엄청나게 호화로운 풀
먼식 차량〔19세기 후반 미국의 발명가 조지 풀먼이 고
안한 기차 객차〕이나, 승강구가 열려 있는 석탄으로
더러워진 보통 객차 중 하나에 올라타서 기나긴 여
정을 시작했다.

드디어 꿈에 그리던 목적지 인근에 도착하면, 가
족들은 햇볕에 달궈진 플랫폼에 내려서서 소지품
들을 챙긴 뒤 짐을 실어 놓은 커다란 3인승 마차로
옮겨 탄다. 그 뒤를 궤짝을 실은 더 큰 짐마차가 따

른다. 10킬로미터를 가는 데 1시간 정도 걸린다. 공동묘지 옆에 모래투성이 길이 있어서 말들이 긴장한 데다, 긴 비탈길을 몇 개나 지나기 때문이다. 지금이야 자동차로 쉽게 오르막을 오르지만 그때야 어디 그랬나.

짐 궤짝을 실은 마차가 별장의 옆쪽 현관에 도착할 무렵이면, 가족들은 온통 먼지를 뒤집어쓰고 땀에 전 상태가 된다. 그러나 가족용 뷰익에 짐을 꽉꽉 싣고 500킬로미터씩 여행하는 그들의 손자 세대보다 그들이 더 기진맥진했는지는 그다지 확실하지 않다.

당시 도시에서 자란 아이들에게 시골에서 마주치는 농부들은 다른 인종처럼 느껴졌을 터. 쓰는 말 빼고는 모든 것이 이질적이었다. 왜 안 그렇겠는가. 자동차도 라디오도 없고, 시골 무료 배송 같은 것도 없고, 발행 부수가 많은 대중잡지도 없었으니 말이다. 대부분의 시골 사람들은 초등학교 수준의 교육밖에 받지 못했다. 게다가 도시로 갈 기회가 있다손 치더라도 극히 드물었기에, 시골에 고립되어 갇혀 지내는 거나 다름없었다. 이미 살펴보았듯이, 그들이 아는 세상은 후대 자손들에게 영향을 미친 힘보다 더 이해 가능하고 그래서 덜 무서운 힘으로 돌아갔지만, 그만큼 믿기지 않을 정도로 제한적이었다.

전기가 없다는 것이 어떤 건지

1900년의 미국이 어떠했는지 살펴보다 보면, 요즘엔 흔해 빠진 '필수품들'이 당시엔 얼마나 부족하고 없었는지 거듭 깨닫게 된다.

전기 시설과 장비만 해도 그렇다. 진짜 부유한 사람들이 사는 대부분의 도시 주택에는 전력이 공급되었다. 하지만 새 집을 짓는 사람들이 갑자기 전력이 끊길 경우에 대비한 예비용 가스등 없이 곧장 전등을 설치하기 시작한 지 얼마 되지 않았다. 대다수의 집들은 소도시를 포함한 도시에서는 가스, 시골에서는 석유램프로 불을 밝혔다. 더 구세대에 속하는 미국인들은 저녁때 위층으로 올라간 뒤 아래층의 가스버너를 정말로 완전히 껐는지 걱정하며 마음을 졸이는 게 어떤 기분인지 아직도 기억한다. 시골의 아낙네가 늘 하던 잡일 중에는 램프에 기름 채우는 일이 있었다. 당시 집안의 자존심을 세워주는 품목으로 웰즈바흐 버너라는 것이 있었는데, 이 버너 하나면 온 가족이 거실 탁자에 둘러앉아 책을 읽을 수 있었다.

전기냉장고는 물론 없었고, 세탁기와 급속 냉동 기구는 더 말할 나위도 없다. 그 대신, 농민과 여름 별장에 머물러 오는 이들에게는 얼음 창고가 있었다. 겨울에 근처의 못이나 강에서 잘라

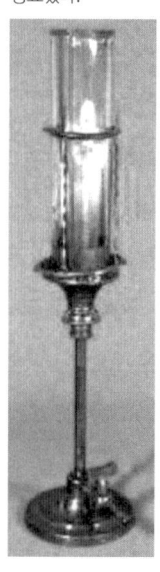

웰즈바흐 버너.
버너에 불을 붙이면
백열전구처럼 빛을
발산한 가스버너
상표였다.

오거나, 북부 지방에서 남부 지방으로 배를 통해 들여온 커다란 얼음 덩어리를 톱밥에 깊이 묻어 두었다가 여름에 쓰는 것이다. 얼음이 필요하면 얼음 창고에 가서 톱밥을 치우고 얼음을 집게로 집어 주방용 냉동고로 날랐다. 얼음회사의 마차가 집 앞까지 와서, 배달부가 커다란 얼음 덩어리를 집 안 냉동고에 채워 주는 도시와 크게 다르지 않았다.

철도에 냉장차가 생긴 지는 오래되었지만, 신선한 과일과 채소를 실어 나르는 국가 차원의 장거리 수송은 아직 초기 단계였다. 그러므로 당시의 일상적인 미국 식생활은 50년 이후 사람 눈에는 충격적으로 비칠 수 있다. 대부분의 지역 사람들이 늦가을부터 늦봄까지 사실상 신선한 과일이나 녹색 채소 없이 살았다. 이 시기엔 주로 파이나 도넛, 감자, 핫 브레드 등 요즘 사람들은 좀처럼 먹으려 하지 않는 녹말 음식들을 섭취했다. 그 결과, 무수한 미국인들이 늦겨울부터 초봄 사이의 기간을 나른하고 굼뜬 상태로 보

냈다. 섭취하는 음식에 비타민이 부족했기 때문이다. 후대 사람들이 새로운 세기로 접어든 1900년의 겨울을 평균적인 미국 가정에서 지낸다면, 얼마 지나지 않아 오렌지나 토마토 주스, 신선한 양상추, 자몽 등 당시에는 구할 수 없던 식품들을 몹시 그리워하게될 것이다.

목욕은 '주중 행사'

세기가 바뀔 무렵, 부유층이 사는 도시 저택에서는 수돗물과 욕조, 수세식 변기를 볼 수 있었다. 상류사회 거리에 있는 고급 주택들에도 아직 욕실은 하나뿐이었지만 말이다. 그러나 소수의 대농장 주인들을 제외한 농부나 공장 노동자들은 이러한 사치를 꿈도 꾸지 못했을뿐더러, 도시 송수관과 하수관이 닿지 않는 지역에서는 부유층의 품위 있는 집에조차 욕실 구경을 하기 어려웠다. 이런 곳에서는 침실에 물주전자와 대야를 두고 씻었고, 대야에서 사용한 물은 요강에 부었다가 그날 내로 비웠다. 아침 식사 뒤에는 집 뒤편에 있는 옥외 화장실을 사용했다.

이 시대를 생생하게 기록한 책 『경솔함의 시대*The Age of Indiscretion*』에서, [1920년대 중반부터 활동한 작가 겸 저널리스트] 클라이드 브라이언 데이비스는 이렇게 기록한다. 미국 중서부의 미주리 주 칠러코시에 산다면, 이따금씩 칠러코시의 주민인 미주리 주지사가 "실크해트나 프록코트를 걸치지 않고, 단추를 채우지 않은 옅은 황갈색 조끼를 입은 채, 가슴께가 빳빳한 셔츠는 바지 바깥으로 삐져나오고 소매 단추가 풀러진" 모습으로, 마치 깊은 사색에 잠긴 것 같은 표정으로 옥외 화장실로 어슬렁거리며 걸어가는 장면을 목격하며 정치적 소양을 넓혔을지도 모른다고 말이다.

1907년 버펄로에
세워진 **스태틀러
호텔**.

그러면 혹시, 호사스런 호텔에 추가 요금을 내면 개인 욕실이 딸린 방을 얻을 수 있지 않을까. 그러나 이것도 [미국의 전설적인 호텔 사업가] 엘스워스 스태틀러가 1907년 뉴욕 주 버펄로에 미국 최초의 호텔을 세워, 개인 욕실이 딸린 방을 모든 투숙객에게 적당한 가격으로 제공한 다음에나 가능한 이야기이다. 또, 1916년에 두 겹으로 에나멜을 입힌 욕조가 대량생산 체계에 돌입하여, 1900년에 표준적인 물품이던 가장자리를 둥글리고 집게발을 단 색칠한 주철 욕조를 대신하고 나서야 가능했던 일이다.

1950년대에 거꾸로 시간 여행을 떠난 방문객이라면, 주철 욕조 시대에 신체를 청결히 하는 것이 1950년대만큼 쉽지 않음을 깨달을 것이다. [이 책은 1950년대 초에 1900년으로 타임머신을 타고 돌아가는 형식으로 씌어졌다.] 당시 수많은 미국인이 일주일에 단 한 차례 '주중 행사'로 토요일 밤에 따뜻한 물에 들어가 목욕했다면, 이는 욕실이 극히 드물었기 때문이다.

그리고 오늘날의 시각으로 보면 무척 불결하다고 할 관습이 당시에는 존재했다. 동부 도시에서 교육을 잘 받고 자란 사람들은, 당시만 해도 가래나 침을 뱉는 타구가 간부의 책상 옆에 놓이는 일반적인 사무실 용품이었음에도 불구하고, 여러 사람이 모인 데서 침 뱉는 것을 좋게 여기지 않았다. 하지만 서부나 남부, 특히 소도시와 소읍에서는 침 뱉는 행위가 강인한 남성의 특권이었다. 타구는 어디에나 있었다. 사무실, 호텔, 공공건물뿐 아니라 지도층 인사의 거실에도 타구가 있었다. 타구가 너무 멀리 있어서 가기 귀찮으면, 스스로 청결하다고 믿는 사람들도 별 거리낌 없이 마룻바닥이나 벽난로에 침을 뱉는 것을 특권으로 여겼다. 남자들 대부분이 꽤 먼 거리에서 침을 뱉어 타구에 명중시키는 것을 자랑으로 삼았다.

1900년 이래, 미국에서 이러한 구습이 사라지게 된 것은 흡연량의 변화가 끼친 영향이 크다. 1900년, 미국 인구가 1950년의 절반이던 시절에 미국의 흡연 인구는 시가, 파이프 담배, 씹는담배 순으로 많았다. 종이로 가늘고 길게 만 궐련의 소비량은 50년 뒤의 100분의 1에 불과했다.(1900년 40억 개이던 미국의 궐련 생산량은, 1949년에 3,840억 개로 급증했다.)

1900년, 전화는 다루기 힘들고 희귀한 물건이었다. 사무실이나 새로운 기계장치 사용을 즐기는 부유층 집에서나 볼 수 있었다. 1950년 말에 미국의 전화기 대수는 4,300만에 이르지만, 당시엔 나라 전체에 133만5,911대밖에 없었다. 중부 인디애나 주의 먼시에서는 전화를 쓸 때 '이름으로 묻지 말고 전화번호부를 참조하라'는 기사가 신문에 실렸다. 대부분의 사람들은 인간적 소통을 가능하게 해주는 비인간적인 수화기에 익숙하지 않아서, 벨이 울리면 주부들은 예의를 차려 "네, 갑니다, 가요!"라고 소리를 질렀다.

20세기 초의 삽화가 찰스 깁슨이 그린 **전화** 받는 여인.

그때는 무얼 보고 수다를 떨었지?

훗날 모든 계층과 신분의 미국인에게 비슷한 정보와 생각, 관심사를 제공하는 대중매체 역시 턱없이 부족했다. 향후 20년 동안에는 라디오도 없었다. 극히 한정된 사람들을 제외하고는, 1945년이 되어도 텔레비전을 마음대로 볼 수 없었다. 보드빌〔춤과 노래가 어우러지는 가볍고 풍자적인 통속 희극〕 극장이나 저속한 쇼를 하는 곳에서 종종 조잡한 영화를 볼 수는 있었다.

하지만 이야기의 전개가 있는 최초의 영화 〈열차 강도 사건*The Great Train Robbery*〉이 나온 것은 3년 뒤의 일이다.

발행 부수 100만 부를 넘기는 잡지도 아직 없었다. 《더 센추리 *The Century*》, 《하퍼스*Harper's*》, 《스크리브너스*Scribner's*》 등 지적 취향을 가진 교양 있는 독자들을 위한 점잖고 세련된 정기간행물들이 잡지계를 평정하던 시절은 이미 저물고 있었다. 먼세이(Frank Andrew Munsey)와 커티스(Cyrus Hermann Kotzschmar Curtis), 맥클루어(Samuel Sidney McClure)는, 덜 문학적이지만 더 인간적이고 대중적인 내용으로 구성된 잡지가 많은 독자들을 끌어들일 수 있음을 보여 주기 시작했다. 곧 이러한 잡지들은 돈벌이가 되는 광고를 따올 수 있었다.

사이러스 커티스는 《레이디스 홈 저널*Ladies' Home Journal*》의 부수를 85만 부까지 끌어 올렸지만, 이는 대중잡지가 전국적인 대규모 광고매체 역할을 할 수 있다는 걸 보여 준 맛보기에 불과했다. 반면, 그가 발행한 또 다른 시사 주간지인 《새터데이 이브닝 포스트*Saturday Evening Post*》는 1900년 독자 수 18만2천 명에, 광고 수입은 6,933달러밖에 안 되었다.

《레이디스 홈 저널》
1901년 1월호.

따라서 이런 주간지가 모든 지역과 분야 사람들의 공통되는 생각과 정보의 보고 역할을 하기에는 분명 한계가 있었다. 메인의 어부와 오하이오의 농부, 시카고의 사업가가 서로 어느 정도는 정치 문제를 토론할 수는 있었지만, 동서부를 가로질러 전국적인 배급망을 가진 신문사가 없는 상태에서 그들이 가진 정보란 서로 기준이 다른 지역신문에서 읽은 기사가 고작일 수밖에 없었다.

라디오와 뉴스 영화 둘 다 없는 상태에서, 그들 중

시카고의 사업가를 제외한 어느 누가 〔미국의 유명한 변호사 겸 정치가〕 윌리엄 제닝스 브라이언의 낭랑한 음성을 직접 들어본 적이 있었을까. 잭 베니와 로체스터(Eddie "Rochester" Anderson)의 대담에 즉각 웃음을 터뜨리거나, 방송에서 그 음성을 듣는 순간 〔가수 겸 배우〕 빙 크로스

1930, 40년대 미국 방송계를 풍미한 라디오TV 코미디 시리즈 〈**잭 베니 프로그램**〉의 주역들. 왼쪽부터 잭 베니, 메리 리빙스턴, 로체스터.

비의 목소리임을 알아채며, 〔1945~1953년에 재임한 미국의 제33대 대통령〕 해리 트루먼뿐 아니라 〔엔터테이너〕 밥 호프, 〔배우〕 반 존슨, 〔배우 겸 가수〕 베티 허튼 등을 곧바로 알아볼 수 있는, 1950년대 사람들 사이에 존재하는 지식의 공통분모가 당시에는 없었다.

대중매체 수단이 모자랐던 만큼, 오늘날의 미국인이 당연하게 받아들이는 사회 시설 역시 부족했다. 독립적인 개체인 개인이 자기 힘으로 혼자서 삶을 꾸려 나가야 한다는 관념에 익숙한 개인주의자들의 나라가 바야흐로 상호 의존의 시대로 이동하고 있었지만, 이러한 현실을 깨닫고 새 시대에 적합한 시설을 조직하는 데에는 시간이 걸렸다. 가령, 중서부에 있는 소도시가 그 도시에 사는 소년에게 제공한 여가와 교육 기회라는 것을 살펴보자. 전통적으로 소년들은 자기 스스로 여가 활동을 찾아야 했다. 전설로 인구에 회자되던 오래된 물웅덩이에서 수영을 하거나, 확 트인 허허벌판에서 야구를 하거나, 근처 숲과 개울에서 사냥과 낚시를 하는 식으로 말이다. 하지만 산업화가 이미 강들을 오염시키고, 미개간 토지에는 건축물이 올라가고 작물이 재배되는 중이었다. 천혜의 놀이 공간은 파괴되었지만, 이를 대신할 오락거리는 거의 제공되지 않았다.

이러한 소도시 소년이 처한 곤경을, 클라이드 브라이언 데이비

1914년 미국에서 결성된 청소년 민간단체인 **4H클럽**의 로고. 4H는 두뇌(Head)·마음 (Heart)·손(Hand) ·건강(Health)이다.

스가 쓴『경솔함의 시대』만큼 잘 묘사한 책이 없다. 데이비스는 이렇게 썼다. 미주리 주의 칠러코시에서 "아이들이 들어가 놀 만 한 물이라고는 익사 사고가 매 계절마다 일어나는 매우 불결한 연 못과, 똑같이 더럽고 위험한 강뿐이었다. 우리가 사는 구역에, 밀 워키 철로 옆에 있는 바퀴 자국투성이의 형편없는 부지를 제외하 고는 야구를 할 만한 장소도 없었다. 테니스나 골프, 배드민턴, 농구도 없었다. 소도시에는 체육관이 하나도 없었고, 고등학교에 는 체육 교육을 할 만한 장소가 전무했다." 고등학교에 있는 작은 반공공 도서관을 제외하면 변변한 공공 도서관도 없었다. YMCA (기독교청년회)도 보이스카우트도 4H클럽도, 학교 밴드나 오케스 트라, 심지어 학교 합창단도 없었다.

공동체의 물리적 성장을 제도적으로 따라잡지 못하는 것은 미 국 사회에서 고질적인 특징으로 보인다. 어쨌든지 간에 1900년의 미국 소도시가 몰아치는 산업 시대의 요구에 부응하지 못한 것은 분명한 사실이다.

부유층의 특권, 스포츠

성격상 조직적인 스포츠의 발전 과정에서도 같은 종류의 뒤처짐 이 목격된다. 개척자 전통과 낡은 미국적 개인주의는 쉽게 죽지 않았다. 미국의 소년과 남자 어른들은 여전히 확 트인 야외에 나 가서 사냥, 낚시, 캠핑, 수영, 승마 등 그때그때 할 수 있는 활동 적인 오락거리를 즐기는 걸로 되어 있었으며, 때로 이런 야외 활 동에서 발전한 사격 같은 경쟁 방식의 오락을 즐겼다. 야구가 국 민 스포츠가 된 지 꽤 되었고 수많은 소년들이 야구를 배웠지만, 어디까지나 지역에서 통하는 동네 야구 수준이었다. 잘하면 소도시

야구팀으로 진출하여 이웃 소도시 팀과 경기할 수도 있었다. 반면, 소녀들은 허약하거나 품위를 고려하여 그러한 거친 활동을 할 수 없다는 게 전통적인 생각이었다. 특별한 복장과 장비가 필요한 단체별 경기는 대개 부자 티를 내는 걸로 여겨졌다. 소도시에 사는 보통 주민들에겐, 소년 소녀들이 감독 체제로 운영되는 경기를 한다는 개념 자체가 꽤 당혹스러웠을 것이다.

1906년부터 20년간 계속된 전미 대학 간 **라크로스** 리그에서 남부 지역 최강자였던 존스 홉킨스 대학의 라크로스팀 포스터. 라크로스는 끝에 그물이 달린 크로스라는 스틱을 써서 상대의 골에 공을 쳐 넣는 구기 경기이다.

그러나 이러한 과거의 전통은 이미 무너지고 있었다. 단체별 경기가 고등학교와 대학교에서 급속히 성장하는 중이었다. 미식축구, 야구(당시에는 나중보다 훨씬 더 명망을 누린 대학 스포츠였다.), 조정, 육상경기, 소규모의 축구와 라크로스 등이 그러했다.(1892년에 만들어진 농구는 아직 비교적 소수에게만 알려진 스포츠였다.) 나이든 사람도 즐길 수 있는 스포츠 중에서는 골프와 테니스가 대중적 인기를 얻으며 빠르게 퍼져 나갔다. 상당수의 사람들은 볼링을 했다. 수십 만 명의 남녀가 여가 활동 삼아 자전거를 탔다. 당시를 되새겨 볼 때, 이러한 스포츠들이 동부에 집중되었으며, 여전히 부유층의 특권쯤으로 여겨졌다는 점이 가장 충격적이다.

예를 들어, 테니스는 압도적인 동부 스포츠였다. 선수권대회는 매년 여름 당시 사교계의 중심지이던 로드 아일랜드의 해안 도시 뉴포트에서 열리는 게 당연했다. 골프는 1893년 〔콜럼버스 도착 400주년 기념〕 만국박람회 때 시카고에 상륙하여 캘리포니아에만 골프 클럽이 이미 스무 개나 생겼지만, 잘 치는 아마추어 선수들은 대개 동부 출신 부자들이었고 최고의 프로들은 거의 스코틀랜드인이었다. 도시의 부와 유행의 영향 바깥에 있던 혈기 왕성한 미국인들은 골프를 아주 얼간이 같은 짓이라고 생각하는 경향이 있었다. 어떤 사업가라

1901년 5월 29일자 《시카고 트리뷴》 지에 실린 하버드 **골프팀**.

1900년 벌어진
예일 대 하버드의
미식축구 경기 티켓.

도, 필드를 왔다 갔다 하면서 조그만 흰색 공을 쫓아다니는 걸 이해할 수 없다는 말 한마디로 사람들을 웃길 수 있었다.

〔럭비와 축구를 혼합한〕 미식축구의 경우, 1900년 당시에는 포워드 패스가 금지되고, 서로 몸싸움을 벌이며 세 번의 다운 안에 4.5미터를 진출하려고 겹겹이 엎어져서 인간 탑을 쌓을 만큼 격렬한 경기였다. 그런데 1900년 11월 25일 일요일자 《뉴욕 타임스》는 꽤 유익한 정보를 준다. 제1면 오른쪽 열을 보면, 전날 오후 예일대 미식축구 팀이 그해의 명실상부한 챔피언으로 등극했음을 알 수 있다. 프린스턴을 이긴 뒤, 펜실베이니아를 누른 하버드에 승리한 결과였다. 과정은 이렇듯 아주 단순했다.

예일 대 하버드의 경기는 예일대 경기장에서 벌어졌다. 외야석엔 2만 명의 관중이 운집했고, 암표상들은 10달러에서 20달러에 표를 팔았다. 그날 경기를 다룬 《타임스》 기사에서 눈에 쏙 들어오는 것은, '경기에 등장한 사교계 인사들'이라고 뽑은 머리기사이다. "이 도시의 사교계와 클럽계가 어제 경기에 강한 관심을 나타냈다. 참석했던 유명한 남녀 인사들의 명단을 보자면, 명사록 전체의 복사판이다."

1900년에 전국에 걸쳐 대학 미식축구팀들이 있었고, 중서부의 몇몇 팀들이 상당한 위용을 과시했다고 덧붙이는 것이 온당하겠다. 《아우팅 *Outing*》 잡지는 시즌을 재검토하며, 중서부 · 남부 · 태평양 연안 지역의 미식축구 분석에 따로 섹션을 나누어 지면을 할애했다. 그래도 《뉴욕 타임스》 같은 데서 최고로 치는 팀은 확실히 정해져 있었다. 《뉴욕 타임스》는 예일 선수 4명, 하버드 2명, 코넬 · 컬럼비아 · 라파예트 · 펜실베이니아 · 웨스트 포인트 선수

각 한 명씩으로 구성된 '올 아메리카 팀'을 선정했다. (말이 나온 김에 덧붙이자면, 노르트담 대학 선수 출신인 아서 호프가 정리한 대학 역사에 따르면, 1896년 가을에 프랭크 허링이 인디애나 주 노트르담에 미식축구 코치로 갔을 때만 해도 선수들을 운동장에 집합시키는 것조차 매우 힘든 상황이었다고 한다.)

동부 기록자들의 생색내는 듯한 겸양을 감안하더라도, 세기가 넘어가던 해에 미국의 스포츠는 동부에 집중되었고, 대중들이 스포츠를 상류사회의 아우라에 둘러싸인 것으로 여겼다는 증거는 숨길 수 없다. 지방 코트에서 테니스 챔피언이 나오고, 일반 대중들 사이에서 골프 우승자가 나오게 된 것은 한참 뒤의 일이다. 노련한 대학팀들이 거대한 스타디움에서 하도 경기를 많이 해서, 미국 대표팀으로 꼽힌 열한 명의 선수가 동시에 두세 명 이상 나오는 경기는 보기 힘들게 되는 시절도 아직 멀었다. 캘리포니아가 여러 스포츠에서 잇따라 정상을 석권하고, 전국적으로 수천 개의 고등학교 농구팀이 조직되며, 수천만은 족히 넘을 것으로 추산되는 미국 남녀가 이따금씩 저녁 볼링을 즐길 정도가 되는 것도 먼 미래의 얘기이다.

2 특권층의 호사스러움

카네기의 1900년 소득

1900년과 50년 뒤 미국인의 삶에 일어난 가장 큰 변화는 아마도 소득, 생활 방식, 공동체 내 신분 등에서 심화된 빈부 격차일 것이다. 새로운 100년을 맞이하는 시점에서 부와 가난 사이에 놓인 심연은 엄청나게 깊었다.

이 차이를 지적하는 데 도움이 될 만한 실례를 들어 보자. 앞에서 이미 '강철왕' 앤드루 카네기의 수입을 언급한 적이 있다. 1900년에 카네기는 자신의 거대한 철강회사 주식을 58.5퍼센트 보유한 상태였다. 회사는 그해 4천만 달러의 수익을 올렸다. 따라서 이 수익을 이익으로 배당받든지 아니던지 간에, 카네기의 개인 소득은 '지불해야 할 소득세 없이' 2,300만 달러를 넘고도 남는다. 같은 방식으로 계산하면, 1896년부터 1900년까지 5년 동안 그의 연간 평균 소득은 대략 1천만 달러에 달한다. 게다가 이는 그가 다른 자산에서 얻었을지도 모르는 소득을 포함하지 않은 액수이다.

카네기가 제왕 수준의 소득을 면세로 올릴 당시, 미국 노동자들의 평균 연봉은 400~500달러였다. 어떤 경제 지표에서는 417달러로 계산되기도 하고, 503달러로 추산한 경우도 있다. 이 수치가 최소 소득이 아닌 평균값이라는 점을 명심해야 한다.

(이 수치들을 1950년대 수치로 환산하려면 달러화의 가치 하락을 고려해야 한다. 이것이 정확한 수치를 계산하기 어려운 이유이다. 통계학자들은 물가 상승을 반영한 정밀한 수치를 계산해 낼지 모르지만, 그 당시엔 돈이 상당히 다른 방식으로 사용되었다. 명목상 동일한 물건도 실제로는 아주 달라서 모든 지표를 의심해 봐야 한다. 이 책에서는 편의상 1900년 달러가 1950년 달러 대비 세 배의 구매력을 가졌다고 가정한다. 이것이 현실에 가까운 수치라고 판단되기 때문이다. 1900년의 임금을 요즘 기준으로 환산해 본다면, 1950년에 이 돈으로 구매할 수 있는 수량의 관점에서, 1900년의 평균 임금은 1,200~1,500달러 근처일 것이다. 이는 400~500달러보다는 상황이 한결 나아진 느낌을 준다.〔2000년 기준으로 환산하면 8,500달러 선.〕

하지만 노동자의 임금을 이런 식으로 곱한다면, 앤드류 카네기의 소득도 똑같이 곱해야 할 테니, 그러면 1950년의 구매력 관점에서 카네기의 수입은 6천만 달러 이상이 된다. 여기에다 1900년에는 세금도 면제였다. 1896~1900년 5년 동안 카네기의 연간 수입은 3천만 달러를 넘어선다.)

요컨대, 앤드루 카네기의 연간 소득은 평균적인 미국 노동자의 연간 소득보다 적어도 2만 배는 많았던 것이다.

여기서 당시 미국 사회의 근본적인 명암을 볼 수 있다. 앤드루 카네기는 그 시절 최고의 부자 중 한 명이긴 했지만, 그 외에 100만 달러대의 소득을 올리는 사람도 적지 않았다. 그들의 생활 방식은 그들의 부를 말해 준다. 그들이 어떻게 살았는지 살펴보자.

부자의 첫째 요건은 왕궁 같은 집

우선, 그들은 왕궁 같은 집을 지었다.

19세기의 마지막 20년간, 미국의 수많은 백만장자들이 부자로서 해야 할 일로 자신의 저택을 궁전같이 짓는 것을 꿈던 시절, 다른 이들이 따라야 할 기준을 만든 이는 밴더빌트 가문이었다. 1880년 대 중반 즈음, 뉴욕 5번 가 웨스트 사이드의 일곱 개 구역 안에 밴더빌트 가문의 거대한 저택이 일곱 채나 있었다. 〔철도 백만장자 코르넬리우스 밴더빌트의 아들인〕윌리엄 헨리의 집이 300만 달러, 〔윌리엄 헨리의 아들인〕윌리엄 K.의 집이 300만 달러 등등 이 대궐 같은 저택들의 가격이 공시된 보고서를 보면 이의를 제기할지도 모른다. 하지만, 그들 사이에서는 이 일곱 채의 저택이 1,200만 달러가 넘는 밴더빌트 일가의 연간 지출을 상징하는 것임이 틀림없다. (1,200만 달러는 1950년대 가치로 3,600만 달러 이상에 해당한다.)

이 저택들 중 윌리엄 H. 밴더빌트의 집과 그가 딸들인 셰퍼드 부인과 슬로언 부인을 위해 지은 두 채의 집은, 규모를 뺀 모든 면에서 외견상 뉴욕의 브라운스톤〔갈색 사암으로 지은 집〕전통을 따랐다. 하지만 윌리엄 H.의 저택에는 당황스러울 정도로 다양한 조상과 그림, 태피스트리, 항아리 등이 있었다. 모두 영국, 프랑스, 독일, 일본산이었다. 이는 당시 부자들의 문화에 어떤 유형이 형성되고 있었음을 말해 준다. 즉, 미국의 백만장자는 왕처럼 살고자 했는데, 왕은 외국에나 존재하고 왕의 문화 역시 외국에서 비롯된 것이므로, 백만장자는 외국산 가구와 예술 작품에 둘러싸여 살면서 자신의 제왕다운 모습을 보여 주어야 한다는 것이다. 가구나 예술품들은 가능한 한 다양하고 많을수록 좋았다.

19세기 말 뉴욕 5번 가의 명물로 떠오른 밴더빌트 가문의 **윌리엄 K.의 대저택**.

코르넬리우스 밴더빌트의 저택과 윌리
엄 K. 밴더빌트의 저택은 이러한 생각에
서 한 걸음 더 나아갔다. 이 집들은 뉴욕
식 브라운스톤과 외관을 버렸다. 윌리엄
K.의 집은 [미국 건축의 아버지로 불리는]
리처드 모리스 헌트가 [중세 프랑스 왕들

1920년경
코르넬리우스
밴더빌트의 대저택
외관.

이 기거한 성체] 블루아 성을 연상시키는 석회암 저택으로 설계했
다. 부르주에 있는 자크 쾨르의 15세기 프랑스 저택을 더 연상시
키기도 한다. 코르넬리우스의 대저택은 [헌트의 제자인] 조지 포스
트가 벽돌과 석재로 설계했는데, 마찬가지로 블루아를 떠올리게
한다. 둘 다 화려한 건물로 5번 가의 자랑이었다.

그러나, 집이란 그 안에 거주하는 사람의 삶과 일치해야 한다
고 주장한 [미국의 마천루를 창조한 '모더니즘의 시조'] 건축가 루이
스 설리번은 이 저택의 이국 취향을 조롱했다. "여기 뉴욕에 있는,
이 거리 모퉁이의 프랑스 성, 이 작은 블루아 성을 보고도 웃지
않을 수 있는가?" 설리번은 『유치원 잡담들Kindergarten Chats』에 이
렇게 쓴다.

"실크해트를 쓴 신사가 저기서 나올 때까지 기다리고 나서야 웃
을 것인가? 페이소스나 유머 감각도 없단 말인가? 저 사람이 몸
은 저 집에 거주할망정 도덕적으로, 정신적으로, 마음속으로부터
는 도저히 저 집에 살 수 없다고, 그와 그의 집은 패러독스이고
모순이며 부조리라고 내가 말해야만 알겠는가?"

밴더빌트 가문의 대단한 호사 취향
그러나 이러한 야유에도 밴더빌트 가는 별다른 거북함을 느끼지

않았으며, 그 어떤 것도 웅장함을 좋는 그들의 열정을 저지하지 못했다. 따라서 가문의 재산은 대규모의 뉴포트 저택 건물 몇 채로 흘러들어갔다. 특대형 이탈리아 저택과 닮은 코르넬리우스 밴더빌트의 '더 브레이커스'가 가장 거대했고, 건설·장식·가구에 1,100만 달러쯤 들었다고 전해지는 윌리엄 K.의 '마블 하우스'가 가장 휘황찬란했다. [뉴욕 주 동부에 있는 도시] 하이드 파크에 있는, 식당 폭이 대략 15미터쯤 된다는 프레더릭 W. 밴더빌트의 커다란 저택도 있었다. 롱 아일랜드 주의 오크데일에 있는 윌리엄 K. 밴더빌트의 '아이들 아워'에는 방이 110개, 욕실이 45개, 자동차 100대를 둘 수 있는 차고가 있었다. 세기의 전환기에 있었던 모든 성들 중 챔피언은, 노스 캐롤라이나 주 애쉬빌에 있는 조지 W. 밴더빌트의 공작성이었다. 그는 이 성을 '빌트모어'라고 불렀다.

빌트모어 역시 프랑스식이었다. [프랑스 동부에 있는] 르와르 지역의 멋진 성들을 본떠서 리처드 모리스 헌트가 설계했다. 이 집에는 부부용 큰 침실이 40개에 '야자수 정원', 떡갈나무로 꾸며진 응접실, 연회용 홀, 독서실, 테피스트리 갤러리, 25만 권의 책을 보유한 도서관 등이 있었다. 집을 둘러싼 부지는 점차 넓어져서 325제곱킬로미터에 달했는데, 이 넓은 땅에서 밴더빌트는 과학적 농업과 임업에 관한 자신의 관심을

(위부터 순서대로)
'빌트모어', **'마블 하우스'**, **'아이들 아워'**, **'더 브레이커스'**.
빌트모어의 주인인 조지 W. 밴더빌트는 코르넬리우스의 아들인 윌리엄 헨리 밴더빌트의 막내아들이었다. 빌트모어는 지금 역사 유물로 지정되어 여행객들을 맞고 있다.

실험했다. 그는 삼림지 관리자로 지포드 핀초트란 이름의 젊은이를 고용했는데, 이 젊은이는 나중에 이곳에서 미국 임업 표준 작업에서 "미국 내 대규모 삼림 경영의 첫 번째 실질적 예증"이라고 평가받는 성과를 올렸다.

19세기 중반 미국 농무부 장관이었던 폴 모튼은 농업과 임업 분야에서 밴더빌트가 수행한 실험적인 작업을 선망 어린 존경의 눈으로 바라보았다. 모튼은 "그는 내 휘하의 인력보다 더 많은 사람들을 고용했을뿐더러, 의회가 우리 부처에 책정한 예산보다 더 많은 비용을 지출했다."고 말했다.

이러했으니 당대의 어느 기록가가 "밴더빌트 집안이 소유한 예닐곱 채의 뉴욕 대저택과 막대한 양의 토지로 볼 때, 그중엔 부르봉 가를 제외한 유럽의 어떤 왕족과도 견줄 만한 주택 건립 비용을 들인 것도 있다는 얘기가 나올 만하다."고 얘기한 것도 놀랄 일은 아니다.

유럽식 궁전에 골동품이 넘치는 실내

밴더빌트 가문만 엄청난 대저택과 성에 살았던 것은 결코 아니다. 뉴포트[동부 로드 아일랜드 주 남동부에 있는 해안 도시]에 있는 필레, 벨몬트, 버윈드 가의 저택, 팜 비치의 플래글러가 저택, 뉴저지 레이크우드의 굴드 가 저택, 필라델피아 근처의 와이드너 가 저택, 피츠버그의 핍스 가 저택 등은 1900년 당대의 대부호들이 살면서 제왕 같은 생활을 추구했던 더 대단한 건축물들이다.

대리석으로 된 바닥과 굽이치는 계단, 태피스트리, 항아리, 벨벳 커튼, 조각과 회화로 장식된 천장, 비단 의자, 벽화, 파이프오르간, 화분에 심은 종려나무, 전등이 달린 조상 등으로 꾸며진 궁

필라델피아 근처에 있었던 **와이드너 가** 저택 외부와 내부 인테리어.

전처럼 호화로운 실내장식 사진을 보면, 이러한 환경에서 사는 게 과연 마음 편했을까 궁금해진다. 〔소설가 겸 전기 작가인〕 애너 로비슨 버가 철강 부호이자 예술 후원자로 유명한 헨리 C. 프릭에 관해 썼던 글이 떠오른다. "그는 자신의 궁전에서, 자그마한 손에 《새터데이 이브닝 포스트》를 한 부 쥐고서, 발다키노 아래 르네상스 왕좌에 앉아 있었다."

이 대리석 홀에 없는 것은 아늑함뿐만이 아니었다. 프랑스 소설가인 폴 부르제는 그들의 세간에서 온화함과 절제의 부재를 보았다. 그는 뉴포트를 방문한 다음 "지나치게 고상한 홀의 바닥에는 동방과 페르시아의 값비싼 양탄자가 너무 많이 깔려 있었다."고 말했다. "응접실 벽에도 너무나 많은 태피스트리와 그림이 걸려 있었다. 손님방은 너무 많은 골동품과 희귀한 가구로 넘쳤고, 오찬이나 만찬 식탁 역시 지나치게 많은 꽃과 식물, 크리스털 식기와 은식기로 가득했다."

해리 W. 데스몬드와 허버트 크롤리가 자신들의 책 『미국의 위풍당당한 집들Stately Homes in America』(1903)에서 했던 아주 적절한 논평도 떠오른다. 즉, 백만장자들이 고용한 건축가들이 모방한 유럽식 궁전과 성들은 본래 사적인 저택일 뿐 아니라 공적인 건물로, 이곳은 지역의 운명을 지배하는 귀족 가문에 충성하는 가신과 소작인들로 바글거렸으므로, 일종의 공공건물로서 화려할 수 있었다는 것이다. 그런데 소작농이 없는 땅에 이러한 궁전들이 있으니 이는 변칙적이라는 지적이다.

뉴포트나 뉴욕, 피츠버그의 성들로는 주변 지역 교통로가

발다키노.

지나가지 못하게 했으므로, 철강회사를 합병하여 수백만 달러를 벌어들인 재벌이나 한때 프랭클린 스토브 옆에 놓인 흔들의자를 사치의 상징으로 여긴 재벌 부인들과 이 성들이 기묘할 정도로 불합리한 구조를 이루게 된 것도 무리가 아니다. 건축가들이 아무리 성 주인들을 위해 르네상스 회화와 그리스 조상, 플랑드르 태피스트리는 물론이고, 욕실과 전등, 자동 엘리베이터, 넉넉한 난방설비, 완벽한 내부 전화 체계를 갖춰 주어도 말이다.

프랭클린 스토브.

진정한 제왕의 삶, JP 모건

그러나 모든 백만장자가 궁전 같은 곳에 산 것은 아니다. 일부는 그런 화려함을 일부러 피했다. 가령 앞에서 일별했던 은행가 J. P. 모건은 진정 제왕 같은 인생을 살았지만, 대리석의 호화로움보다 남성적인 편안함을 좋아했다. 희귀 서적과 예술품 등 엄청난 수집품들을 보관하고자 1900년 이후에 지은 도서관을 제외하곤, 뉴욕 메디슨 가 291번지에 자리한 모건의 도시 저택은 화려하기보다는 널찍하고 편리했다. 열두 명 정도의 하인들과 달리기를 할 수 있을 정도였다. [뉴욕 오렌지 카운티에 있는 마을] 하이랜드 폴즈에 있는 별장도 넓지만 허세를 부리지 않았다. 차라리 오늘날 미국의 수많은 컨트리클럽들이 더 크다. 런던에 있는 그의 연립주택 역시 궁전 같진 않지만, 네덜란드·프랑스·스페인·영국 예술 전문가들이 눈이 휘둥그레질 정도의 회화 수집품을 보유했다.

런던 외곽에도 모건은 꽤 큰 집을 갖고 있었다. 아디론댁 삼림 속에 400만 제곱미터의 땅, 조지아 코스트에 있는 지킬 아일랜드 클럽에 개인 아파트, 뉴포트엔 낚시용 집, 파리 브리스톨 호텔과 로마 그랜드 호텔에는 언제든지 이용할 수 있는 특별 스위트 룸도 그의 것이었다. 이 밖에 지중해나 대서양 연안에 머무를 수 있는 92미터짜리 증기 요트인 '해적 3호', 이집트에 머물 때 사용하는 개인용 증기선도 나일 강에 띄워 놓았다. 해적 3호에 해적 2호와 똑같은 융단을 깔려고 했는데 이 융단이 더는 제작되지 않는다는 사실을 알고는, 아예 베틀에 예전 문양을 다시 설치하게 해서 똑같은 디자인의 융단을 새로 짜도록 했던 모건이니만큼 쩨쩨한 사람은 아니었다.

카네기의 향토 취향

앤드루 카네기의 취향 역시 뉴포트를 자주 드나드는 백만장자들보다 여러 면에서 단순했다. 뉴욕 5번 가 91거리에 그가 직접 지은 집은 크긴 해도 궁전처럼 보이게 하지 않으려고 했다. 완화된 신조지 왕조풍 양식이랄까. 그가 소유한 요트 '해풍'은 비록 모건의 '해적'과 동급이 아니었으나, 그 대신 카네기는 1890년대에 자신의 고향인 스코틀랜드 스키보에 땅을 산 뒤로 그곳에 열중했다. 나중에는 이 땅 면적이 13억 제곱미터로 늘어났다. 이곳에 사는 주민

카네기의 뉴욕 5번 가 저택(위)과 **스키보 성**(아래).

은 200~300명에 불과했지만, 카네기는 이곳의 도로 건설에 돈을 쏟아 부었다.

카네기는 평상복과 격식을 차리지 않는 연회를 즐겼고, 스키보 성에서는 거의 항상 허리 벨트가 달린 연회색 노퍽재킷과 무릎 아래 끈을 묶는 헐렁한 반바지를 입었다. 하지만 그를 비롯한 성의 방문객들은 매일 아침 8시, 카네기의 전속 백파이프[스코틀랜드의 민속 악기] 연주가가 저 멀리서부터 성으로 다가와 성을 한 바퀴

돌고 침실 창문 아래서 연주하는 음악 소리에 눈을 떴다. 그리고 마찬가지로 카네기의 전속 오르간 연주자가 치는 음악을 들으며 아침 식사를 했다.

어마어마하지만 소박하게, 록펠러

〔석유업계의 거물〕 존 D. 록펠러가 대부분의 인생을 보낸 뉴욕 태리타운 근처의 포칸티코 힐스의 저택도 특별히 궁전처럼 호화롭지는 않았다. 록펠러는 겉치레와 격식을 따지는 사람이 아니었다. 그의 취향은 메디치 가풍이라기보다는 침례교적이었다. 1890년대 중반 현역에서 은퇴한 뒤 건강이 더욱 나빠져서, 1900년 이후 한동안 통밀 크래커와 우유로 짜여진 식이요법으로 연명했다. 매일 골프를 칠 때에는 자전거를 타고 이동했다. 그는 웅장함보다는 일신상의 안전 문제에 더 관심이 있었다. 자신의 스탠더드 석유회사의 인정사정없는 사업 방식에 분노하는 적들이 생겼음을 알았기 때문이다. 그는 포칸티코 힐스에 거대하고 사적인 울타리를 서서히 구축해 나갔고, 그 안에서 방해받지 않은 채 빈틈없이 정돈된 삶을 살고자 했다.

그의 사유지가 완성된 것은 세기가 바뀌고도 한참 지나서이다. 텍사스와 오클라호마에서 석유가 발견되고 자동차의 인기가 높아

록펠러의 **포칸티코 힐스 저택**.

지면서, 그의 재산이 그가 써버리는 속도보다 더 빨리 불어날 때였다. 그의 집은 거의 1900년 양식을 따랐다. 비록 록펠러의 집이 궁전 같진 않았다고 해도, 그의 사유지에는 75채 이상의 건물들이 있었다. 본인은 15년간 한 대의 차만을 이용했지만, 사유지에

마련된 차고에는 자동차 50대를 주차할 수 있었다. 사유지 안에는 그가 오후 드라이브를 즐길 수 있게 112킬로미터의 전용 도로가 나 있고, 아침 골프를 칠 수 있는 전용 골프 코스도 있었다. 계절에 따라서 1천 명에서 1,500명의 고용인들이 상시 근무했다.

어쨌거나 이 모든 것은 포칸티코 힐스에만 해당하는 사항이다. 록펠러는 레이크우드에도 사유지가 있었는데, 여기는 봄에만 사용했다. 플로리다의 오몬드 비치에 있는 사유지에서는 겨울을 보냈다. 이 밖에도 뉴욕 54거리의 저택, 거의 찾아가지 않은 클리블랜드 포레스트 힐 사유지, 마찬가지로 사용하지 않은 클리블랜드 유클리드 가에도 집이 있었다. 아마 이렇게 거대한 규모로 그토록 소박하게 살았던 사람도 없을 것이다.

'브래들리 마틴의 무도회'는 인터넷 오픈사전인 위키피디아에 표제어로 오를 만큼 전설적인 무도회로 남았다. 브래들리(위)와 코넬리아 마틴(아래) 부부가 개최한 이 역사적인 가장무도회는 1897년 2월 10일 밤, 뉴욕 시에 있는 월도프 호텔에서 열렸다.

전설적인 부자들의 무도회

록펠러가 검소하게 살았다고 친다면, 그렇게 살지 않은 사람들도 있었다. 당시의 대부호들 사이에서 사치스런 삶의 척도를 측정한다고 할 때, 나라가 이제 막 극심한 불황의 터널을 빠져나오려고 할 무렵인 1897년에 열린 브래들리 마틴의 36만9,200달러(1950년대 돈으로 대략 100만 달러[2000년 기준으로 715만 달러])가 들었다는 무도회나, 몇 년 뒤에 열린 제임스 헤이즌 하이드 무도회를 극단적인 사치라고 무턱대고 과장하는 것은 좀 부당하다.

하이드의 무도회는 [19세기 초 미국에 프랑스의 보자르 양식을 소개한 건축가] 스탠포드 화이트가 [베르사유 궁전의 별궁인] 그랑 트리아농의 실내장식을 본떠 변형시킨 뉴욕의 레스토랑 '셰리즈'에서 열렸는데, 프랑스에서 가져온 대리석 조상과 18세기 복장, 가발로 모양을 부린 웨이터들, 프랑스의 대여배우 레잔느와 무대를 위해 데려온 그 일행들이 준비한 여흥으로 꾸며졌다.

무도회를 개최한 뒤 마틴 가문과 하이드 모두 이러한 소비를 대중이 어떻게 바라볼지 잘못 판단했음을 깨달았다. 이후 둘 다 해외에서 살게 된 것도 이러한 깨달음과 아주 무관하지는 않다.

이보다 덜 알려졌지만 더 대표적인 기록을 보자. 1902년 시즌이 한창이던 뉴포트로 가 보자. 8월 말의 테니스 주간에 영국의 도어티 형제는 카지노에서 열린 테니스 시합에서 내로라하는 수많은 미국 선수들을 상대로 승리했다. 그나마 윌리엄 A. 라니드라는 미국인이 '도전자 시합'에서 R. F. 도어티의 공격을 무너뜨린 덕에 미국은 선수권을 방어할 수 있었다.

같은 해 8월 25일, 즉 테니스 시합이 벌어진 그 주 월요일 저녁, [철도 백만장자] 코르넬리우스 밴더빌트 부부는 여름에 사용하는 [뉴포트] 볼리외의 윌리엄 월도프 아스토르 빌라에 '집에서처럼 마음 편히' 머물고 있었다. 여기에 초대받는다면, 게다가 '집에서처럼 마음 편히'란 말을 응접실에서 조용히 담소를 나누는 것으로 생각한다면, 약 8미터 넓이에 높이 5.5미터인 특별한 구조의 아치형 입구를 통해 사유지로 진입할 때 좀 놀랄 수도 있겠다. 그러다가 사격장, 흑인 무용수, 노래하는 소녀들, 인형극 등 유원지에나 있을 법한 볼거리들이 있는 화려한 조명으로 장식된 통로를 지나면 놀라움을 금할 수 없을 것이다. 계속 가다 보면 두 무리의 목수들이 5일 밤낮으로 지은 임시 극장을 만나게 된다.

이 임시 극장에서는 브로드웨이에서 크게 흥행한 뮤지컬 〈야생장미*The Wild Rose*〉의 제1막, 즉 메리 카힐과 에디 포이, 이렌느 벤틀리가 나오는 장면을 상연했다. 뉴욕의 니커보커 극장은 밴더빌트 부인의 손님들을 즐겁게 해 주고자 모든 출연진과 1막 무대 장치를 뉴포트로 옮겨야 했기 때문에 저녁때 문을 닫았다. 쇼가 끝

제임스 헤이즌 하이드의 전설적인 무도회를 다룬 책의 표지. 1905년 무도회를 개최할 당시 제임스 헤이즌 하이드의 나이 불과 28세였다. 5년 전 하이드는 당대 최고의 보험회사인 에퀴터블 생명보험의 설립자이자 최대 주주인 아버지 헨리 볼드윈 하이드의 막대한 이자 수익을 상속받았는데, 그 액수가 자그마치 4억 달러, 요즘 가치로 따지면 77억 달러(7조 원)였다.

70

1922년 1월 28일
워싱턴 DC의
니커보커 극장. 이때
갑자기 불어 닥친
심한 눈보라로 극장
내부가 붕괴되어
경찰이 출동하고
시민들이 이를
길거리에서 구경하는
장면이다. 미국에서
이 눈보라로 무려
98명이 사망했는데,
극장을 무너뜨렸다고
하여 이 폭풍 이름이
'니커보커 폭풍'이
되었다.

나면 이 손님들은 저녁 식사를 하러 집으로 자리를 옮기고, 그 사이에 극장은 춤을 출 수 있도록 깨끗이 치워졌다. 《뉴욕 타임스》에 따르면, 저녁 식사가 끝난 뒤에는, "두 명의 코티용〔프랑스식 사교댄스〕전문가와 아름답고 값비싼 기념품들을 곁들여 세심하게 준비한 춤"으로 채워지는 무도회가 열렸다.

이틀 뒤, 〔또 다른 백만장자 가문의 안주인인〕 오그든 괼레 부인이 오크레 코트에서 만찬을 곁들인 댄스파티를 열었다. 이를 위해 두 팀의 오케스트라와 또 다른 코티용이 준비되었다. 한 차례의 코티용에는 700송이의 치자꽃이 필요했다. 이를 공급하는 일은 뉴포트의 꽃장수들에게 골칫거리였다. 신문 기사에 의하면, 이 치자꽃은 "러시아에서 썰매로" 배달되었다고 한다.

바로 다음 날 밤에는 윌리엄 아스토어 부인이 새로운 무도회장인 루이 15세실을 선보이며 비치우드에서 무도회를 열었다. 또 다른 코티용을 선보인 이 무도회는 해리 레어가 선도했다.

누가 가장 멋지게 돈을 뿌리는가?

괼레 부인이 거처한
오크레 코트.

1890년대에 폴 부르제는 뉴포트 생활의 몇 가지 면모에 대해 호의적으로 말했다. 모든 남자가 사실상 주말과 휴가 때에만 뉴포트를 방문했고, 이곳에서의 삶은 격리된 애정 행각에 적당하지 않았으므로 고급 창부들이 없었으며, 개인 소득과 투자 규모가 대략적으로라

아스토어 저택의
갤러리 겸
무도장(왼쪽)과
'코티용'(오른쪽).
코티용은 20세기 초
미국의 부자들이
즐긴 프랑스의
사교댄스이다.

도 확인되지 않으면 입회가 허용되지 않았기 때문에 투기꾼들도 없었다는 것이다. 또, 이곳 사람들이 대부분 무절제하다기보다는 건전해 보였다고 했다. 일리 있는 지적이다. 뉴포트는 타락하거나 방탕한 사회는 아니었다. 품행과 예의범절의 기준이 분명 있었다.

뉴포트 사람들의 건전한 생활상을 설명하고자, 부르제는 이곳에서 지내는 어느 젊은 아가씨의 일상을 기술했다. 이 아가씨는 오전 9시 전에 승마를 하러 나간다. 승마를 마치고 돌아와서는, 카지노에서의 테니스 토너먼트 시합을 관람하려고 시간에 맞춰 옷을 갈아입는다. 그리고 자기 마차를 타고 요트 선착장에 가서, 선상에서 점심을 먹는다. 9시 반쯤 요트에서 내려 폴로 경기를 보러 간다. 그런 다음 귀가하여 목욕을 하고 저녁 파티를 위해 옷을 갈아입는다. 모임은 10시 반 정도면 파한다. 참석한 사람들 대부분이 낮 동안 야외에 나가 있었으므로 졸음을 참지 못하기 때문이다. 아가씨는 이후 무도회에 갈 수도 있다.

전직 여장 배우로서
패션과 기타 독특한
취향으로 명성을 누린
해리 레어.

하지만 폴 부르제는 실제로 무도회에는 참석하지 않은 듯하다. 만약 그가 무도회에 갔었다면, 이 예리한 관찰자가 저택 장식에서 목격한 것과 같은 절제의 결여를 뉴포트의 호화로운 파티에서 발견하지 못했을 리 없다. 그들은 주체할 수 없을 정도로 돈이 많은 데다, 그 돈을 누가 가장 멋지게 뿌릴 수 있는지 확인하는 경쟁에 몰두해 있었다.

　　프랑스에서 온 이 방문객은, 수백 명의 사람들이 브로드웨이에서 뮤지컬 전막을 볼 수 있는데도 그 일부를 집에서 보는 데 하룻밤에 수백만 달러씩을 써 버리는 데 놀랐을지도 모른다. 또, 〔뉴욕 브루클린 구 남쪽 끝에 있는 행락지인〕 코니 아일랜드의 축소판을 중앙로에 만드느라 야단법석을 떨며 돈을 쓰는 것이 의아했을 수도 있다. 하지만 뉴포트와 완전히 무관한 것들을 뉴포트로 옮겨 오고자 돈을 아끼지 않는 것이 뉴포트 연회의 특징이었다. 〔『지난 세기 대단한 뉴욕 상류층과 하류층』과 『미국의 유한계급』을 쓴 작가〕 로이드 모리스의 말을 들어 보자.

　　벨몬트 부인은 마블 하우스의 해안 절벽에 붉은색과 황금색의 도료를 칠한 다실을 만들려고 중국 장인을 데려왔다. 건물은 호화로웠고 진품에 충실했지만, 차를 만드는 설비는 되어 있지 않았다. 따라서 저택의 식품 저장실부터 절벽까지 소형 철로가 놓였고, 그 주변에 공들여 나무를 심어서 철로를 숨겼다. 쟁반을 나르는 하인들은 도료가 칠해진 장난감이 되어 잽싸게 움직여야 했다.

　　뉴욕과 뉴포트의 몇몇 저택에 사는 안주인들은 몇 시간 전에 통보만 하면 100명 또는 그 이상의 사람들에게 저녁을 대접할 수 있다는 걸 자랑스러워했다. 이는 물론 엄청나게 많은 하인들이 있어야 가능한 재주였다. 하인 수는 부족하지 않았다. 일부 별장에는 정원사, 운전사, 말 사육 담당자 등을 포함해서 하인이 50~60명이나 있었다. 고용인들끼리도 영국식 위계질서가 있었다.

　　세기가 바뀌고 나서 몇 해 뒤, 하버드를 갓 졸업한 어느 젊은이가 여름 동안 뉴포트의 대리석 저택 중 한 곳의 주인 아들을 가르치는 가정교사로 입주했다. 이 젊은이는 진지한 스포츠맨이었는데,

자신이 맡은 소년이 스포츠에 필요한 협동심을 배우려 하지 않아서 적이 당황했다. 어느 날 오후, 그는 집사와 다른 상급 남자 고용인들이 운동장의 외진 곳에서 축구를 하는 것을 보았다. '바로 이거야!'라고 생각한 그는 자신과 자기 학생을 시합에 끼워 달라고 했다. 하지만 이 방법도 전혀 소용이 없었다. 소년이 공을 갖고 있으면 상대편이 슬그머니 사라졌다. 복종의 전통 속에서 태어나고 자란 이 하인들은 어린 주인의 진로를 막아 설 수 없었던 것이다.

1인당 500만원, 상류사회의 만찬

말 한 마디로 짧은 시간 내에 100여 명의 손님들에게 저녁을 대접한다는 것이, 결코 대충 얼렁뚱땅 준비한다는 의미는 아니다. 1900년 당시 상류사회의 만찬에서 편리한 만찬이란 결코 없었다. 그 시절 부자들의 소화 용량은 엄청났다. 다양한 와인과 곁들여서 일곱에서 여덟 가지 코스 디너쯤은 기본이었다. 내가 피어폰트 모건 도서관에서 근무할 때 간행했던 뉴욕의 사적인 식사 모임인 '조디악 클럽' 회원들이 즐긴 만찬 메뉴를 보자.

　이 메뉴에서 어느 요리가 보충용이고 어느 요리가 따로 분리된 코스용인지 오늘날 확신하기에는 약간의 어려움이 있다. 어쨌거나 굴, 수프, 전채 요리, 연한 대합, 새끼 양 등심과 갈비, 식용 거북, 북미산 들오리, 달콤한 디저트, 치즈, 과일 등으로 열 가지 코스 요리로 구성된 성찬이었던 것 같다. 만찬을 들기 전엔 칵테일 대신 〔에스파냐에서 양조되는 백포도주인〕 셰리주를 마셨고, 반주로 연이어 라인산 포도주, 샤또 라뚜르, 샴페인, 끌로부죠 등의 와인이 나왔으며, 커피와 함께 코냑으로 입가심을 했다. 시장기가 이 이상 더 어떻게 충족될 수 있을지 모르겠다. 사실상 오늘날의 시각으로 볼 때에는, 식사하는 사람들이 단단히 마음을 먹지 않고서야 어떻게 들오리를 마주할 수 있을지 이해하기 어려울 수도 있다.

조디악 클럽 회원들은 배불리 잘 먹었지만, 식사하는 장소의 환경을 더욱 화려하게 꾸미려는 시도는 특별히 하지 않았다. 더 다각적인 방면에 손을 뻗친 인물은 〔구겐하이머 법률회사 설립자인〕 랜돌프 구겐하이머였다. 1899년 2월 11일, 구겐하이머가 구 월도프 아스토리아 호텔에 40명의 신사 숙녀를 만찬에 초대했을 때였다. 손님들은 월도프 아스토리아 호텔의 은매화실이 장미와 히아신스, 튤립이 만발하고 전나무 울타리가 있는 정원으로 바뀐 것을 보았다. 나이팅게일, 지빠귀, 카나리아가 온실 안에서 노래하고 있었다. (나이팅게일 몇 마리를 빌려 오려고 동물원을 설득하는 데 상당한 편법이 동원되기도 했다.) 테이블은 나무 그늘 밑에 놓이고, 머리 위로는 포도나무 덩굴로 뒤덮인 격자 울타리가, 발밑에는 녹색 잔디가 펼쳐져 있었다. 메뉴는 반들반들 문질러 윤을 낸 코코넛에 금빛으로 박혀 있었는데, 와인 목록이 적힌 숙녀용 부채도 있었다. 참석한 숙녀들을 위한 기념품은 아름답게 글씨로 장식된 작은 병이었고, 신사용 기념품은 보석을 박아 넣은 성냥갑이었다. 나폴리풍 복장을 한 여섯 명의 나폴리인들이 기타를 치며 음악을 연주했다. 이때 금 접시에 담겨 나온 음식은 다음과 같았다.

19세기 말, **월도프 아스토리아 호텔**의 대연회장.

러시아식 뷔페

칵테일

작은 푸른 점박이 굴

르마르들레 알라 프린세스

아몬틸라도 파사도

바다거북 수프

볼리바르

바닷가재

캘리포니아식 비둘기 요리

밤 퓌레를 곁들인 구운 산양 고기(양고기는 휴대용 소형 냉장고에 넣어 급행으로 뉴욕에 가져온 것)

젤리

싹눈양배추 소테

크림소스와 비네그레트 소스를 곁들인 갓 딴 아스파라거스

멈즈의 쌉쌀한 포도주와 모에 샹동 샴페인

다이아몬드 백 북미산 식용 거북

북미산 홍오리(역시 소형 냉장고에 넣어 급행으로 금방 들어온 것)

오렌지와 자몽 샐러드

신선한 딸기

블루 라즈베리

바닐라 무스

사탕, 커피, 과일

이 저녁의 즐거움을 위해 얼마나 돈을 들인 걸까? 답은 1만 달러이다. 1인당 250달러가 든 것이다.(다시 한 번 말하지만, 이는 1899년의 달러 가치이다. 1950년의 가치로 환산해보면 1인당 750달러이다.〔2000년의 가치로 보면 약 5,300달러!〕) 구겐하이머 씨의 파티를 기획하고 준비한 월도프 호텔의 오스카〔당시 이 호텔 주방장이던 Oscar Tschirky〕 씨가 한 말이니 믿을 만할 것이다.

요즘 독자들의 이해를 위해 덧붙인다면, 이 엄청난 연회와 공들인 무도회는 어느 누군가의 법인 비용으로 처리된 게 아니다. 개인들이 소유한 거대한 돈주머니에서 나온 것이다.

상류사회의 '물 관리'

그 시절에 상류사회(대문자 S로 시작하는 'Society')란 말은 오늘날보다 훨씬 더 확실한 함의를 담고 있었다. 모든 지역사회에는, 아마도 어떠한 세대에도 사회적 본보기란 것이 있게 마련이다. 그저

대학의 **프래터니티**. '프래터니티'는 미국 고교와 대학의 사교 클럽을 가리키는데, 가입 규정이 엄격하고 대개 상류층 자제들의 유대 관계 강화에 기여했다.

함께하는 것만으로도 남들 눈에는 선택된 것으로 보일 가문이나 개인. 이러한 본보기는 오늘날 일부 대학의 '프래터니티fraternity' 조직에 가장 온전한 형태로 남아 있다. 반면 어른들의 사회에서 이러한 구분은 다소 유동적이다. 그 공동체가 작고 안정적일수록 이러한 현상은 더 분명해진다. 대도시에서는, 그것도 인구가 끊임없이 변하는 도시 근교 사회에서는 이 현상이 혼란스럽고 모호한 게 보통이다.

공동체 안에는 매우 다양한 집단이 있다. 전통에 얽매인 구식 명문가, 상류사회, 아직 상류사회의 지위를 인정받지 못한 벼락부자, 다른 집단과 접촉은 하지만 거기에 속하지는 못한 교육을 잘 받고 자란 지식인과 전문가, 교회와 자선단체의 버팀목인 성실한 사업가, 풍족하게 살지만 다른 집단과 별 왕래가 없는 평범한 사업가 등등 아주 막연하게 정의되는 범위에 걸쳐 있다. 구성원들의 출신 민족과 종교, 직업, 사업 관계 등의 요소로 각 공동체의 유형은 선명하게 한정된다. 오늘날 1900년을 돌아볼 때, 그 시절의 사회 유형에서 놀라운 것은, 대부분의 공동체에서 사회 유형이 분명하고 단순할수록 일반적으로 사회계층화가 더 눈에 띈다는 점이다. 특히 사회계층화는 지금보다 훨씬 더 진지하게 받아들여졌다.

영국이나 프랑스 출신 방문객들은 본국에 돌아가서, 미국의 상류사회가 런던이나 파리 같은 하나의 대도시에 집중된 것이 아니라 각 대도시마다 자체적으로 있다고 설명할 것이다. 그러나 그 가운데서도 뉴욕의 상류사회는 특별했다. 1892년 〔1860~1890년대 뉴욕 상류사회의 자칭 '중재자'였던〕 워드 맥켈리스터는 다음과 같은 유명한 논평을 냈다. 아스토어 부인의 무도회가 400명밖에 수용하지 못했다면 그것으로 충분한 것이라고. 왜냐하면 당시 상류사회에 속하는 사람은 400여 명에 불과했기 때문이다. 맥켈리스터의 논평에 사람들은 냉소를 보냈지만, 맥켈리스터가 미국 특권 계급과 선망의 대상이 되는 사교계의 범위를 지나치게 좁게 규정한다고 보는 사람도 많았다.

몇 해 전, 헨리 클루즈가 "뉴욕은 …… 진정, 미국 사교계의 중심이다. …… 타의 추종을 불허하는 현란한 유행, 화려한 마차들의 끊임없는 바퀴 소리, 미국의 불로뉴 숲〔프랑스 파리 서쪽 교외에 있는 대공원〕이라 할 센트럴 파크가 여기에 있다."고 주장하며 맨해튼에서 누리는 삶의 매력을 신물 나게 풀어낸 바 있다.〔클루즈는 남북전쟁 때 큰돈을 번 부자 은행가로 여러 권의 책을 냈다.〕

서부의 갑부 부인들을 광적인 뉴요커로 둔갑시키는 것은 별로 어렵지 않다. 갈색 사암 저택을 구입하거나, 유행의 흐름대로 접대·무도회·다과회 등을 즐기고, 반짝이는 단추가 달린 제복을 입은 마부와 멋진 마차, 승마용 부츠를 신은 시종, 남녀 하인, 집사, 그 밖에 거대한 메트로폴리스에서의 삶에 필요한 조수들을 부리기만 하면 된다.

그의 입담이 우스꽝스러울 수도 있겠으나, 그는 분명 당시 사회에서 포착한 현상을 기술한 것이다. 이미 사회적 입지가 확고한 사람들은 벼락부자의 진입에 맞서 상류사회 계급을 온전히 사수하고자 애썼고, 벼락부자들은 또 그들 나름대로 인정을 받으려고 돈을 아낌없이 쓰면서도 적절한 접대로 신중하게 접근하는 방식으로 더욱 무서운 기세로 분투했다. 당시 아스토어 부인의 대규모 만찬 초대장을 천국으로 들어가는 티켓으로 여긴 여성들은 수없이 많았다.

신분 상승과 배제의 드라마

1900년 사회적 신분 상승과 배제의 드라마를 방증하는 예로써, 찰스 다나 깁슨Charles Dana Gibson[20세기 초, 아름답고 독립적인 미국 아가씨상인 '깁슨 걸'을 탄생시킨 삽화가]의 풍자적인 스케치만큼 좋은 자료가 없다. 그의 그림에서는, 사회적 신분은 안정적인데 재정적으로는 그렇지 못한 가문의 아름다운 아가씨가, 대머리에 나이든 백만장자와 젊고 잘생겼지만 무일푼에 보잘것없는 젊은이 사이에서 갈팡질팡하는 모습을 쉽게 볼 수 있다. 또, 유력층 사람들을 만나길 바라는 부인과 딸들 때문에 연회에 끌려 나가는 작고 꼴사나운 중년 남자, 유일한 매력이라고는 작위밖에 없지만 백만장자 부인이 사위 삼고 싶어 안달하는 외국인, 호화판 파티를 열어도 아무도 오려 하지 않는 불쌍한 입신 출세주의자도 보인다.

깁슨의 그림 중에 뚱뚱하고 천박해 보이는 한 여자가 텅 빈 넓은 무도회장 가장자리에 홀로 앉아 있는 그림이 있다. 그림 제목은 '스틸 풀 부인의 집들이 파티'인데, 19세기 말엽 도처에 신흥 갑부

'스틸 풀 부인의
집들이 파티.

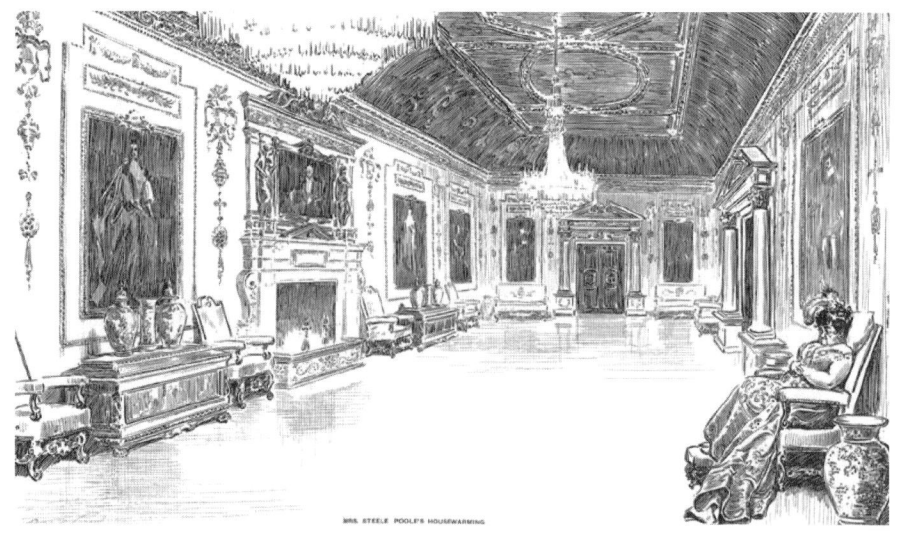

MRS. STEELE POOLE'S HOUSEWARMING

를 만들어 낸 철강회사의 합병을 풍자한
것이 분명하다. 이러한 깁슨의 스케치들
이 시사적인 기록으로서 매우 인상적인
점은, 수십만 명의 깁슨 숭배자들이 그
가 풍자하는 취지에 감명받았다는 것이
다. 예컨대, 오늘날 사회적 염원을 담은
《뉴요커*The New Yorker*》 지 삽화에 그러
한 열의를 보이는 지지자들을 찾아내기
란 어려운 일이다. 관심 독자층이 그다
지 두텁지 않기 때문이다.

　같은 유의 드라마가 전국 방방곡곡에
서 벌어졌다. 상류층 모임에 들어가길
간절히 바라는 것 같은 종류의 열망이
널리 퍼져 있었다. 그 모임이 집회이든,
코티용이든, 재봉 봉사회이든, 어느 지
역 협회의 모임이든, 지도적 가문의 연
례 무도회이든지 간에 상관없었다. 이는
물론 오늘날에도 다소 바뀐 형태로 지속
되고 있다. 차이가 있다면, 오늘날에는
사회적 등급 매기기와 관련해서 그러한
드라마를 심각하게 받아들이는 사람이

비교적 소수라는 것, 그리고 모든 현상이 보도 사진기자, 촌평 칼
럼니스트, 텔레비전 시청자, 선전이 아쉬운 식당 경영자와 연예인
등의 선호에 따라 복잡하게 뒤얽혀 있다는 점이다.

20세기 초 미국
사회의 **신분 상승**
드라마를 풍자한
찰스 깁슨의 그림들.

　1900년 당시 상류사회는 그야말로 상류사회〔대문자 Society〕였다.
상류사회는 연예인을, 언론의 관심을 경멸했다. 실제로 자기 아들

에게 이렇게 말하는 아버지들이 있었다. "신사의 이름이 신문에 오르는 것은 태어날 때, 결혼할 때, 죽을 때, 단 세 번뿐이다." 이 말 속에는 상류사회가 미국 사회의 가장 귀족적이고 훌륭하며 중요한 것을 대표한다는 자부심이 담겨 있었다.

국제결혼이 양산한 '미국 귀족'

이는 그 당시 미국 여성 상속자와 외국 귀족 간의 국제결혼이 왜 그리 잦았는지도 설명해 준다. 최초의 주목할 만한 결혼은 1870년 대에 거행된 뉴욕의 제니 제롬과 랜돌프 처칠 경의 결합이었다.(윈 스턴 처칠이라는 미래의 위인은 이 결혼의 산물이었다.)

1890년대 즈음 미국 내에서 국제결혼이 유행처럼 번졌다. 1903 년 《맥콜즈*McCall's*》 11월호에는 메리 라이터 양과 커즌 경, 애너 굴드 양과 캐스털레인의 보니 백작, 루이스 코빈 양과 옥스퍼드 백작 등의 결혼을 포함하여 교제 중인 57쌍의 명단이 실렸다. 바 로 같은 달인 1903년 11월, 메이 괼레 양이 룩스버그 공작과 결혼 했다. 뉴욕 5번 가에 위치한 성 토마스 교회 바깥에는 공작과 새 로운 공작 부인을 보려는 군중이 엄청나게 모여들었다.

당시 국제결혼이 많았던 데에는 두 가지 이유가 있다. 일단, 공 작이나 백작으로선 매력적인 아가씨와 큰 재산을 한꺼번에 얻는 것 이 나쁘지 않은 일이었다. 돈에 관해서는 추측해 볼 것조차 없다. 1895년 11월 6일, 콘수엘로 밴더빌트와 말보로 공작 찰스 리처드 존 경의 결혼식 날 서명된 계약서 문장을 읽어 보자.

상기의 말보로 공작과 콘수엘로 밴더빌트 사이에 있을 결혼에 서 …… 4퍼센트의 연간 배당이 뉴욕 중앙 철도회사에 의해 보장

1874년 무렵, **랜돌프 처칠 경과 제니 제롬**. 나중에 영국 수상이 되는 윈스턴 처칠은 이들의 맏아들이다.

되는, 비치 크릭 철도회사의 주식 5만 주에 해당하는 금액 250만 달러가, 오늘 자로 수탁자에게 양도된다. 그리고, 상기의 말보로 공작과 콘수엘로 밴더빌트가 함께 살아 있는 동안, 상기된 250만 달러의 소득이 말보로 공작에게 평생 동안 지급된다. 상기의 말보로 공작 사후에는, 전술한 신탁 기금이 상기의 콘수엘로 밴더빌트에게 평생 동안 지급된다. ······

1895년 거행된 미국 백만장자 가문의 **콘수엘로 밴더빌트**와 영국 공작 **찰스 리처드 존 경**의 결혼식과 신혼여행 광경. 이들은 신혼여행지에서도 사람들의 관심을 한 몸에 받았다. 콘수엘로는 윌리엄 헨리의 둘째 아들인 윌리엄 K.의 딸로, 코넬리어스의 증손녀이다.

이러한 결연에는 또 다른 이유가 있었다. 딸 가진 미국인 부모들은 귀족과의 결혼이 자신들에게 진정한 귀족 인증을 부여해 준다고 느꼈다. 국가가 전통적으로 민주주의 체제이고, 헌법이 "어떠한 귀족 작위도 미합중국에 의해 부여되지 않는다"고 천명했는데도.

물론 이러한 전통을 진지하게 받아들이면서, 공작 사위 수집을 재미있다는 듯 멸시의 눈초리로 바라본 부유하고 사회적으로 나무랄 데 없는 미국인도 있었다. 하지만 실제로는 이름뿐인 귀족 작위로 상류사회를 정점으로 한 사회계층 피라미드가 미국에 형성되어 있다고 느낀 이들도 있었다. 이들은 이러한 귀족계급 가문이 다른 나라 귀족과 결혼하면, 이에 상응하는 인정을 받게 되어 진정한 귀족으로서의 가치를 얻는다고 여겼다. 미국의 일부 부유층이 그들의 개인적 애국심에도 불구하고 최고의 예술과 문화는 유럽에서 비롯된다고 여겼듯이, 귀족이라는 훈장 역시 유럽에서 온 것인 동시에 받아들일 만한 가치가 있다고 인정했던 것이다. 자신이 미국 귀족계급에 속한다는 확신은 확실히 기분 좋은 일이었다.

오늘날보다 여유 있었던 중산층

히말라야 산맥 높이에 있는 풍족한 상류층의 약간 아래에는, 그런 대로 유복한 계층으로 분류되는 수십 만 명의 미국인이 있었다. 정상에 설 만큼은 성공하지 못한 제조업자와 상인, 사업가, 성공한 전문직 가족부터, 그 아래로 중소기업 간부, 소매상인, 평범한 법률가와 의사, 보수가 좀 나은 교수와 성직자 정도의 소득 규모를 가진 이들이 여기에 해당한다. 이렇게 포괄적이고 불명확한 집단은 직업, 수입, 생활 방식을 늘 다양하게 드러내므로 일반화하기 어렵다.

1900년 소득이 2만 달러(순소득으로 치면 1950년 기준 6만 달러 정도. 세금 내기 전으로는 10만 달러[2000년 기준으로 보면 순소득이 한 43만 달러쯤])인 가족과 2,500달러(세전 1950년 8,500달러 정도[2000년 기준 6만 달러])인 가족의 공통점이 무엇이냐고 묻는다면? 아니면, 교육을 제대로 받지 못했으나 갖고 있던 시내 전차회사 주식으로 벼락부자가 되어 동네에서 가장 빠른 말을 사긴 했으나 여전히 천박하게 이빨을 쑤셔 대는 영리한 투기꾼은, 그로서는 영 오리무중인 고상한 생활 방식을 고수하려는 유서 깊은 가문의 일족과 어떤 공통점이 있었을까?

그 다양성에도 불구하고, 오늘날 되돌아보면 우리가 느슨하게 중산층이라고 규정한 이 집단의 구성원들에게는 한 가지 공통점이 있다. 그들 다수가 때로 심각한 재정상의 고민을 겪긴 했어도, 대체로 오늘날과 비슷한 처지에 있는 사람보다는 여유 있어 보인다는 것이다.

그 한 가지 이유는, 1900년 소득을 1950년 소득으로 환산해 보는 순간 명백해진다. 그 사이에 생활비가 세 배가 되었다고 가정하면, 일단 다음과 같이 짐작할 수 있다. 예를 들어 1900년 연봉이 3

천 달러였던 교수직 보유자는 1950년에는 연봉 9천 달러를 받아야 유복하게 살 수 있다. 하지만 이것은 소득세를 전혀 고려하지 않은 것이다. 실제로는 세금 떼고 9천 달러, 즉 세전 1만 달러에서 1만1천 달러 정도를 받아야 1900년의 교수만큼 넉넉하게 살 수 있다. 그러나 교수 연봉이 이 비율로 올랐을 가능성은 적다. 사업가나 다른 직업의 급여직도 같은 상황이다. 아주 빈틈없이 골라 신중하게 주시한 유가증권을 제외한 어떤 것에서 나올 소득도 마찬가지이다. 상속받은 재산이나 저축으로 살아가는 사람과 봉급생활자는 점진적인 물가 상승으로 대부분 재정적 기반을 잃고 말았다.

이들이 비슷한 처지의 손자 세대보다 더 유리했던 또 다른 이유는 그들에게는 유용할 수 있는 사회적 자산이 더 많았다는 점이다.

건축업종 임금과 건축자재 비용이 오늘날보다 훨씬 낮았기 때문에 더 넓은 집에서 살 수 있었고, 하인들의 급료가 더 낮고 하인 일을 하려는 구직자도 많았기 때문에 넓은 집에서 하인들을 넉넉히 부릴 수 있었다. 게다가 후대 사람들은 대부분 당연한 것으로 받아들이는 지출을 하지 않았다. 마차 유지비보다 훨씬 비싼 자동차 비용과 냉장고, 세탁기, 라디오, 텔레비전 같은 별도의 기계 비용, 남녀를 불문한 모든 자식들의 대학 교육비, 주말이나 여름용 별장 비용 등이 여기에 해당한다. (이미 보았듯이, 당시 상당히 잘사는 미국인이 여름용 별장을 갖는 경우는 지금보다 적었다.) 따라서 오늘날 다소 비좁은 아파트를 얻을 만한 봉급으로, 그때에는 요즘 사람들이 보기에는 엄청나게 큰 집에서 살 수 있었던 것이다.

아쉬운 대로 '지역 상류층' 되기

오늘날 미국의 어느 도시에 가건 간에, 1900년 당시 부자들의 거처가 있던 거리가 완전히 개축되지 않은 곳들이 있다. 그 거리를 따라 걷다 보면, 왕도 아니었던 사람이 어떻게 저렇게 커다란 집에 살 수 있었는지 의아해질 것이다.(이 집들은 대부분 그 사이에 다세대 거주용 주택으로 바뀌었다.)

1900년 이후로 경관이 거의 변하지 않은 알링턴 로부터 매사추세츠 가에 걸친, 보스턴의 커먼웰스 가를 예로 들어 보자. 당시 주민들 상당수가 아주 부자였다 하더라도, 그 수백 채의 지상 4층에 지하 1층짜리 벽돌집을 모두 소유했을 만큼 부유한 보스턴 시민이 그렇게 많을 수는 없었다. 거리 쪽으로 세 개 이상의 창이, 옆길 쪽으로는 대여섯 개의 창이 나 있는 길모퉁이의 큼지막한 저택들을 보자. 구역 중간쯤에 있는 초대형 저택들을 보면, 정면 현관으로 넓은 계단이 나 있고, 현관 양쪽에는 두 개의 커다란 창이 있다.

그리고 수적으로는 훨씬 많은 비교적 수수한 규모의 집들을 훑어 보자. 거리에 면한 정면 높이가 7~8미터 정도이고, 현관 옆에는 퇴창 하나만 나 있다. 이렇게 작은 집들조차 지하실이 있는 4층짜리 건물이었고, 15~20개 정도의 방이 있었다. 욕실도 몇 개

1903년 무렵(아래)과 2003년(위)의 **커먼웰스 가.**

있었고, 넉넉한 크기의 수납실과 창고도 여럿 있었다. 이 집들에 1900년 당시에 연소득 1만 달러 이하, 1950년대로 치면 세전 4만 달러(2000년 기준 연수입 29만 달러에 해당. 현재 미국 대졸 직장인 초봉이 4~5만 달러이

다.] 이하의 가족들이 살았다. 이 정도면 상당한 수입이지만, 1950년대 대도시의 최고급 거리에 자리한 그토록 넓은 공간에 살기에는 부족한 돈이다. 이 가족들은 어떻게 살림을 꾸려 나갔을까?

몇 가지 답안이 있다. 그들은 주급 5달러 정도에 요리사를, 주급 3.50달러에 하녀를, 역시 같은 급료로 세탁부를 고용했다. 하녀와 세탁부는 위층 일을 분담했다. 일주일에 한 번씩은 일당 1.50달러를 받는 청소부를 오게 했다. 다른 몇몇 집에서도 일하는 힘 있는 잡일꾼을 시간제로 부르기도 했다. 이렇게 해도 1년에 총 800달러 정도(1950년 가치로는 2,400달러[2000년 기준으론 1만7천 달러쯤])만 있으면 살림을 유지할 수 있었다. (세탁 일 역시 집에서 해결했다.)

가족 중 여자들 옷은 상점에서 기성복으로 사거나, 자기 가게를 차린 전문 재봉사에게 맞추었다. 그러나 대부분은 일당 3.50~1.50달러면 되는 재봉사나 침모를 불러 집에서 옷을 만들게 했다. (아예 옷 만드는 방이 하나 따로 있었다. 마루에는 깔개가 깔려 있었는데, 저녁 무렵이면 핀과 천 조각으로 어질러지곤 했다. 재봉사가 프랑스 패션 책자와 옷본의 도움을 받아 즉석에서 옷을 고치거나 사이즈를 맞추는 작업을 하는 곳도 여기였다.) 야드 단위로 파는 재료비를 더한다 해도 이렇게 옷을 만드는 데는 많은 돈이 들지 않았다.

이 가족은 아마도 마차가 없었을 테고, 걸어 다니거나 전차를 타고 다녔을 것이다. 날씨가 나쁘거나 축제가 있을 때에만 마차를 빌려 타고 다녔을 것이다.

집안을 책임지는 아버지는 아마 딸이 직업을 가진다고 하면 얘기만 듣고도 격분했을 것이다. 나에게 딸의 생계를 책임질 능력이 없단 말인가? 아버지는 딸의 교육을 위해 돈을 모아 두었다. 이 딸은 사립학교에는 다닐 수 있을 테지만, 십중팔구 대학에는 가지 못할 것이다. 남자 형제는 당연히 대학에도 가고, 기숙학교에도 갈

테지만 말이다.

이렇게 다양한 절약 방식으로, 앞서 말한 정도의 수입을 갖고서도 한 가족이 넓은 집에서 안락한 생활을 누릴 수 있었던 것이다. 집이 하도 넓어서 손자 세대는 보관하기 부담스러워할 가구며 융단, 장식품, 그림, 책, 도자기, 은식기, 리넨 제품, 온갖 종류의 기념품을 쌓아 둘 수 있었다.

물론, 생활양식은 공동체나 개개인의 취향에 따라서 무한히 다양했다. 같은 줄에 있는 거의 비슷하게 생긴 집에서도 생활 규모와 방식은 제각각이었다. 현재 조건과 얼마나 달랐는지 강조하고자, 다른 종류의 안락함보다는 특히 공간과 서비스를 중시하는 부류의 사람들의 생활상을 살펴보았다. 임금과 물가는 작은 단위의 공동체일수록 낮아지는 경향이 있다. 특히 임금은 여전히 남부 지방에서 더 낮았다. 서부의 부유층에 비해 동부의 부유층이 자녀를 사립학교에 보내는 경향이 강했다. 하지만 이는 부족한 것 없이 사는 부유층의 일반적인 성향이었다.

각주 삼아 말하자면, 소득이 훨씬 적었던 사람들도 상류사회의 취향을 즐기면서 그러한 생활 방식에 접근할 수 있었다. 1900년 당시 급료 2천~3천 달러, 1950년 기준으로는 대략 세전 6,500~1만500달러를 받는 어느 대학교수를 예로 들어 보자. 그는 신중하게 지출해야 했고, 교육을 잘 받은 사람이면 당연히 누려야 한다고 여긴 만족거리들을 많이 포기해야 했다. 하지만 적당한 크기의 집에 살면서 적어도 한 명의 가정부를 둘 정도는 되었다. 1896년, 당시 프린스턴의 교수였던 우드로우 윌슨이 프레더릭 잭슨 터너 교수에게 프린스턴 교수진에 합류하라고 설득할 당시, 윌슨 부인은 교수로서 합당한 생활비로 3,500달러의 급료가 적당하다고 여겼다. 먹거리와 전등 값으로 월 75달러, 집세 월 42달러, 석탄 월

■ 프레더릭 잭슨 터너와 '프런티어 이론'

20세기 초 미국을 대표하는 학자인 터너는 이른바 '프런티어 이론'을 주장한 인물로 널리 알려져 있다. 영국의 식민지에서 반란을 일으켜 독립국가로 성장한 미국은 건국 이래 고립주의와 불간섭주의를 주장하며, 미국의 민주주의와 대립되는 개념으로 식민지주의를 내세우고 이러한 미국 민주주의의 특성을 '미국의 예외성'으로 규정했다. 하지만 미국의 예외성 논의에는 팽창적 특성이 존재했으니, 바로 청교도주의에서 엿보이는 선민의식이다. 이런 특성이 잘 드러난 것이 1923년 제임스 먼로가 선언한 '먼로주의'로서, 유럽에 대한 견제와 상호 간의 불간섭을 주장했다. 이러한 외교 원칙이 적극적으로 변화한 것은 19세기 중반이었다. 멕시코에서 독립한 텍사스를 미 연방으로 편입시키는 문제가 불거지면서 국내 여론이 찬반양론으로 갈리고, 이 과정에서 서부와 타 국가 영토 정복을 정당화하는 주장이 힘을 얻은 것이다.

예외성 논의에 잠재돼 있던 미국의 팽창주의는 19세기 말 해외 시장의 필요성이 대두되면서 대륙 바깥으로 진출한다. 1890년 미 해군성 장교인 알프레드 마한은 미국이 강대국으로 성장하려면 해군력을 증강시켜야 한다고 주장했다. 마한의 주장은 1893년 발표된 터너의 '프런티어 이론'과 공명하는 부분이 있었다. 미국의 국력 성장에 크게 기여한 개척지가 아메리카 대륙 내에서 고갈되었다는 문제에 해군력 증강 운동은 하나의 답을 제시해 주었기 때문이다. 미국은 스페인과의 전쟁을 승리로 이끌고 중남미와 태평양에 영토를 확보하면서 20세기를 맞이했다. 1904년 시어도어 루스벨트 대통령은 연두교서에서 카리브 해와 중남미 지역 국가들의 경제적 안정을 위해 미국이 개입할 권리가 있다고 주장했다. 이로써 미국은 이웃 국가의 보호를 표방하는 이른바 '선린정책'과 국제적 질서 확보를 주도하는 '세계경찰' 역할을 자임하면서 제국주의에 걸맞은 새로운 외교 원칙을 확립했다.

12달러, 물세 월 4달러, 하인 고용비 월 29달러 등을 포함해서 말이다. 윌슨 부인은 하인을 두 명 고용했는데, 1인당 주급 3.50달러 정도 지급했을 것이다.

아주 꼼꼼하게 절약하면 1,500달러(1950년 기준 4,800달러 정도 〔2000년 기준 3만오천 달러〕)의 수입만 있어도, 2만 명 규모의 소도시에서 '상류사회의 일원'으로 행세하기에 아무 지장이 없었다. 동네의 최고급 거리에 있는 아담한 이층집에서, 상주하는 흑인 가정부를 주급 4달러에 고용하고, 적당히 우아하게 즐기면서 남들이 부러워할 만한 지역 상류층 행사에 초대받으며 살 수 있었다. 단, 이 수준에선 여행할 여유까지는 없었다. 자동차 시대를 사는 요즘 사람들로서는, 당시의 생활이 어느 정도나 지리적으로 제한되어 있었는지 가늠하기 힘들 것이다. 하지만 그 한계 내에서 그들은 큰 불편 없이 적당하게 부유층의 생활양식을 따를 수 있었다.

저임금이 제공한 풍요로운 삶

이런 환경에서 유년 시대를 보낸 노인들은 이따금씩 그 시절을 그리워한다. 삶이 요구하는 바가 훨씬 소박했고, 문화나 오락 시설을 이용하기도 훨씬 쉬웠으니까. 그들이 느끼기에, 당시에는 가족의 정체성이 갖는 의미를 옹호하기가 지금보다 수월했다. 넓은 집에 살면 더 좁은 공간에서 사는 가족들보다 노인이나 병자, 무능한 친척을 더 잘 돌볼 수 있었다. 실로, 연금·의료보험·실업보험의 필요성이 현저하게 대두된 오늘날의 사회보장 문제는, 옛날 같으면 사람들이 부양가족으로 여겼을 3층 방을 쓰는 할머니, 별채에 처박혀 지내는 괴짜 사촌 톰 등을 더는 보호할 수 없다는 변화된 현실에서 생겨난 것일 수 있다. (물론 요즘 문제는 부분적으로 물가 상승이 저축에 미친 영향에서 비롯된 것이긴 해도, 더 큰 부분은 이 책에서 설명하려고 하는 사회적 개념에 일어난 혁명의 산물이다.)

1900년의 부자들과 이들의 생활 방식에 접근할 수 있었던 이들이 누리지 못했던 오늘날의 수많은 장점들을 모조리 감안한다고 해도, 향수를 느낄 만한 무언가가 그 시절에 있음을 인정하지 않을 수 없다. 결국, 공간과 서비스 면에서 상당히 만족스러운 생활이었던 것이다.

물론, 커먼웰스 가의 큰 집에서 살았던 가족의 여유로운 생활은 비좁은 다락방에 살면서 4층 층계참에 있는 꼭대기 방에서 끝없이 쌓이는 일감을 처리한 하녀들의 저임금 덕분이며, 재봉사와 침모, 집을 짓는 목수와 석공, 그 가족들이 사용한 물건들을 생산하고 팔았던 공장과 가게의 일꾼들의 낮은 임금 덕분임을 기억해야 한다. 1,500달러의 수입으로 살았던 가족이 누린 공간과 서비스 역시 당시의 낮은 임금 수준 덕분이었다. 들여다보아야 할 사안의 이면이 있는 것이다.

이제 사회경제 영역의 반대편 끝으로 계속 여행하며, 도중에 있는 1900년의 대다수 미국인들을 우회하여, 길 건너편의 삶을 훑어보자.

3 그 길의 건너편

냉혹한 '임금 철칙'

초기 영국 공장 체계가 적용되던 시절에, 〔19세기 초 영국 경제학자〕 데이비드 리카도는 '임금 철칙Iron Law of Wages'이란 냉혹한 원칙을 발표했다. 모든 임금은 기술이 가장 없거나 가장 절박한 사람이 받아들일 만한 수준으로까지 떨어지는 경향이 있다는 원칙이었다. 산업화 이전 시대만 해도 이 원칙이 견제 없이 작동하지는 못했다. 군주나 봉건영주, 대지주나 이웃들이 무능력, 병, 재난 때문에 가난해진 사람들을 돌봐주었기 때문이다. 산업화 이전 시대의 미국에서도 흉작이나 장사가 잘 안 돼서, 또는 가게가 파산하여 극심한 궁핍에 빠진 남녀는 비록 급료는 극히 낮아도 일은 계속할 수 있었다. 아니면 다른 지역으로 옮겨 가 재기를 시도할 수도 있었다. 하지만 산업주의의 도래는 유럽뿐 아니라 미국에도 돌이킬 수 없는 변화를 가져왔다.

왜냐하면 누군가 공장을 세우면 그 주변에는 공장 도시가 생겨나고, 그 공장에 일하러 오는 사람들은 엄청난 구속을 받게 되었기 때문이다. 이들은 일할 연장을 소유하지 못한 탓에 공장의 지시에 따를 수밖에 없었다. 어쨌거나 이 지역에서 공장이 문을 닫으면

일자리가 부족해질 게 뻔했다. 임금이 너무 낮아도 다른 데서 일거리를 찾을 수가 없었다. 그래서 이들은 더 이상 자유롭게 계약하는 직업인이 되지 못했다. 고용주의 처분에 꼼짝 못하는 신세가 된 것이다. 당시의 법은 종업원에게 일어나는 일과 관련한 어떠한 책임도 고용인에게 부과하지 않았다. 그리하여 리카도의 임금 철칙이 실제로 작동하게 되었던 것이다.

게다가 도시 빈민가에는 외국에서 건너온 새로운 이민자들이 꾸준히 흘러들었다. 이들은 거의 빈털터리에 무식한 비숙련 노동자로, 대부분 의지할 데가 없고 영어를 구사하지 못했다. 이 남녀들 역시 주변 상황에 속박당할 수밖에 없었다. 이론상으로는 이들에게도 모든 종류의 직업 문이 열려 있었다. 이론상으로는 어떤 고용주에게도 매여 있지 않았다. 하지만 실제로는 그들 대다수가 가난과 부족한 기술, 무지로 인해 그 상태에 머물렀다. 매년 생계를 유지할 기회를 얻으려고 맹렬하게 분투하고, 받는 임금이 아무리 보잘것없을지라도 그냥 참으며 그 자리를 지켰다. 여기서도 냉혹한 임금 철칙이 작동하고 있었던 것이다.

그러나 이 임금 철칙이 19세기 중반 미국에서는 그 어디에서도, 영국에서 일으켰던 것 같은 혐오를 불러일으키지 않았다. 영국에서 새로운 산업도시와 광산 지역의 임금, 노동시간, 위생 상태는 차마 언급하기 힘들 정도로 악취를 뿜어 댔다. 실로 그들의 상황은 몹시 나빴다.

19세기의 2/4분기에 시작된 뉴잉글랜드 공장 도시의 임금 추락은, 일가족 전체가 일주일에 1인당 3~4달러를 받으며 기계에 매달려 일하는 지경에 이르는 1850년 무렵까지 지속됐다. 하루 평균 12시간씩 일했는데, 14시간 노동도 보통이었다. 일주일에 6일 동안, 아침과 저녁 식사 시간 30분씩을 빼고 새벽 5시부터 밤 8시까

사진작가 루이스 하인이 담은 20세기 초 미국의 어린이 노동
하인은 1905년부터 뉴욕 이민자들을 찍기 시작했는데, 특히 1909년 어린이들의 노동을 기록한 사진들
을 발표해 위험한 환경에서 장시간 일하고 있는 여덟 살 어린이 노동자들의 실태를 고발했다. 그는
이어 '국립소년노동문제위원회'에 기용되어 미국 내의 어린이 노동 실태를 광범위하게 조사했다. 하인
은 이 과정에서 어린이들과 나눈 대화를 조심스럽게 기록했고, 자기 옷에 달린 단추 위치로 어린이들
의 키를 쟀다.

지 일해야 했던 중학생 또래 아이들도 있었다. 어둠침침하고 환기
도 잘 되지 않는 공장에서 햇빛, 놀이, 교육, 가족을 살아 있게 만
드는 건강마저 버리면서 일을 했다. 이 와중에 고용주는 돈을 긁
어모으고 있었다. 이러한 상황은 새로운 산업자본주의가 활개 치
며 발전하는 듯 보이는 어디에서나 나타났다. 이런 현실이 카를
마르크스를 자극하여, 다른 체제를 창출할 수 없는지 고민하게 만
들었다.

유럽 무산자들의 희망, 미국?

19세기 후반에 미국의 산업화는 엄청난 속도로 전진했다. 놀라운
발명과 기술 향상이 잇따라 진보에 박차를 가했다. 한때는 대부분
농부와 시골 사람들의 나라였던 미국이, 1900년 무렵부터 도시와
번성하는 산업도시의 나라로 바뀌어 갔다. 편의 시설과 문명의 이
기, 부가 날로 쌓여 사람들이 그 속에서 일하고 놀기만 하는 완전
히 새로운 세계가 발명된 것 같았다. 하지만 부는 여전히 소수의

주머니로만 흘러들어갔다.

이 믿을 수 없는 반세기 동안, 미국인의 보편적 생활수준은 다행히도 상당한 향상을 보였다. 부는 사회 계급을 관통하여 체로 받친 듯 대물림됐으나, 미국인 대다수의 생활 조건 역시 나아졌다. 경제학자들은 1860년과 1891년 사이에 도매 물가가 5퍼센트 이상 내려가고, 22개 공장의 임금은 평균 68퍼센트 이상 올랐다고 계산했다. 이 수치들은 실질소득의 증가를 의미했다.

하지만 19세기 중반의 소름끼치는 불황기 동안에 임금이 크게 삭감되었다는 사실을 기억해야 한다. 세기의 전환기 무렵, 바야흐로 장밋빛 시절이 돌아와서 이후 노동자들의 몫이 얼마간 향상되긴 했지만(적어도 정규 고용 기회의 확대라는 관점에서), 소위 경제학자들이 말하는 '실질임금', 즉 물가 대비 산정 임금이라는 측면에서의 소득 증가는 더 이상 없었다. 그렇다면 백만장자들이 행복감에 젖어 그러모은, 그리고 수많은 중산층 미국인들이 직간접적으로 이익을 보던 새로운 부가 미국 사회의 하층까지 지속적으로 파급되지 못한 이유는 무엇일까?

당시 진행된 현실 가운데 하나는 미국의 좋은 땅이 꽉 채워지는 중이었다는 것이다. 전통적으로 미국 노동자들은 더는 견딜 수 없어지면, 여비만 마련되면 언제든지 서부로 갈 수 있었다. 서부는 모험과 야망을 가진 사람뿐 아니라 산업화의 낙오자에게도 새로운 희망의 땅이었다. 하지만 이제 개척지 시대는 끝나가고 있었다. 무일푼으로 서부에 가서 안락한 삶을 이룰 가능성이 아직 남아 있긴 했어도, 그런 기회는 점점 희박해져 갔다. 미국이 처한 또 다른 현실은 미국이 무산계급 노동자, 곧 프롤레타리아를 끊임없이 수입했기 때문에, 이들이 한동안은 고용 가능성을 제한받을 만큼 대도시와 산업도시의 노동시장에 과잉 공급되어 임금이 낮은 수준에 머물 수밖에 없었다는 것이다.

이 무산계급 노동자들은 19세기 내내 대서양을 건너왔다. 한동 안은 대부분 아일랜드인이었다. 1840,50년대에 미국의 수로를 파 고, 제방을 건설하고, 공장에서 일한 사람들은 아일랜드인이었다. 이들은 쥐꼬리만 한 임금을 받으며 하루에 12~14시간씩 일했다. 아일랜드인의 생활이 좀 나아지자, 이번에는 이탈리아인들이 몰려 오기 시작했다. 그 다음에는 동유럽 유대인과 슬라브인이 증가했 다. 새로 유입되는 집단은 기존 집단의 하위 노동자층을 형성하는 경향이 있었다. (바닥 또는 바닥 근처의 천하고 급료가 적은 일은 항 상 흑인 몫이었다. 그들은 더 이상 노예가 아니었지만, 여전히 사회적 기회에서 배제되고 무시당하는 노예 상태로 낙인찍혀 있었다.)

이 외국인 집단의 구성원들은 야망을 추구하고, 자유로운 미국 분위기에 차츰 영향받아 가며 가난에서 벗어났다. 경제적 최하층 을 형성했던 그들의 자리는 아직 신참인 이민자로 채워졌다. 이들 은 앞서 떠난 친척과 동네 사람들의 성공담(때로는 꾸며진 얘기)이 나, 직업 알선인이 말한 밝은 장래성에 혹해 유럽을 떠나 온 사람

1888년 '이탈리아 넝마주의 집'. 1890년 『다른 절반은 어떻게 사는가』라는 사진집으로 미 국민들에게 큰 충격을 안긴 제이콥 리스가 촬영한 뉴욕 빈민가 사진이다. 본인이 이민자였던 리스는 사진으로 빈민가의 현실을 고발한 현대 포토저널리즘의 창시자로 추앙받는다.

들이었다. 이들은 너무나 빠른 속도로 밀려와서 뉴욕, 보스턴, 필라델피아, 시카고의 빈민가와 뉴잉글랜드, 펜실베이니아, 오하이오의 공장 도시를 순식간에 가득 채웠다. '기회의 땅' 미국이 수용 가능했던 용량을 초과할 정도로 빠르게 벌어진 상황이었다.

1900년 한 해 동안 입국한 이민자 수는 44만8,572명이었다. 1901년에는 48만7,918명이 들어왔다. 이 수치는 계속 늘어나서 1907년에는 128만5,349명이라는 최대치에 도달했다. 여기에 실로 역설이 있었다. 자유의 여신상 등불이 여러 나라의 무산자들에게 희망을 약속하며 너무나 밝게 타올랐던 탓에 그 초대에 응한 사람들의 수가 너무 엄청났고, 때문에 새로운 이민자뿐 아니라 미국 토박이의 임금 수준까지 떨어지고, 냉혹한 임금 철칙의 개선도 지연되었으니 말이다.

(말 나온 김에 덧붙이자면, 그때 이후로 많은 미국인들 사이에 유럽인을 대할 때면 거만하고 생색내는 듯한 태도를 보이는 풍조가 생겼는데, 이는 부분적으로 다음과 같은 사실에서 기인한다. 평균적인 미국 토박이들이 몇 대에 걸쳐 목격한 유럽인들은 가난하고 무식하며, 제대로 입지도 못하는 이들이었던 것이다. 이 수입된 프롤레타리아들 중에는 상스러운 사람이 없지 않았고, 이들은 일도 천한 일을 하면서 알아들을 수 없는 말을 지껄였다. 이들은 '데이고Dagoes'(이탈리아·포르투갈·스페인계), '폴랙Polacks'(폴란드계), '헝키Hunkies'(헝가리계), '카이크Kikes'(유대계) 등의 경멸적인 호칭으로 알려졌다. 나중에 생활이 나아지면서 이들의 이탈리아인, 폴란드인, 세르비아인, 체코인, 러시아인 성향은 희석되고 미국적으로 변했지만, 유럽인에 대한 부정적인 이미지는 미국인들의 마음속에 계속 남았다.)

대체 노동조합은 뭘 했길래…

그렇다면, 이때 임금 철칙의 전통적인 맞수인 노조는 무얼 했는지 궁금해 할 사람도 있겠다. 대답을 하자면, 특별한 혜택을 받던 소수의 수공업 분야를 제외하면 노조는 거의 없었고, 허약했으며, 임금 철칙의 재앙에 사로잡혀 있었다. 당시에는 고용주가 일할 사람에게 지불할 보수를 정하고 그 사람은 이를 받아들이기로 하는 절차가, 이 두 사람 사이의 일일 뿐 다른 사람이 끼어들 일이 아니라는 생각이 일반적이었던 것이다. 그 밖의 사람들은, 일반적으로 두려움과 혐오의 시선으로 노조를 보았다.

1900년, 미국 내 노조원 수는 86만8,500명에 이르렀다. 이중 '미국노동총연맹American Federation of Labor'(AFL)에 속한 노조는 54만8,321명으로 추산되었다. 시가 제조업계처럼 성공적인 조직력을 갖춘 소수 업계에서는 노조의 압력이 임금 상승을 끌어내기도 했다. 보스턴의 '사우스 엔드 하우스'*의 꼼꼼하고 빈틈없는 관찰자, 로버트 A. 우즈는 1902년 다음과 같이 기록했다.

별 기술이 없는 보스턴 노동자들은 일주일에 9달러에서 12달러를 벌었다. 그것도 일이 있을 때의 얘기이다. 일반 기술공들은 13.50~19.50달러를 벌었다. 역시 일 없이 놀게 되는 시간을 어느 정도 고려한 것이다. 이와 대조적으로 시가 제조자들은 거의 공백기 없이 주당 15~25달러를 받았다.

---

*사우스 엔드 하우스South End House는 영국 토인비 홀을 본떠 미국에 만들어진 세틀먼트 하우스 가운데 하나이다. **세틀먼트 하우스**Settlement House는 19세기 말 영국 런던에서 시작된 대학생 중심의 빈민 봉사 운동으로, 미국에 수입되어 여성 개혁가 중심의 사회 개혁 운동이 되었다. 시카고와 뉴욕, 필라델피아 등지에서 활발히 일어났다. 1892년 로버트 우즈와 동료들은 이민 노동자들의 삶의 질 개선과 미국 적응 교육을 도모하고자, 보스턴의 사우스 엔드 지역에 이를 건립했다.

AFL의 우두머리였던 새뮤얼 곰퍼스도 시가 제조
자였다. 그는 수염이 무성하고 강건해 보이는 턱과
큰 입이 특징이었고, 헝클어진 머리카락에 테 없는
코안경을 썼다. 그는 자신의 영향력 아래 있던 노조
가 추구해야 할 목표가 무엇인지 엄격하게 제한된 시
각을 갖고 있었다. 곰퍼스는 젊은 시절 마르크스의
저서를 읽으려고 독일어를 배웠다. 하지만 그 이후
미국 노동조합운동이 혁명적인 이론가들의 비현실성

1878년의 **곰퍼스**.

으로 인해서, 그리고 이들이 들여온 혁명적 이론이 일반 대중 사
이에 불러일으킨 증오로 인해서 약화되는 모습을 보았다. 그래서
그는 공장제 산업과 대립되는 수공업 노조주의 원칙을 엄격하게
고수했다. 자신의 노조를 정치에 개입시키려는 시도(이를테면 노동
당을 만든다던가 하는 식으로)에 반대했고, 오로지 임금, 노동시간,
노동조건의 향상을 위해서만 협상하라고 명령했다.

하지만 곰퍼스가 추구했던 겸손한 목표는 세기 전환기의 노조운
동 전반에 관해 완전히 잘못된 이미지를 심는 데 이용되고 말았다.
대다수 대기업에는 노조가 전혀 조직되어 있지 않았다. 그나마 노
조가 있거나 노조를 조직하려는 시도가 있는 곳은 폭력적이고 저돌
적이며 살벌한 충돌로 흐르는 경향이 있었다. 한편에는 반항적인
노동자, 다른 한편에는 무자비한 고용주와 고용주 측 비조합원, 무
장 집단으로 나뉘어 잔인한 투쟁까지 벌였다.

1898년, '전미광산노동자연맹United Mine Workers'(UMW)이 중
요한 파업에서 최초로 승리했을 당시, 일리노이 주 버든에서 한
집단이 "엽총과 권총, 소총으로 무장하고서, 비슷하게 무장한 열
차 한 대분의 파업 파괴단과 회사 경비들을 무찌른 결과 양측 모
두 엄청난 인명 손실을 냈다." 이는 허버트 해리스의 역사책,

1900년 미국 **광산
노동자들**.

『미국의 노동*American Labor*』에 나오는 얘기
다. 이에 대해 해리스는 "뛰어난 사격술을 바
탕으로 노조는 모든 요구를 관철시켰다"는
적절한 설명을 덧붙였다. 노동과 자본이 번
번이 대립할 수밖에 없었던 이유는 바로 이
러한 인식 기반에서 비롯된 것이다.

1896년〔법학자로 나중에 대법원 판사로 재직
하는〕올리버 웬델 홈즈 2세가 매사추세츠 주
대법원의 안티 피케팅 판결에 이의를 제기했을 때, 그는 이 일로
인해 앞으로 공정한 승진 기회를 박탈당할 것이라고 확신했다.*
이것이 당시의 조류였다. 이 결정으로 베질런이란 이름의 소매상
은 법원의 파업중지명령 집행서를 발부받아 상점 밖에서 피케팅
을 하던 두 사람을 제지했다. 어떤 폭력의 기미도, 물질적 재산에
대한 위협도 없었다. 그럼에도 불구하고 홈즈가 이 두 사람에게는
최소한 고용주가 부당하다고 하는 그들의 생각을 알릴 권리가 있
다고 주장했을 때, 당시로서는 여론이 용납하기 어려운 이단적인
생각을 제기하는 것이나 다름없었다.

이러한 상황에서 1900년 노조가 대체로 별 영향력을 갖지 못했
다는 건 그다지 놀랄 일도 아니다. 어쨌거나 노조는 최하 노동계
급에까지 손길을 뻗치지 못했고, 극심한 가난에 짓눌렸던 남녀들
을 지키지 못했다.

이 시기에 임금 철칙이 완강히 고수된 데에는 서부 개척 시대의
종료, 이민자들의 홍수, 허약한 노조 외에도 다른 이유들이 있었

---

*'**안티 피케팅**' 파업 때 피케팅을 금지한다는 것으로, '피케팅'이란 파업 등 쟁의행
위를 할 때 쟁의에 참가하지 않은 노동자들의 사업장 출입을 저지하고 파업에 동참
시키는 행위이다.

다. 때가 되면 이러한 이유들을 다룰 것이다. 하지만 당장은, 세기
가 바뀔 무렵 스펙트럼의 저편에 위치한 삶의 엄연한 사실들을 몇
가지 검토해 보자.

몇 가지 수치로 본 미국의 저편

세기 전환기, 미국의 현실은 다음의 몇 가지 냉엄한 수치가 말해
준다.

1. 임금

미국 노동자의 연평균 소득은 이미 언급했듯이 400~500달러 정도
였다. 기술이 없는 노동자는 이보다 다소 적어서 북부에서는 460
달러, 남부에서는 300달러 이하였다. 기술이 없는 노동자에게 주
는 기준 임금은 하루에 1.5달러였는데, 물론 이것은 이 노동자가
일을 구할 수 있을 때의 얘기이다. 이 대목이 중요하다. 1900년
인구조사에 따르면, 약 650만 명의 노동자가 연중 일부 기간 동안
실업 상태(따라서 대부분 사실상 무수입 상태)였음을 염두에 두어야
한다. 이 중 거의 200만 명의 노동자가 1년에 4~6개월을 놀았다.
　로버트 A. 우즈가 1902년 보스턴에서 전한 바에 따르면, 보스턴
의 노스 엔드와 웨스트 엔드에서 일하는 여점원의 평균 임금은 일
주일에 5~6달러였다. 1900년 남부 지방에서는, 방적 공장에서 일
하는 16세 이상 남자 종업원의 3분의 1이 일주일에 6달러 미만의
임금을 받았다. 이 정도 가지고는 최저 수준이라 하기도 어려웠다.
　이맘때쯤 연방노동국은 시카고에서 일하는 이탈리아인 노동자
들의 상황을 조사했는데, 이 과정에서 일주일에 평균 4.37달러밖
에 받지 못하는 미숙련 노동자 부류를 발견했다. 우즈는 여기서

제이콥 리스의
사진집 『다른
절반은 어떻게
사는가』에 실린
러들로 가로의 **노동
착취형 공장**.

한 술 더 떠서, 보스턴의 옷 가게에서 일하는 여성은 일주일에 5달러에서 3달러까지도 받는다고 전했다. 그러면서 "집에서 바느질하는 여성은 하루 종일 일해도 30~40센트 이상 벌 수 없다"고 덧붙였다.

뉴욕의 제이콥 리스Jacob A. Riis도 우즈의 이야기에 공감했다. 제이콥은 1900년, 하루에 30센트를 받으며 바지를 완성하는 여성을 본 적이 있다고 전했다. 이를 오늘날〔1950년〕의 가치로 환산해 보자. 그 사이에 생활비가 세 배가 되었음을 참작하여 여기에 3을 곱한다 해도, 기껏해야 하루에 총 90센트, 즉 일주일에 5.40달러밖에 되지 않는다. 1년 내내 일하고 손에 쥐는 돈이 고작 280.80달러라니!〔이를 2000년 기준으로 환산해 보면, 일주일에 114달러, 1년에 6천 달러, 우리 돈으로 일당 1만5천 원, 연수입 560만원이 된다!〕

2. 노동시간

당시 미국인의 하루 평균 노동시간은 대략 주 6일에 하루 10시간이었다. 주당 총 60시간 일한 셈이다. 사무실에서는 토요일에는 오전만 근무하는 추세가 증가했지만, 누군가 주 5일제를 제안했다면 제정신이 아니라는 소리를 들었을 것이다.〔미국에서 일 8시간 노동제가 정착된 시기는 1930년대이다.〕 1900년 '국제여성복노동조합 International Ladies' Garment Workers Union'이 결성되었을 당시, 이 업계의 노동시간은 뉴욕의 경우 일주일에 70시간이었다.

3. 아동 노동

10세에서 15세 사이의 소년들 중 26퍼센트 이상이 "유급으로 고용"
되었다. 같은 나이 또래의 소녀들 중에서는 10퍼센트가 유급직으로
일했다. 이 아이들 대부분은 농장에서 일했지만, 28만4천 명은 좀
더 잘 정비된 사회에서라면 학교에서 공부하고 있어야 할 시간에
공장에서 일했다.

4. 안전사고

오늘날의 시각으로 당시의 안전 기준을 본다면, 한마디로 형편없
었다. 다음과 같은 일련의 사실들을 고려해 보자. 1901년 한 해에
철도 노동자 399명당 한 명이 죽음을 당했고, 26명당 한 명이 부
상을 입었다. 열차 기관사, 차장, 제동수brakeman, 승무원들의 경
우에는 이 수치가 훨씬 더 나빴다. 이들은 한 해에 137명당 한 명
꼴로 사망했다.

　특히 산업 공장에서 일하는 아이들은 사고 위험에 심하게 노출

아동 노동.
루이스 하인이
1909년
'국립소년노동문제위원
회'에 제출한 사진.

되어 있었다. 윌리엄 O. 크론 교수가 1897년 '전미자선감화협회 National Conference of Charities and Correction'에서 한 말을 들어 보자.

"시카고 같은 도시의 대형 압형 작업장과 통조림 공장에서는 매일같이 아이를 무기력한 불구로 만드는 사고가 일어난다. 이 사고들은 오후 3시 이후에 발생한다. 오전에는 웬만큼 기운을 차려 일을 시작했던 아이가 몇 시간에 걸쳐 끊임없는 중압감에 시달리며 일하다가 3시쯤이 되면 너무나 지쳐 회복 지점을 넘어서게 된다. 따라서 피로한 손가락과 쑤시는 팔을 정확하게 통제할 수 없게 된다. 아이는 거대한 절단기 날이나 양철 압형기 조임부의 희생물이 된다."

5. 인간 문제

1904년에 출판된 [정치가이자 사회 개혁가인] 와일즈 로버트 헌터의 책 『가난Poverty』은 미국에 사는 '못 먹고, 못 입고, 못사는' 이들의 집단 범위와 본질을 설명하려는 양심적인 시도였다. (헌터의 이 말이 1937년 프랭클린 D. 루스벨트의 마음속에 있었던 걸까? 루스벨트는 두 번째 취임사에서 "국민의 3분의 1이 제대로 된 집 없이 잘 입지도 먹지도 못 한다"고 말했다.)

헌터는 가난을, '사람들이 최선의 노력을 기울이는데도 육체적 효율성을 유지하는 데 꼭 필요한 필수품을 충분히 획득하지 못하는 상태'로 매우 엄밀하게 정의하였다. 입수할 수 있는 모든 통계 자료를 분석한 끝에 그가 얻은 최선의 추측은, 미국 내에 가난하다고 말할 수 있는 이들이 줄잡아 1천만 명은 존재하며[1904년 당시 미국의 총 인구는 8,200만 명이었다.], 그중 400만 명은 공립·사립 자선단체에 의지하는 공적인 극빈자에 속하는데, 나머지는 비참한 상황에 있으면서도 그러한 원조조차 얻지 못한다는 것이다.

헌터는 1천만 명이라는 숫자가 실제로는 한참 모자랄 수도 있음을 시인했다. 모르긴 몰라도 1,500만 명이나 2천만 명까지도 될 수 있었다는 얘기다. 국가가 통계치 활용에 그토록 몰두하면서, 정작 핵심적인 문제에 대해서는 해답을 얻으려는 진정한 관심을 보이지 않았다는 사실에 그는 환멸을 느꼈다. "하지만 우리는 알아야만 하지 않겠는가?" 그는 의문을 던졌다.

유럽인들이 목격한 최악의 가난

이 냉정한 수치들이 인간의 언어로 의미하는 바는 무엇일까? 믿을 만한 관찰자들이 20세기가 시작될 무렵 대도시 빈민가와 으스스한 산업도시에 창궐한 최악의 가난을 기록한 보고서를 읽는 것은 불행·혼잡·불결·굶주림·영양실조·불안·곤궁 같은 가사가 단조롭게 반복되는 인간의 비참함을 주제로 한 변주곡을 끝없이 듣는 것이나 다름없다.

"진창, 오물, 더러움, 악취가 진동하는 축축함, 성가심, 거리의 무질서 등은 설명이 불가능하다." 1898년 동포들이 사는 뉴욕의 구역을 방문했던 이탈리아 극작가 G. 지아코사는 이렇게 썼다.

1899년 3월, 보스턴 시의 고문 건축가들은 노스 엔드와 웨스트 엔드에서 목격한 가옥들에 대한 보고서를 작성했다. 여기서 그들은 "때 묻고 파손된 벽과 천장, 물이 고인 지하실, 쓰레기와 오물로 어지러운 골목, 부서져서 새는 하수관, …… 어둡고 불결한 화장실, 막히거나 고장 난 변기, …… 너무 낡고 오래되어 위험한 집들"을 발견했다고 썼다.

훨씬 더 위생적인 구역에서조차 혼잡은 극심했다. 루마니아에서

19세기 후반
이탈리아
이민자들이 마을을
형성했던 뉴욕 시
멀버리 가로 풍경.
제이콥 리스가 찍은
사진이다. 지금은
이곳이 콜럼버스
파크가 되었다.

건너온 이민자 M. E. 래비지는, 뉴욕 로 어 이스트사이드의 리빙턴 가로에 있는 시걸 부인의 아파트에 주당 50센트에 세 들어 살았다. 그는 나중에 자신의 경험 을 책으로 펴냈는데, 『미국인 되기*An American in the Making*』라는 이 책에서, 시걸 부인이 낮에는 아파트를 거실·식 당·주방·여자 어린이용 화장실·시걸 부인만의 방·아이들 방 등 특별히 세분하여 구획하는 흥미로운 상상에 빠져 지냈다고 썼 다. 그러다가 밤 9시에서 10시 사이가 되면, 아파트는 "갑자기 수 용소가 되었다". 소파는 분리되어 적당히 옮겨졌고, 무늬가 새겨 진 식당 의자는 일렬로 배치되었다. 거실에 있던 소파에선 네 사 람이 흔들의자에 발을 올려놓은 채 되는 대로 잠을 잤다. 어떤 날 밤에는 거실에서만 9명이, 몇몇은 바닥에 널브러진 채 자야 했다. "시걸 부인이 아이들 방으로 설정했던 방은 4인 가족이 차지하고 있었다." 창문은 접합제로 빈틈없이 메워져 있었고, 공기는 "음식 과 땀 냄새로 무거웠다".

이보다 훨씬 더럽고 비위생적인 주거지 역시 어지럽긴 마찬가지 였다. 몇 년 전, 프랑스 소설가 폴 부르제는 〔싸구려 술집과 하숙이 즐비한〕 바워리 가 이탈리아 구역에서 "배의 선실처럼 작은" 1층에 나 있는 방 두 개를 발견했다. "이 악취 나는 방에서 8명의 남녀가 웅크린 채 일하고 있었다. 쇠난로 때문에 공기는 더욱더 숨을 조 여 오는 듯했다. 그 불결함이란!" 부르제가 다음으로 조사한 곳은 유대인 구역에 있는 다양한 작업장들이었다. 거기서 그는 "굶주려 움푹 들어간 얼굴"과 "체력 소모로 좁아진 어깨, 길고 슬픈 가난의 연속이었던 평생 동안 고기 한 점 먹어본 적 없는, 할머니처럼 나

20세기 초 미국의 기록자들

제이콥 리스 언론가, 사진가, 개혁가. 덴마크 출신으로 10대 때 미국으로 이민왔다. 뉴욕에 정착한 후 신문사에 취직하여 이민 생활의 어두운 면을 상세히 고발하는 『다른 절반은 어떻게 사는가』를 출간했다. 리스는 당시 뉴욕 경찰청장이던 테디 루스벨트의 개혁정책에 지대한 영향을 끼쳤고, 슬럼 개혁의 씨앗을 뿌렸다.

루이스 하인 사진가, 사회학자. 카메라가 사회 개혁을 위한 조사 도구로 활용될 수 있다고 믿고, 사진을 통해 유럽 이민들의 가난과 열악한 노동 환경을 고발했다. 1911~1916년 연방정부 산하 노동위원회의 공식 사진사로 전국을 돌며 작업장에서 고용주의 반대를 무릅쓰고 고발용 사진들을 찍었다. 특히 '아동노동금지법' 제정에 기여한 바가 크다.

이 들어 보이는 15세 소녀"를 보았다.

1908년 헝가리 출신 목사인 베이 드 바야 운트 루스코드 백작은 『한 척의 이민선 안에 미국으로*Nach Amerika in einem Auswandererschiffe*』란 책에서, 몇 해 전 펜실베이니아 맥키스포트의 철강 도시를 방문했을 때 그곳에 있던 헝가리 이민자들의 삶이 어떠했는지 증언했다.

맥키스포트에서 피츠버그까지 뻗은 골짜기를 따라 펼쳐진 하늘을 배경으로, 1만2천 개의 높은 굴뚝이 검은 윤곽을 드러낸다. 2만 4천 개의 굴뚝은 타오르는 불꽃과 연기를 끊임없이 뿜어 댄다. 〔로마 신화 속 불과 대장장이의 신〕 불카누스의 왕국도 이 모논가엘라 계곡보다 더 음산하고 더러울 수는 없을 것이다. …… 매년 수천 명의 이민자들이 이곳을 배회한다. …… 그리고 그들은 여기서 지옥이 그들을 삼켜 버릴 때까지 고통받는다. …… 매 시간 사고가 거의 끊이지 않고, 치명적인 참사가 매일 일어난다. 하지만 그 수많은 사람들 중 한 사람이 불구가 된다 한들, 한 생명이 사라진다

한들 무슨 상관이랴! 그 자리를 열망하는 열 사람으로 메울 수 있는데. 조금 더 멀리 떨어진 곳에 노예라는 족쇄를 달러 온 수천 명의 이민자들이 어김없이 거의 매일같이 도착하는 사이에, 신참자들은 공장 문이 보이는 데서 야영한다.

남아도는 노동력, 주린 배를 채울 수만 있다면 조건을 따지지 않고 무슨 일이든지 하겠다는 절박한 심리 상태. 이런 내용이 관찰자들의 보고

뉴욕 엘리스 섬에
도착한 새로운
이민자 가족. 루이스
하인의 사진.

서에 반복하여 등장한다. 다음은 로버트 헌터가 펜실베이니아의 철강 구역이 아닌 시카고에 대해 쓴 글이다.

춥고 비 내리는 아침, 어슴푸레한 새벽녘에 평소보다 두 시간 일찍 눈을 떴다. 공장으로 향하는 행렬이 창문 아래로 지나가면서, 징 박힌 장화가 인도 널빤지 위에서 내는 단조로운 소리에 깬 것이다. 깊은 생각에 잠긴 듯한 우울한 남자, 피로와 걱정에 차 있는 여자, 빗질하지 않은 머리에 얇은 옷을 입은 소녀, 즐거움이라고는 찾아볼 수 없는 허약한 소년 등이 줄지어 지나갔다. 한마디도 입 밖에 내지 않은 채, 반쯤 졸면서 거대한 공장으로 가는 길을 재촉하고 있었다. …… 더 굶주리고 궁핍한 수백 명의 다른 이들은 …… 붉은 턱수염을 기른 거구의 사내가 나와 힘세고 잘생긴 남자 스물세 명을 고를 때까지 닫힌 문 앞에서 기다렸다. 선택된 사람들에겐 문이 열렸고, 풀이 죽어 눈을 내리깐 다른 사람들은 다른 일자리를 알아보거나 집, 술집, 하숙집에서 빈둥거리려고 떠나갔다. ……

이 보고서들에서는 또 한 구절이 되풀이된다. 외국인으로 이뤄진 이 산업 인구의 '쓰레기들'은 그 이질성으로 인해 미국의 다른 부분에서 고립되었다는 생각이다. 헌터의 기록을 보자.

> 몇 년 전 시카고에 살 때의 일이다. 큰 기업이 문을 닫으면서 일자리를 잃은 보헤미아인과 헝가리아인 거주지에서, 거리에 떼 지어 있거나 강당에 모여 있는 집단들 사이를 돌아다녀 보았다. 나는 불안과 욕설, 점점 증가하는 흉포함을 느꼈지만, 그들이 겪는 고충에 대해 그들과 토론할 수가 없었다. 그들과 공감하거나 혹은 대립할 수도 없었다. 나는 내가 사는 이 도시에서 완전히 이방인이었다.

지옥 풍경을 누그러뜨린 작은 즐거움들

물론 이렇게 비참한 장면들을 완화해 주는 모습도 있었다는 점에 대해선 상기의 기록자들도 동의했다. 아무리 배를 곯는 사람이라도 옷은 예상보다 잘 입었다는 사실은 대부분의 외국인 방문객들을 놀라게 했다. 루마니아에서 갓 건너온 래비지는 거의 아무도 기운 옷을 입지 않았다는 점에 주목하고, "그들이 입은 옷만 보고 판단한다면, 은행장과 사환을 구별할 수 없다"고 덧붙였다. 래비지는 지아코사가 뉴욕의 고가 열차를 타본 뒤 기록한 내용에 공감했다.

"일부 우아한 월 가 은행가들은 영국식으로 재단된 특별한 의복으로 남들과 구별된다. 하지만 이 경우를 제외하고는, 어떤 유럽인도 길에서 마주치는 사람들의 겉모습만 보고는 그들의 다양한 직업과 생업, 형편, 재산, 문화, 교육 정도를 눈으로 식별해 낼 수 없을 것이다."

지아코사는 이루 말할 수 없이 더럽다고 느낀 시카고의 도살장을 방문한 뒤, 저녁 무렵에 그 지독한 일을 끝낸 일꾼들이 품위 있게 잘 차려 입고 나오는 모습에 충격을 받았다. 이는 보스턴의 사우스 엔드에 사는 사람들을 보고서 우즈가 말한 내용과 매우 비슷하다. "젊은 남녀들, 특히 젊은 여자들의 경우, 정말 잘 차려입은 사람들이 실로 비참한 집에서 나온다는 사실이 놀랍다."

이러한 빈민가에 살던 수많은 이민자들이 미국에 와서 알게 된 새로운 물건들을 보고 기뻐했다는 점도 잊어선 안 된다. 매일 사용하는 비누는 래비지에게 유쾌한 놀라움이었다. 한겨울의 가지와 토마토, 길모퉁이 술집에서 피처 병에 담아 파는 맥주도 마찬가지였다. 러시아에서 갓 도착한 아이였던 매리 앤틴은 통조림, 쇠난로, 빨래판, 통화관, 가로등에 매혹되었다. 특히 가로등에 대해서는 이렇게 말했다. "가로등이 참 많았고, 아침까지 불을 밝혀서 손등을 들고 다닐 필요가 없다고 아버지께서 말씀하셨다."

매리와 그녀의 부모들이 더욱 놀란 것은 무료 공교육이었다. "작성할 신청서도 없었고, 아무 질문도 하지 않았으며, 수업료도 없었다." 아버지가 "흡사 봉헌하듯 아이들을 학교로 데려오기만 하면 되었다."

최악의 혐오스러움이 빈민가에서 조금씩 사라져 간 것은 사실이다. 제이콥 A. 리스가 쓴 기억할 만한 책 『다른 절반은 어떻게 사는가 How the Other Half Lives』(1890) 속의 보고서는 조사 위원회, 공동주택 위원회, 돈 있는 시민들의 다른 여러 모임을 양산해 냈다. 10년 뒤 리스는 뉴욕 뒷골목에서 최악의 연립주택이 없어졌으며, 지독한 경찰서 숙직실도 사라졌다는 보고서를 쓸 수 있었다. "바틀 앨리가 없어졌다. 밴디트 루스트, 본 앨리, 도둑 뒷골목, 등유 거리가 모두 사라졌다."

'식료품을 든 소년'.
루이스 하인 사진.

1900년 무렵, 리스는 누더기와 쓰레기가 이스트 사이드에서 일반적이라기보다 예외적인 모습이 되었다고 본 것 같다. 그 시작은 뉴욕의 비교적 못사는 지역에 공원과 놀이터, 체육관을 지어 주는 것에서 출발했다. 뉴욕뿐 아니라 다른 도시나 주에서도 법을 만들어서 공장 업무와 최악의 주거 상태를 조금씩 해결해 나갔다.

이 야만적인 물음에 어떻게 답할 것인가?

그래도 이민의 홍수는 계속 이어졌고, 산업은 급속히 번창했지만 임금은 여전히 임금 철칙에 굴복했다. 더럽고 황폐한 주거지에는 날로 더러움이 쌓여 갔고, 금방이라도 내려앉을 것 같았다. 미국의 가난 문제와 씨름하는 것을 업으로 삼고 있던 이들은, 어떤 식으로든 실질적인 향상을 가져오는 데 무기력해짐을 느꼈다. "진정한 문제는 여기 사람들이 태어날 때부터 죽을 때까지, 운명의 행진처럼 움직이는 엄청난 사회적 힘에 좌지우지되며 산다는 것이다."라고 우즈는 썼다.

당시 상황은 민주주의 사회의 기본 개념 자체를 조롱하는 것이 아니었을까?

"우리는 오늘날 의심할 여지없이 공화주의의 부패, 오래 지속되지 않을지도 모르지만 어쨌거나 부패는 부패인 이것을 목격하고 있다"고 사회학자 프랭클린 H. 기딩스가 '19세기 클럽'[시카고 인근의 오크 파크 소재. 여성에게 교육과 사회참여 기회를 제공하고자 설립된 공간. 지금은 남녀 회원들의 후원과 참여로 지역사회에 여러 가지 봉사 활동을 제공한다.] 회원들에게 말했다. "누구도 제정신으로는 이를 부정할 수 없다."

[시인] 에드윈 마컴이 1899년 발표한 「괭이를 든 사나이The Man with the Hoe」란 시를 썼을 때, 미국의 가난과 접촉이 별로 없던 사람들조차 이 시에 어떤 징조가 묘사되어 있음을 어렴풋이 느꼈다. 마컴이 짐승처럼 일하는 어느 노동자를 그린 밀레의 유명한 그림을 보고 나서 쓴 이 시는, 산업화가 보통 사람에게 무슨 짓을 하고 있는지 담았다. 작동 중인 사회적인 힘이 어떤 식으로든 역전되지 않는다면, 산업화가 훗날 시에 어떤 영향을 미칠지도 그려 내었다. 마컴은 노동자에게서 다음과 같은 모습을 보았다.

그의 얼굴에 깃든 세월의 덧없음,
그리고 등에는 세상의 짐을 지고.

마컴은 물었다.

누가 이 잔인한 턱을 풀어놓고 못 본 체 하는가?

그리고 설명했다.

이보다 더 지독한 형상은 없다-
이보다 더 세상의 눈먼 탐욕을 비난하는 것도-
이보다 더 영혼을 향한 징후와 전조로 가득 찬 것도-
이보다 더 우주에 대한 위험으로 채워진 것도.

그리고 결론 맺는다.

오 모든 나라의 주인, 지배자, 그리고 통치자들이여,
미래는 이 사람을 어떻게 다룰 것인가?
폭동의 회오리바람이 온 해안을 뒤흔들 때
그의 비이성적이고 야만적인 물음에 어떻게 답할 것인가?
왕국과 왕, 그를 지금의 상태로 만든 사람들은 어떻게 될 것인가?
이 형언할 수 없는 공포는 세상을 심판하러 언제 일어설 것인가?
수백 년의 침묵 뒤에.

1950년대 관점에서 이 예언적인 시구를 읽고, 이것이 미국에 대한 예언으로 증명되지는 않았다고 단언할 수도 있다. 하지만 한 세기가 시작될 무렵, 수많은 미국인들이 "야만적인 물음"을 던지며 "형언할 수 없는 공포"로 인해 유럽뿐 아니라, 그렇게 화려한 부와 비인간적인 가난이 대조를 이루었던 미국을 뒤흔드는 "폭동의 회오리바람"이 초래되지 않으리라고 결코 확신하지는 못했다는 점은 확실히 의미심장하다.

4 과연 자본주의

19세기식 성공담의 죽음

1899년 뉴욕에서 한 남자가 죽었다. 그는 결코 경제학을 중시하지도 않았고, 오히려 무척 미성숙한 정신의 소유자였지만, 세기의 전환기 무렵 미국 기업가들의 사고에 모든 경제학 교수들을 합친 것보다 훨씬 광범위한 영향을 미쳤을 것이다. 이 사나이의 이름은 호레이쇼 앨저 주니어였다. 그가 한 일은 소년들을 위해 100여 권의 책을 쓴 것이었다. 『비상하라 *Bound to Rise*』, 『행운과 용기 *Luck and Pluck*』, 『가라앉을 것인가 아니면 헤엄칠 것인가 *Sink or Swim*』, 『구두닦이 톰 *Tom the Bootblack*』 등의 성공담을 썼으며, 이 책들은 적어도 2천만 부는 팔려 나갔다.

호레이쇼 앨저
주니어.

호레이쇼 앨저는 모순된 사람이었다. 그의 책은 성실하고 열심히 일하는 소년들이 무일푼에서 벼락부자로 성공한다는 변함없는 주제를 담고 있었다. 하지만 그 자신은 가난뱅이로 인생을 시작하지 않았으며, 부를 성취하지도 못했다. 말년에는 뉴욕의 꽤 음울한 거리에 있는 뉴보이즈 하숙집에 주로 살았다. 지성적인 독자들은 대개 그의 성공 안내서를 쓰레기 취급했다. 실제로 그가 쓴 글들은 다소 평범하고 단조로우며 비현실적이고 창의력이 떨어졌다. 그래도 남북전쟁과 제1차 세계대전 사이의 세월 동안 수많은 미국 소년들에게 기쁨을 주었다. 이 소년들에게는 미국의 경제생활에 눈 뜬 첫 계기가 호레이쇼 앨저였을 수 있다.

호레이쇼 앨저의 책에 등장하는 전형적인 주인공은 아버지를 여읜 15세 정도의 소년으로, 대개 뉴욕에서 혼자 힘으로 살아간다. 소년은 온갖 종류의 악당들에게 괴롭힘을 당한다. 악당들은 철도 열차에서 소년에게 가짜 금시계를 팔아먹으려고 하거나, 고용주의 돈을 갖고 마차로 집에 돌아가는 소년을 강탈하기도 한다. 필라델피아의 호텔 방에서 클로로포름으로 마취를 당하기도 하고, 시카고의 빈민가 셋방에 갇힌 채 마구 구타를 당하기도 한다. 하지만 소년은 항상 강하고 현명하고 용감하며, 악당들은 어리석고 겁이 많다. 앨저가 쓴 책의 결말은 언제나 우리의 주인공이 부를 얻는 순탄한 여정에 오르는 것이다. 물론 그것은 소년의 근면, 정직, 인내, 검약의 결과이다.

일리노이 대초원의 등불 옆에서 『앤디 그랜트의 용기*Andy Grant's Pluck*』의 책장을 몇 번이고 넘겼던 농부의 아들에게, 그리고 버몬트 마을에서 『용기와 배짱*Brave and Bold*』 시리즈를 훑어보던 시골 은행가의 아들에게, 호레이쇼 앨저의 교훈은 분명해 보였다. 즉, 사업이란 개인이나 작은 모임들 사이에서 벌어지는 거래의 문제이며, 열심히 일해서

앨저의 주인공들.
주로 소년인 주인공들은 언제나 강하고 현명하다.

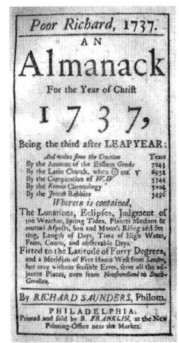

"가난한 리처드".
정치가 · 외교관 · 과
학자 · 저술가 · 신문
경영자 · 교육문화활
동가 · 자연과학자…
…. 19세기 미국을
대표하는 공리주의자
프랭클린은 수많은
저서를 발표했는데,
여기서 언급한 책은
풍부한 상식과 철학,
경구로 된 그의
대표작으로 수많은
미국인이 애독한
베스트셀러
『가난한 리처드의
일기*Poor
Richard's
Almanac*』이다.

돈을 모으면 성공하리라는 것이다. 경제 행위의 기본 원칙은 벤저
민 프랭클린의 "가난한 리처드"가 설정했던 것과 동일했다.

"하늘은 스스로 돕는 자를 돕는다."

"일찍 자고 일찍 일어나면 건강과 부와 현명함을 얻는다."

"부지런하면 결코 굶주리지 않을 것이다. 가난한 리처드가 말하
듯이 '굶주림은 일하는 사람의 집 안을 들여다보긴 하지만 감히 들
어가진 못하기' 때문이다."

"먹을 것이 많은 주방은 의지를 허약하게 만든다."

그리고 요약하기를, "간단히 말해서, 부자가 되는 길은 당신이
원한다면 시장 가는 길처럼 평범하다. 부자가 되는 길은 특히 다
음 두 단어에 달려 있다. 바로 근면과 검소이다."

재벌들의 무일푼 경제학

앨저의 명제가 훌륭한 타당성을 갖고 있음은 부인할 수 없다. 존
D. 록펠러의 경우를 보자. 그는 클리블랜드의 중개상인 집에서
일주일에 4달러를 받는 점원으로 출발했다. 그리고 20세기가 시작
될 즈음에는 세계 최고의 부자가 되어 있었다.

앤드루 카네기도 보자. 그는 열세 살 때 피츠버그의 방적 공장
에서 일주일에 1.20달러를 받으며 얼레 감는 일을 시작했다. 그리
고 지금은 엄청난 철강 제조업자가 되었다. 에드워드 H. 해리먼
도 마찬가지이다. 그는 중개인의 사환으로 일주일에 5달러를 받으
며 일을 시작했는데, 지금은 철도 제국을 건설하고 있다. 근검절
약이라면 위대한 은행가 조지 피셔 베이커도 뒤지지 않는다. 마찬
가지로 점원으로 일을 시작하였고, 결혼 생활 초기에 부부가 수입
의 절반으로 생활하고 나머지 절반은 저축한다는 원칙을 세워 놓

고 지켰다.

이들은 성공 공식을 증명한 수많은 사례 중 극히 일부에 불과하다. 무일푼으로 출발하여 전력을 다해 푼돈을 저축하고 영악하게 장사하면 부와 권력, 인정으로 보상받게 되는 것이다. 그러므로 궁핍한 사람은 그 자신의 게으름과 어리석음, 낭비에 굴복하기 때문에 가난하다는 당연한 추론이 나온다.

물론 성공한 사업가들로서는 이 내용을 진정한 경제학 제1법칙이라고 믿는 것은 즐거운 일이리라. 하지만 혹자는 이런 의문을 제기할 수도 있겠다. 아무리 그래도 경제가 그보다는 좀 더 복잡한 문제라는 것쯤은 그들도 수업 시간에 배우지 않았느냐고 말이다.

이 질문에 대한 답은 두 가지이다. 1900년, 세력 있는 재벌들 중에 경제학을 공부한 이는 거의 없다는 것이 첫 번째 답이다. 가장 성공한 축에 속하는 여덟 명을 예로 들어 보자. 존 D. 록펠러, 카네기, 해리먼, 베이커 등은 앞서 언급했고, J. 피어몬트 모건, 윌리엄 록펠러[존 D. 록펠러의 형], 제임스 스틸먼[다방면의 사업가], H. H. 로저스[사업가]도 있다. 이 여덟 명 중 모건만이 우리가 오늘날 대학 교육이라고 부를 만한 것에 접근한 적이 있을 따름이다. 그는 독일 괴팅겐 대학에서 2년을 보내긴 했지만, 요즘 경제학으로 분류할 만한 어떤 분야도 공부하지 않았음이 꽤 확실하다.

인생의 전성기를 구가하던 시절에 재벌들이 혹은 이들의 무수한 경쟁자와 모방자들이 경제학이라는 학문과 많은 교류를 했는지, 아니면 경제학 교수들을 터무니없이 비현실적인 이론가들로 치부해 버렸는지에 대해서는 논란의 여지가 있다. 출세한 사람은 자기 자신을 "사회라는 학교"의 졸업생이라 말하기를 좋아했다. 교육은 그 정도면 되었다. 그러면서도 자기 아들은 능력이 되는 한 대학에 보냈는데, 그 이유는 대학이 괜찮은 사람들과 유익한 교제를 하기에 좋은 장소였기 때문이다. 하지만 대학교수들은 단단히 무장한 전사들이 싸우는 전쟁터인 사업에 대해서는 아무것도 몰랐다. 아무튼 벤자민 프랭클린이 세웠고, 호레이쇼 앨저가 소년들을 위해 약간 바보스러울 정도로 단순화시킨 원칙은 근본적으로는 건전했다.

그렇지만, 세기의 전환기 즈음에 수십만 명의 미국인이 대학에 갔다. 다만 교과 과정에 경제학을 포함시킬 정도의 신식 교육기관으로 들어간 사람들은 그리 많지 않았다. 그리고 그보다 더 적은 수가 실제로 이 과목을 공부했다. 경제에 대해서 그들은 무엇을 배웠을까?

신성불가침의 경제법칙들

1875~1900년 동안에 경제학을 현대화하여 금융과 산업의 새로운 시대라는 변화하는 현실과 조화시키려 한 리처드 T. 일라이, 찰스 S. 워커, 사이먼 N. 패튼, 존 베이츠 클라크 같은 사람들의 노력에도 불구하고, 대학 졸업자들은 대부분 '고전' 경제학 이론을 주입받았다.

고전 경제학은 개인이나 집단이 물건을 사고팔 때 어떻게 행동하는지를 설명하려는 이론이다. 물리학자들이 무생물의 작용을 파악하게 해 주는 자연법칙을 설명하듯, 고전 경제학자들은 자신들도 시장에서 활동하는 경제인의 행동을 파악하는 경제법칙을 설명할 수 있어야 한다는 생각에 사로잡혔다. 가령, 수요공급의 법칙[수요와 공급이 균형을 이룰 때 가격이 정해지며, 수요가 공급보다 많으면 가격이 오르고 공급이 수요보다 많으면 가격이 내려간다는 법칙), **수확체감의 법칙**(토지·자본·노동의 생산요소 가운데 어느 한 요소만 증가시키고 다른 요소를 일정하게 하면 생산량의 증가분이 차츰 감소한다는 법칙), **악화가 양화를 구축한다는 법칙**(말 그대로 'Bad money drives out good'. 오늘날에는 질 나쁜 것이 좋은 것을 밀어 낸다는 의미) 등이 그것이다.

이들은 이론적인 목적으로, 누구든 시장에서 사업을 할 때 오로지 금전상의 사리사욕, 즉 개인적인 욕심을 채우려는 동기에 자극받는다고 가정했다. 일반적인 환경에서 이런 식으로 동기를 부여받은 사람은 수요와 공급이 균형을 이루어지게끔 물건을 사고파는 경향이 있으며, 따라서 노동자나 경영자가 얼마나 많이 벌지, 또 투자된 자본이 얼마나 수익을 낼지는 자동적으로 결정된다고 믿었다.

고전 경제학자들도 계속 몰아붙이면, 사람이란 사실상 시류의 흐름을 타고자 하는 욕망, 남부끄럽지 않게 살려는 욕망, 성공하여 넉넉하게 사는 모습을 과시하고 싶은 욕망 등 다양한 동기에 자극받는다는 점을 인정했을 수도 있다. 시장의 정상적인 기능이 생산자 연합, 트러스트(같은 업종 기업들의 연합 독점), 지주회사 연합들의 독점욕으로 끊임없이 변칙적으로 작동하게 된다는 점도 인정했을지 모른다. 즉, 소유권과 관련한 주식시장 관리를 놓고 이해관계가 얽힌 경쟁사들끼리 싸운다든지, 다른 사업 진행에 엄청난 간접적 영향을 미친다든지, 관세 제도·공장 법·노동분쟁이 경제법칙의 순리에 맞게 작동하는 것을 방해하거나 바꾼다든지 하는 일들 말이다.

하지만 고전 경제학자들이 느끼기에 이런 현상들은 '비정상적인' 것이었다. 일반적으로 자동 조절된다고 보는 시장의 정상적인 추이에 집중하는 게 나았다. (기상학자가 폭풍의 행태보다는 좋은 날씨의 행태에 집중하는 것이 더 타당하다고 여기는 것과 얼마간 비슷하다.) 게다가 국민경제, 국민소득, 국민총생산, 경제 집단의 상호 의존적 작동 등과 같은 오늘날의 개념이 아직 그들 사고에 입력되지 않은 상태였다. 그들이 제시한 원칙은 독립적인 단위로서 개인의 행위를 다루는 것이었다.

자신들이 발견한 법칙에 매료된 고전 경제학자들은 이 법칙을 어지럽히는 것은 무엇이든 나쁘다고 여기는 경향이 있었다. 간단히 말해서, 그들은 자유방임주의에 입각한 경제학을 가르쳤다. 모든 것은 내버려 둘 때 가장 잘 작동한다는 것이었다. 지극히 온화하고 상냥한 사람이라도 입법기관이 나서서 임금과 노동시간에 간섭하는 것은 혐오스런 일이라고 선언하려 들 것이라는 예를 들었다.

예일 대학의 위대한 정치경제학 스승으로 정력적인 활동을 펼친 윌리엄 그레이엄 섬너만큼 설득력 있게, 경제법칙에 대한 간섭의 어리석음을 설파한 이도 없을 것이다. 1883년에 출간된 저서 『사회 계급들이 서로에게 빚지고 있는 것*What Social Classes Owe to Each Other*』에서, 그는 개혁가들을 궁지에 몰아 세웠다. "평등을 향한 열망은 질투와 선망의 소산이다. B에게 주려고 A에게서 강탈하는 것 빼고는 그 열망을 만족시킬 방안은 없다. 따라서 그러한 모든 안은 인간 본성의 지극히 비열한 악덕을 조장하고, 자본을 쇠퇴시키며, 문명을 전복시킨다."

섬너가 만인의 더 나은 삶에 반대했다는 의미는 단연코 아니다. 반대로, 고결하고 관대한 신조를 가진 사람으로서(그는 목사로 사회생활을 시작했다.) 그는 진심으로 만인의 유복한 삶을 바랐다. 다만, 사업의 규칙을 바꾸지 않으면서 기회를 더 넓게 확대하는 것이 바람직하다고 생각했다. 그는 다음과 같이 주장했다.

기존 계층들 간에 이미 배분된 재산들을 재분배하려고 애쓰는 대신, 기회를 늘리고 다양화하며 확대하는 것이 우리의 목표여야 한다. 이렇게 하는 것이 문명화의 과제 이기도 하다. 지나간 모든 잘못이나 폐해를 없앰으로써, 사회의 완전히 새로운 동력에 새로운 발전 기회를 터줄 수 있다. 교육이나 학문, 예술, 정부 분야의 모든 향상은 세상 사람들의 기회를 확대시킨다. 이러한 확대는 평등의 보장이

윌리엄 그레이엄
섬너.

아니다. 오히려 자유가 있으면 어떤 사람은 그 기회를 열심히 활용하여 득을 볼 것이고, 어떤 사람은 기회를 소홀히 하여 전부 날려 버릴 것이다. 따라서 기회가 많을수록, 이 두 부류의 자산은 더욱 불평등해지게 된다. 모든 정의와 올바른 이성의 관점에서 보아도 그것이 마땅하다.

섬너는 경제적으로 무력한 이들을 법률로써 보호할 수 있는 방법이 없다고 주장하지는 않았다. 하지만 그는 대부분의 법률 개혁이 무지 속에서 착상되어 어리석음 속에 초안된다고 믿었다. 그는 예일대 학생들에게 말했다. "워싱턴이 나라 전체에 정치적 섭리를 행사하도록 만들어야 한다고 생각할 필요는 없습니다. 하나님이 이 몫을 정치경제학적 법칙에 따라 훨씬 더 잘 수행해왔습니다."

섬너는 진심이었다. 존 D. 록펠러가 "내 돈은 하나님이 준 것"이라고 말했을 때처럼 말이다. 경제법칙은 자비로웠다. 우리가 할 일은 오로지 이 법칙이 방해받지 않고 작동하게 하는 것이다. 경제법칙이 어떤 사람은 식당 뒷문 밖에서 빵부스러기를 뒤지는 동안, 다른 사람에게는 이익을 쏟아 부어 주는 듯 보였다면, 그 역시 하나님의 섭리의 일부일 터.

열심히 일하면 부자가 된다는 교훈

그러나, 사람들이 몇 세대에 걸쳐 자신들만의 편의를 위해 경제법칙을 주물러 왔고, 그 과정에서 결코 신이 아닌 인간의 손으로 제도를 만들어 왔다는 사실에 이 상황의 모순이 있다. 섬너 추종자들 대부분은 이를 하나님의 작품이라고 여겼을지도 모르겠다. 그렇다면 예를 들어 보자.

회사는 신의 발명품이 아니다. 그것은 인간의 발명품이다. 정부의 창조물이다. 회사의 특권과 한계는 법으로 규정되었다. 산업과 기업 일반을 증진시킬 목적으로 만들어진 기업은, 19세기의 위대한 발명 중 하나이자 헤아릴 수 없는 가치를 지닌 도구였다. 하지만 회사의 특권을 규정짓는 법령을 능수능란하게 활용하면서, 사람들은 회사를 빌미로 엄청난 책략을 구사했다. 법인이라는 장치는 A가 B에게서 강탈하는 행위를 허용하는 데 악용될 수 있었다. 더 부드럽게 말하자면, A가 눈앞에 보이는 모든 단물을 쭉 빨아먹고, B에게는 국물도 남기지 않는 데 이용되었다는 것이다. 경제의 자연법칙이 제 갈 길을 가게 해야 한다는 핑계로 그러한 장치를 옹호하는 것은 좀 어리석었다.

세기의 전환기에 그토록 어마어마한 규모로 양산된 부의 대부분이 유리한 위치에 있던 소수의 손으로 흘러들어 간 것은, 그들이 대체로 회사, 특히 회사의 주식 자본을 주무를 수 있는 책략을 발견한 결과였다. 경제학 A 수업을 듣는 학생들의 눈이 수요공급이란 법칙의 인자함에 쏠려 있는 동안, 기업 고문 변호사와 의뢰인들의 눈은 뉴저지 지주회사 법령의 순진함에 집중되어 있었다. 굳이 따지고 들자면, 이 양반들은 소득세라는 것을 경제법칙에 대한 인간의 명백한 간섭으로 간주했어야 말이 된다. 하지만 이들은 지주회사법을 그런 식으로 여기지 않았다. 비록 이 법이 고전 경제학자들이 정의한 것처럼 자본에 대한 이론적 보상을 사소한 것으로 보이게 했지만 말이다.

개인적으로 호레이쇼 앨저의 이야기들을 읽으며 젊은 주인공이 부자가 되는 방식을 연구해 봤는데, 여기서 흥미롭게 여긴 것이 있다. 주인공이 성공의 사다리를 오르는 첫발은 분명 그 자신의 부지런한 노동이 가져온 직접적인 성과였다. 이렇게 해서 주급이 5달러에서 10달러로 올랐을 수도 있다. 하지만 이 정도를 부라고 할 수는 없다. 나는 책의 마지막에 가서 주인공이 어떤 식으로든 자본을 손에 넣게 된다는 점을 알아차렸다.

앨저의 주인공들은 정녕 **근면**과 **성실**로 부자가 되는가?

때로는 자본을 상속받기도 했다. 누더기를 걸친 고아인 줄로만 알았던 주인공이, 예전에는 별 볼일 없던 광산 주식 10만 달러어치를 가진 사람의 아들로 밝혀지는 식이다. 자본을 증여받는 경우도 있다. 소년의 용기가 부자인 밴더풀 씨에게 너무나 좋은 인상을 주어서, 이 나이 든 남자가 소년에게 5만 달러(소년이 도둑들에게서 지켜 준)를 양도하게 되는 것이다. 소년이 타코마 호텔에서 병약한 신사를 도와주고, 그 신사는 보답으로 가치가 급등하는 주택 부지에서 나오는 이익 일부를 주기도 한다. 방법은 가지각색이다. 하지만 주인공의 손에 돈이 들어오는 시점에, 소년의 노력이 결실을 맺게 되는 자본거래가 꼭 있다.

앨저가 주려고 한 교훈이, 열심히 일해 봤자 수입은 쥐꼬리만 할 뿐이니 성공하려면 부자들과 사이좋게 지내라는 것은 분명 아니었을 것이다. 오히려, 자본은 열심히 일하고 푼돈을 저축하며 사치를 멀리하는 자에 대한 보상으로 하늘에서 내려온다는 것이 교훈이리라. 일하고 절약하며 착한 소년이 되면 머지않아 철도 주식이 굴러

들어오고 모든 일이 잘 풀린다는 것이다.

　호레이쇼 앨저의 이야기는, 부는 덕의 산물이며 가난은 게으름의 산물이고 인간은 경제법칙을 어설프게 건드려선 안 된다고 진지하게 믿던 사업가 세대가, 그와는 꽤 상반되는 원칙들을 따르는 듯 보이는 경제 및 사회제도를 만든 이유를 설명하는 데 도움을 줄 수도 있겠다. 이제 그 제도들에 관해서 알아보자.

자본주의의 본질, "내 것은 내 것"

1900년, 자본주의는 그야말로 자본주의였다. 기업은 돈줄이 되는 자본을 보유했거나 획득한 이들, 곧 사주가 경영했다. 폴 호프먼이 '의사 결정권의 확산'이라고 칭했던 현상은 거의 일어나지 않았다. 오늘날엔 자주 있는 일이지만, 한 사람이 회사 주식의 아주 작은 일부만을 보유한 채 기업의 운명을 결정한다는 것은 당시로선 터무니없이 불합리한 일로 치부되었다. 미국 제품 중 3분의 2만 기업에서 생산되었다. 나머지 3분의 1은 조합이나 개인업자들이 만들었다.

폴 호프먼은 제2차 세계대전 기간에 미국 정부의 외교 및 공채 판매, 배급 체제 등에 대한 선전을 담당한 '전쟁홍보위원회' 위원장을 맡았던 인물이다. 특히 정부와 기업이 대중 미디어 매체 활용에 협력하도록 하는 것이 주 임무였다.

　주주가 6만 명 이상인 미국 기업도 없었다. 1951년 무렵 100만 명의 주주를 자랑하던 AT&T(American Telephone and Telegraph)도 1900년엔 주주가 7,535명에 불과했다. 펜실베이니아 철도의 주주는 5만1,543명, 유니언 퍼시픽은 1만4,256명이었다. US스틸은 1901년 설립되자마자 5만4,016명의 주주를 끌어 모았다. 이 회사들이 당시 주식시장의 총아였음을 염두에 두어야 한다. 대부분의 회사에서, 소유권은 지극히 소수의 손아귀에 집중되어 있었다. 카네기가 자신의 대기업인 카네기 철강회사 주식의 58.5퍼센트를 개인적으로 보유했다는 게 그 증거이다.

회사 사장은 아이디어와, 자신의 돈이든 친구의 돈이든지 간에 그 아이디어를 지원할 수 있는 돈을 갖고 출발한 사람들이 대부분 이었다. 회사가 꽤 오래되었다면, 상속자이거나 회사의 주식 자본 대부분을 사들인 사람일 것이다. 주식이 증권거래소에 상장된 큰 회사라면, 사장이 주식시장 거래를 통해 지배권을 확보할 만큼의 지분을 사들였을 수도 있다.

대부분의 사장들은, 작거나 생긴 지 얼마 되지 않는 회사를 제 외하고, 오늘날의 사장들에게는 거의 없는 사적인 소유권 감각이 있었다. 이렇게 개인적으로 내키는 대로 자신의 자산을 운용하는 자유는 법이나 관습에 아주 약간 제한받을 뿐이었다. '경영 혁신'이 란 개념은 들어 보지도 못했다. 기업은 그 사람의 소유물이었다. 그렇지 않은가?

그랬기 때문에 많은 경우 사장은 자신이 어떻게 회사를 경영하 느냐는 다른 어느 누구의 문제도 아니라고 생각했다. 몇몇 회사는 소액주주에게도 충실한 보고서를 제공했지만, 다른 회사들은 불성 실한 보고서를 제공하거나 아예 보고조차 하지 않았다. 1897~ 1905년에 웨스팅하우스 전기회사는 연차 주주총회를 열지 않았던 것으로 보인다. US 운송회사는 매년 주주총회를 열지도 않고 보고 도 하지 않았다. 주주가 1만 명이 넘는 큰 회사인 아메리칸 설탕 정 제회사 역시 주주들에게 아무런 보고도 하지 않았다. 이 회사의 경 영 상태가 어떤지 파악할 수 있는 자료라고는 매사추세츠 주 정부 의 서기관에게 제출된 대차대조표 안에 있는 자료가 전부였는데, 사업하는 데 필요한 법인 허가를 유지하려고 제출한 것이었다. 그 나마 이 대차대조표는 단순히 네 가지의 일반 자산 항목과 세 가지 의 부채 항목으로만 구성되었다.

존 D. 록펠러의 뒤를 이어 스탠더드 석유회사의 활동적인 우두

석유 산업계를
지배하여 미국
최초의 거대
트러스트인
스탠더드
석유회사를 창설한
존 D. 록펠러.

머리가 된 존 D. 아치볼드는 기업 문제에 관한 공시 확장을 지지하는 정부 보고서의 사전 견본을 입수하고는, 〔펜실베이니아 주 공화당 소속〕 상원 의원 보이즈 펜로즈에게 다음과 같은 의견을 표명했다.

"개인 기업에게 영수증과 경비 지출, 손익 등의 항목을 공표하라는 요구를 해선 안 된다. 일반인에게 이로울 수 있는 것은 자산과 부채 신고가 전부이다. 수령액, 경비 지출, 수익, 손실 등의 항목 공개는 경쟁사에게 도움을 줄 뿐이다."

지분이 적은 주주가 기업 내부 상황을 알 권리가 없다면, 정부나 법원은 더욱더 상관이 없다는 것이다. 19세기가 끝날 무렵에 작성된 정부 조사와 법정 재판 보고서는, 윌리엄 록펠러가 철도 운임 소송에서 그랬던 것처럼, "변호사의 조언에 따라 답변을 거부합니다."란 말을 증인석에서 반복하는 이들의 소송으로 가득 채워졌다. 록펠러의 경우, 진술을 촉구하는 변호사와 증인으로 출석한 록펠러 사이에 다음과 같은 대화가 이어졌다.

"답변이 당신을 유죄로 만들까 봐 그러십니까?"
"변호사의 조언에 따라 답변을 거부합니다."
"답변으로 벌금을 물게 될까 봐 그러십니까?"
"변호사의 조언에 따라 답변을 거부합니다."
"답변이 당신에게 불명예가 될까 봐 거부합니까?"
"변호사의 조언에 따라 답변을 거부합니다."
"당신의 변호사는 그 한 가지 답변만 하라고 시켰습니까?"
"변호사의 조언에 따라 답변을 거부합니다."

방청석에서 웃음이 터져 나왔고, 록펠러 자신도 웃었다. 하지만 그가 단순히 그 상황을 즐겼던 것은 아니다. 또, 뭔가 특별히 잘못된 것을 숨기고 있었던 것도 아니다. 그는 다른 사람들이 남의 일에 끼어드는 것을 막으려 했던 것이다. 개인 사업은 비밀이어야 했다.

자산 운용가와 투기꾼의 차이

사업, 특히 철도 사업의 지배권을 사고판 전문적인 주식시장 중개인이 있은 지는 오래되었다. 이들은 마치 게임에서 계산기를 두들기는 사람 같았다. 이 중개인들이 기업의 실질적 운영을 염려했던 것 같지는 않으며, 그저 기업을 사고팔면서 이익을 남기는 데에만 관심이 있었던 듯하다.

20세기 초반 최고의 철도 사업가였던 E. H. 해리먼은 주식 중개인으로 일을 시작했다. 그러다가 허약한 철도회사를 쇄신하여 펜실베이니아나 뉴욕 센트럴에 차익을 남겨 팔겠다는 생각으로 그 회사 주식 지분을 장악하며 철도 사업에 뛰어들었다. 몇 년 뒤, 실제로 그렇게 했다. 이는 경영의 한 방식이었고, 이보다 별로 칭찬받을 만하지 않은 다른 방식도 있었다.

당시 가장 위협적인 수완가로 자주 등장하는 인물은 제이 굴드였다. 그는 회사 지배권을 사들인 뒤, 그 회사 재정에서 돈을 빼내어 그가 개인적으로 접촉한 다른 기업으로 빼돌리는 계약을 맺도록 했다. 그렇게 단물을 다 빼 먹은 다음에는 팔아 치워서, 그 회사를 재정 파탄 상태로 만들었다. 19세기 후반 동안, 수많은 교활한 증권업자들이 마치 종이컵인 양 아무 생각 없이 철도 자산을 샀다가 이용한 뒤 내팽개쳤다.

위협적인 수완가였던 **제이 굴드**.

적절한 법적 조언을 받거나 판사를 매수하여 자기편으로 끌어들일 수만 있다면, 법에 저촉되거나 이런 행위로 인해 생활과 재산상 직접적인 피해를 받는 이들을 제외한 대중의 혐오를 불러일으키지 않고 이런 식으로 영업할 수 있었다. 다른 시민들의 태도는 "글쎄, 내가 그러면 그러지 않겠지만, 결국 그가 영리하다는 걸 인정할 수밖에."라는 식이었다.

자본으로 장난친 사람들 중 두드러진 부류는 주식시장 투기꾼과 조작꾼이었다. 이들에게 기업이란 회사를 위해 일하고 경영하는 사람들이나 이들이 생산하는 물품·기계·건물이 아닌, 오로지 소유권을 상징하는 유가증권과 이 유가증권의 현재 가치를 반영하는 증권 시세 표시기의 연속된 수치일 뿐이었다.

스탠더드 석유회사의 아치볼드와 로저스가 이끈 투기꾼 집단인 '스탠더드 오일파'가 교활하고 기민하게 주로 석유 사업과는 아무 상관없는 다른 회사 주식을 사고팔아 가격을 자기네 마음대로 휘두를 수 있었던 사정을 〔영국 태생 금융가〕 헨리 클루스의 얘기로 들어 보자. 클루스는 추문 폭로자가 아니라, 월 가와 그 대의를 굳게 옹호하는 사람이었다. 하지만 그조차도 스탠더드 오일파의 투기 성공에는 경악을 금치 못했다. 다음은 20세기가 시작되고 나서 몇 해 뒤에 클루스가 썼던 글이다.

그들과 함께 주가조작은 더 이상 투기가 아니게 되었다. 그들의 재력은 엄청났기 때문에, 어떤 자산에든 집중하기만 하면 그들 마음대로 그것을 다룰 수 있었다. …… 그들은 일찍이 세상에서 보기 드문 최고의 자산 운용가들이었으며, 그들이 사용한 수법의 미학은 일을 처리할 때 허식이 없고 조용하다는 점이다. 대중에 영합하려 하지도 않고, 신문에 대서특필되지도 않으며, 무절제한 쟁탈전이나 야단법석도 없다. 그들의 일처리는 점진적이고 철저하며 안정적이다. 주저나 중단은 결코 없다. 이 집단이 얼마나 많은 돈을 벌어들이는지는 짐작조차 불가능하다. 그에 비하면 과거의 가장 대담했던 투기꾼의 이익쯤이야 새 발의 피였다는 평가조차 사태를 순화해서 하는 말이다. 기회의 철저한 박탈 상황은 생각만 해도 끔찍하다.

일정 자산에 대한 지배권을 얻고자 증권거래소에서 주식을 사들이며 서로 경쟁하는 두 집단의 시도가 치명적인 영향을 미칠 때도 있었다. 1901년 봄, 모건 세력과 해리먼 세력 모두 벌링턴 철도를 매입하려 했다. 모건은 자신의 그룹이 지배했던 노던 퍼시픽 체계를 보강하고자, 해리먼은 유니언 퍼시픽 철도회사 체계를 보완하기 위함이었다. 해리먼은 노던 퍼시픽 자체의 지배권을 사들여서, 이것을 위험한 경쟁자의 손아귀에서 빼앗는 것으로 목적을 이루려는 대담한 구상을 세웠다. 그는 노던 퍼시픽 주식을 조용히 신속하게 매입했다. 뒤늦게 이 사실을 알고 놀란 모건 측이 반격에 나서 맹렬하게 주식을 사들였다.

수많은 월 가 투기꾼들에겐 노던 퍼시픽의 주가가 근거 없이 부당하게 오르는 것처럼 보였기 때문에, 투기꾼들은 주식을 공매했다. 나중에 더 낮은 가격에 주식을 살 수 있으리라 여기고 소유하지 않은 노던 퍼시픽 주식을 팔았다.〔알다시피 '공매空賣'란, 주가 하락에서 생기는 차익금을 노리고 실물 없이 주식을 파는 행위이다. 주식이 실제로 없으면서, 또는 갖고 있더라도 상대에게 인도할 의사 없이 신용거래로 되파는 것이다.〕 결국 모건 세력과 해리먼 세력이 실제 존재하는 것 이상의 주식을 사게 되는 결과가 나왔다. 증권 시세 표시기의 노던 퍼시픽 주가는 1000으로 뛰었다. 필사적인 공매자들이 자신들을 보호하려고 갖고 있던 주식을 모두 팔려고 해서 난리가 났다.

최신 유행어는 '트러스트'

오늘날의 시각으로 보면 이러한 공황 사태의 원인을 믿기 어려울 것이다. 주식시장 기능이 여러 규정으로 제약되어 있어서 이런 사태가 애초에 벌어질 수 없기 때문이다. 하지만 1901년에는 자본을 파는 사람과 사는 사람이, 자신들의 충돌이 얼마나 많은 손실을 가져올지에 신경 쓰지 않고 마음대로 자본을 다룰 수 있었다.

대부분의 사업가들이 이론적으로는 경쟁을 인정했다. 하지만 실제로는 경쟁을 막는 방편을 끊임없이 모색했다. 그래서 동종 업계의 경쟁 회사들이 모두 가격을 올려 이익을 증대시키려고 하기도 했다. 여러 철강회사 사장들은 일정 가격 이하로 물건을 팔지 말자는 협약을 맺어 여러 차례 풀[같은 업종 기업들이 협정을 맺어 공동으로 수지 계산을 하여 그 이윤을 분배하는 것]을 형성하려고 했다. 하지만 어느 실업가가 말했듯이, 이러한 협약은 그리 오래가지 않아서 이 기업들 중 가장 재빠른 곳이 다른 기업의 사업을 낚아채려고 전신국에 가서 더 낮은 견적가격을 제시할 때마다 깨졌다. 따라서 협약을 유지할 방안을 찾으려는 시도도 계속되었다.

존 D. 록펠러의 변호사였던 새뮤얼 C. T. 도드가 1879년에 그 방법을 하나 찾아냈다. 그는 40개의 석유회사 사주들로 하여금 각자의 주식을 록펠러가 수장으로 있는 일단의 수탁인 그룹에 맡겨두도록 했다. 이 수탁인들은 내키는 대로 힘을 행사하고 경쟁 상대를 궁지로 몰아넣으면서, 이 40개의 회사를 하나의 단위로 관리했다. 그리하여 [같은 업종 기업들의 연합 독점인] '트러스트trust'란 용어가 유행하기 시작했다. 1880년대에 설탕 공장 트러스트, 정육점 트러스트, 고무 공장 트러스트 등 수많은 트러스트가 등장했다. 하지만 트러스트에 반대하는 경쟁 사업가들과 터무니없는 바가지를 쓴 대중들의 거센 항의에, 입법자들은 이런 식의 영업을 금지시키는 작업에 착수했다. 그래서 나온 가장 유명한 법적 조치가 1890년의 '셔먼 반트러스트 법안'이다.

그러나 이런 제재 조치도 그 추세를 잠시 지연시키는 데 그쳤다. 재벌과 공감한 대법원이 오랜 동안 이 법안을 매우 좁게 해석했기 때문이다. 어쨌거나 그러는 동안, 다른 법률가가 또 다른 기업 간 협약 방식을 고안해 냈다.

1889년, 뉴저지 주지사가 제임스 B. 딜이란 이름의 법률가에게 주 정부의 재정을 살찌울 방안을 제안해 달라고 요청했다. 그러자 딜은 그때까지 일반적으로 불법이었던, 뉴저지에서 법인화된 회사가 다른 회사의 주식을 매입하고 보유하는 것을 허가하는 법을 통과시키라고 제안했다. 뉴저지 주 의회는 이를 실행에 옮겼고, 그러자 뉴저지로 주식회사들이 몰려들었다. 주 정부는 법인 설립 수수료로 많은 돈을 벌었다. 그리고 머지않아, 미국 자본주의의 새로운 시대가 시작되었다.

자본주의의 새로운 화두, 합병과 지주회사

이제 경쟁 관계의 회사들은 자기들끼리 연합하여 시장을 지배하고 경쟁을 죽이는 거대 기업을 만들려고 트러스트를 형성할 필요가 없어졌다. 그들은 여러 자회사들의 주식을 사 모으는, 더 엄밀히 말해 모회사의 주식을 자회사의 주식과 교환하는 새로운 주식회사인 '지주회사'를 설립할 수 있었다. 이 지주회사는 이후로 모든 자회사의 경영을 지배하게 되었다.

19세기가 끝날 무렵부터 지주회사 법인 설립이 엄청나게 유행했는데, 특히 철강업계에서 굉장한 맹위를 떨쳤다. 우선, 전선 제조업자들이 모여서 '아메리칸 강철전선회사'를 설립했다. 또 다른 생산자 무리는 '아메리칸 튜브회사'를 만들었다. '아메리칸 양철판회사'를 만든 무리도 있었다. 1900년에서 1901년으로 넘어가는 겨울에는 마침내 이 연합한 회사들이 서로 또 합병하는 지경에 이르렀다.

새로이 연합한 기업들의 주식과 모회사 주식을 교환하는 하나의 새로운 거대 지주회사가 설립되었다. 심지어 여태까지 독자적으로 남아 있던 앤드루 카네기의 철강회사 지배권과 록펠러 광산 일부도 매입했다. 그리하여 나라 전체 철 생산의 5분의 3 정도가 거대한 하나의 회사로 통합되었다. 이 새로운 거대 기업은 'US철강주식회사'로 불리게 되었다. 실로 깜짝 놀랄 만큼 거대한 회사였다. 일찍이 세계가 보아 온 것 중 가장 큰 사업 단위였다.

철강업계뿐 아니라 다른 분야에서도 지주회사 결성으로 큰돈을 벌 수 있다는 인식이 퍼져, 지주회사 결성 붐이 엄청나게 그리고 급속하게 일어났다. 기업가들은 합병한 지주회사 주식을, 산하 개개 자회사 주식의 총액보다 훨씬 높은 가격에 사도록 일반인들을 부추길 수 있음을 알아챘다.

1899년 설립된
**아메리칸
강철전선회사.**

회사가 합병될 때마다 주식 가치가 뛰어올랐다. 어쩌면 필사적으로 버티는 상태에 있었을 작은 철강회사의 지배적 지분을 소유한 사람이, 어느 날 갑자기 아메리칸 양철판회사 주식 같은 **가치주**[실적이나 자산에 비해 기업 가

치가 상대적으로 저평가되어 낮은
가격에 거래되는 주식]의 소유자
가 되는 식이다. 그리고 몇 해
만에 다시, 훨씬 더 평가받게
된 US스틸의 가치주 보유자가
되는 것이다. 이는 어디선가 갑
자기 엄청난 돈이 나타나서 그
의 손으로 우수수 떨어지는 거

1901년
US철강주식회사가
앤드류 카네기에게
발행해 준 10만
달러짜리 채권.

나 다름없었다. 〔펜실베이니아 주에 있는 세계 최대의 제철도시〕 피
츠버그에 벼락부자들이 우글거리게 된 게 놀랄 일도 아니다.

〔저널리스트〕 허버트 N. 카슨이 말했듯이, 도시는 "예술가, 서적
외판원, 골동품상, 겉만 번드르르한 물건을 비싸게 파는 상인들이
활개 치는 금광 지대(Klondike)"가 되었다. 합병 붐의 수혜자 중
한 명은 "특별 브랜드의 50센트짜리 쿠바산 시가를 주문했다. 시
가마다 그의 이름이, 포장지에는 문장紋章이 새겨져 있었다." 거대
한 합병 기업의 주식을 새로 발행한 은행가와 '프로모터'들은 훨씬
더 많은 이익을 보았다. US철강주식회사를 시장에 내놓은 기업
연합(신디케이트)이 거둔 이익은 대략 6천만 달러에 이르렀다. 엄
청난 거래가 이루어진 JP모건 회사 주식의 경우, 총 이익이 최소
한 1,200만 달러에 다다랐다.

이러한 업계의 새로운 '괴물'(합병 회사)들의 주식에 덧붙여진 급
등한 가치가 상당히 부당하다고 말할 수도 있다. 앞서 말한 엄청
난 이익이, 10년 동안 신규 기업들의 돈 버는 능력과 앞으로 다가
올 세대의 자본화라고 주장할 수도 있다. 이러한 회사 합병의 근
본적인 목표가 단지 독점일 뿐이며, 전부는 아니더라도 몇몇 경우
에 결과는 확실히 독점으로 귀결되었다고 말할 수도 있다. 하지만

이런 추세에는 다른 개념도 작동하고 있었다.

즉, 각양각색의 파편을 끌어 모아서 하나의 효율적인 단위로 만드는 '통합'의 개념이다. '트러스트'라고 불리는 추세에 반대하는 일반 대중의 항의가 여전했음에도 불구하고, 그리고 거대 기업이 국가의 거점을 획득하여 소규모 사업가는 살아남지 못하게 된다는 우려를 뒷받침하는 징조가 증폭되었음에도 불구하고, 이 새로운 거대 기업들은 걱정과 동시에 찬사를 불러일으키는 훌륭한 면도 있었다. 경영과 비용 절감을 통합한 새로운 기업연합[카르텔]이 경제적인 대량생산의 길을 열었기 때문이다. 주식이라는 자본을 대표하는 상징물을 이용하여 고수익을 남기는 게임을 벌이는 과정에서, 은행가와 철강업자는 미국을 새로운 국면, 아직은 미숙하지만 앞날이 창창한 20세기 산업으로 이끌었다.

고삐 풀린 자본가의 시대

거대 주식회사와 관련하여 주목해야 할 사항이 두 가지 더 있다. 하나는, 합병 회사의 형성 과정에서 기관에 비해 개인 부자들이 오늘날의 예상보다 훨씬 더 큰 역할을 했다는 점이다. 예를 들어, 1901년 봄에 철강주식회사의 주식을 발행했던 기업 연합에는 대략 300명의 관계자가 포함되었다. 26명의 주요 관계자들 중 기관은 넷뿐이었다. (JP모건 회사·뉴욕 국립제일은행·뉴욕 증권트러스트회사·보스턴의 키더 피바디 회사) 나머지 22명은 모두 개인이었다. 주도적인 역할을 했던 네 명도 모두 개인이었다. (윌리엄 H. 무어와 제임스 H. 무어 형제·윌리엄 B. 리즈·대니얼 G. 레이드) 미국의 사업은 오늘날만큼 제도화되어 있지 않았다. 돈 많은 개인이 훨씬 더 중요했고, 그에 비하면 돈 많은 기관은 별로 중요하지 않았다.

거대 주식회사의 탄생과 관련하여 주목해야 할 또 한 가지는, 합병 회사들을 정상에 올려놓은 사람들의 부류이다. 새로 설립된 철강주식회사를 예로 들어 보자. 우선 눈에 띄는 점은, 당대의 철강 제조업자 앤드루 카네기가 여기서 빠진 것이다. 이 신규 회사에 속한 주도적 인물은 철강 제조업자가 아니라 J. 피어폰트 모건 같은 은행가였다. 그의 오른팔 역시 기본적으로 철강 제조업자가 아니었다. 회사 고문 변호사였던 엘버트 H. 개리 판사였던 것이다.

이 고삐 풀린 자본주의 시대에, 기업은 기업을 소유한 사람이 경영했고, 그는 기업의 사적인 소유자가 되려는 경향이 있었다고 이미 서술한 바 있다. 하지만 이 사업가가 압도적인 성공을 거두지 않았다면, 또는 헨리 포드가 몇 년 뒤에 그렇게 했듯이 이익을 자산에 재투자할 정도로 기민한 통찰력을 발휘하지 않았다면, 그가 두려워했을지도 모를 집단이 하나 있었다. 바로 사업가가 어려운 시기를 헤쳐 나갈 때 꼭 필요할 대출을 집행하는 이들이었다. 사업가가 회사를 재정비하거나 투자자들에게 주식이나 채권을 팔아야 할 경우, 이 금융업자들은 막강한 권력과 위세를 발휘했다. 그들은 사업가가 유가증권을 팔 판로를 제공할 수도, 거부할 수도 있었다. 자본을 지휘하는 것이 자본을 소유하는 것보다 훨씬 더 중요했다.

지주회사 합병이 유행하는 동안, 새로이 두각을 나타낸 또 하나의 사업가 부류가 있는데, 바로 프로모터이다. '프로모터'는 기업들을 상대하는 일종의 중매인이라고 할 수 있다. 가령, 철강에 대해서는 잘 몰라도 철강회사를 모아 합칠 수는 있는 사람들이었다. 이들은 사주들이 합병을 결심하도록 구슬리고 위협하는 방법을 알았다. 새로운 지주회사를 세울 때 밟아야 할 수순과 단계가 무엇인지도 알았다. 이때 필요한 법률적 장치를 잘 아는 회사 고문 변호사들도 있었다. 〔작가 겸 풍자가로, 1898년『평화와 전쟁 속의 둘리 씨*Mr. Dooley in Peace and War*』이란 책을 써서 일약 유명 인사가 된〕핀리 피터 둔이 창조한 인물 둘리 씨는 "문외한에게는 장벽처럼 보이는 것이 회사 고문 변호사들에겐 개선문"이라고 말한 바 있다.

모건은 프로모터이자 은행가였다. 개리는 프로모터이면서 회사 고문 변호사였다. 은행가와 그의 변호사 참모는 대규모 사업을 통괄하는 귀재가 되어 갔다.

민주주의 위에 군림한 '자본의 황제' JP 모건

20세기가 시작되며 피어폰트 모건은 가장 강력한 미국 시민은 아니더라도, 미국 사업계에서 가장 강력한 인물로 확실하게 부상했다. 그는 나라에서 가장 중요한 여러 철도를 운영하는 회사들을 지배하거나, 아니면 적어도 큰 영향력을 행사했다. 물론 그는 철도 사업자는 아니었다. 그러나 금융 개편 기술의 달인이었다. 수많은 철도회사들이 1890년대 공황 때 그랬듯이, 큰 철도회사가 재정적 어려움에 부딪히면 그들을 다시 일으켜 세울 수 있는 최고의 적임자가 바로 모건이었다.

모건 회사의 풍부한 자금 집행력, 그가 월 가에서 발휘하는 엄청난 위세와 도덕적인 힘, 자신이 관여한 어떤 자산에 대해서도 타당한 경영을 강조하는 모건의 명성, 이 세 가지 때문이었다. 모건은 하나의 철도회사를 재편하고 나면, 그때부터 계속 자기 생각대로 운영하라고 지시하고, 조정된 사항을 듣고 마음에 들지 않으

면 직접 개입했다. 그는 은행가들 사이의 실력자이기
도 했다. 그와 그를 둘러싼 동료들은, 뉴욕의 주도적
금융회사들 가운데서 다수의 정책에 영향을 주는 중요
한 요소가 되어 갔다. 그리고 1901년, 모건은 이제 거
대한 철강업계의 중심인물이 되었고, 손을 뻗칠 수 있
는 더 많은 세계를 물색 중이었다. 그의 권위는 막연했
지만 막강했고, 계속 성장하고 있었다.

손에 칼을 들고 있는
JP 모건.

　보기 싫은 붉은 코와 날카로운 눈에 무뚝뚝하고 큰
목소리를 가진 이 경외심을 불러일으키는 이 사내, 은
행가이자 프로모터, 독실한 기독교인, 예술품 수집가, 요트 애호
가, 자선가는 마음속으로는 수줍음을 타고, 신앙심이 깊으며, 편협
한 귀족이자 대범하고 진취적인 신사로서 경쟁을 믿지 않았다. 미
국의 기업 조직은 자신의 친구나 동료 같은 소수 정예의 전문가가
제대로 착실하게 관리해야 한다고 여긴 것 같다.

　그는 제휴와 질서, 거대 사업 단위의 효율을 마음에 들어 했다.
그리고 이 사업 단위들을 대규모로 대담하게 진취적으로 경영하는
것을 좋아했다. 그는 투기 집단인 스탠더드 오일파처럼 시장을 요
동시키고, 자신들이 다루는 자산에 무신경한 사변적인 부류에 동조
하지 않았다. 자산을 일단 어느 회사에 투자하고 나면, 변동 없이
그 상태를 유지하려는 경향이 있었다. 이렇게 하는 것이 신사의 처
신이라고 믿었다. 그의 성실한 성격은 바위처럼 굳건했다. "내가
신뢰하지 않는 사람은 기독교 세계의 어느 채권에도 나의 투자를
받을 수 없을 것이다." 모건이 양질의 재정을 동원하는 데에 막강한
영향력을 갖고 있었다는 것은 의문의 여지가 없다. 하지만 그가 많
은 미국 기업들을 몇 안 되는 큰손의 관할권으로 집중시키는 데 큰
역할을 했다는 것 또한 사실이다.

1901년 봄, 모건이 철강주식회사를 설립했다는 뉴스가 터지자, 보수적 시민들조차 난감한 기색을 보였다. 예일대 학장 해들리는 연설에서, 이런 식의 트러스트를 규제하는 방안을 찾지 못하면 "25년 안에 워싱턴에 황제가 나타날 것"이라고 말했다. 당시에는 행정잡지였던 《코스모폴리탄 매거진 *Cosmopolitan Magazine*》의 편집인이던 존 브리스번 워커는 철강주식회사 설립 발표의 행간을 다음과 같이 읽어 낼 수 있다고 썼다. "무수히 복제되고, 인간의 노력을 헛되게 만들며, 무자비한 경영 전쟁을 유발하고, 시스템의 파멸을 초래하는 방식의 낡은 경쟁 체계는 결과적으로 폐기된다."

회사 합병이란 추세가 계속되면, 대중이 반발하여 사회주의를 받아들일 수도 있다고 우려한 이들도 있었다. 《보스턴 헤럴드 *Boston Herald*》는 사설에서 "하나의 유한 금융 그룹이 산업의 자본주의적 부분을 대표하게 된다면, 비록 사회주의가 산업 기관들을 다소 무례하고 강압적으로 장악한다 하더라도, 어쩌면 지성인들조차 사회주의의 위험을 두 개의 악 가운데 덜한 것으로 보게 될지도 모른다."고 썼다. 《필라델피아 이브닝 텔레그라프 *Philadelphia Evening Telegraph*》도 마찬가지로 "현대사회에서 목격해 온 최고의 사회정치적 격변 중 하나"가 종국에는 일어날지도 모른다는 우려를 표시했다.

이러한 논평들이 우려했던 혁명이 실제로 일어났으나, 그곳이 미국이 아니었다는 사실은 얼마나 모순적인가.〔1917년 10월 러시아 프롤레타리아 혁명!〕모스크바의 연설가들이 미국의 자본주의를 비판하고 월 가에 독설을 퍼부었을 때, 그들이 두 세대는 뒤쳐진 반응을 보였다는 점은 종종 지적되는 사실이다.(좀 더 구체적으로 말하자면, 1950년대의 전형적인 공산주의 선동가가 1901년 3월 3일자 조간 신문에 실린 뉴스를 보고 격분하는 것과 꼭 같게 들렸다.)

그날〔모건의 주식회사 설립 소식이 전해진 1901년 3월 3일〕, 사람들
이 불안해 할 만한 이유는 충분했다. 벤저민 프랭클린과 호레이쇼
앨저, 고전 경제학자들이 고착시킨 대로 틀에 박힌 경제관념을 갖
고 있던 세대에게, '일대일 거래'라는 전통적인 경제학을 무시하는
새로운 장치와 도구를 사용하는 자본가들은 불안감을 주기에 충
분한 존재였다. 이 자본가들이 정치적 민주주의의 틀 안에서 미국
에 대한 지배력을 행사하는 방향으로 움직이는 것이 명확해 보였
기에 더욱 불안했다.

5 방관자 정부

작고 무능한 정부

그렇다면 이제 이런 질문을 던질 수 있겠다. 이렇게 불길한 조짐을 보이는 사건들이 벌어질 때 미국 정부는 대체 무엇을 했더란 말인가?

1900년 당시 정부가 얼마나 작았는지, 정부의 기능과 권력이 얼마나 제한되어 있었는지 오늘날의 시각으로 이해하기란 쉽지 않다. 정부는 한 해에 대략 5억 달러의 예산을 썼는데, 이는 50년 뒤(심지어 한국전쟁 때문에 예산이 증가하기 전에도) 쓰게 되는 예산의 80분의 1 정도이다. 1900년의 연방 정부는 1950년 뉴욕 주가 쓴 것보다 훨씬 적은 돈을 지출했다. 국가 부채 규모도 12억5천 달러를 약간 웃도는 정도였다.(이는 1950년의 부채인 2,570억 달러의 200분의 1이다.) 1900년 이래 계속된 전쟁과 국방비로 인해 연방 정부의 지출, 특히 부채가 늘었다는 점과 낮아진 달러 가치를 감안하더라도 오늘날의 기준으로 볼 때 놀랄 만큼 적은 수치이다.

당시 정부에는 통상부도 노동부도 연방통상위원회도 연방준비제도[1913년 제정된 연방준비법에 따라 설립된 미국의 중앙은행 제도]도 없었다. 이유는 간단하다. 비즈니스는 정부가 관여할 일이 아

닌 것으로 받아들여졌기 때문이다. 철도회사들을 단속하는 역할을
맡은 주간州間 통상위원회가 있었지만, 그 영향은 미미하고 불확실
했다. 셔먼 반트러스트 법안조차 대법원 판결로 경영 세계의 경쟁
을 부양하는 허약한 도구로 전락했다. 1900년 한 해 동안, 이 법
에 의거하여 법무장관이 낸 소송이 단 한 건도 없었다.

그렇다면 백악관은?

오랫동안 백악관 의전관장으로 재직한 〔1929년 대통령이 되는 허
버트 후버와 아무 상관없는〕 '아이크' 후버에 따르면, 그가 1890년대
초반 백악관에서 일하기 시작했을 때 "당시 백악관에 상주하던 관
리 직원은 모두 열 명뿐이었고, 그중 네 명이 수위와 사환이었다."

1900년이 되었어도 인원이 많이 늘지는 않았다. 1950년과 얼마
나 대조되는가. 1950년에는 백악관 사무실의 고용 인원이 295명에
이르고, 원칙적으로는 대통령 행정실로 알려진 백악관 사무실뿐
아니라 예산국·대통령 경제자문위원회·국가안전보장회의·국가
안보자원회의 등에서 일하는 직원이 총 1,335명에, 윌리엄 매킨리
시대〔1896~1901〕에는 국무부·전쟁성·해군성을 넉넉하게 수용했
던 건축학적으로 사치스런 건물들 대부분을 장악하게 되었다!〔오
늘날 백악관의 규모는 더 커졌다. 2000년 기준 백악관 대통령 행정실에
서 정기적으로 월급을 받는
직원만 433명에 이른다.〕

1890년 무렵
백악관 사무실 풍경.
직원들이 앉아서
업무를 보고 있다.

사업 분야에서 정부가
담당한 역할이 얼마나 작
았는지 보여 주는 두어 가
지 사례가 있다. 1895년에
정부의 금 보유고가 줄어
들자, 정부는 위험에 직면

한 통화를 견인하고자 금을 더 사들일 수 있는 융자금을 급히 구했다. 비상사태에 처한 정부는 나라에서 가장 강력한 개인 은행가에게 도움을 청했다. 그 은행가란 다름 아닌 피어폰트 모건이었다. 오로지 모건만이 은행가와 자산가들을 안심시켜 정부에 돈을 빌려 주게 할 만한 재정적 위신을 갖고 있었다. 월 가의 원조 없는 워싱턴은 무력했다.

대통령보다 막강한 큰손

그로부터 12년 뒤인 1907년, 뉴욕에 금융공황이 집중적으로 발생했다. 주요 은행들이 줄줄이 파산하며 대중들의 신뢰를 갉아먹었고, 예금자들은 여기저기서 닥치는 대로 돈을 인출했다. 신뢰와 질서를 회복하려면 다시 한 번 강력한 조치가 필요했다. 이번에도 구조에 나선 사람은 피어폰트 모건이었다.

모건은 은행장들을 모아 회의에 회의를 거듭하며, 의지력과 자신의 명성이 갖는 절대적인 힘으로 이들을 밀어붙여, 위기에 빠져 약해진 은행들을 구제하는 데 필요한 대출을 실행시켰다. 이 비상사태 기간에 미국의 대통령은 어떤 조치도 취할 힘이 없었다. 재무장관은 모건의 별 중요하지 않은 보조자 중 하나에 지나지 않았다. 끌어다 쓸 연방준비기금도, 도움을 줄 만한 다른 연방 기구도 없었다. 실질적으로 월 가의 실력자가 개인, 계약, 연방준비제도의 조직자로 일했던 것이다.

1902년, 탄광 경영자와 전미광산노동자연맹(UMW) 사이를 중재하여 무연탄 파업을 종식시킨 시오도어 루스벨트 대통령의 조치를 생각해 보자. 지금 사람들은 경영진과 노동자 측이 주요 쟁의를 해결하러 워싱턴으로 가는 것을 몇 십 년 동안 보아 왔기 때

문에, 1902년 미국 대통령이 나서서 파업을 해결한 일이 전례 없
는 특별한 사건이었다는 사실을 실감하기 어렵다.

루스벨트가 경영자들과 조합 지도자들을 워싱턴으로 초대했을
때, 일부 관찰자들은 좋은 인상을 받았다. 파업은 벌써 몇 달째 계
속되는 중이었고, 무연탄 가격은 천정부지로 치솟았다. 겨울철이
다가오는 시점에서 이미 극심한 고통이 뒤따르고 있었다. 일부 시
민들 생각에, 비록 자신의 업무는 아니더라도 대통령이 위기를 종
식시키려고 노력하는 모습은 좋아 보였다. 하지만 보수 언론은 그
렇게 보지 않았다. 뉴욕 《선*Sun*》지는 루스벨트의 제안을 '터무니
없으며' '위험하다'고 평했다. 뉴욕의 《통상잡지*Journal of Commerce*》
는 다음과 같이 평했다.

> 대통령의 행보는 …… 대중 앞에서 노조의 권력과 중요성을 과
> 장하며, 경영자의 입지와 권리에 부당한 오점을 남기고, 이 시대
> 의 반갑지 않은 수많은 정치 경제 현안에 노조라는 문제를 추가한
> 다. …… 루스벨트 대통령이 충동적인 개입을 무척 좋아한다는 점

1902년의 무연탄 광부 총파업
수년간 계속된 협상 실패로 **1902년 광산 노동자
의 총파업**이 일어났다. 노동조건과 시간 조정을
요구하는 노조의 파업에도 불구하고, 당시 현실은
노조의 협상권을 보장하지 않았다. 5월에 총파업
이 벌어지고, 겨울이 다가오자 일반 시민의 땔감
용 연료 공급 문제가 절박해졌다. 대통령은 이 문
제에 직접 개입하기로 하고 노조와 협상에 나섰
다. 10월 3일 노조 대표를 백악관에 초청했는데, 이로써 시어도어 루스벨트는 **미국 역사상 노동분쟁에 개
입한 최초의 대통령**이 되었다. 그러나 노조는 임금 인상과 노조 협상권 인정 없이는 타협하지 않겠다고 버
텨서 파업은 종결되지 않았다. 대통령은 중재위원회를 임명하여 노사 양측을 협상 테이블로 이끌었다. 결
국 광부들은 10퍼센트 임금 인상과 1일 노동시간 단축을 얻었지만, 노조 협상권 문제는 끝내 타결되지 않
았다. 어쨌거나 이 사건은 대통령이 노동문제에 직접 개입하는 선례를 남겼다는 점에서 역사적이다.

이, 혹시 일어날지도 모를 그 어떠한 파업보다 훨씬 더 나쁘다.

탄광 경영자 측의 주요 대표였던 조지 F. 베어가 걱정에 빠진 [펜실베이니아 주] 윌크스 바 주민들에게 그 유명한 확신의 글을 보낸 것도 이 파업 기간 때였다. "노동자의 권익은 노동운동가가 아니라, 무한한 지혜를 가진 하나님이 국가의 재산권을 관리하도록 일임한 기독교인이 보호하고 보살필 것이다."

마크 설리번 [《뉴욕 헤럴드 포스트》 등의 기자로서 여러 대학에 강의도 나갔던 언론인. 취재 나갔다가 시어도어 루스벨트와 친분을 쌓았다.] 의 표현을 빌자면, 탄광 경영자들은 워싱턴에서 열린 회의에서 대통령과 대면했을 때 '고의적으로 무례한' 태도를 보였다. 그들은 파업자들이 무법자, 즉 재산권에 대항하는 범죄적 음모자라는 입장을 고수했다. 베어가 말했듯이, "지금 해야 할 일은, 이 혼란 상태를 조장한 이들과 협상하면서 시간을 낭비하는 것이 아니다"라는 주장이었다. 루스벨트는 파업 해결의 실마리를 마련하는 데 성공했지만, 협상 내내 자신에겐 이 사태에 개입할 힘이 전혀 없음을 뼈저리게 깨달아야 했다. 그의 행동은 그때까지 미국 정부가 담당했던 전형적인 직권에서 꽤 벗어난 것이었다.

부자들의 친구, 매킨리 대통령

하지만 때는 1902년이었고, 시오도어 루스벨트는 모험심이 강한 인물이었다. 1900년 백악관에 들어앉아 있던 그의 전임자, 위엄 있는 윌리엄 매킨리는 파업을 해결하려는 마음조차 품은 적이 없는 신중한 사람이었다. 그는 연방 정부의 기능에 대해 다른 시각을 갖고 있었다. 범죄 활동에 연루되지 않는 한, 정부가 경영 문제에 관여해선 안 된다고 그는 꽤 진지하게 믿었다. (그 런데 당시 법이 범죄행위로 규정한 경제활동은 거의 없었다.) 정부는 적당한 선에서 경영권을 도와야 한다고 믿었다.

젊은 저널리스트 윌리엄 알렌 화이트만큼 매킨리를 잘 평한 사람도 없다. 화이트는 1901년의 어느 더운 여름날, 오하이오 주 캔턴에 있는 매킨리의 집에서 그를 인터뷰 했다. 화이트는 다음과 같이 묘사했다.

세기 전환기의 대통령

1898년 촬영된 **윌리엄 매킨 리** 사진. 19세기에서 20세 기로 넘어가는 세기 전환기 에 미국을 이끈 대통령이 다. 남북전쟁 참전 용사로 서 대통령이 된 마지막 인 물이다. 오하이오 출신으로 고관세 정책을 통해 전국적 지명도를 얻었다. 1896년과 1900년 두 차례 대통령에 당선되었는데, 이때 미 역 사상 최초로 상업광고식 선 거운동을 도입했다. 주요 정책으로 금본위제, 고관세 정책이 있고, 미-스페인 전 쟁을 치렀다. 이 전쟁으로 미국은 해외 영토를 획득했 다. 1901년 매킨리가 무정 부주의자에게 암살되자, 부 통령이던 시어도어 루스벨 트가 남은 임기를 채웠다.

> 매킨리는 널찍한 등나무 의자에 앉아 있었다. 가볍 고 짙은 알파카 코트와 바지에 시계 줄로 장식된 더블 베스트를 입고, 짙은 자주색 넥타이를 단정하게 매고 있었다. 키는 178~180센티미터쯤이었고, 몸집은 육중 했지만 올챙이배는 아니었다. 원통형 몸통에 머리와 얼굴이 커 보였는데, 잘 다듬어지진 않았지만 이목구 비가 뚜렷했다. 그 용모상의 부드럽고 단정한 윤곽에 는 점이나 기미, 주름, 근심과 슬픔의 흔적 따위 없었 다. 날이 더웠기 때문에 나는 땀을 흘렸지만, 그는 흠 잡을 데 없이 깔끔했고, 마음은 차분하고 겉모습은 침 착해 보였다.

매킨리는 위엄과 품위를 갖춘 사람이었다. 그 타고난 신중함은, 지나간 어린 시절부터 자신을 단단히 단속해 왔다는 느낌을 화이트에게 주었다. 대통령의 사진을 찍 을 사진사가 도착하자, 매킨리는 피우던 시가를 끄며 부드럽게 말 했다. "이 나라의 젊은이들에게 대통령이 담배 피우는 모습을 보 여선 안 되죠!"

이 프록코트를 입은 정의의 조각상과도 같은 매킨리가 정부 사안을 주재할 때, 그의 뒤에는 강직한 공화당 지도자 마크 해너가 있었다. 그는 심지가 굳고, 솔직하며, 거리낌이 없고 관대하고 매우 인간적인 사람으로서, 고귀하지만 비현실적인 주교를 찬양하는 판촉 사원과도 같이 매킨리를 진정으로 숭배했다. 매킨리에게 그가 추구해야 할 현실적인 행로를 보여 주는 것을 기쁨으로 삼았다. 원래 부유한 제조업자이던 해너는 오하이오 주 상원 의원, 공화당국가위원회의 의장이었다. 그는 부자와 특권층에게서 자금을 모으는 방법을 잘 알았다. 그는 기질적으로 부유한 제조업자들과 잘 맞았고, 주요 은행가들과도 편하게 어울렸다. 그들에게 도움이 되는 것은 무엇이든지 국가에도 이익이라고 여겼다. 그래서 발휘할 수 있는 정치 수완 내에서, 부자들의 충실하고 헌신적인 하인이 되었다.

금권정치 전성기

1900년 대통령 선거 유세 당시, 매킨리의 맞수는 1896년에 그가 이미 이긴 바 있는 윌리엄 제닝스 브라이언이었다. 브라이언은 선동적인 정치인이 아니었으며, 진정으로 사람들을 사랑한 인물이었다. 훌륭하고 정직했으며 타고난 인권 옹호자였다. 생각이 피상적이고 완고했지만, 연설 능력은 매혹적이었다. 당시는 라디오도 텔레비전도 없는 데다 웅변술이 널리 인정받던 시절이었는데, 브라이언만큼 청중의 마음을 지배하고 뒤흔들 수 있는 사람은 없었다.

브라이언의 연설을 듣고자 어떻게 시골 별장 회합에 가게 되었는지, 예비 연설 동안 딱딱한 의자에서 얼마나 안절부절못하며 들썩였는지 기억하는 생존자들이 아직도 있다. 이들은 처음엔 얼마나 회의적인 태도로 브라이언의 연설을 들었는지, 그러다가 오르

'1900년 대통령 선거 유세 당시 연설하는 **윌리엄 제닝스 브라이언**과 그의 연설을 들으려고 모여든 청중들.

간 음색처럼 멋지고 훌륭한 목소리와 높아졌다가 낮아졌다가 하는 수사적 억양이 얼마나 그들을 사로잡았는지, 그리고 장황한 연설이 드디어 끝났을 때 근육에 경련이 일어나서 거의 움직일 수 없다는 걸 깨달았다고 회고한다. 그의 놀라운 화술의 마법에 걸려 2시간 동안 꼼짝 않고 앉아 있었기 때문이다.

1900년에 브라이언은 주로 반제국주의 문제를 내세워 유세를 펼쳤다. 스페인 전쟁〔19세기 말, 쿠바 섬의 이해관계를 둘러싸고 미국과 스페인이 벌인 미서전쟁〕의 결과로서 미국의 수중에 떨어진 섬들을 거주자에게 양도해야 한다고 주장했다. 또한 트러스트에 반대하여 이를 통렬히 비난했다. 기업이 연방 정부의 승인을 받게 해야 한다고 제안하기도 했다. 심지어 소득세 부과를 주장하기도 했다. 하지만 경제 문제를 제대로 파악하지 못한 데다, 수많은 미국인이 고민하는 트러스트 문제에 충분히 불을 댕기지 못했다. 1900년은 많은 미국인이 과거 어느 때보다 주머니가 불룩한 해였기 때문이다.

마크 해너는 유세 전에 말했다. "우리가 해야 할 일은 그저 신념을 고수하는 것뿐이다." 이 말은 널리 퍼져서 이후 미국 정치에 영향을 미쳤다. 해너의 예언은 옳았다. 스페인 전쟁의 승리자이 자, 세계무대에서 새롭게 부상한 미국의 무게를 대표하고, 신흥 부국의 화신이 된 매킨리는 별 어려움 없이 승리했다. 마크 해너는 이후 4년 동안 더 재벌에 봉사할 준비가 되어 있었다.

1900년의 마지막 몇 주 동안 해너가 하늘을 훑어보았을 때, 지평 선에는 단 하나의 구름만이 떠 있었다. 그것은 바로 공화당 전국 대의원회가 부통령 후보로 선택한 인물, 산 후안 언덕의 제멋대로 인 의용 기병이자 예측 불가능한 젊은 뉴욕 주지사 시오도어 루스 벨트였다. 이 당시만 해도 루스벨트 주지사는 한 세대 뒤 대통령 으로서 같은 집무실에 앉게 되는 또 다른 루스벨트[프랭클린 루스 벨트]처럼 대기업에 관대한 태도를 보였다. 하지만 그는 독립적이 었고, 구속받으려 하지 않았으므로 해너는 그를 불신했다. 해너는 대의원회에서 다른 상원 의원에게 일갈했다. "저 정신이상자와 대 통령 자리가 한 자리 차이라는 것을 당신들은 왜 깨닫지 못하는 겁니까?"

화이트가 "사업 이익을 위한 정부와 경영의 협력"이라고 칭했던 것이, 해너에겐 진솔한 연애담이었다. 재벌 기업들이 원하는 대로 할 수 있는 길이 닦인다면, 그들이 쌓은 부가 돈 없는 사람들에게 로 스며들어 갈 것이라고 생각했다. 돈을 벌 수 있는 기회를 대기 업에게 더 많이 제공하는 것 말고, 게임의 규칙을 바꾸려는 어떠

대통령
매킨리(왼쪽)와
부통령
루스벨트(오른쪽).
1898년
미국-스페인 전쟁 때
시어도어 루스벨트는
의용군을 조직하여
쿠바에 출정, 산 후안
언덕 전투 등에서
활약하여 일약 국민적
영웅이 되었다.

한 시도도 선동 정치와 폭도들의 지 배와 파멸의 길로 이끌 것이라 믿었 다. 다른 이들과 제휴한다면, 그것은 감정적 친근감이나 신념의 문제가 아 니라 흥정, 곧 편의와 현금이 걸린 정 부 기구의 매춘 문제여야 했다. 그래

서 대기업들은 공화·민주 두 당의 선거 유세에 꽤 많은 찬조금을 기부하고, 국회의원과 판사들까지 뇌물을 주고 매수하여 자신들의 이익을 불렸다.

철도회사들은 국회의원, 공무원, 언론인, 그리고 이들의 가족에게 무료승차권을 지급했다. 불리한 법률이 제정될 기미가 보이거나 유리한 법률 제정을 바랄 때면 언제든지 행동에 돌입할 태세를 갖춘 주머니 두둑한 기업 로비스트들이 주의 수도마다 포진해 있었다. 당시에는 국민이 아닌 만만한 주 의회가 뽑은 미국 상원은 특권을 옹호하는 주요 요새가 되어 갔다. 대부분의 상원 의원은 부자이거나 아니면 신중하게 선택된 협력자, 부자들의 심부름꾼이었다. 그들은 노동자의 저녁 도시락통에 대해 거창한 연설을 할 수는 있었지만, 마음은 대주주들 편이었다.

오랜 세월이 지난 뒤에 씌어진 윌리엄 알렌 화이트의 자서전에서 다시 한 번 인용해 보자.

> 기계와 기계의 소유권이 상류계급 의식을 가진 조직적인 금권 정치의 손아귀에 있던 시절에 선출된 상원 의원들은 자신의 주민들에게 아무런 의무감도 없었다. …… 캔자스에서는 철도회사, 서부 매사추세츠에서는 섬유회사, 동부 매사추세츠에서는 은행, 뉴욕에선 합금 산업, 몬태나에선 구리회사 재벌이 힘을 발휘했다. 하지만 어떤 주이든지 간에 그 주를 발전시키고 지배한 권력은 필요한 자금을 빌리러 뉴욕으로 갔다. 뉴욕은 미국을 지배했다. …… 지성에 관한 한 상원 의원들의 등급이 국민이 선택한 등급보다 높았지만, 전체적으로 그리고 대체로 대의정체代議政體의 역할을 하지는 못했다. 미국 상원에 지배력을 갖는 미국 국민은 소수였다. 그리고 그 소수는 자신들의 약탈 계획에만 관심이 있었다.

정부 안에 있던 '월 가의 하인들'

상원 의원이나 하원 의원을 어느 정도 설득할 필요가 있다면, 그렇게 할 수 있는 방법이 있었다. 스탠더드 석유회사의 활동적인 사장이던 존 D. 아치볼드의 정치적 서신 왕래에서 이런 유의 구워삶는 기술의 실체를 확인할 수 있다. 그의 서류철에서 도난당했던 편지를 1908년 허스트[20세기 초 '허스트 신문 제국'의 건설자인 윌리엄 랜돌프 허스트]가 공개한 것이다.

아치볼드의 대리인이던 펜실베니아 주 하원 의원 시블리가 보낸 이 편지에는 "공화당의 어느 연방 상원 의원이 오늘 나에게 와서 1천 달러를 빌려 달라고 했습니다. 내가 지금은 그만 한 돈이 없지만, 하루 이틀 안에 구해 보마고 말했습니다. 투자할 의향이 있습니까?"라는 내용이 담겨 있었다.

여기에는 또한 스탠더드 석유회사의 아치볼드가 4회에 걸쳐 보낸 4만4천 달러어치의 양도성 예금증서(포레이커가 나중에 변호사 의뢰비라고 주장했던)를 오하이오 주 상원 의원 조셉 B. 포레이커가 받았다고 되어 있었다. 이후로, 아치볼드가 포레이커에게 "손봐야" 할 "못마땅한 법안"에 대해 쓴 편지도 보낸 사실이 추가로 드러났다.

아치볼드가 주지사들에게, "동의한다면" 누구누구 판사가 이러저러한 법정의 빈자리를 채우도록 지명해 달라고 촉구하는 편지를 몇 차례나 썼음도 밝혀졌다. 한번은 다음과 같이 썼다. "내가 굳이 헨더슨 판사의 능력에 대해 구구절절 설명할 필요는 없을 것입니다. 그의 능력에 대해서는 여러분이 가장 잘 알 테니까요."

스탠더드 석유회사 사장 **존 D. 아치볼드.**

어느 누구도 그 온화한 말투에 이의를 제기할 수 없었다. 시민에게는 상급 공무원으로 적합한 후보자를 건의할 권리가 있지 않는가? 하지만 어떤 주지사도 이 날카로운 청탁의 화살을 피할 수 없

었다. 그것은 과거나 미래의
호의에 보답하여, 스탠더드 오
일이 원하는 결정을 내릴 만한
인물이 맡아야 할 직책이었다.

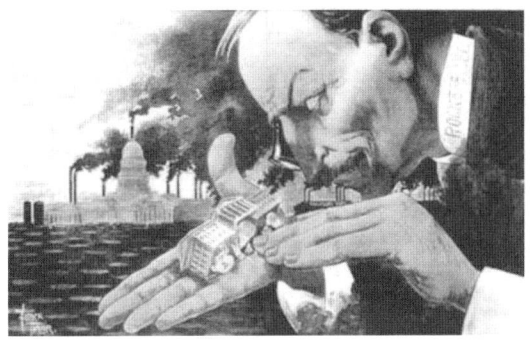

그리하여 대기업들은 암시
나 제안, 융자, 사실상 선물인
'대부금', 때로는 노골적이며

**'록펠러 손 안의
백악관'.**
미국 석유업계의
거물이었던 스탠더드
석유회사의 존 D.
록펠러가 백악관을
비롯한 미국 정가를
주무르고 있음을
풍자한 만화이다.

은밀한 뇌물로 국회의원과 선출직 공무원, 심지어 판사들조차 자
신들에게 복종하도록 만들었다. 1950년대 소련의 선동 정치가들은
끊임없이 "월 가의 하인" 운운했다. 그런데 실제로 1900년 미국 정
부에는 월 가의 하인으로 묘사되는 게 적절할 수도 있는 이들이
수없이 많았다. 그 시절에 공직 생활로 이동하는 것은, 마치 열매
를 쉽게 따 갈 수 있는 100만 달러짜리 과일나무 옆으로 옮겨 가
는 것과 같았다. 주의 깊게 지켜보는 사람이 아무도 없었으므로,
실제로 쉽사리 열매를 따 갈 수 있었다.

부패 낳은 정치적 무관심 혹은 무지

그런데 왜 아무도 지켜보지 않았던 걸까? 정치 선거에 대한 관심
은 엄청나지 않았던가? 실제로 1896년 유세는 아마도 미국 역사
상 가장 뜨거운 열기를 내뿜었을 것이다. 1900년 유세 역시 그 열
기가 아직 뜨거웠다. 이미 언급했듯이, 트러스트가 미국의 지배권
을 넘겨받을지도 모른다는 대중의 우려가 당시에 널리 퍼져 있었
다. 그렇다면 사람들은 어째서 깨닫지 못한 것일까? 미국 자본주
의의 성질과 습성이 그들에게 엄청나게 중요한 사안이고, 커다란
정치적 문제들이 여기에 얽혀 있기 때문에 국민의 정치 대리인들의

업무 수행과 성격을 감시해야 한다는 사실을?

이유는 많다. 우선, 당시 활동한 트러스트 반대 세력들 다수가 유럽에 뿌리를 둔 것이 명백한 사회주의를 옹호하는 형태를 취했다는 점이다. 이것이 원체 〔사회주의〕 이데올로기에 공감하지 않는 경향에다가, 아무리 비참한 운명에 처했어도 자신들을 프롤레타리아라고 생각하고 싶어 하지 않는 미국인들의 성미에 맞지 않았던 듯하다. '프롤레타리아'라는 말은 미국인의 마음속에 뉴욕의 로어 이스트 사이드에 사는 낯선 외모에 외국어를 쓰는 사람들이나 다른 이민자촌 거주자를 연상시켰다.

또, 트러스트 반대 세력은 그들이 꼭 유혈 사태나 바리케이드 등과 관련 있지 않더라도, 경영 체계의 총체적인 변화를 주장했다는 점에서 혁명적이라는 의심을 샀다. 1900년 사회민주당 대통령 후보였던 유진 V. 뎁스도 "사민당은 개혁당이 아니라 혁명당"이라고 선언하지 않았던가? 달변으로 청중을 사로잡은 뎁스 같은 강력한 후보를 내세우고도 사회민주당은 그해 9만6천 표밖에 얻지 못했다.

둘째로, 본래 세태 변화를 좋아하지 않던 진지한 미국인들 다수가, 나중에 노먼 토마스〔20세기 전반기 미국을 대표하는 사회주의자이자 반전론자로, 미국 사회주의자당 후보로 여섯 차례나 대권에 도전한 인물〕에게 부분적으로 계승된 사고 유형을 따르면서 '기독교적 사회주의자'가 되었음에도 불구하고, 지리멸렬하고 얼마간 비현실적인 집단이었다는 점이다. 그래서 모든 산업이, 자신들처럼 자비로운 사람들이 지배하게 될 정부에 인계되어야 한다고 주장한 신학과 학생이나 사회운동가는 꼴사나운 조롱의 표적이 되었다. 사람들은 나라 안의 모든 돈을 사람들에게 똑같이 나누어 준다 해도, 머지않아 그 돈이 영리한 사람들의 손으로 다시 돌아갈 거라고 했다.

셋째로, 개혁이란 아이디어가, 1890년대 인민당Populist party의 실패와 인민당원들로 하여금 은화 자유 주조를 옹호하게 만든 브라이언의 유인으로 인해 신뢰를 잃었다는 점이다. 그 결과, 만병통치약에 눈이 먼 데다 진행 방향의 오류를 감지하기 시작한 개혁 운동은 활기를 잃어버렸다.*

무엇보다, 대기업과 기업법의 중심에 있는 핵심 세력을 제외하고는 대기업 합병이 어떻게 진행되었으며, 어떻게 기능하고, 어떻게 정치권력을 행사하는지를 제대로 이해한 사람이 거의 없었다는 사실이 가장 중요하다. 어떻게 하면 나라의 산업과 정치적 과정을 붕괴시키는 심각한 위험 없이 시대의 흐름을 바꿀 수 있을지, 희미하게나마 개념이 있는 사람은 더더욱 드물었다.

관심도 없고, 배운 적도 없고

이렇게 두루뭉술하고 막연했던 대중의 이해력은, 많은 미국인들이 산업·기술·무역·상업 등 경제적 사안을 시민의 처지에서 자신들의 보편적 관심사로 사고하는 법을 배우지 못했다는 사실에 상당 부분 기인한다.

---

*인민당의 실패와 '만병통치약' 인민당은 농민운동에 기반을 두고 1890년대에 그 세력이 절정에 달했던 미국 역사상 드문 제3당이다. 뉴욕 같은 북동부 대도시의 대기업이 주도하는 경제 흐름에서 소외되었던 농민들은 철도 및 전선의 국유화, 공영 저장소 설치 및 농산물 가격 안정 정책 등을 요구했다. 1896년 대통령 선거 당시 민주당의 대통령 후보인 윌리엄 제닝스 브라이언을 인민당의 대통령 후보로 지명하면서 공동 후보로 내세웠다. 이때 미국 내에서는 남북전쟁기에 남발한 각종 지폐와 금본위제의 충돌로 통화 문제가 심각한 쟁점이었는데, 브라이언은 소외된 계층, 특히 농민에게 호소력 있는 은화 자유 주조를 주장했다. 그런데 이 주장이 실현될 경우의 효과가 다소 과장되었기 때문에 여기서 **만병통치약**이라 부른 것이다. 한편 1896년 대선의 패배로 인민당-민주당 연합은 깨졌고, 인민당의 세력은 약화되었다. 하지만 그들의 요구 사항은 나중에 혁신주의로 계승되어 국가정책에 반영되게 된다.

회사에서 열심히 일하는 한 남자를 생각해 보자. 돈을 벌려고 최선을 다한 그는 풀먼식 차량의 흡연 구역이나 잡화점에서 다른 이들과 일에 대한 대화를 나눈다. 하지만 모든 얘기는 사사롭고 즉흥적이고, 그의 사고로는 그런 대화가 미국 삶의 보편적 조건과 잘 연결되지 않는다. 모든 미국인이 서로 의존하고 있다고 그에게 말해 주는 사람은 아무도 없다. 각각의 사업이, 각각의 사회 활동이, 각각의 정치 활동이 모든 사람의 행동에 영향을 받는 보편적인 미국의 생활양식을 구성한다고, 요즘식으로 말해서 "미국인은 모두 한 배를 타고 있다"고, 아무도 얘기해 주지 않는다.

가령 그는 미국의 사업 세계를, 그것이 세율에 영향 받는다는 점 말고는 역사와는 별 상관없는 것으로 생각하는 데 익숙해져 있다. 그가 고등학교 때 배운 미국 역사는 정치 운동과 책략에 관한 따분한 얘기로, 미주리 협정〔1820년 미국 내 자유주와 노예주 간의 세력 균형을 맞추려고 남북 지역 간에 맺은 협정. 미주리 주를 노예주로 하는 대신, 메인 주를 자유주로 편입시켰다.〕에서 드레드 스콧 재판〔1857년 미국 연방최고재판소가 미주리 협정은 위헌이라며 흑인 노예였던 드레드 스콧의 자유를 인정할 수 없다고 한 판결로 남북전쟁 발발의 불씨가 되었다.〕으로, 정화 지급 재개〔앞서 말한 대로 남북전쟁기에 남발된 화폐(그린백)을 정화로 평가하여 보상 지급하는 문제〕부터 딩글리 관세법〔1897년에 발효되어 이후 12년간 지속된 보호관세법으로, 이로 인해 경제가 호황이었는데도 수입이 줄고 관세수입도 급감했다.〕으로 이어지다가 이따금씩 벌어지는 전쟁 대목에서나 활기를 띠는 것이 아니었던가? 이 모든 것이 그의 사업 운영에 무슨 상관이 있단 말인가?

틀림없이 그도 대통령 선거 유세에 열을 올리며, 매킨리가 트러스트의 앞잡이라+든가 제닝스 브라이언의 입지가 견고하지 못하다고 누구 못지않게 주장했을 수 있다. 하지만 그의 정치적 소속감은 대물림되는 경향이 있었고, 그에게 대부분의 정치 현안 정보를 제공하는 신문 사설이나 만화는 사실에 충실하기보다 당파적이었다.

1894년 《맥클루어》 지 사무실 책상 앞에 앉은 **아이다 M. 타벨**.

대중잡지의 경우, 〔당시 폭로 보도의 선두 주자였던 교사 겸 저널리스트〕 아이다 M. 타벨이 《맥클루어*McClure's*》 지의 의뢰를 받아 스탠더드 석유회사에 관한 르포를 공들여 작성했지만, 이 글은 단 한 줄도 실리지 않았다. 〔맥클루어 신디케이트(기사 배급 기업) 대표인〕 맥클루어와 그의 직원들을 제외하고는, 당시 정치 일상이 관계된 비즈니스의 일상에 깊이 파고든 잡지인들은 거의 없었다. 보수 성향의 유명 잡지들의 경우, 신사 숙녀들이 서재 탁자 위에 전시해 두기 좋아했던 고상한 출판물들은 문화적 관심사를 다루는 데 치우쳤다. 그 내용이 일상의 투박한 관심사와는 동떨어진 우아한 문화에 집중되었으므로, 비즈니스 같은 세속적 요구와 밀접한 사안을 파헤친다는 발상은 비위에 거슬리는 일이었다.

실례로, 당시에 엄청나게 화려했던 출판물 중 하나이자 특권층 눈에 쏙 들었던 《센추리 매거진*Century Magazine*》의 1900년 3월호의 목차를 보자. 이 잡지는 그때 《하퍼스》와 《스크라이브너스*Scribner's*》의 경쟁지였다.

표지
J. M. W. **터너의 그림 「카르타고를 건설하는 디도**Dido Building Carthage」**를 티머시 콜이 판화화한 작품**
워싱턴의 국립 동물원 어니스트 세튼 톰슨
「긴발톱멧새에게」 시. 존 버로우
파리 교외 리처드 화이팅
인간 그리고 시인으로서의 로버트 헤릭 토머스 베일리 올드리치
재산 이양하기 소설. 캐서린 영 글렌
죽은 어린아이 시. 조세핀 다지 대스컴

위대한 희망 시. 엘리자베스 페이튼 맥길버리

J. M. W. 터너의 그림 「무모한 싸움Fighting Temeraire」을 티머시 콜이 판화화한 작품

퉁소 시. 리처드 헨리 스토더드

엘리자 헵번의 구원 연재소설. 헨리 B. 풀러

노스 박사와 그의 친구들 연재소설. S. 위어 미첼

카르파치오의 류트를 갖고 있는 아기 천사 시. 조세핀 프레스튼 피바디

티에라 델 푸에고의 거인 인디언 프레데릭 A. 쿡 박사

가난 시. 아를로 베이츠

올리버 크롬웰 존 모를리(연재 중 제5회)

작곡가 마이어베어 모리츠 모스코프스키

잉글리시 세터(사냥개)에게 시. 토머스 월시

'스프레이'의 항로와 항해 일정 조슈아 슬로컴(혼자 떠나는 세계 여행 편)

불멸의 여성성 소설. 에바 윌더 브로드헤드

산티아고부터 하바나까지 한겨울의 도보 여행 H. 펠프스 위트마시

황혼 속에서 시. 존 밴스 체니

나폴레옹과의 대화 세인트 헬레나 섬에서 나폴레옹을 돌보았던 의사, B. E. 오메라 박사

아시아의 철도 전쟁 알렉산더 흄 포드

시사 화제 사설, 날짜 변경선에 관한 기사(20세기가 1900년에 시작되는지 아니면 1901년에 시작되는지에 관한 토론), 배심원으로서의 의무가 배심원에게 주는 이로움에 관한 기사, 방치된 예술에 관한 기사(편지 쓰기)

더 가벼운 분위기로 유머

1900년 미국 상류사회가 자기들 곁에 두기에 적절하다고 여긴 내용은 이런 것들이었다. 내용은 매우 다양했다. 고상한 사고와 문장으로 채워졌고, 세련되고 매력적인 삽화가 들어 있었다. 수세기와 여러 대륙에 걸친 이야기들은 교양 있는 사람들이 갖추어야 할 상식이었다. 아무리 각오가 되어 있는 뺨이라 하더라도, 얼굴을 붉힐 만한 그리고 붉히게 만들려는 내용은 전혀 없었다. 그리

저격당하는 매킨리.
1900년 대통령
선거에서 공화당
후보로서 큰 표 차로
승리해 재집권한
매킨리는 1901년
9월 6일,
버펄로에서 열린
범아메리카
박람회에서
무정부주의자인
리언 촐고츠의
총격으로 중상을
입었다. 이로 인해
당시 부통령이던
시어도어
루스벨트가
대통령직을
승계했다.

고 미국의 미래와 운명을 결정하는 위대한 힘에는 단호하게 등을
돌렸다.

이러한 잡지가 저널리즘의 정상에 섰을 때, 산업도시를 볼품없
게 만드는 추한 공장들이 법인 설립 허가증에 의해 어떻게 모두
거대 합병 기업으로 연결되었는지, 이 합병 기업들의 소유자들과
이들 뒤에 서 있는 은행가들이 어떻게 입법자들을 구워삶았는지
를 정확히 알리려고 의지를 불태운 사람들이 부족했다는 사실은 놀
랄 일도 아니다.

하지만 변화가 다가오고 있었다. 역설적이게도, 이 변화의 선발
대원은 무지한 데다 실성한 암살자였다. 1901년 9월 6일, 뉴욕 주
버펄로에서 열린 범아메리카 박람회에서 리언 촐고츠란 이름의
사내가 매킨리 대통령에게 총을 쏘아 치명상을 입혔다.

마크 해너는 친애하고 존경하는 동료를 잃었다. 뿐만 아니라, 루
스벨트가 부통령으로 지명되었을 때 그가 지평선에서 감지했던
불확실성이란 구름이 이제 하늘의 반이나 덮게 되었다. 그는 친구

인 〔《시카고 타임스해럴드》의〕 H. 2. 콜사트에게 일갈했다. "자, 이 것 좀 보라구. 저 망할 카우보이가 미국의 대통령이잖아!"

2부
변화의 계기

6 미국 양심의 혁명

루스벨트가 쏘아 올린 개혁의 신호탄

1901년 가을, 시어도어 루스벨트가 백악관에 입성했을 때, 새 시대의 시작을 알리는 어떠한 징조나 조짐도 하늘에 나타나지 않았다. 그는 전 대통령인 매킨리의 정책을 이어서 추진하겠다고 발표했다. 대통령으로서 했던 최초의 발언에서, 당시의 금융 및 산업 세력에게 불필요한 불만을 내비치지 않았다. 다만 의회에 보낸 첫 번째 교서에서, 기업에 관한 모든 것이 순조롭다고 생각하진 않는다고 분명히 밝혔다.

1901년 가을, 시어도어 루스벨트가 **대통령 취임** 연설을 하는 광경.

〔신문에 칼럼을 연재한〕 핀리 피터 둔이 창조한 허구 인물인 아일랜드인 둘리 씨는, 신임 대통령의 업계에 적대적인 언급과 옹호하는 언급을 교묘하게 뒤섞어서 대통령 교서를 다음과 같이 적절하게 요약했다.

"트러스트는 현명한 기업이 세운 소름 끼치는 괴물이다. 우리의 친애하는 조국의 발전을 앞당기고자 너무나 많은 일을 한 사람들이 이를 주도했다. 나는 그들을 굴복시켜 발아래 둘 것이되, 그렇게 하려고 그다지 서두르지는 않을 것이다."

새 시대의 첫 신호탄이 쏘아 올려진 것은 그로부터 몇 달 지나서였다. 1902년 2월, 루스벨트가 임명한 법무 장관이 셔먼 반트러스트 법에 근거하여 북부 증권회사의 청산에 소송을 제기했다.

북부 증권회사는 J. 피어폰트 모건과 에드워드 H. 해리먼이 [1901년 양측의 매입 경쟁으로 노던 퍼시픽 주가 급등한] 노던 퍼시픽 공황 사태 이후, 일종의 평화협정으로 철도 자산 관리를 위해 세운 지주회사였다. 만약에 이 회사가 법의 시련을 견뎌 냈더라면, 짐작컨대 월 가에 있는 몇몇 사람들의 농간으로 나라 안의 주요 철도가 대부분 이 회사로 넘어가는 사태가 벌어졌을 것이다. 루스벨트는 이를 분쇄하라고 지시함으로써 지주회사 체제를 이용하여 경제 왕국을 건설하는 일을 정부가 규제할 것임을 국민들에게 인식시켰을 뿐 아니라, 귀하신 몸들 가운데서도 위대하신 모건을 몸소 치려고 덤벼들었다.

전화로 소송 소식을 전해 들었을 때, 모건은 저녁 식사 중이었다. 그는 깜짝 놀라 당황했고 분개했다. 루스벨트를 신사라고 생각했는데, 신사라면 소송 따윈 제기하지 않을 것이라고 그는 손님들에게 말했다. 그렇게 정부의 희망을 관철시키고 싶었다면, 북부 증권회사를 재건하거나 없애자고 루스벨트가 자신에게 사적으로 요청했어야 했다는 것이다. 이 대은행가는 루스벨트가 명예로운 인물인 자신을 싸구려 사기꾼 취급한다고 느꼈다.

한편, 《뉴욕 월드New York World》 발행인이자 트러스트에 적대적이던 조셉 퓰리처는 루스벨트의 조치를 크게 환영하며, 자신의 편집인인 프랭크 I. 콥에게 보내는 지시문에 "대통령이 월 가를 정복했다"고 썼다. 이는 상당히 과장된 것이었지만, 전투가 시작된

2부 변화의 계기 ★ 101

것만은 분명했다.

문제는 경제가 아닌 윤리

그러나 이후 몇 년간 계속된 대통령과 신흥 재벌 간의 전투는 간헐적인 데다 종종 뜨뜻미지근했다. 이유는 멀리 있지 않았다. 어쨌거나 루스벨트는 공화당 대통령이었다. 자신이 속한 당과 보조를 맞추지 않고 너무 앞서 나갈 수는 없었다. 공화당원 대다수가 부유한 특권층이었고, 선거 유세 때면 그들의 넉넉한 재정적 지원이 필요했다. 정치를 해야 하는 루스벨트로선 그들의 동료로 보여야 했고, 부유층들을 위해 가끔씩 기강을 약간 잡는 것이라 생각하게 만들어야 했다.

그 시절 이래, 루스벨트는 물기보다는 짖기에 훨씬 강한 모습이었고, 그 짖음조차 선거 유세가 있는 해엔 눈에 띄게 부드러워졌다는 점이 거듭 지적되었다. 그나마 철도회사를 더 강하게 규제하는 '헵번 법안'처럼 그가 실제로 통과시킨 법들이 그다지 효험이 없었다는 점도 지적된다. 7년 반의 재임 기간 동안, 북부 증권회사를 공격한 것 같은 과감한 행동은 두 번 다시 하지 않았다. 그의 뒤를 이은 보수적인 윌리엄 하워드 태프트 정부도 셔먼 법안을 근거로 기소하는 데 루스벨트보다는 훨씬 더 적극적이었다. 게다가 루스벨트는 불확실하고 좁은 경제 지식에, 충동적인 데다 어린 아이처럼 철이 없고 일관성도 없었을 뿐 아니라, 정치적 쇼맨십의 즐거움에 지나치게 빠져 있었다는 지적도 있다. 이 모든 것은 사실이다. 다만, 루스벨트가 미국 역사에 매우 중요한 기여를 했음은 간과하지 말아야 한다.

이 정력적인 대통령이 취한 행동은 업계와 정부, 그리고 공공의 이익에 관하여, 기분 전환이 될 정도로 새롭고 신나며 전염성이 강한 어떤 시각을 나라 전체에 광고하고 극화하는 것이었기 때문이다.

이때까지 금권정치를 지향하는 추세에 반대하는 목소리는, 대부분 상처받은 이들의 고통스러운 절규였다. 반대파는 주로 가진 자에 대항하는 못 가진 자의 규합이었다. 또한 혁명적까지는 안 되어도 상당히 급진적인 적대 세력이었다. 1890년대 초반 인민당에 떼 지어 몰려갔던 사람들은 월 가와 대기업 일반을 타도하고 싶어 한 성난 농부들이었다. 서부광부연합(WFM) 같은 투쟁적인 조합에 가입했던 이들은, 살인 무기 사용과 혁명의 희망에 빠졌던 격노한 노동자들이었다. 사회당의 중추를 형성했던 도시 노동자들은, 유럽의 혁명 이데올로기에 빠진 지도자들의 설교를 감상적으로 청취했다. 기업계 거물들의 탐욕과 권력에 반대했던 돈 있는 토박이 시민들은, 호의에서 비롯된 다정함과 부드러움이 특징이었고, 성직자, 사회복지 사업가, 나중에 경멸적인 의미가 담긴 '핑크pink〔저항적이긴 하지만 빨갱이는 못 된다는 뜻〕'라고 불린 감상적인 자유주의자 부류였다. 하지만 이제 이런 무리 중 어디에도 속하지 않으면서 금권정치 경향에 반대하는 맞수가 다름 아닌 미국 대통령 자리에 있었다.

루스벨트를 무산자라고 부르기는 어려웠다. 그는 월 가에서 손해를 입은 적도 없고, 실로 정당한 자격을 가진 부자였다. 토종 미국인이었고, 군대의 영웅이었다. 이데올로기 이론에 휘둘리는 사람도 아니었고, 감상적인 몽상가도 아니었다. 그는 행동가이자 숲에 대한 지식이 해박한 사냥꾼이었으며, "거친 기병"〔미국-스페인 전쟁 때 그가 조직했던 의용 기병대〕이었고, 강한 열정의 소유자였다. '정력적인 삶'을 설파했고, "움츠러들지 말라, 반칙하지 마

정력적인 삶이란 무엇인지 몸소 보여 준 **시어도어 루스벨트**.

라, 용감하게 돌파하라!"고 소년들에게 즐겨 말했다.

그에 관한 모든 것이 대중의 관심을 불러일으켰다. 컬러 렌즈가 덧씌워진 코안경에 이를 드러내고 빙긋 웃는 모습은 만화가들이 즐겨 스케치한 소재였다. 연설의 핵심을 강조할 때 나오는 팔세토[가성]까지 올라가는 활기찬 목소리, 호전적인 몸짓과 전투 열망, 큰 사냥 대회나 역사·조류학·약자 철자법·군사 정세 등 서로 어울리지 않을 것 같은 수많은 주제에 관해 보여 주는 잡식성의 취향, 온갖 부류의 사람들에게 기꺼이 쏟는 관심 등등……. [영국 자유당 정치가이자 작가 겸 신문 편집인] 존 몰리는 루스벨트를 "성 비토[희극 배우와 춤꾼의 수호성인]와 성 바울[홍보와 전도]의 재미있는 결합체", 그리고 나이아가라 폭포에 견줄 만한 자연의 경이로움이라 묘사했다.

"거대한 부의 해약"과 "공정거래"에 관한 루스벨트 연설의 요지는 경제적 관점이라기보다는 도덕적 관점에 있었다. 그는 "비즈니스 세계의 도덕적 재탄생"을 갈구했고, "도덕적 기준"을 확립할 수 있다고 믿었다. 일부 사람들이 사기와 책략을 일삼으며 경제와 정치에서 쥐락펴락하는 힘을 발휘하고, 다른 사람들은 기회에서 소외된다는 것은 완전히 잘못된 거라고 설교했다.

이는 이데올로기에 알레르기 반응을 보이는 사람이나 경제 이론에 치를 떠는 사람, 그러면서 도덕적 복음주의에는 엄청나게 민감하며, 만인에게 공평한 기회가 주어져야 한다는 사상에 빠진 사람 등 모든 연령의 수백만 미국인들이 능히 이해할 수 있고, 반응할 수 있는 종류의 연설이었다. 시어도어 루스벨트가 지지하는 법률 제정의 효과는, 그의 인격과 미국 전 세대의 여러 부분에 관해 그가 했던 설교 효과와 비교하면 미미한 수준이었다. 그는 이 시대에 새로운 기조를 심어 주었고, 이는 미국 전체에 울려 퍼졌다.

10여 년간의 '양심 혁명'

바야흐로 시대 분위기가 무르익어 있었다. 다음 몇 가지 날짜들을 숙고해 보자.

1902년 2월, 루스벨트는 북부 증권회사에 대한 공격을 감행했다. 스탠더드 석유회사에 관한 르포를 수년간 공들여 작업한 아이다 M. 타벨의 글이 마침내 《맥클루어》 지에 실리기 시작한 것이 1902년 11월이었다. 링컨 스티픈스가 클로드 H. 웻모어와 함께 쓴, 시정 부패를 다룬 최초의 기사 〈세인트 루이스의 트위드 시대〉가 한 달 전인 1902년 10월에 같은 잡지에 실렸다.*

타벨과 스티픈스, 바로 이 두 언론인이 신중하고 감상적이지 않으며, 철저하게 사실에 입각한 보도라는 새로운 경향을 미국 저널리즘에 도입한 인물들이다. 그들은 미국 기업과 정치판이 실제로 어떻게 돌아가는지 가감 없이 썼다. 루스벨트가 나중에 공격한 "추문 폭로자들muckrakers"은 이 두 사람을 더 선정적으로 모방한

---

*'트위드tweed' 19세기 말 뉴욕의 민주당 당파 조직인 Tammany Hall의 보스였던 하원 의원 윌리엄 트위드 패거리를 가리키는 말로, 가장 유명한 **부정부패 정경유착**의 대명사이다.

사람들이었다.

[오하이오 주 북서부 도시] 톨레도의 개혁적 시장 '황금률Golden Rule' 존스는 1897년 선출되었다. 원로 정치인 로버트 라 폴레트는 1900년 위스콘신의 정력적이고 개혁적인 주지사가 되었다. 톰 L. 존슨은 1901년에 클리블랜드 시장으로 선택되었다. 이 사람들은 지방 및 주 정부의 개혁 세대 전체를 이끈 지도자이자 선구자들이었다.

'황금률' 존스.
정직하고 인간적인 기업 경영자로 명성을 얻어 공화당 소속 시장이 된 새뮤얼 밀턴 존스. 경영자 시절, 자신의 사업장에는 오직 한 가지 원칙, 곧 성서에 나오는 황금률("**무엇이든지 남에게 대접받고자 하는 대로 너희도 남을 대접하라**")만 지켜지면 된다고 하여 이것이 존스의 별명이 되었다. 당시 대표적인 개혁 정치인이었으나, 1904년 집무실에서 사망했다.

교육 수준을 높이려는 [자선 운동가] 로버트 C. 오그든과 그 동료들의 열의를 존 D. 록펠러가 포착한 것은 1902년이었다. 자선 문제에서 록펠러는 정치인 같은 고문인 [침례교 목사이자 교육가] 프레더릭 T. 게이츠의 조언을 따랐다. 게이츠는 록펠러에게, 새로운 공익 기부 유형을 확립한 최초의 거대한 범목적 단체인 '종합교육위원회General Education Board'를 운영하라고 조언했다.

이는 당시 나타난 새로운 경향의 몇 가지 사례일 뿐인데, 이 경향의 우두머리 선동가이자 연설가는 다름 아닌 루스벨트였다. 사람들은 이런 움직임을 신기하게 바라보는 한편으로, 돌아가는 사태를 주시하며 그에 대해 즉각적이고 실질적인 무언가를 실행하려는 성향을 보였다.

그렇게 미국 양심의 혁명이 시작되었다. 이 혁명은 1915년까지 미국 정세의 지배적인 현상으로 자리 잡았다가, 갑자기 닥친 1차 세계대전이라는 흐름에 묻혀서 1920년 무렵엔 완전히 사라졌다. 그러나 그 사고의 영향과 본보기는 오늘날까지 이어지고 있다.

사회 전반에 불어닥친 혁신주의 바람

[컬럼비아 대학의] 루이스 해커와 벤저민 켄드릭 등의 역사가들이

지적했듯이, 이 움직임은 조직적인 운동이 아니었고 응집력이 없었다. 종합적인 계획도 없었다. 여기에 참여했던 사람들은 부자부터 가난한 사람에 이르기까지 다양했고, 서로 격렬하게 부딪히기도 했다. "같은 시기에 어떤 행동을 해야겠다고 생각하게 된", 서로 다른 구체적인 지향점을 갖고 활동한 매우 다양한 사람들의 포괄적인 운동이라고 할 수 있다.

상원 의원 직접 선출, 국민발안과 국민투표, 사법 판결 재심 등 윗선의 구속을 받지 않는, 더 직접적이고 대중적인 정부를 승인하자는 의견을 지지하는 사람들도 있었다. 시정 쇄신을 주장하는 사람, 시의 위임통치를 실험해 보려는 사람, 예산 전문가도 있었다. 노동자 재해보상법 마련을 위해 투쟁하는 사람, 공장의 노동조건 개선 법률 제정을 위해 노력하는 사람도 있었다. 숲 개간 등 무모한 자연 자원 파괴를 중단시키려 한 자연보호주의자도 있었다. 여성의 투표권 쟁취를 부르짖은 여성참정권 운동가, 오염되지 않은 음식 및 약품 법 제정을 위해 뛰는 개혁 운동가, '미쳐 날뛰는 금융'을 조사하고 처벌하려는 사람들, 1907년 공황 이후로 적절한 중앙은행 제도를 고안하려고 애쓰는 사람들도 있었다.

나라와 국민이 소수 특권층뿐 아니라, 모든 사람의 이해관계를 돌봐야 한다는 근본적인 공감대가 입법과 상관없는 다양한 사람들을 자극했다. '헐 하우스'의 제인 애덤스와 '헨리 스트리트 세틀먼트'의 릴리언 D. 왈드의 족적을 따라, 더욱더 많은 남녀가 사회복지사업가를 존경받는 직업으로 만든 게 이 시기이다. 목사가 자기 교구 안에서 제도적인 사회복지사업을 본격적으로 모색하기 시작한 것도 이때였다. 그러는 동안, 프레더릭 게이츠는 록펠러의 기부금으로 운용할 자선 기구 모델을 개발했다. 그리하여 공공복지과 학생들이 이 대규모 기금 운용을 맡는 것으로 하여 록펠러

'헨리 스트리트 세틀먼트'의 릴리언 왈드(왼쪽)**와 '헐 하우스'의 제인 애덤스**(오른쪽)

미국 사회복지사업의 원조는 세틀먼트 하우스이다. 산업혁명 이후 영국 대학생들이 주축이 되어 벌인 빈민 봉사 활동으로 시작된 세틀먼트 하우스 운동이 19세기 말 미국에 수입되었다. 이 운동은 처음에 제인 애덤스와 릴리언 D. 왈드 등 상류층 여성 개혁가들이 주도했는데, '헨리 스트리트 세틀먼트'와 헐 하우스는 애덤스와 왈드가 시카고에 뉴욕에 각각 세운 세틀먼트 하우스 운동 본부이다.

재단과 카네기 재단이 설립되었다.

이 시기에 회충을 없애자는 획기적인 운동도 시작되었다. 〔미국의 의료 교육을 개혁한 교육자〕 에이브러햄 플렉스너는 새로운 대규모 종합병원 건물 설립을 이끈 보고서〔일명 '플렉스너 보고서'〕를 작성했다. 이 보고서는 미국 내 의료 전문직의 방법론을 근본적으로 바꾸었다. 1911년, 우드로우 윌슨은 프린스턴 대학 총장에서 뉴저지 주지사로 자리를 옮겼다. 그리고 이듬해에 미국 대통령 자리에 올랐다. 프린스턴 대학 재직 시절에 그는 시대정신에 부응하여, 학부생들로 이루어진 '이팅 클럽'의 비민주적 행태에 대해 전쟁을 벌였다.

바로 같은 시절에 《레이디스 홈 저널》의 편집인이던 에드워드 복이 수많은 미국 여성들에게 적은 수입으로 우아하게 살 수 있는 방법을 가르치려 했다는 것은 단지 우연의 일치가 아닐 것이다. 그의 잡지와 급격히 부수가 늘어난 다른 잡지들, 그중에서도 《새터데이 이브닝 포스트》〔1821~1969년에 발행된 주간지〕는 광고업계

이팅 클럽

19세기 말~20세기 초, 미국 대학에서 유행한 일종의 학생 식당. 식사를 하며 자유롭게 대화를 나누는 형태였다. 미 대학의 남학생 사교 클럽과 여학생 **사교 클럽의 원조**라 할 수 있다. 학교 급식에 불만을 품은 학생들이 만들어 회원제로 운영했기 때문에 폐쇄적인 사회적 관계를 형성한다는 비판이 있었다. 총장이었던 윌슨은 클럽들을 폐지하고 대신 학교 전체를 아우르는 식당 계획으로 포섭하려 했으나 실패했고, 오늘날까지도 프린스턴 대학의 고학년들은 대개 학교 내에 있지만 사적으로 운영되는 클럽들에서 식사를 한다.

에 기회를 주었다. 여태껏 주로 부자들이나 사용해 온 대량생산된 물건을 누리는 즐거움을 광범위한 독자에게 알릴 수 있게 된 것이다. 이때쯤 헨리 포드가 생산하기 시작한 자동차는 부자들의 장난감이 아닌 일반 대중을 위한 그다지 비싸지 않고 쓸모 있는 운송 수단이었다. 윌포드 I. 킹〔미국통계협회 회장을 맡은 저명한 경제학자 겸 통계학자〕이 경제학자들에게 '국민소득'이란 개념을 최초로 제시한 것도 이 시기였다.

지금까지 언급한 사람들 사이에는 별 다른 공통점이 없다. 하지만 이들은 모두 국가라는 것을, 남의 곤경에 상관하지 않고 자기 길을 가는 장소로서가 아니라 같은 운명 공동체의 장소, 여러 인생이 서로 맞물려 있는 장소, 현명한 계획과 현명한 정치 수완으로 모든 사람을 만족시키는 새로운 방안을 강구할 수 있는 장소로 보았다.

개혁 바람은 대부호와 강한 권력을 가진 계급에까지 미쳤다. 예컨대, 모건 그룹의 해리 데이비슨, 폴 M. 위버그, 기타 영향력 있는 은행가들은 중앙은행 제도안 마련에 공을 들였다. O. H. P. 벨몬트 부인은 화사한 옷차림의 뉴포트 숙녀들을 불러 모아 참정

권 모임을 열었다. 이제껏 '사악한 자본주의의 최
고 악당'으로 여겨졌던 존 D. 록펠러 역시 온갖
종류의 자선사업에 막대한 돈을 쏟아 부었다.

벨몬트 부인이
주관한 참정권 모임.

노동자 VS 월 가, 개혁의 줄다리기

허나 이러한 개혁의 효과를 과장해선 안 된다.

우선, 1913년 노동부가 수립되고 적어도 이론적으로나마 단체
협상에 법적 지위를 부여한 '클레이튼 법안'이 1914년 통과되면서
노동조합의 위상이 점차 눈에 띄게 향상되긴 했어도, 노조가 전
혀 조직되지 않은 산업 분야가 여전히 많이 존재했다. 자본가와
노동자 간의 투쟁이, 살인 청부업자를 고용한 폭군 편과 혁명가
혹은 살인자(아니면 둘 다) 편 간의 전쟁 양상을 보이는 곳도 여
럿이었다. *

이는 1906년 뉴욕의 건설 현장에서 일어난, 골조를 세우는 노조
노동자와 계단을 만드는 비노조 노동자 간의 다툼을 보더라도 알
수 있다. 이 다툼 중에 볼트, 막대기, 도구들이 위층에서 아래에
있는 계단 제작 노동자 머리 위로 하도 많이 떨어져서, 회사 측은
특별 경비원을 고용했다. 그런데 그 경비원 중 하나가 구타로 사
망한 뒤 8층에서 5층으로 던져졌다.

1905년에는, 서부광산노동자연합의 적이던 아이다호의 전 주지
사 프랭크 스테우넨버그가, 공범자가 '윌리엄 D. 헤이우드'라고
부른 사람과 노조 상급 간부들에 의해 살해당한 사건이 있었다.

---

*클레이튼 법안 셔먼 반트러스트법(1890)을 더 명확하게 규정·보충하고자 1914년
에 만들어진 법. 배타적 판매 계약, 리베이트, 파업 금지 명령 등을 금지시켰고,
연동이사제도 금지했다. 평화로운 파업 및 시위 행위를 허용하는 등 **노동자 권리 보
호**에 큰 족적을 남긴 법이다.

노조 간부들에게
살해당한 **프랭크
스테우넨버그**.

(헤이우드를 비롯한 다른 이들에 대한 평결은 '유죄가 아니다'였는데, 재판에 참석했던 많은 사람들의 의견에 따르면, 이는 '결백하다'가 아니라 '증거 불충분'이란 의미였다고 한다.)

1910년에는 맥나마라 형제의 주도로 로스앤젤레스 타임스 건물이 다이너마이트로 폭파되어 20명이 사망하고, 건물이 붕괴되는 사건이 있었다. 이 형제 중 한 명은 호전적인 '국제제철소노동자조합'(IIU)의 회계 부장이었고, 다른 한 명은 "폭탄을 잘 다루는" 사람이었다.

1905년의 '세계산업노동자조합'(IWW)의 설립을 언급할 수도 있다. 그 조합원을 '워블리Wobblies'라고 부른 IWW는 정관 서문에서 "노동자계급과 고용주 계급은 공통점이 전혀 없다"고 밝혔다. IWW의 기본 방침은 결코 법을 위반하지는 않는다는 것이었다. 하지만 1912년의 로런스 파업과 1913년 페이터슨 파업 등 이곳의 노조 간부들이 수행한 대규모 파업들은 격렬하고 흉포하기가 오늘날의 파업과는 비교가 안 될 정도였다. 주요 간부들은 이론의 여지없이 골수 혁명가들이었다.

바로 이 시기에 미국 산업 경영의 궁극적이고 총체적인 변화를 이끌어내는 데 전념한 사회당은 선거에서 유진 뎁스를 후보로 내세워 계속 지지자를 불렀다. 1912년 대통령 선거에서 그의 득표수는 적어도 89만7천 표 이상이었다.

요컨대, 미국이 직면한 변화를 추구했던 사람들이 모두 합법적

1910년
로스앤젤레스 타임스
건물 폭파 현장과
범인인 **맥나마라
형제**.

이고 점진적인 개선, 또는 기존 사업 방식의 사소한 구조적 변화를 지지하지는 않았다.

IWW. 미국 노동운동사상 가장 급진적·진보적인 **사회주의 단체**. 'Wobblies'라는 별명은 "흔들다" "흔드는 사람들"이라는 뜻이다.

이 시기 동안, 피어폰트 모건이 월 가에서 여전히 막강한 행보로 움직이고 있었다는 점도 잊어선 안 된다. 특유의 성격에서 뿜어져 나오는 강력한 추진력으로 모건이 행사해 온 경제적 권력은, 그가 나이가 들면서 부드러운 운영 과정으로 제도화되었다. 좀 막연하긴 하지만, 브로드 가와 월 가 모퉁이에 있는 그의 사업 동료들에게 있던 영향력은 여러 큰 은행과 기업 본부로 옮겨 가고 있었다.

아르센 푸조가 이끈 하원의 조사 분과 위원회〔일명 '푸조 위원회'〕는 1912년부터 1913년까지 진행된 이른바 '자금 트러스트'를 면밀히 조사하면서, 미국 비즈니스계에 대한 월 가의 '지배'를 인상적인 도표로 만들었다. 이 도표들은 월 가의 지배 동향 유형과, 모건 그룹·퍼스트 내셔널 은행의 베이커·내셔널 시티 은행의 스틸먼, 그 밖에 다른 금융 재벌들이 행사했던 영향력을 매우 극명하게 표현했다. 그 윤곽이 아무리 개략적이라고 해도 권력은 분명히 존재했다. 이 권력은 1913년 모건이 사망한 뒤까지도 강력하고 광범위하게 남아 있었다.

더군다나, 세기의 전환기 이후로도 오랜 동안 스탠더드 오일과 투기꾼들은 증권거래소에서 순조롭게 자금을 운용하여 엄청난 돈을 긁어모았다. 더욱더 해적 같아진 주식과 채권을 다루는 증권업자들의 활동이 둔해진다는 뚜렷한 징조도 없었다. 이들은 주식을 거래하는 일반 대중을 계속해서 이리저리 속였다. 월 가에서 일하는 사람

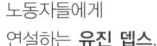

노동자들에게 연설하는 **유진 뎁스**.

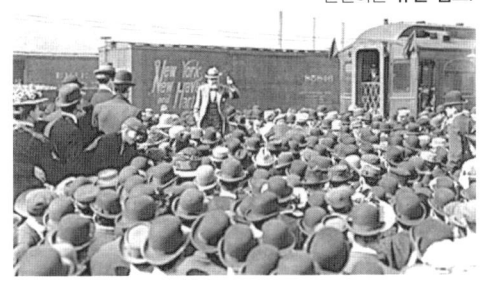

들은 일반적으로 개혁 과정을 불안한 마음으로 바라보았다. 이들
은 시어도어 루스벨트, 그리고 나중에는 우드로우 윌슨도 심하게
비난했다. 사태가 더 악화될까 봐 두려워하며, 루스벨트의 선거
운동 기금에 기부하기도 했다. 그리고 전보다 더 신중하게, 그렇
다고 해서 결코 효율성이 떨어지지는 않는 방법으로, 개혁 운동
가들이 굳은 결의로 무너뜨리고자 한 권력과 부의 구조를 쌓아
올렸다.

너무 빨리 닥친 '개혁 피로증'

그러나 1912년 선거 때 밀어닥친 개혁의 물결은 너무도 거세어 누
구라도 깜짝 놀랄 지경이었다.

4년 전 시어도어 루스벨트는 재선에 나가지 않기로 결심하고,
자신의 혁신 정책을 뒤에서 밀어 주던 풍채 좋고 온화한 전쟁성
장관 윌리엄 H. 태프트에게 공화당 대통령 후보 지명을 양보했다.
하지만 대통령으로 취임한 태프트는 융통성 있는 보수주의자로
판명되었다. 돌리버[Jonathan P. Dolliver] 상원 의원이 지적했듯이,
태프트는 루스벨트의 정책을 계속 밀고 나갔지만 "폐쇄적으로" 수
행했다.

아프리카에서 야생동물들을 사냥하다 돌아온 루스벨트는 곧 여
러 가지 감정에 휘말렸다. 태프트가 자신을 배신했다고 생각한 데
서 비롯된 혐오감, 마음이 충분히 동하는 싸움 바깥에 머물러 있
다는 무력감, 진정으로 개혁 운동에 참가하고 싶은 열정, 자기 지
지자와 정의파 세력이 필연적으로 겹친다는 지극히 인간적인 확
신 등이 뒤섞여 있었다. 그는 태프트를 가차 없이 공격했고, 1912
년 태프트에 맞서 공화당 지명전에 나섰다가 실패하자, 갑자기 혁

태프트와 루스벨트
1909년 3월 4일, 마차를 타고 대통령 취임식장으로 이동하는 태프트와 전임 대통령 루스벨트. 눈보라가 휘몰아쳐 기차를 이용하지 못했다. 연방판사, 필리핀 총독, 전쟁성 장관을 거쳐 미국의 제27대 대통령이 된 윌리엄 하워드 태프트는, 이날 아침에 "나는 내가 미국 대통령이 됐을 때 날씨가 몹시 추웠다고 언제나 말할 것"이라고 소회를 밝혔다. 시오도어 루스벨트의 추천을 받아 공화당 대통령 후보로 지명되어 당선되었으나, 이후 루스벨트의 혁신당과 맞서는 기묘한 상황이 연출되었다. 이후 태프트는 별다른 특징 없는 대통령으로 남았다. 1912년 선거에서 다시 공화당의 지명을 받았으나, 우드로우 윌슨과 루스벨트에 이어 3위로 패하였다. 이후 1920년대에 대법원장을 지냈다.

신당Progressive Party을 결성해서 선거에 출마했다.

한편, 민주당은 위엄 있고 턱이 길며, 명석하고 활력 있는 전직 교수, 우드로우 윌슨을 대통령 후보로 지명했다. 루스벨트와 윌슨의 견해에는 약간의 차이는 있었지만, 본질적으로 둘 다 개혁가였고 같은 편에 속했다. 믿기 힘들게도, 실제 투표에서 이 둘은 모두 견고한 공화당의 태프트보다 많은 표를 얻었다. 게다가 사회당이 거의 100만에 가까운 표를 획득했는데도 불구하고 말이다. (태프트가 350만, 루스벨트가 400만 이상, 윌슨이 600만 표 이상) 개혁은 이제 정점에 이르렀다.

하지만 윌슨이 백악관에서 자신이 제창한 '새로운 자유' 계획에 관련된 일련의 법안을 의회에 통과시키고 1년 반 정도 지났을 때, 어이없게도 유럽에서 전쟁이 터졌다.* 오늘날 제1차 세계대전이

---

*윌슨의 '새로운 자유New Freedom' 1912년 선거에서 윌슨은 '새로운 자유'를, 루스벨트는 '새로운 국민주의New Nationalism'을 부르짖었다. 별로 다르지 않은 두 사람의 주장은 이들을 모두 혁신주의의 틀 안에서 이해하게 해 준다. 국내적으로 윌슨은 소생산자 위주의 정책으로 모든 대기업을 불신하는 입장이었고, 루스벨트는 기업 규제를 주장하지만 '좋은' 대기업을 가려서 불이익을 주면 안 된다는 입장이었다. 즉, 국가를 위해서 일부 대기업은 필요하다는 견해였다. 외교적으로 루스벨트는 경찰국가로서 미국의 역할을 강조한 반면, 윌슨은 자유 교역을 하는 국가들끼리

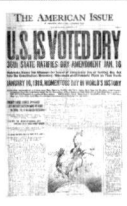

금주법 시대의 개막

1919년 1월 16일, '헌법수정 제18조'가 발효되었다. '**금주법**National Prohibition Act'
혹은 이 법안을 제출한 의원 이름을 따서 '**볼스테드 법령**the Volstead Act'이라 불리는
이 법은, 미국 전역에서 알코올음료의 주조·판매·유통을 불법화했다. 1933년 수정
조항 21조로 다시 번복될 때까지 지속된 이 법은, 불법 주류 암시장과 알 카포네 같
은 갱단을 양산했다.

라고 불리는 충돌이 맹렬하게 넓은 범위로 확산되자, 전쟁이 일으
킨 문제가 미국의 정세를 상당히 지배하기 시작하며 개혁의 추진
력도 점차 압도당하게 되었다. 1917년 미국이 독일에 맞서 전쟁에
참가할 때쯤 개혁 운동 정신은, 우드로우 윌슨이 말한 바 "민주주
의를 위해 세계를 안전하게 만드는" 성전聖戰이란 명분을 내세워
전쟁을 미화시키는 쪽으로 해석되었다.

비록 이 시기를 기억하진 못해도, "이 성가신 일을 어서 끝내 버
리자"거나 "시위나 이데올로기적인 얘기는 하지 말자"는 식의 무관
심이 팽배했던 제2차 세계대전 당시의 분위기를 생생히 떠올리는
사람이라면, 1917~1918년 사이에 미국인이 전쟁이란 과제에 훨씬
더 열정적으로 임했음에도 불구하고 1941~1945년 때보다 단결력
면에선 훨씬 느슨했다는 점을 이해하기 어려울 수도 있다. 미국 남
녀 대다수가 이 전쟁이 마지막이며, 승리는 전 세계 자유의 신기원
을 가져올 것이라고 진심으로 믿었고, 거의 종교적인 헌신으로 전
쟁을 수행했는데 말이다.

개혁 운동 정신은 마치 예금이 초과 인출된 은행 같았다. 이 정
신은 전쟁이 끝날 무렵까지 충분히 오랜 동안 지속되었고, 여성참
정권 개정안과, 더 놀랍게도 개혁가들이 몰두한 최대 관심사였던

는 전쟁을 하지 않을 것이라는 이상주의적 논리를 가지고 자본주의의 세계적 확산
을 위한 외교를 추구했다. 그러나 이러한 차이에도 불구하고 결국 둘 다 재임 기간
에 '제국'으로서 미국의 정치적 입장을 정리했다는 공통점이 있다.

금주법 개정안 비준을 달성했다. 1920년 1월, 마침내 금주법이 발효되자 사람들은 이제 미국에서 음주 시대가 완전히 막을 내릴 거라고 예상했다. 하지만 그 후 갑자기, 세계와 나라를 개혁하려는 추진력이 사그라졌다.

　오랫동안 자신을 지키려고 고매한 명분 아래 충분히 희생을 치렀다고 느낀 미국인들은 만사에 느긋해졌고, 이제 인생을 즐기기로 마음먹었다. 여전히 목표를 포기하지 않으려는 수많은 이상주의자들이 남아 있었지만, 이들은 수적으로 압도당했을 뿐 아니라 지친 상태였다. 미국 양심의 개혁 운동은 끝을 맺었다.

혁명보다 효율적인 '개선'

그래도 개혁 운동은 끊임없이 변화하는 미국 전통에 깊숙이 파고들어 미국 미래를 생각할 때 무척 중요한 일반 대중의 문제, 특히 정치 및 경제 문제를 바라보는 하나의 방식을 남겼다.

　그것은 바로, 정부라는 배가 제대로 기능하지 못할 때 이를 폐기하고 다른 정부를 세울 필요 없이 계속 굴러가게 만들면서 일련의 조정과 개선으로 보완할 수 있다는 아이디어, 과거에도 있었지만 이번 실험으로 온전하게 살아남아 더욱 강화된 아이디어였다. 물론, 이는 배의 승무원들이 방심하지 않고, 항상 배를 점검·수리한다는 단서가 붙었을 때의 얘기다. 이것은 기계가 잘못된 물건을 만들어 내는 것 같으면, 이를 파괴하기보다 여기에 기화 장치며 벨트며 점화전을 새로 달아 고쳐 쓴다는 생각이었다. 기계를 망가뜨리지 않고 관찰과 실험으로 더 낫게 수선해 본다는 자세.

　여기에 혁명의 스트레스와 파괴는 불필요했다. 혁명은 속도를 높이는 원동력을 기계에 보급하는 기술과 동기 자체를 아예 없애

176

버렸을지도 모른다. 시험한 적도 없는 완전히 새로운 장치를 설계하려고 설계가가 제도판 옆에 붙어 있을 필요도 없었다. 그저 이런저런 디자인 분야 조사관과 전문가, 그리고 기계가 제 기능을 하게 만들려는 모든 관련 분야의 의지가 넉넉히 공급되면 되었다.

사실 과거를 되돌아보면, 과거에 취해진 개혁 조치들이 대부분 얼마나 실험적이고 임시방편이었으며, 그 영향이 얼마나 미미하고 길었는지 깨닫게 된다. 지금 보면, 국민발안과 국민투표로, 또는 하원 의장인 조 캐넌의 독단적인 권한을 박탈하려는 투쟁으로 일어난 열광과 분노보다 더 무의미한 것도 없다. 돌이켜 보면 너무나 지루하고 무미건조한 이러한 투쟁들을 세세하게 다룬 역사책을 보며 학생들이 하품을 해 대는 것이 놀라운 일도 아니다. 아이러니하게도, 개혁 시대의 법령집에 실린 모든 조례들 가운데 미국 경제에 긍정적이고 영속적인 영향을 미친 것은 대부분의 역사책에서 간략하게 언급하고 넘어가는 법령들이다. 이런 법령들은 만들어질 때 별다른 마찰을 일으키지 않고, 처음에는 그 영향력이 너무나 보잘것없었기 때문이다. 그 대표적인 사례가 '누진 소득세'이다.

소득세 부과법은, 일반적으로 보수적이라고 알려져 있던 태프트 대통령이 의회에 제출한 헌법 개정안으로 만들어졌다. (1913년) 개정안은 의회에서 통과되고, 별 반대 없이 비준되었다. 그리고 나중에 사람들은 소득세를 낼 때가 왔음을 깨달았다.

1913년, 윌슨 대통령의 세입법에 있는 조항으로 소득세가 처음 부과될 당시의 세율은 매우 낮았다. 순수입 2만 달러까지는 1퍼센트만 부과했고, 수입이 더 많

'독불장군' 조 캐넌
미국 역사상 가장 권위적으로 하원을 지배한 인물로 평가받는 공화당 하원 대변인이다. 1903년부터 1911년까지 하원에서 토의를 주도한 캐넌은 동료 공화당원인 루스벨트와 종종 충돌했으며, 급기야 1910년에는 민주당과 공화당원들이 합세하여 대변인의 직무인 조정위원회 주도와 위원회 임명권 등을 빼앗는 사태가 벌어졌다.

2부 변화의 계기 ★ *177*

은 경우에는 적당히 부가세를 매겼다. 3천 달러 이하의 순수입을 기준으로 세금을 낸 사람은 하나도 없었다. 결혼한 사람도 4천 달러 이하의 순수입을 기준으로 세금을 낸 이가 없었다. 믿거나 말거나, 순수입이 1만 달러인 유부남은 60달러 정도의 세금만 냈고, 순수입이 2만 달러이면 약 160달러를 냈다.(이 대목에서 지나가 버린 소중한 시절을 그리워하는 독자들의 신음 소리가 들리는 듯하다.) 1917년에 가서야, 연방 정부의 소득세 수입이 관세 수입만큼 되었다. 하지만 1920년 무렵에는 소득세가 관세의 10배가 되었다. 이는 단지 시작에 불과했다. 누진 소득세는 몸집이 크게 커 버린 정부가 자금을 조달하는 주된 돈줄이자, 미국의 부를 재분배하는 중요한 수단이 되었다.*

미국 양당 체제의 기원

물론, 사람들이 주목해야 할 관심사가 개혁 시대의 특정 법률 제정에만 있는 건 아니다. 저널리스트 윌리엄 알렌 화이트가 말했듯이, 싸움에 진 개에게 더 나은 개집을 주고자 여러 다른 방법으로 애쓴 남녀들이 성취한 업적이나 감정적인 어리석음만 주목해서도 안 된다. 우리가 주의를 기울여야 할 것은 오히려 향후 영향력을 발휘한

---

*미국의 소득세** 미국에서 소득세를 연방 정부에 납부하기 시작한 것은 남북전쟁 때부터이지만, 그 합헌성은 계속 논란의 대상이었다. 그러다가 1913년 통과된 헌법 수정조항 16조가 전국적으로 단일한 세율을 적용하여 소득세를 부과하는 권한을 미합중국 의회에 부여함으로써 이 논란은 정리되었다. 1913년 10월 처음 집행된 소득세법은 '**1913년 세입법**'의 일부로서 1퍼센트에서 6퍼센트까지 소득수준에 따라 누진세율을 적용했다. 최고 소득수준 가구에 대한 세율은 제1차 세계대전, 대공황기, 제2차 세계대전기에 각각 77, 63, 94퍼센트까지 상승하기도 했다. 2006년 미국세청 보고 자료에 따르면, 미국의 최고 수입층 0.1퍼센트가 전체 연방 세금의 17.4퍼센트를 납부하고 있으며, 상위 1퍼센트가 전체의 36.9퍼센트를, 상위 5퍼센트가 57.1퍼센트, 하위 50퍼센트가 전체의 3.2퍼센트를 납부했다.

기본 정신이다.

당시 많은 사람들이 다음과 같이 주장했고, 또 계속 주장하고 있다. 각기 선거에 승리할 강령을 물색하고, 실험과 설득과 타협으로 요령을 터득한 두 개의 상당히 비슷한 당 대신에, 미국에는 깔끔하고 합리적인 계획을 가진 보수당과 진보당(또는 급진당)만 있으면 된다!

또, 땜질식 경제 개혁은 불합리하고 추진력이 떨어지며, 비즈니스 및 산업 기구에 총체적 변화를 일으키려면 불만을 품은 사람들이 들고 일어나야 한다고 많은 이들이 주장했고, 또 일부 사람들은 지금도 주장한다. 그러나 이런 생각은 한때 강하게 제기되었다가 점차 사그라졌다. 루스벨트가 조직한 제3당인 혁신당은 1912년 선거에 강력하게 도전했다가, 인기 있는 정강들을 다른 당들에게 넘기고 붕괴되었다. 사회당 역시 기반을 얻었다가 다시금 잃었다. 혁신당과 사회당은 모두 미국인을 계급으로 나누어 파악하려 했고, 그 결과 자신들의 실용주의적 성격을 거스르고 말았다.

결국 살아남은 것은, 날카롭게 구분되는 경제 및 사회 계급의 존재는 미국 민주주의 이상을 해치기 때문에 타도해야 한다는 사상이었다. 모든 부류와 신분의 사람이 전체의 이익으로 보이는 것을 위해 협력할 때 더 잘 지낸다는 점도 확인되었다. 무산계급을 다루려면 그들을 억압하고 괴롭히거나, 반대로 그들을 도와 고용주를 전복시켜서도 안 된다. 그냥 그들에게 교육, 기회, 자동차, 진공청소기 등을 주면서 중산층의 생활 방식을 가르치고, 이런 물건을 더 많이 원하도록 자극하는 것이다. 그러다 보면 프롤레타리아는 더 이상 프롤레타리아가 아니라, 제대로 작동하는 질서 속에 국가가 유지되도록 돕는 믿을 만한 자존심 있고 존경받는 시민이 될 것이다.

미국인은 사태가 돌아가는 방식에서 뭔가 잘못된 점을 발견하면,

발생 상황을 조사하고 필요한 변화를 실용적으로 도모하여 더는 문제가 생기지 않도록 할 수 있다는 것도 알게 되었다. 기계를 수리하면 기계가 고장 나서 멈춰 버릴 거라고 생각하는 사람은 틀렸으며, 어디에선가 주저앉아 망가지지 않을 새로운 기계를 즉시 발명할 수 있다고 여기는 사람 역시 틀렸다. 일반 미국 시민들은 지속적이고 협동적이며 실험적이고 현실적인 변화가 주는 이득을 목격했다.

　어떤 개혁안이든지 제안되면, 언제나 격렬한 논쟁이 있을 것이다. 앞으로도 계속 끊임없는 알력이 있을 것이다. 새로운 실험의 시대와 강화·재검토의 시대도 올 것이다. 하지만 많은 이들에게는 금권정치 체제로 나아가는 듯 보였던 미국이, 민주주의적인 이상에 좀 더 다가가는 무언가로 서서히 개조될 수 있을 것으로 보였다. 그리고 자유 시민의 만장일치에 근접하는 무언가로 이것을 이룰 가능성이 엿보였다.

7 대량생산의 역학 구조

보통 사람을 위한 자동차

1903년, 자영으로 제조업에 뛰어든다는 생각으로 소규모의 디트로이트 자동차회사를 퇴직한 헨리 포드라는 40세의 디트로이트 시민이 크고 강한 경주용 자동차를 설계하고 만들었다. 그는 왜 경주용 자동차를 만들었을까?

포드가 딱히 스피드에 관심이 있었던 것은 아니다. 사실 그의 의도는 꽤 달랐다. 그는 작고 가벼우며 유용한 자동차를 만들고 싶었다. 그 전에 경주용 자동차를 먼저 만든 까닭은 돈 때문이었다. 자금을 끌어오려면 명성이 있어야 했다. 자동차가 먼지 쌓인 길을 질주하는 부자들의 값비싼 장난감으로 여겨지던 시절, 유명세를 탈 수 있는 방법은 경주에서 이기는 차를 만드는 것이었다.

이렇게 무시무시한 힘을 지닌 차를 만들고 나서, 포드는 경주용 자동차 운전자를 찾아다녔다. 그가 만든 괴물을 아주 빠른 속도로 조종하려면, 그에 걸맞은 체력과 앞뒤 가리지 않는 용기가 필요했다. 실제로 이 괴물은 핸들이 아닌, 부피가 커서 다루기 어려운 방향 제어 장치로 조종되었기 때문에 운전자의 체력이 필수적이었다. 포드는 바니 올드필드란 이름의 전문 사이클 선수를

고용해서, 일주일 동안 자동차 운
전법을 가르쳤다. 1903년 말, 그로
스 포인트 트랙에서 열린 경주에
첫 출전하며 올드필드는 이렇게
말했다. "이 차가 나를 죽일지도
모르지만, 차가 경사면에서 뒤집
어질 때 내가 미친 듯이 질주하고
있었다고 훗날 사람들은 말할 것
이다."

포드가 제작한
자동차를 탄 **바니
올드필드**.

올드필드는 경사면에서 뒤집히지 않았다. 그는 여유 있게 승리
했고, 포드는 명성을 얻었다. 이 명성은 포드 자동차회사를 시작할
수 있을 만한 자금인 현금 2만8천 달러를 포드에게 안겨 주었다.
포드는 이 회사의 부사장, 총지배인, 설계자, 기사장, 감독자가 되
었다.

이후 몇 년 동안, 포드는 몇 종의 차를 성공적으로 생산했고,
그의 제조업은 빠르게 성장했다. 1908년, 그는 그때까지 나온 차
중 가장 만족스러운 모델을 생산했다. 이름하여 '모델 T'였다. 그
러고 나서, 곧 동료들을 깜짝 놀라게 하는 결정을 내렸다. 포드가
한 말을 직접 들어 보자. "⋯⋯1909년 어느 날 아침, 나는 사전 예
고 없이 발표했다. 앞으로 우리는 단 한 가지 모델만 생산할 것이
며, 그 모델은 모델 T가 될 것이라고. 그리고 나는 말했다. '고객
은 각자 원하는 색으로 차를 도장할 수 있다. 단, 그것이 검정색
일 경우에 한하여.'"

이 결정은 포드의 경험과 기질에서 나온 것이었다. 미시건 농
부의 아들인 포드는 기계 만지기를 좋아하는 전형적인 북부 사람
으로, 실용주의적이고 민주적인 성향의 소유자인 데다 고등교육에

물들지도 않았다. 소년 시절에 기계류에 매혹된 그는 시계를 분해
했다가 다시 조립하고, 그 후엔 스스로 시계를 고안하는 일로 수
없이 많은 시간을 보냈다. 그러다가 16세 때, '로드 엔진road
engine'이란 걸 접했다. 증기의 힘을 빌려 서툰 방식으로 작업을
반복하면서 추진력을 내는 이 증기기관을 알게 된 뒤, 포드는 말
을 이용하지 않는 운송 수단과 농기계를 꿈꾸었다. 그로부터 6년
뒤인 1885년에는 오늘날 자동차엔진의 선구자로 꼽히는 유럽산
'오토Otto 가스엔진'을 보았고, 이후 엔진 설계 작업을 했다. 1893
년 봄, 포드는 자신의 첫 번째 구식 자동차를 만들었고, 도로에서
기능 실험을 했다. 그리고 이후 10년 동안 임금노동자로 일하며
남는 시간에 끊임없이 실험에 몰두했고, 이 과정에서 그의 아이디
어는 점점 더 발전했다.

포드의 위대한 실험, 대량생산

헨리 포드는 부자들을 위한 화려한 차가 아니라, 자기 같은 보통 사람들이 타는 실용적이고 수고를 덜어 주는 차를 만들고자 했다. 그래서 차가 가벼워야 한다고 생각했다. 무게가 곧 힘이라는 자동차에 관한 일반적인 생각에 대해 그는 다른 견해를 갖고 있었다. 그는 또 차가 비싸지 않아야 한다고 생각했다. 나중에 포드는 자서전에서 이렇게 밝혔다. "사람들은 그렇게 많은 돈을 지불해도 괜찮은지에 항상 의문을 품어야 한다."

그는 많은 제조업자들이 이윤에만 관심을 집중시키는 것이 잘못되었으며, 은행가들이 제조업자들에게 나쁜 영향을 미친다고 느꼈다. 왜냐하면 생산품의 질을 향상시키는 데에는 관심이 없고, 오로지 이익을 늘리는 일에만 골몰했기 때문이다. 포드는 물건과 가격만 틀림없다면, 이익은 저절로 따라올 거라고 생각했다. 그리고 한 가지 모델에 집중하면 제작 단가를 크게 절감할 수 있으므로, 수많은 보통 사람들이 자동차를 사려고 몰려들 거라고 믿었다.

모델 T의 판매가 증가하자 포드는 신중하게 가격을 내렸고, 그러자 판매는 더욱더 늘어났다. 1913년에는 최초의 조립라인을 설치하여, 이듬해 초에는 자동차 전체를 조립라인에서 생산하게 되었다. 노동자들은 각자 한 가지 작업만 수행했다. 엔진으로 움직이는 컨베이어 작업대 위에 각종 차 부품들이 놓여 지나가면, 노동자들은 각자 맡은 부품을 자동차에 달거나 고정시켰다. 여러 개의 조립라인은 자동차 섀시를 덮어서 완성시키는 메인 컨베이어 작업대로 집중되었다.

원칙적으로 이 제조 방법은 결코 새로운 게 아니었다. 엘리 휘트니의 위대한 발견인 '호환 원칙'에서 빌려온 것이었다. 또, 정밀

저 유명한 포드의
조립라인.

가공으로 이 호환 가능한 부품들을 아주 정확하게 들어맞도록 작업할 수 있음을 보여 준 헨리 M. 릴랜드 같은 사람 덕분이었다.

당시 많은 제조업자들도 이 조립라인 원칙을 어느 정도까지는 이용했다. 1850년대로 거슬러 올라가 보면, 사이러스 맥코믹은 수확기 제작에 이 원칙을 응용했고, 특히 통조림 제조업자들은 도살된 동물을 한 줄로 늘어선 노동자들 앞으로 지나가게 운반하는 컨베이어를 노동자들의 머리 위쪽에 설치하여 사용했다. 포드는 또한 프레더릭 윈슬로 테일러의 '과학적 경영' 연구에서도 도움을 얻었다. 〔19~20세기 엔지니어〕 테일러는 제조 과정을 주의 깊게 설계하여, 제조 과정상의 여러 단계와 움직임을 크게 절약시켰다. 〔19세기 말에 '올즈모빌' 증기차와 가솔린차를 잇달아 선보인 미 자동차 산업의 선구자〕 랜섬 올즈 역시 이미 한 가지 종류의 자동차를 다량 생산한 바 있었다. 그의 재정 후원자가 고급 차 시장으로 돌아가라고 압력을 넣기 전까지 말이다.

이 모든 점을 고려하더라도, 포드의 조립라인과 하위 조립 부품은 앞서 열거한 모든 아이디어를 가장 완벽하게 응용한 아주 독보적인 발명품이었다.

휘트니의 '호환 원칙'. 미국의 기계 발명가인 휘트니는 1793년 간단하게 목화씨를 제거하는 기계를 발명하고, 1798년에는 호환식 생산법으로 머스킷 총을 제작하여 대량생산의 기초를 마련했다.

1914년 1월 제조 체계가 완성되자, 포드는 세계적 반향을 불러일으킨 내용을 발표했다.

당시 자동차업계의 임금은 하루 9시간 노동에 평균 2달러40센트 정도였다. 그런데 포드는 자기 공장에서 일하는 노동자들에게 하루 8시간 근무에 최소 5달러를 지급하겠다고 선언했다.

이 결정을 포드는 이렇게 설명했다. 그는 노동자들에게 연말 보너스를 지급해 왔는데, 이제 이익이 많아졌으므로 노동자들이 일한 만큼 바로바로 현금을 챙겨 가는 방식으로 이익을 분배해야겠다고 생각했다는 것이다. 점점 낮아지는 공장 노동자들의 근로 의욕을 이 이익 분배 방식이 다시 고취시켜 줄지도 모르고 말이다. 그리고 만약 더 많은 미국인이 높은 임금을 받게 된다면, 자신의 차를 포함한 더 많은 공산품을 판매할 시장이 생길 거라고 어렴풋하게나마 느꼈다. 다만, 소득이 갑자기 늘면 소비 습관이 문란해지는 가정이 생길까 봐 노동자들이 돈을 낭비하지 않았다는 걸 증명하는 한에서 임금을 올려 주었다. 그의 이러한 순진하고도 가부장적인 생각은 후일 수정되어야 했다. 하지만 오래 지나지 않아, 그는 거의 전 직원에게 깜짝 놀랄 만한 새로운 임금을 선물했다.

마르크스주의를 물 먹인 '민주주의적 자본주의' 원리

포드의 발표를 접한 대중의 반응은 굉장했다. 그리고 대부분의 사업가는 분개했다. 포드가 노동시장을 망가뜨리고 있으며, 노동자들의 머릿속에 말도 안 되는 생각을 집어넣고, 그처럼 후한 이익 분배를 할 수 없는 회사들을 혼란스럽게 만들면서 유치한 방식으로 자신을 광고하고 있다고 말이다. 인디애나 주 먼시의 어느 신문은 수년 뒤에 다음과 같이 조롱했다. "헨리 포드는 임금이 올라가야 하고 물건 값은 내려가야 한다고 생각한다. 그에게 동의하면서 한마디 덧붙이자면, 여름에는 더 서늘해져야 하고 겨울에는 더 따뜻해져야 한다는 것이다."

이런 종류의 비웃음은 흔했다. 좀 더 온화한 마음을 가진 사람들은 포드의 관대함에 환호하며, 그가 여태껏 사악했던 산업 분야를 고귀한 도의심이 어떻게 바꿀 수 있는지를 보여 주고 있다고 말했다. 한편, 포드 공장에는 구직자들이 떼 지어 몰려들었다.

포드가 실제로 한 일, 즉 새로운 제조 기술과 신중한 가격 인하, 주도면밀한 임금 인상 등은 현대 산업주의의 위대한 원리 중 하나를 전례 없이 직설적으로 증명한 것이었다. 이는 바로 대량생산이라는 역학 구조이다. 이는 물건을 많이 생산할수록 생산 단가는 내려가며, 더 많은 사람이 넉넉해지면 이들이 더 많이 구매하고, 따라서 풍부하고 경제적인 생산이 가능해진다는 원리이다.

그때에도 성공한 제조업자라면 어느 정도는 이 원리를 따랐다. 하지만 이를 심도 깊게 적용한 사람은 드물었다. 설사 적용할 수 있다고 해도, 생산량이 지나치게 증가하는 것을 중지시키고 여건이 허락하는 대로 그것을 현금화하고 싶은 인간적인 유혹에 오랫동안 저항할 수 있는 사람은 거의 없었다. 또, 실제로 거의 무진장하다고 판명된 시장에 한 가지 생산품만을 내놓으려는 제조업자 역시 드물었다. 가격이 떨어진다면, 아니면 떨어지지 않고 현상 유지를 한다 해도, 같은 제품을 약간이라도 손봐서 내놓는, 괴팍하고 고집 세며, 많은 면에서 독선적인 데다 교육도 제대로 받지 못한 무자비한 경쟁 상대이자, 자신만의 독특한 민주주의 신념을 고수하는 헨리 포드는 줄곧 대량생산이란 역동적인 논리를 따랐고, 이는 무시무시한 결과를 낳았다.

　　1909~1910년 사이에 포드가 매긴 차 한 대당 가격은 950달러였다. 그것이 780달러, 690달러, 600달러, 550달러, 490달러, 440달러, 360달러로 계속 내려갔다. 그러다가 제1차 세계대전으로 인한 인플레이션과 물자 부족으로 상승했다가 다시 떨어져, 1924년 무렵에는 (자동 시동기가 달리지 않은) 포드 자동차 한 대 값이 290달러까지 내려갔다. 그동안 생산은 서서히 증가하여, 1만8,664대로 출발한 생산량이 1920~21년에는 125만 대까지 늘어났다.

　　포드는 1927년까지 타협하지 않고 이 원칙을 고수했으나, 그때 두 가지 현실이 그의 발목을 붙잡았다. 하나는 미국인이 더 저렴한 차뿐 아니라 더 좋은 차도 원하게 되었다는 점이다. 해마다 조금씩 개선된 신형 모델을 내놓으면 이전 모델은 구식이 되며, 따라서 과거의 고객을 새로운 고객으로 다시 돌릴 수 있음을 포드의 경쟁자들은 알아챘다. 더 똑똑해지고 힘이 넘치는 신형 모델들은, 음산하고 깡통 같은 모델 T를 시장에서 사라지게 만드는 성과를 거두었다. 다른 하나는, 새로운 최신형 자동차를 향한 갈망이 자동적으로 중고차 시장의 번창을 가져왔다는 사실이다. 중고차는 더 낮은 가격에 거래되었으므로, 모델 T가 저가 자동차 시장에서 발휘하던 경쟁력은 떨어졌다.

'음산하고 깡통 같은 모델 T'. 1926년 모델이다.

그러나 포드의 실험은 〔스터드베이커 자동차회사의 사장〕 폴 호프먼이 "승수multiplier value"〔새로운 지출 증가가 총소득에 가져오는 확대 효과 비율〕라고 명명한 원칙에 해당되는 경우였다. 그대로 지켜진다기보다 어긋난다는 면에서 더 자주 기억되는 면은 있지만, 오늘날 모든 산업 경영자들의 사고에 얼마간 자리 잡게 된 이 원칙을 포드가 널리 알린 것이다.

이 원칙과 관련한 계속된 발견과 증명은 20세기 미국을 형성하는 데 강한 원동력이 되었다. 왜냐하면 이 원칙에 따르는 일련의 부수적인 결과들이 생겨났기 때문이다. 즉, 착취와 극도의 가난이 없는 안전한 국가는 바로 즐거운 상품 구매자들의 나라, 곧 모든 이에게 득이 되는 나라라든지, 소수를 위해 사치품을 생산하는 것보다 모든 소득 수준의 사람들을 위해 같은 종류의 음식과 의복·설비를 생산하는 것이 더 이익이 된다든지, 따라서 계급 장벽을 낮춤으로써 돈을 벌 수 있다든지 하는 것들이다. 그리하여 마르크스주의는 그 교조주의 때문이 아니라 진보한 산업주의 자체의 논리로 인해, 다른 말로 하면 민주주의적 목적에 기댄 자본주의로 인해 좌절되었다.

경쟁 – 합병 – 생존, 산업 발전의 3단계

포드의 위대한 실험은 20세기의 첫 20년간 활발히 진행된 미국의 산업 발전을 구성한 한 가지 요소에 불과했다. 나라가 점점 발전함에 따라 산업과 사업계 일반이 팽창하고 변화하는 중이었기 때문이다.

때는 철도 산업의 전성기였다. 이쪽 해안에서 저쪽 해안까지 나라 전체를 촘촘히 연결하는 거대한 철도망이 이제 사실상 완성된

거나 다름없었다. 철도가 담당하는 업무 및 비즈니스 양은 막대하게 증가했다. 예를 들어, 1920년 무렵에 철도는 엄청나게 늘어난 화물뿐 아니라, 1900년보다 두 배 이상 증가한 승객들을 실어 날랐다. 또한, 전보다 더 먼 거리로 승객을 운송하게 되어 '승객 1인 1마일 수송 원가'가 거의 세 배가 되었다. 철도 관련 대기업들인 뉴욕 센트럴, 펜실베이니아, 유니언 퍼시픽, 노던 퍼시픽 등의 주식은 투자자들의 자랑거리이자 때로는 파멸의 원인이 되기도 했다. 더 크고 더 힘이 넘치는 기관차들이 각 도시를 오가며 더 무거운 화물차와 객차를 더 장거리로 수송했다. 기관차들은 아직 닦이지 않은 자동차용 비포장도로를 가로지르며 경멸하듯 기적 소리를 냈다. 그러는 동안, 자산 명세표에 철도 회사채를 올리지 않은 자산가가 거의 없을 정도가 됐다.

이 시기는 또한 시내 전차의 전성기이기도 했다. 1908년 이후 수년 동안, 그레이트 배링튼, 매사추세츠, 베닝튼, 버몬트 사이를 오가며 비싼 요금을 받던 '버크셔 힐즈' 같은 시내 전차 시대의 눈부신 꽃을 기억하는 이가 몇이나 될까? 담황색 장식에 금박 글씨가 새겨진 세련된 이 흰색 전차는, 고리버들로 만든 의자에 붉은 능라로 짠 커튼, 윌튼 카페트가 깔려 있었다. 50센트의 추가 요금을 내면, 이 모든 것을 여행객 마음대로 즐길 수 있었다. 시내 전차를 자랑스러워 한 승객들 가운데,

버크셔 힐즈.

전차 시대가 오래가지 못할 것이며 그 시대의 다른 유물들처럼 '버크셔 힐즈' 도 결국 길가 식당차로 전락할 거라고 누가 짐작이나 했겠는가?

때는 전기 시대의 아침이었다. 1900년, 파리 박람회장을 찾은 [역사가이자

저널리스트 겸 소설가) 헨리 애덤스는 발전기 앞에서 못 박힌 채 서 있었다. 그는 발전기에서 '무한의 상징'을 보았다. 이후 여러 해에 걸쳐, 더 많은 발전기와 터빈(날개 회전으로 움직이는 원동기) 이 만들어졌고, 마법 같은 전력이 송전선을 통해 멀리 그리고 널 리 전달되었다. 1889년에 2퍼센트를 밑돌던 산업용 동력에서 전기 가 차지하는 비율이, 1919년 즈음엔 31퍼센트 이상으로 급증했다. 철강 산업 역시 기존의 (용광로 밑바닥에서 바람을 불어넣는) '베서 머 제강법'을 밀어낸 (용광로 좌우에 있는 바람구멍의 한쪽에서 연료 와 송풍을 주입하는) '평로 제강법'으로 크게 성장했다.

20세기 초반에 지어진 고층 빌딩들. 위로부터 **싱어** 빌딩, **메트로폴리탄** 타워, **울워스** 빌딩.

1920년 무렵 미국의 1인당 강철 생산량은, 앤드류 카네기가 (백 만장자 철강 사업가였으나 나중 파산하여 사망한) 찰리 슈왑과 골프 를 치고 나서 집으로 돌아오는 길에 US철강주식회사 설립을 위해 카네기 철강을 모건에 팔 조건들을 종이 위에 끼적거리던 1900년 의 그 기억할 만한 날 이후로 세 배쯤 늘어났다. 초고층 건물들이 도시에 마구 세워지고 있었다. 1908년 뉴욕에 지어진 41층짜리 싱 어 빌딩이나 뒤이어 올라간 50층짜리 메트로폴리탄 타워, 1913년 에 완공된 울워스 빌딩을 보려고 목을 길게 뽑았던 사람들 대부분 은 아마도 그 건물들이 더욱더 거대한 것을 이루어 나가는 미국적 열정의 눈부신 상징이라고 여겼겠지만, 그 힘과 품위를 가능하게 한 것은 사실 엘리베이터라는 중차대한 설비를 실현시킨 철강 및 전기 산업의 업적이었다.

고층 건물이 성당 탑처럼 보였다면, 새로 지어진 백화점은 궁 전처럼 보였다. 그리고 제각각 운영되는 구식 개인 상점의 또 다 른 경쟁 상대가 번식하고 있었다. 울워스 잡화점Woolworth five- and-tens과 A&P 등의 체인점이 생기기 시작한 것이다. 1900년 무 렵 200개의 체인을 운영하던 A&P는, (뉴왁Newark에 최초의 현금

지불 무배달 할인점을 개장한) 1912년쯤에는 400개의
체인을 거느렸다. 이후 놀라운 급성장을 거듭하여
1924년에는 체인이 1만1,413개에 이르렀다. 여기서도
다시 한 번 산업 과정 배분에서 대량생산이라는 역학
논리가 발휘하는 힘이 증명되었다. 빨간 간판 체인점
을 어디에고 지을 수만 있다면, 규격화된 방식과 낮은
판매가로 수많은 구매자를 끌어올 수 있고, 상품을 대
량 주문하여 가격을 내리고도 돈을 벌 수 있었다.

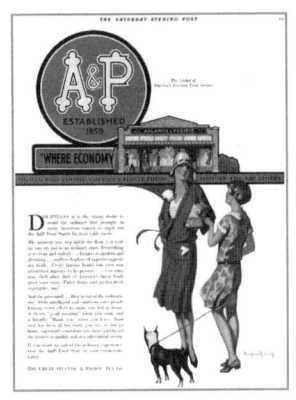

1929년 A&P의
지면 광고.

　한편, 자동차 산업은 산업계에서 표준이 된 듯 보인 제1, 제2
발달 단계를 거치고 있었다. 제1단계는 무수한 경쟁이었다. 20세
기의 처음 20년 동안, 자동차 제조업자들은 셀 수 없이 많았다.
기계에 관심 있는 수백 명의 사람들이 자금을 긁어모아 작은 자동
차 생산 공장을 지었다. 포프과 알렉산더 윈튼 같은 자전거 제조
업자, 포드 같은 전기회사 직원, 데이비드 던바 뷰익 같은 배관용
품 공급업자, 클레멘트 스터드베이커 일행과 같은 마차 제작자,
해리 C. 스터츠 같은 굴지의 제조업자 등이 여기에 해당한다. 여
기에 기억력이 좋은 사람들에게 향수를 불러일으키는 이름들로
한때 시장을 풍미했던 자동차로는 '애퍼슨', '브리스코', '스티븐스
듀리아', '프랭클린', '챈들러', '스크립스 부스', '피어리스', '피어스
애로우', '로코모빌', '오웬 마그네틱' 등이 있다.

　이처럼 자동차 생산이 여전히 확산되는 도중에 제2단계가 시작
되었다. 마음대로 쓸 수 있는 자금을 가진, 혹은 주식을 팔아 쉽
게 돈을 쥘 수 있었던 재력가들이 장래성 있는 자동차회사들을 사
들이는 데 나선 것이다. 여러 개의 작은 회사들을 통합하여 합병
기업을 만들기 위해서였다.

　1908년 포드가 처음 모델 T 양산에 들어갔던 시기에, 포드와 달

192

1902년 무렵
첫선을 보인
트랙터는 미국의
농장 풍경을
단기간에 바꾸어
놓았다.

리 기계보다는 자산이나 이익에 관심이 많은 재력가인 윌리엄 C. 듀란트가 뷰익 회사와 올즈 회사, 기타 몇몇 회사들을 통합하여 '제너럴 모터스'(GM)라고 이름 붙인 뉴저지 지주회사 아래 묶었다. 이 회사는 산업 제3단계에 거대 기업이 되었다. 듀란트가 지배력을 잃었다가 도로 찾았다가, 또다시 지배력을 상실하여 이번에는 듀폰과 그 제휴 세력에게 경영권을 넘겨주는 등 극도의 부침을 겪은 뒤의 일이다. 이 제3단계 때에는 경쟁자들이 하나씩 차례로 벽에 부딪혀, 몇몇 거대 기업과 소수의 중소기업만 남았다.

이 시기에 자동차 산업은 수많은 미국인의 근로 생활에 영향을 미친 두 가지 제품을 선보였다. 바로 철도의 치명적인 경쟁 상대가 된 화물자동차와 트랙터였다. 초기 트랙터가 처음으로 만들어진 것은 1902년 무렵이었다. 그리하여 1910년쯤에 트랙터 생산량은 연간 4천 대에 이르렀다. 1920년엔 연간 20만 대를 넘어섰다. 미국 농장과 목초지의 밀 파종은 엄청난 속도로 기계화되었다.

만인의 만인을 위한 대량생산과 대량 소비
너무나 다양하고 손에 땀을 쥐게 하는 이 모든 발전과 변화는, 또 하나의 떠오르는 아이디어로 가속화되었다. 그것은 바로 전국적인 광고의 중요성과 품격이었다. 1890년대에 이미 《먼시*Munsey*》와 《맥클루어》는 많은 대중에게 잡지를 만들어 팔아서 광고주를 충분히 끌어올 수만 있으면, 인쇄비보다 저렴하게 잡지를 팔면서도 광고 수입으로 돈을 벌 수 있다는 사실을 발견했다.

이후 20년 동안 《새터데이 이브닝 포스트》의 사이러스 H. K. 커티스와 그의 편집인 조지 호레이스 로리머, 《레이디스 홈 저널》의 에드워드 복은 대량생산의 역학 구조를 언론 분야에 적용하여 눈부신 업적을 일구었다. 이들의 성취는 이 시기에 《새터데이 이브닝 포스트》의 부수 증가 수치로 요약할 수 있다. 1902년에는 한 호당 31만4,671부가 팔렸고, 광고 수입은 36만125달러였다. 1922년에는 호당 1902년의 일곱 배나 되는 218만7,024부가 팔렸고, 광고 수입 역시 수직 상승하여 2,827만8,755달러가 되었다. 1902년과 비교하면 무려 78배 이상 증가한 것이다!

이 수치는 무엇을 의미하는가? 첫째로, 이 5센트짜리 잡지와 비슷한 대중지들을 통해 수많은 미국인이 일주일에 한 번이나 한 달에 한 번씩, 중산층 또는 특정 계급에 속하지 않는(재벌이나 귀족, 무산 계급에 대립하는 것으로서) 생활 방식과 사고방식을 주입받았다. 둘째로, 미국 산업이 소수가 아닌 다수를 겨냥하여 생산하던

대중지 표지의 진화. 맨 처음의 《맥클루어》는 1901년 1월호이다.

자동차나 점화 플러그, 타이어, 타자기, 축음기, 칼라, 코르셋, 아침 식사용 음식 등의 새로운 즐거움을 이런 잡지들이 미국인들에게 소개했다. 잡지 발행인을 비롯하여, 카피라이터, 광고 디자인 작가, 광고 대행업자들 모두 대량생산 원칙을 부추겼다.

한마디 덧붙이자면, 이 원칙을 제1차 세계대전이 엄청나게 뒷받침했다는 점이다. 제2차 세계대전 때와 마찬가지로, 전쟁 동안 제조업자들은 갑자기 넘쳐나는 수요에 맞닥뜨렸다. 총과 포탄, 배를 가능한 한 많이, 그것도 최대한 빨리 만들어야 했기 때문이다. 공급과잉 따윈 전혀 걱정할 필요가 없었다. 가격을 우려할 필요도 없었다. 그저 양과 속도에만 집중하면 되었다. 그리고 그 결과는 사람들을 깜짝 놀라게 했다. 생산량은 엄청났다. (덧붙여 말하자면, 계약을 재협상하는 조직이 없는 상태에서 이 엄청난 생산량은 거대한 이익을 창출했다. 그래서 1930년대에 이 수치가 대중 앞에 열거되었을 때, 많은 사람이 이익에 굶주린 군수품 제조업자들이 없다면 더는 전쟁이 없을 거라는 흥미로운 결론에 도달했다.)

〔제1차 세계대전이 시작되어 마무리된〕 1914~1918년 사이에, 더 많이 생산하면 비용도 크게 줄 거라는 견해에 반신반의했던 수많은 이들이, 고삐 풀린 기계화가 만들어 낸 폭발적인 변화를 목격하며 흥미진진한 미래를 꿈꾸기 시작했다.

주목받지 못한 미래 산업의 씨앗들

같은 시기에, 미래 산업의 씨앗이 뿌려지고 있었다.

1901년 1월 10일, 스핀들톱이 터졌다. 〔시추 책임자인〕 앤서니 F. 루카스가 텍사스 주 보몬트 근처의 스핀들톱에서 유정을 발견했다. 그리하여 미 남서부에 새로운 시대가 열렸다. 당시 허약한 초기 단계에 있던 자동차 산업이 향후 성장할 때 꼭 필요한 풍부한 에너지원이 생긴 것이다.

1903년 12월 17일, 노스캐롤라이나 해안의 키티호크 모래사장에서, 오빌 라이트가 형과 함께 고생 끝에 만든 비행기로 12초 동안 날았다. 그러고 나서, 형 윌버가 59초 비행에 성공했다. 일반 대중이 라이트 형제가 한 일의 의미를 이해하게 된 것은 그로부터 몇 년이 지나서였다. 사람들은 하늘을 나는 게 불가능하다고 너무나 굳게 믿었으므로, 1905년 라이트 형제의 데이튼 비행을 본 사람들은 대부분 그것이 별 의미 없는 눈속임이라고 단정 지어 버렸다. 이

1901년 1월 10일, **스핀들톱**의 '루카스' 분유정.
하루 10만 배럴의 석유가 쏟아져 나오는 유정이 '터진' 이날은 미 현대 석유 산업의 출생일이자, 미국의 '제2차 산업혁명' 시작일이라 할 만하다.

를테면 오늘날 사람들이 텔레파시를 대할 때 보이는 반응과 비슷했던 것이다. 극성스러운 미국 신문기자들이 중대한 뉴스거리를 파악하는 데 이처럼 오랜 시간이 걸린 경우도 없을 것이다.

라이트 형제의 작업을 관찰하고자 안목 있는 기자들이 파견되고, 이들이 보낸 흥미진진한 기사를 노련한 편집인들이 전적으로 신뢰하여, 인간이 성공적으로 하늘을 날았다는 사실을 세상이 드디어 깨닫게 된 것은 1908년 5월이 되어서였다. 그들의 최초의 비행 이후 거의 4년 반이나 지난 뒤였다. 그 기간 동안에도 라이트 형제는 여러 차례 비행했고, 최장 비행시간 38분을 기록했는데도 말이다. 대규모 항공 산업의 씨앗은 1903년에 이미 뿌려졌지만, 1908년에 가서야 뒤늦게 싹을 틔우기 시작했다.

무선전신은 1895년에 이탈리아인 구글리엘모 마르코니가 발명했다. 하지만 레지날드 A. 페센든이 처음으로 말을 무선 전송한 1900년에도, 존 앰브로즈 플레밍 경이 '플레밍 진공관'이란 무선탐지기를 만든 1904년에도, 리 드 포레스트 박사가 '오디온audion'이라는 진공관 검파기를 선보인 1907년에도, 에드윈 H. 암스트롱이

오빌 **라이트 형제**와
비행 장면.

라디오가 수신한 미약한 임펄스를 피드백할 수 있는 장치를 가지
고 몇 배나 증폭시킬 수 있는 전기 발생 회로를 발견한 1912년에
도, 그 발전 가능성이 충분히 인식되지 않았다. 말이 나온 김에
더 하자면, 1915년 마르코니 무선통신회사의 상품 인계 부책임자
였던 데이비드 사노프가 "라디오 뮤직 박스"를 제안하고 공영방송
의 가능성을 시사했을 때에도 차라리 벽에다 대고 얘기하는 게 나
을 정도였다. 하지만 라디오와 텔레비전 산업의 씨앗은 이미 뿌려
져 있었다.

1903년에는 하나의 연결된 이야기를 담은 최초의 영화〈열차 강
도 사건*The Great Train Robbery*〉이 제작되었다. 1905년쯤에는 비어

〈**열차 강도 사건**〉의
포스터.

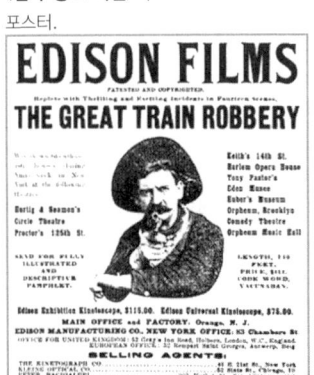

있던 가게에 즉석으로 만들었던 초기 극장인 5센트
짜리 영화관이 생겼다. 영화는 대중적인 오락거리
로서, 그리고 계급 없는 미국의 삶을 가르치는 수
단으로서 중요한 행보를 내딛기 시작한 참이었다.

1909년, 레오 H. 베이클랜드가 화학적으로 만든
소재를 처음 출시했다. 그는 이를 '베이클라이트'라
고 불렀다. 최초의 플라스틱이란 명예는 훨씬 전에
셀룰로이드에게 넘어갔지만, 베이클라이트가 플라
스틱 산업의 씨앗이었다 해도 크게 틀린 말은 아닐

것이다.* 베이클라이트는 1920년 이전에 '인조견'이란 이름으로 어설프게 생산되었다가 나중에는 '레이온'으로 알려진 소재와 함께, 20세기 발명의 가장 중요한 개념, 즉 사람이 필요에 따라 재료를 생산할 수 있다는, 그것도 자연의 모조품에 그치는 것이 아니라 심지어 자연이 만든 것보다 더 우수한 물질을 생산할 수 있다는 개념을 태동시켰다. 사람들이 나일론의 기적을 목격한 것은 그 뒤의 일이다.

여기에, 1911년 윌리스 H. 캐리어가 후에 에어컨 산업의 기반이 되는 이론과 실질적인 데이터를 제시한 '유리습도계산식rational psychrometric formulae'이라고 부른 가설을 담은 논문을 발표했다는 사실도 덧붙일 수 있겠다. 1904년에 열린 세인트 루이스 박람회에서는 독일의 위대한 발명가 루돌프 디젤의 설계에 따라 로드아일랜드의 프로비던스에 축조된 석유 엔진이 전시되었다. 당시, 세인트 루이스에서 이 엔진을 보았다는 사실에 흥분한 사람은 별로 없었던 것 같지만, 이 역시 미래의 가능성을 품고 있었다.

오늘날의 미국을 이해하려면, 다수를 위해 더 잘 작동하도록 정부 기구를 정지시키지 않은 상태에서 국가의 정치경제 조직을 바로잡을 수 있다는 생각을 미국인에게 심어 준 미국적 양심 개혁이 국가 발전에 얼마나 중요했는지 깨달아야 한다. 동시에, 기계들이 대량생산의 역학적 논리를 따를 수 있는 방법을 밝히고, 길고 전도유망한 미래에 정부 기구가 담당할 새로운 요소들을 발견하고 발명하면서 계속 작동하지 않았다면, 그리고 수많은 사람들

---

*베이클라이트 벨기에 출신의 베이클랜드 박사가 1906년 미국에서 발명한 일종의 합성수지로, 페놀과 포름알데히드와의 반응으로 생기는 열경화성 수지였다. 오늘날의 인조 재료, 곧 **플라스틱의 시초**이다.

이 그 조직을 어설프게 손보느라 땀을 빼지 않았다면, 양심상의 개혁은 부의 재분배만 유도했을 뿐 부의 증식을 유발하지는 못했을 것임도 알아야 한다.

8 자동차 혁명

자동차, 미국을 접수하다

1906년 당시 프린스턴 대학의 총장이던 토머스 우드로 윌슨은 "이 나라에 자동차보다 더 사회주의적인 감정을 퍼뜨린 것은 없다"면서, 자동차가 "거만한 부의 이미지"를 보여 준다고 덧붙였다.

그로부터 채 20년도 지나지 않아, 적은 수입으로 근근이 살아가던 인디애나 주 먼시의 두 여성은 미국의 지역사회, 즉 전형적인 미들타운에 대한 탁월한 사회학적 연구를 위해 자료를 수집하던 연구원들에게 이렇게 털어놓았다. 아홉 명의 자녀를 가진 어머니였던 한 명은 말했다. "차를 포기하느니 차라리 옷을 입지 않고

"차를 포기하느니 차라리 옷을 입지 않고 살겠어요." 20세기 초만 해도 **'거만한 부'**를 상징하던 자동차가 1920년대로 접어들며 **다수의 필수품**으로 자리 잡았다.

살겠어요." 또 다른 한 명은 그랬다. "차 없이 사는 것을 보기 전에 먹는 것을 포기할래요." 다른 곳에 살던 또 다른 주부는 자기 가족이 차는 갖고 있지만 욕조가 없다는 사실에 대해 "시내에 욕조를 타고 갈 수는 없잖아요!"라고 대답했다. 참으로 '자동차 혁명' 시대에 딱 맞는 주제가 아닐 수 없다.

소수의 사치품에서 다수의 필수품으로 자리 잡은 자동차의 위상 변화, 즉 앞으로 짚어 나가겠지만 반세기에 걸쳐 미국 지역사회와 일상적인 생활 습관 및 가치관을 혁신적으로 바꾼 이 변화가 갑작스럽게 일어난 것은 아니다. 그럴 수가 없었다. 왜냐하면, 이 변화는 다음 세 가지에 좌우되는 문제였기 때문이다.

첫째, 믿을 만하고 다루기 쉬우며 그다지 비싸지 않은 차. 둘째, 달릴 만한 도로. 셋째, 풍부한 차고와 주유소. 이 세 가지 필요조건이 서로 보강하며 단계적으로 서서히 진행되어야 했다. 1906년 먼지투성이의 시골 길가에서 주유소를 운영하려고 했던 사람은 얼마 지나지 않아서 파산했을 것이다. 하지만 1920년대로 접어들며, 해가 지날수록 변화의 바람이 뚜렷이 느껴졌다.

우드로 윌슨이 1906년에 한 언급이 이후 수년간 유효했던 것은 사실이다. 자동차는 감당할 만하다고 마음먹기가 쉽지 않은 비싸고 화려한 탈것이었다. 타이어가 구멍 나거나 점화 플러그와 기화기[카뷰레터]가 문제를 일으키거나 변속기에 결함이 생기거나 하는 등 여러 가지 원인으로 고장 나기 십상인 데다, 작동이 불안정하여 당시 차 문제를 해결하려고 타고 내리기를 반복하는 운전자들의 고충을 담은 유행가까지 등장할 정도였다.

차 앞머리에 작은 놋쇠 장식이 달린 포드 차를 타는 지방 의사의 수는 점점 증가했는데, 이들은 인간의 병리학뿐 아니라 기계의 병리학까지 배워야 했다. 차마다 발판에 공구 상자가 놓여 있었고,

여행객들은 도움받기 어려운 데서 타이어가 펑크 나는 최악의 순간
에 대비하여 구멍 난 타이어용 패치, 분필, 다양한 타이어 탈착용
지렛대를 갖고 다니는 데 익숙해졌다. 당시에만 해도 시동을 수동
으로 걸어야 했는데, 이는 어렵고 때론 위험한 작업이었다. 부유층
이 타는 리무진을 제외한 모든 차에는 덮개가 없었다. 그래서 전면
유리가 뒷좌석에 앉은 이들을 바람과 먼지로부터 거의 보호해 주지
못해서, 먼지막이 겉옷과 고글이 널리 사용되었다. 비바람이라도
불라치면 접혀 있던 지붕을 황급히 올리고, 양쪽 옆 가리개를 맞춰
고정시키는 성가신 수고를 해야만 했다.

　길은 대부분 먼지와 진흙투성이였고, 자동차전용도로는 없었다.
1921년이 되어도 공식적으로 숫자가 붙은 고속도로 같은 건 전무했
다. 같은 해에 나온 자동차도로 안내 책자(Automobile Blue Book)
를 보면, 리치포드와 버몬트에서 몬트리올로 운전해 가려는 사람
은 "궂은 날씨에 대비하여 네 개의 바퀴에 모두 체인을 감는 것이
필수"라고 경고한다. 또한 여행객 일반에게 "산길, 모랫길, 질척한
길에서는 접이식 손잡이가 달린 삽이 매우 유용할 것"이라고 조언
한다. 윌슨의 언급이 있었던 당시, 겁에 질린 말들은 외딴 구역을
지나는 운전자에게 여전히 위험 요소였고, 농사꾼 시각에 머물러
있는 지방공무원들이 정한 제한속도는 때론 정말로 느렸다. 쉽게
믿기지 않겠지만, 나의 개인적인 기억에 의하면, 뉴햄프셔의 조용
한 마을 홀더니스에서 정한 초기의 법정 제한속도는 시속 약 10킬
로미터였다.

　포드의 의욕적인 가격 하향 조정 덕택에 자동차가 더욱 대중화되
었지만, 다른 일련의 중요한 발전들도 자동차 대중화에 한몫했다.
효과적인 자동 시동기가 그중 하나로, 찰스 F. 케터링이 처음 고안
하여, 1912년 캐딜락에 장착되었다. 그 후 채 2~3년도 지나지 않

1912년 **캐딜락**.

아, 붙였다 떼었다 할 수 있는 림[바퀴 테]과 코드 타이어가 나왔다. 무엇보다 지붕이 있는 상자형 자동차의 도입이 주목할 만하다.

1916년까지만 해도 미국에서 제조된 자동차 중 지붕이 있는 것은 2퍼센트에 불과했지만, 1926년쯤엔 72퍼센트로 늘었다. 제조업자들은 빨리 마르면서도 오래가는 페인트를 칠하고, 덜그럭거리지 않으며, 터무니없이 비싸지 않은 지붕형 차를 만드는 법을 깨쳤다. 한편, 차를 사는 대중들은 지붕형 차가 구식의 "말 없는 탈 것(자동차)"과는 꽤 다른 물건임을 깨닫고 즐거워했다. 이 자동차는 엔진이 달린 바퀴 위의 방이나 다름없었다. 폭풍우에도 끄떡없고, 잠글 수 있으며, 어떤 날씨에도 하루 종일 밤새도록 주차시켜 둘 수 있었다. 차 안에서 바람에 부대끼지 않고 속도를 낼 수도 있었다. 먼지와 비를 피해 창문을 닫을 수도 있었다. 식료품을 집으로 나르거나, 골프 클럽이나 철도역에 갈 때, 더운 밤을 시원하게 보내고 싶을 때에도 차를 이용할 수 있었다. 먼 거리에 있거나 쉽게 가기 어려운 곳에 있는 직장에도 출근할 수 있게 되었다. 가족과 드라이브 가거나 주말 소풍 나들이할 때, 70~80킬로미터 떨어져 사는 친구가 보고 싶을 때에도 유용했다.

그러다가 무수히 많은 젊은 연인들이 곧 비밀스런 만남을 갖는

데 차를 이용하는 방법을 알게 되었다. 불륜을 저지를 만한 마땅한 장소를 찾기 어렵다는 것이 미국적 윤리를 뒷받침하는 토대였는데, 이젠 이것마저 무너지고 있었다. 또, 차는 도보를 방해하고, 교회에 다니는 습관을 느슨하게 만들었으며, 시기심을 조장하고, 가정불화의 원인이 되기도 했다.("안 된다, 애야. 오늘 밤엔 차를 갖고 나가지 말거라.") 부주의하고 무책임한 사람, 술 취한 사람이 운전하면 치명적인 무기가 되고, 무사히 도주하려는 범죄자들에겐 엄청난 편의를 제공했다. 그럼에도 불구하고 차는 없어서는 안 될 필수품이었다.

게다가 이젠 수리비가 매년 엄청나게 늘어나던 시절보다 유지비가 적게 드는 데다, 차를 할부로 구입할 수도 있었다. 제1차 세계대전 전에는 존재하지 않았던 할부판매 방식은 급속히 확산되어, 1925년쯤에는 새 차이든 중고차이든지 간에 모든 차의 4분 3 이상이 할부로 팔렸다.

도로를 까는 예산 책정이 더는 부자들만의 편의를 도모하는 것으로 치부되지 않는다는 걸 공무원들이 깨달으면서, 같은 기간에 점점 더 많은 도로가 포장되었다. 자동차 정비 공장과 주유소도 늘어났다.

이 모든 발전의 결과, 몇 년 전만 해도 차를 소유한다는 것은 공상에 가깝다고 여겼던 수많은 사람들이 몰려들어 차 수요가 엄청나게 급증했다. 1915년 미국에 적어도 250만 대의 차가 등록되었다. 1920년 즈음에는 900만 대를 넘어섰고, 1925년에는 거의 2천만 대, 1930년 무렵에는 2,650만 대에 이르렀다.

1940년대의 **주유소** 풍경.

도로와 신호등의 등장

이젠 너무 익숙해져서 마치 옛날부터 늘 차를 소유했던 것처럼 느껴지는 미국의 풍경이 형성된 것은, 미국에 새로운 물건들이 연달아 도입되던 1918년에서 1930년까지의 기간이다. 자동 신호등, 곡선 주로의 외곽 콘크리트 경사로, 6차선 대로, 일방통행로, 공식적인 숫자가 붙은 고속도로, 민박집, 방갈로, 〔애팔래치아 철도 (AT) 창안자로 유명한〕 벤튼 맥케이와 〔저명한 기술·과학사학자 도시사 연구자〕 루이스 멈포드가 "로드 타운road town"이라 부른, 노변 서비스업과 상업이 야단스럽게 뒤섞인 채 주요 간선도로변에 줄지어 늘어선 구역(길가 식당, 핫도그 파는 노점, 땅콩 파는 노점, 과일 채소 가게, 줄지어 있는 주유소, 중고차들이 서 있는 부지 등이 혼란스럽게 뒤엉켜 있는) 등은 모두 이때 생겨났다.

그러면서 건물이 빼곡히 들어찬 동부 시가지를 관통하는 데에 따르는 혼란과 갈등, 불만을 해소할 대책이 마련되었다. 작은 브롱스 강의 오염된 환경과 잦은 홍수는 한 세대 동안 뉴욕 웨스트체스터 카운티 공무원들의 큰 걱정거리였다. 공무원들은 강의 범람을 제어하고 관리할 방안을 세우는 데 고심했다. 그래서 브롱스 강을 길게 뻗은 공원도로의 주 집결지로 만들었는데, 그 덕분에 직통 자동차전용도로가 생겨났다. 1925년에 이 도로가 일반인에게 개방되자, 자동차 운전자들과 교통위원회, 지역 계획 입안자들은 여기서 자신들의 기도에 대한 답을 발견했다.

초기 **신호등**.

넓은 대로는 차선이 그어져서 일정한 간격으로 분리되었고, 주변 교통으로 마비되지 않았으며, 상술로 훼손되지 않은 자연경관을 따라 굽이치며 나 있었다. 이후 웨스트체스터 카운티와 다른 곳에도 더 넓고 쭉 뻗은 공원도로들이 건설되었다. 기존의 직통 도로들은 도시를 우회하도록 재정비되었다.

브롱스 공원도로
1922년(왼쪽),
1928년(오른쪽).

그리하여 1931년 8월 맥케이와 멈포드는 《하퍼스》에 기고한 글에서, 마침내 자동차가 가족용 마차라기보다 가족용 기관차에 더 가깝다는 사실이 밝혀졌다고 선언하고, 또한 오늘날엔 익숙해진 풍경을 예언적으로 그려 보일 수 있었다. 그들은 장거리 운전을 해야 하는 자동차 운전자가 가벼운 마음으로 길에 오를 수 있는 시대가 올 것이라고 예언했다. '도시를 거치지 않는 고속도로'를 통해 빠르게 이동할 것이기 때문이다. 머지않아서 과거 로드 타운의 혼잡함 속을 시속 40킬로미터로 달릴 때보다 더 안전하고 별 걱정 없이 거의 시속 100킬로미터로 질주할 거라고 말이다. 그날이 오면, 자동차는 "비난의 대상이 아닌 기계문명의 자랑"이 될 거라고 말이다.

1931년, 맥케이와 멈포드가 예견한 시대는 아직 도래하지 않았다. 메리트 공원도로도, 펜실베이니아 유료 고속도로도 아직 없었다. 나비형 교차로도 없었다. 14개 차선이 늘어선 1950년대 로스앤젤레스의 커뮁거 로웷에서 볼 수 있는 것 같은 전용 차선의 당당한 행렬도 없었다. 버스는 이미 많아졌지만, 시내 전차 선로는 이제 막 갈라지는 중이었다. 화물 운송 사업은 이미 철도에서 트럭으로 넘어갔지만, 후대처럼 대도시 사이를 오가는 트럭과 화물 트레일러를 끄는 트럭, 대형 화물 자동차가 밤새도록 대규모로 활발하게 이동할 정도는 아직 아니었다. 국가적인 기동성의 완벽한

초창기 주거형
트레일러.

상징인 주거형 트레일러는 이제 막 나타나고 있었다. 최초의 트레일러는 1929년, 어느 세균학자가 휴가용으로 만든 것이었다. 하지만 이 바퀴 달린 집들은 1930년대 중반에 가서야 대거 등장한다. 어쨌든 자동차 시대는 이미 시작되었다.

자동차 혁명이 일으킨 사회적·정신적 혁명

광범위한 사회적 파급효과 없이, 전 국민적 습관에 그렇게 놀랄 만한 변화가 일어나기란 불가능하다. 그렇다면, 자동차가 가져온 몇 가지 파급효과를 짚어 보자.

1 | 자동차로 갈 수 있는 교외 지역이 만들어졌다. 이전에도 철도로 근교에 갈 수 있었지만, 1마일 이상 떨어진 곳에서는 역에 가기 어려웠기 때문에 그 범위가 제한되어 있었다. 그런데 자동차의 확산 이후 부동산 분양업자들이 넓은 구역의 땅을 매수하여 잉글리시 코티지형이니 스페인 빌라형, 차고가 딸린 뉴잉글랜드의 소금통형(나중의 목장형) 가옥에 알맞은 우드미어 로드며, 에지몬트 드라이브, 레이크사이드 테라스 등을 설계하여 보급하면서 교외 지역들이 놀라운 속도로 성장했다. 여기서 아이들은 햇빛과 바람, 너른 공간에서 뛰어놀 수 있는 혜택을 누릴 수 있었다. 부모들은 지방교육위원회의 정책에 끊임없이 간섭할 수 있는 은전을 입었다. 주부들은 아이들을 차로 학교에 데려다 주고, 볼일을 보기 전에 남편이 8시 3분 기차를 탈 수 있도록 역에 바래다주려고 7시 52분에 커피를 벌컥벌컥 마셨다.

이전에 철도를 이용할 수 없었던 교외 지역에서도, 약간 변형되긴 했지만 같은 현상이 일어났다. 집안의 가장은 도심 내 주차 문제를 걱정하며, 전원주택에서 직장까지 내내 운전해서 출근했다. 〔《하퍼스》의 작가〕 아그네스 로저스가 썼듯이, 심장과 재산을 30킬로미터 밖에 두고 온 미국인의 수는 엄청나게 증가했다. 도심에 직장이 있는 사람들이 나무가 우거진 근교 지역으로 점점 더 빠져나가자, 도시 계획자들은 도심 주변의 땅값 하락과 전반적인 황폐화 현상을 우려하기 시작했다.

1930년대 **교외 주택**
매매 신문 광고.

2 | 자동차 시대의 도래는 다른 변화들도 가져왔다. 철도 도시에서부터 철도에서 멀리 떨어진 도시에 이르기까지, 철도역에서 6킬로미터쯤 떨어져 있지만 토양이 척박한 농장에서부터 철도에서 30~80킬로미터 떨어져 있는 비옥한 농장에 이르기까지, 그리고 소도시 중심부에서 그 교외 지역에 걸쳐, 자동차는 비즈니스와 경제적·사회적 입지에 광범위한 변화를 일으켰다.

예전 같으면 번화가에 소재한 호텔이 전국을 돌아다니는 세일즈맨이 머물 수 있는 유일한 장소였는데, 이젠 84번 도로에 있는 여행자 숙소가 이 손님들을 빼앗아 갔다. 당연한 순서에 따라, 여행자 숙소는 새로운 종류의 길가 호텔로 변신했다. 길가 호텔들은 비싼 땅값을 내거나 식당과 로비를 유지해야 하는 경제적 부담 없이 하룻밤의 프라이버시를 때로는 호사스럽게 제공했다. 번화가를 따라 줄지어 있던 가게들은 도시 변두리에 새로 생긴 주차장 넓은 시어스 로벅 상점에 패권을 넘겨주어야 했다. 도심에 있던 백화점들은 통근자들에게 인기가 떨어지고 있음을 비참하게 깨닫고는, 교외 상권을 잡고자 근교 지점을 열었다. 그리하여 1950년대 즈음

1912년 유타 주의
시어스 로벅 지점.

에는 넓게 트인 시골 지역에 쇼핑
센터가 생겨나기 시작했다. 가장
중요한 필수 요건인 주차 공간이
풍부했기 때문이었다.

자동차 때문에 여름이면 만원
을 이루던 대형 여름 호텔도 망하
고 말았다. 대다수의 사람들이 모텔에서 모텔로 이동하거나, 아니
면 사람과 여행 가방, 다양한 캠프용품으로 가득 찬 차에 가족을
싣고 여름뿐 아니라 이따금씩은 주말을 보낼 여름 별장을 소유할
기회를 자동차가 열어 주었기 때문이다. 휴양지마다 추세는 비슷
했다. 바닷가나 산에 있던 대형 호텔들은 근처의 별장 수가 두
배, 세 배, 네 배로 증가하며 위기를 넘기 못하고 문을 닫았다. 그
러면서 금요일 오후에 도시에서 바닷가와 산, 기타 여러 지역들로
빠져나가는 차들은 점점 더 많아졌다. 여행용 궤짝 제조업자들은
휴대용 가방 제조업자에게 자리를 내주었고, 운송 회사들은 침체
의 늪에 빠졌다.

1920년대 10년 동안에만 철도 승객 수는 거의 반으로 줄었고,
통근 승객 수만 그대로 유지되었다. (맨해튼으로 진입하는 새 공원
도로와 다리, 터널이 생겨나며 버스나 자가용으로 통근하는 사람들이
늘어나자, 뉴욕 교외 지역에서는 이후 20년간 철도 이용 통근자 수까
지 감소했다.)

3 | · 자동차 시대는 주차 문제라는 영구히 해결해야 할 숙제를
만들어 냈다. 1920년대 초반 들어, 처음엔 교외 철도역에 차를 세
워 두던 통근자들이 역 길가에까지 주차를 하게 되었다. 그러면서
따로 주차 공간이 필요해졌고, 곧이어 주차장을 확장해야 했다.

당연한 순서로서 더 넓은 공간이 필요해졌고, 주차장이 넓어질수록 더 많은 사람들이 몰려드는 사태가 벌어졌다. 신규 대로와 확장된 도로, 공원도로들은 대도시 진입로의 교통 체증을 완화시켜 주었지만, 동시에 점점 더 많은 차들을 도시로 끌어들이는 사태를 초래했다. 1950년이 끝날 무렵, "어디에 주차할까?"라는 질문은 자동차 시대의 도래 이래 항상 그랬듯이 골치 아프게 계속되었다.

4 | 새로운 체제는 갑작스런 죽음을 불러왔다. 1920년대에 매년 미국에서 자동차 사고로 죽은 사람의 수가 꾸준히 늘어나서, 1922년에 1만5천 명 정도였던 것이 1930년에는 3만2천 명 이상으로 증가했다. 18년 뒤인 1948년에도 사망자 수는 1930년과 거의 같은 수준이었다. 차가 더욱 강력해지고, 도로가 점점 더 곧고 평탄해지며 자동차 운행 속도가 올라가자, 충격적인 주말 사망자 수를 줄이려고 운전면허를 주고 차를 점검하는 데 더욱 신중을 기하게 되었다.* 길가를 따라 늘어선 경고등이 많아졌고, 국가안전위원회와 자동차안전위원회 같은 기구들이 도로에서 발생하는 사망 원인과 해결책을 연구하기 시작했다.

하지만 그러는 동안에 젊은이들은 서로 경쟁적으로 담력을 겨루는 법을 익혔고, 폭주족들이 도로를 점령해 버렸다. 술을 몇 잔 걸치고 나면, 나이 든 운전자라도 언덕길 정상에서 느릿느릿 기어가는 저 지긋지긋한 낡은 차를 추월해야겠다고 마음먹게 마련이었다. 심지어 아주 침착한 운전자조차 운전하면서 이따금씩 졸기도 했다. 이렇게 일어난 사고는 그 빈도는 낮아도, 일어났다 하면 아

---

*운전면허제 미국에서는 1910년 8월 뉴욕 주에 처음 운전면허제가 도입되어, 이후 각 주로 퍼져 나갔다. 19세기 말에 이 제도를 맨 처음 시행한 나라는 프랑스와 독일로, 우리나라에는 1918년 4월에 '운전수 면허 시험제도'라는 것이 생겼다.

주 치명적이었다. 그리하여 1950년으로 넘어갈 무렵, 주말 휴일이면 수백 명의 남녀와 아이들이 급작스럽게 끔찍한 죽음을 맞게 될 거라는 예측이 여전히 설득력이 있었다.

5 │ 전화와 라디오, 기타 통신수단과 함께 자동차 혁명은 농부들의 고립 시대를 끝냈다. 1900년, 〔저널리스트 겸 전기 작가인〕 레이 스태너드 베이커는 중서부 지역 농부들 사이에 일어난 번영의 물결을 다음과 같이 묘사했다.

농사가 잘되면 맨 먼저 하는 것이 곡식 창고를 칠하는 일이다. 두 번째가 집에 현관을 다는 것이고, 세 번째로 피아노를 산다. 네 번째로 자식들을 대학에 보낸다.

1953년 엘자 **스키아파렐리**가 디자인한 "쇼티" 코트. 스키아파렐리는 1920~30년대를 풍미한 파리의 패션 디자이너이다.

그런데 1925년경에는 차를 사는 것이 곡식 창고에 페인트를 칠하는 것보다 우선순위였다. 새 피아노를 사는 경우는 드물어졌다. 다양해진 트랙터가 쓰이면서 농장 규모도 커졌다. 각종 출판물과 농무부에서 파견된 농촌 지도원을 통해 알게 된 넘쳐 나는 과학 정보의 도움으로, 농부들은 경험 법칙에 따라 손수 노동을 하는 경우가 줄었고, 그보다는 토양의 경영자 혹은 기계 조작자, 과학 기술자로 변모해 갔다. 이제 도시를 방문할 때에도 농부들은 더 이상 시골뜨기나 촌사람이 아니었다. 아내와 딸들 역시 더는 무명 옷을 입은 촌뜨기로 보이지 않았다. 1939년 무렵, 시어스 로벅 카탈로그에는 스키아파렐리의 영감을 받은 옷들이 실렸다. 1940년에는 "새로운 유행을 받아들이는 데 대도시 중심가와 농장 사이에 놓여 있던 전통적인 시차는 더 이상 존재하지 않는다"라는 진지한 선언이 나왔다.

6 | 자동차는 특히 이제껏 여행을 하기엔 너무 가난하다고 스스로 여겼던 이들에게 지리적 지평을 넓혀 주었다. 집에서 군청 소재지보다 더 멀리 나갈 생각을 아예 하지 않는 남녀가 여전히 있었지만, 그 수는 급격히 줄어들었다. 쉬는 날이 되어도 집에만 머물던 가족들이 이제는 호수나 강가로 드라이브를 나갔다. 특히 휴가 때에는 전국을 돌면서 새로운 것들을 보고, 새로운 스포츠를 시도하며, 새로운 사람들을 만나는 게 가능해졌다. 일상적인 행동 반경도 놀랄 만큼 확장되었다. 1940년대쯤이 되면 농촌에 사는 일가족이 16~25킬로미터를 운전해 쇼핑을 가거나, 영화 보러 30~50킬로미터, 의사나 치과 의사를 만나려고 80킬로미터 정도 운전하는 것은 일상적인 일이었다.

그러면서 자동차는 가족을 한 장소에 모으는 뿌리를 약화시켰다. 유럽인들에 비해 항상 기동적이던 미국인은 이제 건설 인부나 과일 따는 사람, 비행기 기술자를 필요로 하는 곳이라면 어디든지 자동차로, 나중에는 트레일러로 이동하면서 경제적 시류를 전보다 훨씬 더 쉽게 타게 되었다. 이성적인 지식인들은 한군데 가만히 있지 못하는 미국인의 습성이 자동차로 인해 더 심해진 것에 유감을 나타냈다. 그들은 자신과 조상들이 나고 자란 땅에 뿌리를 내린 이들을 언제나처럼 칭찬했지만, 자동차는 정적이지 않고 모험적인 미국인의 기질에 잘 들어맞았다. 미국인은 구르는 돌이 경험과 모험, 교양은 물론이고, 새로운 데다 유익한 기회를 행운과 함께 가져다준다고 믿었다.

1939년 무렵, 자신의 자동차 앞에서 포즈를 취한 캘리포니아 주 소도시 부인.

7 | 자동차 혁명은 개인적인 자부심을 싹트게 했다. 이는 이웃

보다 더 좋은 차를 사려고 골몰하는 시기심이 아니라, 쉽사리 규정짓기 어렵지만 분명히 실재하는 무언가를 말한다. 거만한 유럽 백인에게 느낀 굴욕감에 오랫동안 익숙해진 아시아인이 트랙터나 불도저 운전석에 일단 앉고 나면 더 이상 그 굴욕을 참지 않을 거라고 누군가 말했다시피, 가난 때문에 사업 세계에서 자신의 하찮은 위치나 인종적 지위, 기타 스스로 생각하기에도 품위가 떨어지는 다른 조건들 때문에 자존심이 꺾였던 미국인도 자동차 핸들을 잡고 운전을 하게 되면서 권위 의식이란 것이 생겨났다. 차는 그의 명령에 따라 앞으로 나아갔고, 그 자신이 원하는 곳이면 그 어디로든 데려다 줄 준비가 되어 있었다. 특히 버스나 거대한 화물 트레일러를 운전하는 사람의 지위는 더욱더 왕처럼 당당해졌다. 힘이 응축된 거대한 물건을 지휘하는 데 따른 책임감까지 스스로 느끼게 되었기 때문이다.

자동차 혁명의 이러한 영향은 특히 남부에서 두드러졌다. 남부 지방의 경우, 흑백분리정책이 적용되지 않는 고속도로에서 백인들이 "거만한 깜둥이"에게 불만을 터뜨리기 시작했다.* 하지만 새로이 생겨난 긍지는 훨씬 더 광범위하게 퍼져 나가서, 도로를 달리는 거의 모든 사람에게 어느 정도 영향을 미치게 되었다. 1950년, 미국의 민간 노동인구는 남녀 합쳐서 5,900만에 조금 못 미치는 것으로 추정되었는데, 같은 해에 미국 내 운전자 수는 이보다 조금 더 많은 5,930만 명으로 추정되었다. 직업을 가진 모든 사람이 운전자였던 것이다! 아마도 앞선 인류의 역사에서 자유로운 힘의 행사가 가져다줄 수 있는 고양된 정신이 어떤 것인지 알았던 국민의 비율이 그토록 높았던 나라는 세계 어디에도 없을 것이다.

---

*흑백분리정책 1965년 민권법을 계기로 흑백분리정책이 시행되지만, 남부 지방에서는 1960년 말에야 인종차별 정책이 시정되기 시작한다.

9 구질서의 늦더위

고상함에 넌너리 난 미국인들

1918년 1차 세계대전이 끝난 이후 3~4년간, 미국인의 감정 기류에 미묘한 변화가 일어났다. 미국의 양심 개혁에 불을 붙였던 이상주의의 횃불은 다 타버려 사그라진 듯했다. 사람들은 녹초가 되었다. 특히 그들의 공공심과 양심, 희망은 지쳐 버렸다.

돌아온 병사들은 그들이 전장에 가서 치른 '성전'에 환멸을 느꼈다. 전쟁은 추잡한 장사임이 판명 났다. 잔인함과 구질구질함이 숭고한 목적보다 더 눈에 띄었다. 외국식 풍습과 생활 방식에 넌더리가 난 상당수 미군 보병들은 한동안 그들을 사로잡았던 고상한 영국과 프랑스 연합군에 질려 버렸다. 아무튼, 외국인이 의심스런 무리로 보이기 시작했다. 국제연맹League of Nations에 대한 미국인의 열정은 시들었고, 이제 수많은 미국인이 자기 텃밭에서 활동하기로 결심했다.

이는 비참하지만 사정이 사정이었으니만큼 거의 부득이한 결정이었다. 사람들은 이제 좀 쉴 때가 왔다고 느꼈다. 다른 나라 국민이나 세계 전반을 챙기기보다 자신들을 돌보면서 편안한 시간을 보낼 때라고 여겼다. 그래서 미국 양심 개혁의 요상한 마지막 산물인

1920년 대통령 선거 당시 **하딩**(오른쪽)과 그의 친구이자 후원자인 **해리 도허티**(왼쪽). 하딩이 집권에 성공하자 도허티는 법무 장관 직에 오르지만, 나중에 엄청난 수뢰 스캔들에 연루되어 사임한다.

금주법이 등장한 지 얼마 지나지 않아, 사람들은 이 법을 무시하기 시작했다. 스스로 자신을 항상 준법 정신의 모범이라고 여기던 수많은 남녀들이 밀주나 독특한 자가 양조 맥주를 애용하기 시작했고, 더 수상하게 밀조한 진을 만들거나, 휴대용 술병이 들어가는 뒷주머니가 달린 옷을 입고 파티에 갔다. 개혁가들조차 지쳐서, 왜 위대한 정치적 대의를 위해 싸울 생각만 해도 기진맥진해지는지 의아해 했다.

앞을 향해, 그리고 위를 향해 노력하는 데 지친 유권자들은, 1920년 잘생긴 워렌 G. 하딩을 〔제29대〕 대통령으로 선택했다. 그는 기막히게 잘생긴 얼굴 외에도 온화함과 소탈함, 겸손함 등 훌륭한 장점을 갖춘 상원 의원이었다. 비록 수준 높은 지성이나 도덕적 수준은 없어도 호감을 주는 유형이던 그는, 뭔가 개선시키려는 뚜렷한 욕구 따윈 전혀 없었었다. 그는 자신이 '정상'(정상성 normality)이라고 부른 것을 이야기하는 것을 좋아했다. 그런데 공직에 있는 그의 동료들 중 지독한 뇌물 수뢰자가 있었음이 연달아 밝혀졌다.

재임 시절의 엄청난 스캔들이 알려지기 얼마 전에 하딩이 사망

하자, 그 뒤를 캘빈 쿨리지가 이었다. 그는 정직하고
꼼꼼하며 신중했지만, 미국 고위 관직에 오른 인물 중
가장 소극적이었다. 억지로라도 관심을 가져야 할 상
황이 되기 전까지는 국가의 어떠한 문제와도 씨름하지
않았다. 그는 지루한 사교 행사 내내 이따금씩 한 음
절로 된 단어만 내뱉을 뿐, 입을 열지 않고 가만히 앉
아만 있을 수 있는 사람이었다. 조용한 백악관에서 낮잠을 즐기기
도 했다. 수석 집사였던 아이크 후버에 따르면, 쿨리지는 2~4시
간이나 낮잠을 잤다고 한다. 그러나 쿨리지의 소극적인 기질은
대다수 미국인들에게 별 문제 없어 보였다. 그들은 역사가 없는
나라의 몫이라고 얘기되어 온 그런 종류의 행복을 당분간 즐기고
싶었다.

부통령에서 제30대
대통령이 된 **캘빈
쿨리지**.

대중 스타와 스캔들을 소비하며

1918년 당시 아주 작은 꼬마였던 내 친구는, 정전이 성립되었다는
아버지 말에 "이제 전쟁도 끝났는데 신문에는 무슨 기사가 실리나
요?"라고 물었다고 한다. 그의 부친은 웃었지만, 돌이켜 보면 상
당히 핵심을 찌르는 질문이었다. 내내 신문 1면을 차지하던 군
사·외교·정치 문제가, 이 무렵에 스캔들·범죄·재난·휴먼 드
라마·스포츠 등에 자리를 넘겨주기 시작했기 때문이다. 새로 나
온 타블로이드판 같은 선정적인 신문뿐 아니라, 엄격하고 분별 있
는 신문에서까지 같은 현상이 나타났다.

홀과 밀즈〔치정〕 살인 사건이 일어난 1926년 후반에 신문 지면
으로 돌아가 보면, 예나 지금이나 모든 중요한 사안을 진지하게
전달하는 데 골몰하는 《뉴욕 타임스》조차 연일 신문 1면 오른쪽

쿨리지 대통령을 만난 린드버그. 일개 무명의 젊은이였던 찰스 린드버그는 1927년 5월 최초로 대서양 횡단 무착륙 단독 비행에 성공한 후 미국의 영웅이 되었다. 그는 이어 1931년에도 북태평양 횡단 비행에 성공했다.

칼럼을 뉴저지 서머빌에서 진행 중인 에드워드 윌러 홀 부인과 그녀의 두 남자 형제, 사촌이 교회 성가대의 홀 목사와 밀즈 부인을 살해한 혐의로 기소되어 받고 있던 재판 소식에 할애했다.

이듬해 봄, 젊은 찰스 A. 린드버그가 뉴욕에서 파리까지 무착륙 비행을 했을 때에도 신문들은 다른 모든 사람들처럼 린드버그의 위업이 천지창조 이래 가장 중대한 사건인 양 보도했다. 국회에서 논의 중인 그 어떤 사안도, 외국과의 협정 입안자가 거둔 어떠한 승리도, 국가적 난국도, 한 매력적인 젊은이가 이례적으로 길고 대담한 비행을 했다는 사실에 비길 수가 없었다.

월드 시리즈[미국 프로야구 아메리칸리그와 내셔널리그의 우승팀 간에 펼치는 챔피언 결정전] 주간의 기분 같은 무언가 신나지만 절실하게 중요하지는 않은 사안에 대한 들뜬 관심사가 전염되어 팽배해 있었다. 국민들은 잭 뎀프시, 베이브 루스, 바비 존스, 헬렌 윌스, 거트루드 에덜, "빨간머리" 그랜지, "노트르담의 네 기사" 등 당대의 스포츠 영웅들이 거둔 위업에 열광했고, 켄터키 주 동굴에서 플로이드 콜린스란 이름의 별 볼일 없는 젊은이를 구조하려는 시도가 무위로 끝나자 괴로워했다. 테네시 주 데이튼에서 벌어진 스콥스 재판[1925년 진화론 교육 여부를 두고 벌어진 일명 '원숭이 재판'], 레오폴드와 로엡의 살인 사건 재판 등에 관한 기사를 매일매일 놓치지 않고 읽었다. 유명하거나 별로 알려지지 않은 인물들이 똑같이 뉴욕 하늘에서 뿌려지는 종이 세례를 받았다. 루마니아의 마리 여왕이 정말로 대중의 환영을 받을 만한 인물인지는 중요하지 않았다. 그녀는 멋진 여성에다 여왕이었고, 어쨌든 파티 그 자체, 군중, 시끄러움, 갈기갈기 찢어진 전화번호부, 높은 창문에

서 아래로 뿌려진 색종이 테이프의 물결은 장관이었다.〔이 모든 내
용은 알렌의 다른 책 『원더풀 아메리카』에 상세히 소개돼 있다.〕

청교도적 속박에 저항하라

이렇게 엄청나게 사소한 일들을 즐기는 한편으로, 1920년대에는 청
교도주의의 속박을 떨쳐 버리고 오랫동안 유지되어 온 예의와 관
련한 관습마저 뒤엎으려는 욕망이 매우 광범위하게 퍼져 있었다.

   사실 이러한 반항의 조짐은 죽 있어 왔다. 그 하나가 1912년쯤에
불어 닥친 댄스 광풍이었다. 가히 대유행이라 할 만했다. 이미 관절
이 굳어 버린 나이 든 부부들까지 무수히 열리는 무도 다과회에서
자식들과 함께 〔미 역사상 손꼽히는 대중음악 작곡가〕 어빙 벌린의 재
즈 음악에 맞춰 탱고나 폭스트롯을 출 정도였다.

   또 하나는 1913년의 아모리 쇼였다. 그다지 학
구적이지 않은 모던아트 중 주목할 만한 작품을
일반인에게 전시한 것인데, 물론 이를 본 일반인
들은 깜짝 놀랐다. 여기에 하나 더 추가하자면,
일반적으로 받아들여지는 시적 관례에 도전한 시
인들 사이에서 자유시가 터져 나온 것이었다.

   전쟁은 수많은 젊은 남녀를 그
들이 익숙한 환경에서 끌어내어,
세상 사람들이 뭐라고 말할지 별
로 신경 쓰지 않는 분위기에서
자유를 맛보게 했다. 이 수많은
젊은이들에게 특별한 형태의 전
후戰後 반응이 나타났다. 그들로

아모리 쇼를 기념한
우표(위)와 아모리
쇼장 내부(아래).

서는 자신들이 어른들의 실수 때문에 전쟁이란 지옥을 헤쳐 가도록 운명 지어진 세대라고 여기는 것이 어쩌면 당연했다. 그래서 그들은 어른들이 하는 어떤 종류의 훈계에도 의심을 품었다. 어쨌든 1920년 무렵에 일어난 청교도주의와 그 엄격함에 대한 저항은 여기저기서 눈에 띄었고, 이후 10년 동안 기세를 떨쳤다.

저항의 선두에 선 것은 소녀들이었다. 그 어머니 세대였다면 어찌 코르셋을 체면의 갑옷으로 생각할 수 있었을까? 그러나 그들의 수많은 딸들은 코르셋을 입지 않고 춤추는 것이 훨씬 더 개성적이고 만족스럽다고 결정했다. 어머니 세대였다면 어린 소녀는 술을 마셔서는 안 된다고 생각이나 했겠는가? 그런데 딸들은 주차된 차 안에서 애인의 휴대용 술병에 든 불법 위스키를 꿀꺽 꿀꺽 마시는 것이, 이후 진행될 상황에 멋진 묘미를 더해 준다는 걸 알았다. 어머니 세대가 사용한 숙녀다운 완곡어법은? 딸들은 성과 리비도에 대해 거침없이 얘기했다. 리비도는 프로이트에게서 나온 말로, 그에 따르면 충동의 억압은 별로 좋지 않았다. 어머니 세대가 남의 눈앞에서 발목을 드러내는 것은 남자들을 성적으로 유혹하는 거나 다름없다고 배운 롱스커트 세대였다면, 1920년대 중반의 그 딸들은 치맛자락이 무릎까지 올라간 새로운 스타일로 해방을 만끽했다.

몇 년이란 짧은 기간이 지나자, 미국 여성들의 겉모습은 거의 알아볼 수 없을 정도로 바뀌었다. 1919년에만 해도 여자라면 으레 코르셋에 슈미즈, 페티코트 등을 속에 받쳐 입고, 그 위에 폭이 넓은 발목 길이의 드레스를 입었다. 머리는 길게 길렀고, 모자 고정 핀을 꽂아야 했다. 낮에 신는 긴 양말은 대부분 검정색이나 갈색 혹은 녹색, 남색의 면이나 라일사로 만들어진 것이었다. 실크 양말은 조금은 사치스러운 것이었다. 그런데 1920년대 말의 젊은

여성들은 옷의 길이를 절반으로 줄였고, 실크와 레
이온 속옷을 더 자주 입었으며, 꼬챙이처럼 가냘프
게 보이려고 필사적이었다. 머리는 단발이나 소년처

1910년 시카고에
생긴 마셜 필드
백화점 앞에 모인
여성들(왼쪽)과
1920년대 멋쟁이
여성들(오른쪽).

럼 짧게 치켜서 잘랐고, 당시 한창 떠오르는 명물이었던 미용실에
자주 드나들었다. 이후 퍼머 머리가 널리 수용되면서 미용실이 자
리를 잡는다. 1920년대 초반부터는 너 나 할 것 없이 모두 살구색
스타킹에 빠져들었다. 이 스타킹은 이 시대에 탄생하여 가장 오래
간 혁신적인 패션 소품으로 판명된다.(각선미를 드러낸 여성의 사진
을 뜻하는 '치즈케이크cheesecake'란 말이 이 스타킹 색깔에서 나왔다.)
나이 든 여성들은 이러한 변화를 좀 더 천천히, 어떤 경우엔 어린
애들의 파괴적인 유행에 굴복한다는 느낌 때문에 썩 내켜 하지 않
으며 받아들였다. 하지만 대세를 돌리려는 저항은 없었다.

　무엇보다 이것은 당시의 남녀 관계에 나타난 변화와 잘 들어맞
았다. 일할 필요가 있건 없건 간에 여성이 직업을 갖는 것을 사회
적으로 용인하는 분위기의 확산, 여성 흡연자의 급격한 증가, 혼
성 술자리의 출현과 칵테일파티라는 후대에 일반화된 사교 관습
의 도입, 경찰의 무허가 술집 묵인(사람들이 술을 구할 수 있는 단
순한 술집이 대부분이었지만, 맨해튼에서는 삼엄한 감시 속에도 은밀히
운영하는 바 형태의 레스토랑이 있었다.), 나이트클럽의 대유행, 젊

매리 픽포드(위)와
클라라 보우(아래).

은이들 사이에 퍼진 성에 대한 가볍고 장난스러운 태도, 스스로 교양 있다고 여기는 사람들 사이에 퍼진 이혼과 혼외정사에 대한 더욱 관대해진 태도 등등.

이러한 변화는 1920년대에 소녀다운 순결의 화신이던 영화배우 매리 픽포드의 뒤를 이어, 섹시한 이미지의 클라라 보우가 인기를 끌었다는 점에서도 그대로 나타난다. 페미니즘은 새로운 단계로 접어들었다. 투표권은 쟁취했지만, 여성이 정치판에 대규모로 입성하는 것은 아직 보장받지 못했다. 대신 대부분의 여성들은 남자처럼, 그리고 남자와 함께 즐길 권리를 주장했다.〔1893년 뉴질랜드가 세계 최초로 여성참정권을 인정한 이래, 미국에서는 1920년에, 우리 나라에서는 남녀 모두 1948년에 참정권을 부여받았다.〕

환멸과 반항이 꽃피운 예술

이러한 일반적 변화 이외에도 1950년대의 관점에서 이 세대에 대해 몇 가지 보충 설명을 붙일 수 있겠다.

첫째로, 오늘날 기준으로 볼 때 그 당시의 사회윤리가 심하게 느슨하지는 않았다. 오늘날 돌이켜 볼 때 더욱 놀라운 것은, 1920년대 젊은이들이 반발했던 청교도적 억압의 사회규범이다. 달리 말하면, 1920년대 이래 용인된 사회윤리 관행에 상당한 변화가 있었음에도 불구하고, 지금의 규범에 근접하는 무언가가 확립된 시기가 그 10년간이었다는 점이다. 물론 그때는 분위기가 달랐다. 규범 완화는 변화에 동조하지 않던 관찰자들에게는 충격적이었고, 참여했던 이들에겐 극도의 흥분을 안겨 주었으니, 여기에는 이를 신기해 하면서도 자의식 강한 실험적 태도가 연결돼 있었다.

둘째로, 킨제이 박사〔그 유명한「킨제이 보고서」를 발표한 성과학자

앨프리드 찰스 킨제이] 같은 현인들은 실질적인 간통이 통계상 여러 세대에 걸쳐 거의 변화가 없다고 주장했다. 어쨌거나 사전 단계까지 혹은 그저 시도에 그친 정열을 공개적으로 행하거나 떠벌리고 다닌 경우, 저마다 모두 〔흥청망청 즐긴 고대 로마의〕 농신제의 세기가 도래했다는 인상을 받았다는 정도로 얘기할 수 있겠다. 통계자료에 목적을 이룬 경우가 얼마나 되든지 간에 말이다.

셋째로, 당시의 지배적인 분위기는 생각만큼 떠들썩하지도 자포자기적이지도 않았다. 성숙한 여자를 짧은 치마에 긴 허리, 밋밋한 가슴, 짧은 머리를 한 세상 물정에 밝아 보이는 소녀로 보이게 만드는 여성 패션을 보라. 활기차지만 유혹적이지 않은 동작의 찰스턴 춤이 반짝 유행한 것을 보라.

마지막으로, 모든 사람이 이 시류에 동참했던 것은 물론 아니라는 점을 말하고 싶다. 앞에서 넌지시 언급한 상황들을 거의 상상조차 할 수 없던 미국인도 많았다.

이렇게 느슨해진 사회규범과 함께, 종교에 관한 회의주의와 쾌락주의의 물결도 밀려왔다. 과학이 구시대의 종교를 완전히 묵사발로 만들고 있지 않은가? 자신들의 현대적 심성에 자부심을 느끼던 젊은 남녀들 사이에는, 교회 일이나 사회복지 사업, 그 밖에 "정신의 고양"이란 단어가 적용될 수 있는 모든 일을 다른 사람의 사생활에 대한 "해롭고" 부당한 간섭 행위로 간주하는 경향이 있었다. 게다가 사람은 즐길 권리가 있으며, 일요일 아침에 승용차를 타고 드라이브를 가는 게 교회에 가는 것보다 훨씬 더 재미있다는 것이었다.

통계상 기독교인이 줄었다는 결정적인 증거

1920년 무렵 국회 의사당 앞에서 **찰스턴 춤**을 추는 여성들.

는 없지만, 수많은 교인들이 일요일에 교회에 가는 대신 골프장에
나타났고, 교회가 똑똑한 젊은 세대 신자들에 대한 장악력을 점차
잃어 갔음은 분명했다. 타고난 향학열에 불타는 사람은 자신의 이
상주의를 정신분석학에 대한 열정으로 바꾸어 쏟았다. 그들에겐
정신분석학이 기분 좋게 해방적인, 일종의 "과학을 통한 구원" 같
아 보였다. 아니면, 낡은 교육 전통의 엄격함에 반기를 든 진보적
인 교육에 전념하기도 했다. 또는 신학이 제거된 비교적 막연한
종류의 신조였던 인본주의humanism에 매진하기도 했다.

　환멸과 반항은 당시 작가들에게서도 드러나는 특징이다. 미국을
제1차 세계대전으로 끌어들였던 〔긍정적인 의미의〕 십자군 정신에
대한 환멸, 젊은 시절에 사회적 독단과 관습으로 인해 고통받고
억압당했다고 느낀 데서 비롯된 분노, 당대의 상업적 문명이 지녔
다고 여겨지는 천박함에 대한 경멸 등이 그 이유였다. 따라서 종
교, 체면, 예술에서의 빅토리아 시대적인 감성과 교양, 개혁가 및
정치가 일반을 조롱한 불굴의 드라이저〔19~20세기 초 미 산업사회
와 자본주의의 모순을 적나라하게 그린 자연주의적 사실주의의 대표 작
가 시어도어 드라이저〕 같은 작가를 옹호하며 열변을 토한 〔《아메리
칸 머큐리》 지의 편집인〕 H. L. 멩켄의 인기는 엄청났다.

　〔『메인 스트리트』와 『배빗』의 작가〕 싱클레어 루이스는 상술에 흡
수되고 마는 미국의 소도시와 미국인에 대한 혐오를 사실적으로
기록했다. 여기에는 그 희생자들에 대한 연민도 섞여 있었다. 어니
스트 헤밍웨이는 소박한 산문을 통해 젊은 지식인들에게 그들의
정신적 고향은 〔파리 예술의 거리〕 몽파르나스이며, 그들은 실로 '잃
어버린 세대lost generation'로서 그들에겐 술과 섹스밖에 남아 있지
않다고 확신시켰다. 〔1936년에 노벨상을 받은 극작가〕 유진 오닐은
프로이트와 의식의 흐름이란 문학적 기법을 강도 높게 사용하여,

이전 세대라면 충격적으로 여겼을 만한 주제로 긴 희곡을 썼다.

당시 일부 작가들은 환멸을 환멸 자체를 통해 보여 주는 완전한 부정에 이르기도 했다. 하지만 전체적으로 보았을 때 새로운 분위기가 꼭 좌절만 안겨 준 것은 아니었다. 오히려 지극히 고무적이었다. 이제 드디어 전통적인 억압을 솔직하게 떨쳐 버리고 진실을 말할 수 있게 되었다는 감정이 예술계 도처에 퍼졌다. 그리하여 일종의 지적인 르네상스 시대가 도래하는 결과를 낳았다. 루이스와 헤밍웨이, 오닐, 드라이저뿐 아니라, 도스 패소스, 셔우드 앤더슨, 맥스웰 앤더슨, 윌라 캐더, 에드나 세인트 빈센트 밀레이, 엘렌 글래스고, F. 스콧 피츠제럴드, 그 밖에 수많은 소설가와 시인과 극작가들의 작품이 이 시기에 꽃을 피웠다.

수백만의 사람들을 24시간 극장으로 끌어들이면서 영화가 거대 산업의 지위로 부상했음에도 불구하고, 정통 연극 무대 역시 이보다 더 성황을 이룬 적이 없을 만큼 번창했다. 브로드웨이에서는 1927년 한 해 동안에만 적어도 268편의 연극이 무대에 올려졌다. 오늘날과 비교해 보면 엄청난 숫자이다. 젊은 미국 작가와 예술가들의 우상은 마르셀 프루스트나 제임스 조이스, T. S. 엘리엇, 거트루드 스타인, 프랑스 근대 화가들, 바우하우스 건축가 등 주로 외국인이거나 이민자였던 것이 사실이다. 하지만 미국이 문화적으로 성인 연령에 다다랐다는 신호가 점차 늘어났다.

세일즈맨 전성시대

지식인은 〔싱클레어 루이스가 쓴 소설의 주인공인〕 배빗 같은 속물을 경멸했다. 그들은 지식인의 눈에 무식하고 천박해 보였다. 하지만 정작 〔인습에 순종하는〕 배빗들은 승승장구했다. 돌이켜 볼 때, 관습의 해방이나 문학 및 예술의 활기보다 1923~1929년, 더 엄밀히는 1929년 10월까지에 이르는 7년간의 호황기에 진행된 미국 산업과 사업 세계의 짧았던 개선 행진이 더 중요했던 것이다.

당시 때는 바야흐로 경기 호황기였다는 근거는 충분했다. 우선, 자동차 산업이 엄청나게 성장했다. 이는 자동차 제조업자와 부품 제조업자뿐 아니라 중개상과 자동차 수리공, 주유소 운영자, 운송회사, 버스회사, 길가 상업 등 자동차 관련 사업이 거의 무한하게 확장되었음을 의미한다.

[웨스팅하우스 전기회사에서 일한 라디오방송의 선구자] 프랭크 콘래드 박사가 1920년, 최초로 정기 방송을 내보낸 뒤 라디오 산업도 갑자기 융성했다. 1920년대가 끝날 무렵, 라디오의 매상은 한해에 총 7억5천만 달러를 넘어섰고, 라디오 광고업자들은 자신들이 횡재했다는 사실을 깨달았다. 건설업도 활기를 띠었다. 자신감이 충만한 재계에서 더 크고 더 좋은 빌딩을 지어 달라고 요청했고, 그러면서 도시 인구가 점점 더 밀집하게 되어 새 아파트가 필요해졌으며, 자동차 도로로 연결된 교외 지역과 인기 있는 휴양지들을 새롭게 개발해야 했기 때문이다. 레이온 산업이 시작되었고, 다양한 체인점과 체인 서비스업도 늘어났다. 제조업자들은 어떤 새로운 기계와 신중한 생산 계획을 써서 생산량을 늘려 나가야 할지 잘 배워 나가고 있었다. 1922~1929년에 농업과 제조업, 광산업, 건설업의 실제 생산량은 34퍼센트라는 놀라운 증가율을 기록했다. 또, 1920~1930년에 1인 1시간당 생산량 역시 21퍼센트나 상승했다.

여기까지는 좋았다. 물건의 생산에는 지장이 없었다. 문제는 이 물건이 다 팔리느냐였다. 그리하여 정력적인 세일즈맨만이 이 물건들을 팔 수 있다는 결론이 내려졌다. 1920년대에는 세일즈맨이 미국

의 가장 밝은 희망으로서 성인聖人의 반열에 올랐다.

젊은 세일즈맨은 판매 할당량을 부과받으면 곧장 자기가 취급하는 상품을 파는 데 착수했다. 세일즈맨 사이에 종종 무자비하기까지 한 경쟁이 일어나도록 이미 판은 짜여 있었다. 경영진은 부하 직원들에게 단순한 주문 접수 직원으로서의 시절은 끝났으며, 고객을 기다리지 말고 직접 찾아내야 한다고 말했다.

1930년대 미국의 **세일즈맨들.** 시거 가게를 방문한 시거 영업 사원(위)과 전국을 돌며 약품을 판매한 약장수(아래).

"저 아래를 내려다보게."

영업에 눈뜬 내셔널시티 은행의 사장 찰스 E. 미첼은, 이따금씩 자신의 채권 세일즈맨들을 한 사람씩 창가로 끌어당기며 말했다. "저기에는 총 수십 억 달러에 이르는 수입을 가진 600만 명의 사람들이 있네. 그들은 자기들의 저축으로 무엇을 할지 와서 말해 줄 누군가를 기다리고 있어. 잘 살펴보고, 괜찮은 점심 식사를 하고 나서, 그들에게 다가가 말을 걸어 보게."

광고회사가 만든 광고문과 사진, 편집 레이아웃은 너무나 투박하고 직설적이었기 때문에 초기에 나온 광고들은 미숙해 보였다. 소비자들을 위협하여 물건을 사게 만들고, 사회적 야망의 가장 원

226

"신부 들러리는 자주
하지만 결코 신부가
되지는 못하는 그녀."

초적 형태에 호소하는 기법을 극단적으로 활용했다.

"다섯 중에 넷이 나왔다." 이는 제대로 된 치약을 쓰지 않으면 치조농루에 걸린다는 뜻이다. "신부 들러리는 자주 하지만 결코 신부가 되지는 못하는 그녀", 이는 그녀가 올바른 양치액을 사용하지 않아서 그녀에게 불쾌한 입 냄새가 나기 때문이다. "손님들이 가 버린 뒤에, 그들을 초대한 것을 후회하십니까?", 이는 『에티켓 독본 *Book of Etiquette*』을 읽지 않아서 촌스럽게 행동했기 때문이라나.

이런 분위기에서 세일즈맨 모임이 무역 회의와 함께 더 많아지고 활기를 띠었다. 사교적인 사람들로서는 동네 사람들을 만날지도 모른다는 두려움에서 벗어나 밀주를 마실 수 있는 장소에 간다는 재미가 있었기 때문이다. 뿐만 아니라, 판매 방법과 절차에 대한 메모를 서로 비교해 보면서 판매술을 발전시킬 기회가 될 수도 있었다. 모임은 더 많은, 더 나은 판매를 도모하는 적극적이고 기를 북돋우는 열정적 분위기 속에 진행되었다.

못 말리는 주식 광풍

이처럼 맹렬한 기세로 성공 가도를 달리던 미국 경제를 가로막은 것은 무엇이었을까? 정부는 아니었다. 규제 당국 공무원과 위원회는 쿨리지 대통령과 함께 주로 낮잠을 자는 듯했으니까. 노동조합도 아니었다. 전쟁 직후 일어난 거센 파업의 물결 이후, 노조주의는 시들해졌다. 미국의 노조원 수는 1920년 500만 명에서, 1927년 400만 명 이하로, 1931년에는 335만 명 정도로 줄어들었다. (이렇게 줄어든 이유 중 하나는, 노조가 노조원에게 노력과 헌신을 요구했으나 노조원들은 다른 미국인들처럼 쉬고 싶어 했다는 점이다. 또 다른 이유는 생산성만큼 빠르게는 아니지만, 임금이 어떤 식으로든 오르고 있었기 때문이다. 세 번째 이유는 전반적인 노조 지도층이 구식인데다, 비대해지고 느려졌기 때문이다.)

재계의 승승장구를 저지한 것은, 미국의 사업가들이 증권 가치에 정신이 혼미해졌다는 사실에서 찾을 수 있다. 그들은 제품 생산과 거의 관련이 없는 투기적이고 조작적인 부를 축적하는 데 마음을 빼앗겼다. 과거 경제 발전에 불을 붙였던 자본과 경영진, 노동자들의 의욕을 꺾지 않으면서, 산업 발전의 결실을 가능한 한 공평하게 널리 배분할 수 있는 장치에 대한 요구가 미국이 직면한 최고의 경제적 사안이던 시절, 자본에 손이 닿을 수 있는 이들에게만 직접적인 이익이 되는 투기 열풍이 불었다. 그러면서 부의 성과를 소수의 주머니로 들어가게 하는 일련의 장치들이 고안되어 실제로 적용되었다.

이 장치들 중에는 부풀린 가격으로 내부자들이 주머니를 채울 기회를 제공한 기업 합병이 있었다. 지주회사들은 하나씩 규합되어 종종 다섯이나 여섯, 혹은 일곱 층의 집합체가 되기도 했고, 그 결과 인설〔당시 위세 있던 금융 브로커 새뮤얼 인설〕과 반 스워링엔 왕국처럼 알짜배기 이익을 피라미드의 맨 꼭대기에 있는 회사

반 스워링엔 왕국
오리스 팩스튼 반 스워링엔과 맨티스 제임스 **반 스워링엔 형제**를 말한다. 각각 O. P.와 M. J. 반 스워링엔으로 불렀다. 별 볼일 없는 출신성분을 딛고 형제가 같이 철도왕의 자리에 올랐다. 특이한 점은, 둘 다 평생 미혼으로 지내며 54개의 방이 있는 대저택에서 같은 침실을 나눠 쓸 만큼 '우의'가 두터웠다는 것이다. 공식 석상에도 언제나 붙어 다녀서, 두 사람을 합쳐서 그냥 '반스 형제'라고 불렀다.

사주가 빼돌리는 경우가 생길 수 있었다. "주식거래를 하는" 은행이 예금주들의 자금을 법으로 금지돼 있던 유가증권과 부동산 투자에 사용한다거나, 그룹 내 계열사끼리 시세를 올려 자산을 팔았다 되사는 방법으로 회사 이익을 부풀리는 일도 다반사였다. 주식시장에서는 한 회사 임원들이 브로커와 결탁하여 돈 있는 투기꾼들을 부추겨 회사 주식 가격을 올리고 나서, 결국 자사 주주들에게 그 손해를 돌리고 이익을 가로채는 일이 왕왕 벌어졌다.

앞에서 열거한 내용은 당시 널리 사용되던 책략 중 극히 일부에 불과하다. 이 책략들은 집단적으로 신용 전통을 형편없이 붕괴시킨 전형적인 예로써, 투기 또는 허위 가치를 국가 경제 조직 곳곳에 심어 놓는 바람에 가치가 떨어졌을 때 은행과 회사의 예금자와 고용인들까지 연달아 심한 타격을 입게 만든 사례임을 명심해야 한다. 자신들이 부당한 자본주의 체제를 건설하고 있음을 모르지 않던 사람들의 무책임한 행위가 재앙을 불러일으켰던 것이다.

이렇듯 교묘한 계략이 난무하는 가운데, 바로 그 계략으로 더 강화된 엄청난 투기 열풍이 불어 닥쳤다. 플로리다의 부동산 경기가 폭발적으로 치솟은 지 얼마 안 되어, 1926년에 보통주〔일반적인 주식〕의 대규모 상승 장세가 시작되었다. 이는 1927년에도 계속되어, 1928년에도 순조롭게 상승 가도를 달렸다. 일련의 발작적인 후퇴를 거쳐, 1929년 9월에는 당당히 절정에 올랐다.

그 격동의 시기에 얼마나 많은 사람이 주식에 투기했는지 정확하게 알려지지 않았지만, 아마도 100만 명 정도가 사들인 주식 가격의 일부만 걸고 신용거래로 주식을 매입했을 것이다. 그리고 100~200만 명 이상이 매입가를 전부 현금으로 지불하면서까지 거의 똑같이 넋을 잃고 열중하여 일간지 금융 면의 주식시세를 따라 움직였다. 투기 정도가 많든 적든지 간에 금융가와 사업가뿐 아니라 가정주부, 목장주, 속기사, 목사, 엘리베이터 안내원 등 너 나 할 것 없이 손에 쥔 돈을 제너럴 모터스(GE)나 라디오 코퍼레이션(RCA) 보통주, 몬티 워드, 케이스 스레싱, 일렉트릭 본드 앤드 셰어 등의 회사 주식에 밀어 넣었다. 다음의 이야기는 당시 분위기가 어땠는지 보여 준다.

한 젊은이가 있었다. 그는 경영 교육을 받는 방법에 대해 조언을 구하려고 어느 금융업자를 찾아갔다가, 이런저런 주식을 사고서 어떻게 되는지 지켜보라는 말을 들었다. 몇 주 뒤, 젊은이는 흥분해서 금융업자를 다시 찾아왔다. 그는 기뻐서 어쩔 줄 모르며 물었다. "언제부터 이런 일이 계속되고 있는 건가요?"

1928년과 1929년 대부분의 기간 동안, 주식을 사는 일은 놀랍게도 거의 모든 말들이 이기는 경마 경기에 돈을 거는 것과 마찬가지였다. 주가는 오르고 또 올랐다. 보통주 가격의 표준 통계 지수(SSI)는 1926년 한 해 동안 평균 100을 기록했다. 1927년 6월경, 이 지수는 114에 이르렀다. 1928년 6월쯤에는 148이었고, 1929년 6월에는 191을 쳤다. 그리고 1929년 9월, 216이라는 아찔한 고지를 점령했다!

주가가 급등하면서 당시의 일부 현명한 사람들은 주가가 장기적인 안정기에 도달했다고 말했다. 이는 새로운 시대였다. 보통주를 소유하면서 국민 전체가 부자가 될 거라는 밝은 의견을 내놓는 사람들도 있었다. 또, 지금의 상황은 광란에 빠진 도박이나 다름없으며, 많은 사람들의 주머니가 거덜 날 게 확실하지만 충격은 그다지 문제가 되지 않을 거라고 말하는 이들도 있었다. 안개가 걷히고 나면, 경기가 전처럼 좋아질 거라고 생각했기 때문이다. 이들이 깨닫지 못했던 점은, 투기 시장이 이제 너무 거대해져서 시장의 자동 조정 메커니즘(이를테면, 운 없는 구매자에 의한 자동

1928년 이른바 '황소 장세bull market' 때 시세기가 엄청난 주식 시세 정보를 쏟아 내는 장면. 한 주식 중개인이 전화를 받고 있다.

판매가 가격을 떨어뜨려서 새로운 구매자를 끌어들이는)이 복합적인 재앙을 불러일으키는 메커니즘으로 작용하게 되었다는 것이다. 그리하여 미국 경제의 대부분이 이 폭등한 가치와 맞물려서, 충격의 영향이 나라 경제 전체를 흔들게 될 것임을 그들은 간과하고 말았다.

누가 이 불행을 멈출 수 있었을까? 쿨리지 대통령? 그는 금융에는 거의 무지했고, 그의 눈엔 벼락 경기가 좋게만 보였다. 그는 때로 별 생각 없이 이를 조장하기까지 했다. 기민한 재무부 장관이던 앤드루 멜런? 가능했을 수도 있다. 비록 금방 잊히긴 했지만, 그는 채권을 사기에 좋은 시기라는 취지의 발언을 온건하게 내놓은 적이 있었다. 하지만 멜런은 정부가 뭔가 더 해보려고 경제에 간섭해서는 안 된다는 생각에 지나치게 얽매여 있었던 것 같다. 연방준비은행? 이 중앙은행은 은행업을 규제하여 주가 상승을 저지하려고 애썼으나 왜 그런 짓을 하느냐고 혹심한 비난을 받았으며, 잠깐 동안의 저지에 그쳤을 뿐 그 이상의 효과를 가져오는 데에는 실패했다. 연방준비제도 이사회의 총재였던 로이 영은 어느 날 증권시세표의 주가 상승을 보고 웃으면서 다음과 같이 말했다. "내가 여기 앉아서 1억2천만 명의 사람들이 원하는 것을 못 하게 막으려 한다는 게 참으로 우습군요!"

잘못 찾아온 늦더위

1929년 3월, 허버트 후버가 캘빈 쿨리지의 뒤를 이어 대통령이 되었다. 후버가 이 불행의 진행을 멈출 수 있었을까? 그가 백악관에 입성했을 때는, 적어도 사소한 패닉 상태를 일으키지 않고서 저지하기엔 너무 늦은 상태였다. 또, 어떤 대통령이 "4년 더 지속되는 번영을!"이란 구호로 백악관 사무실에 입성하자마자 공황 상태를 불러일으키길 바라겠는가?

1929년 대공황이 밀어닥치기 직전, 미국의 제31대 대통령으로 당선된 **허버트 후버**.

그렇다면 모건 사 같은 미국 금융계의 책임 있는 지도층이 저지할 수는 없었을까? 답은 "아니오"에 가깝다. 높은 주가에 성공 여부가 달린 지주회사 체계로 운영되는 일부 야심만만한 회사에 모건 사가 직접 관여돼 있는 마당에 뭘 어떻게? 어쨌거나 '그 모퉁이the Corner' (브로드 가와 월 가 모퉁이에 있는 회사라는 뜻)라고만 불리길 고집하며, 월 가의 힘없는 사람들이 일상 대화 중에 감히 그 이름을 입에 올리는 것조차 주저할 만큼 대단한 위세를 누린 모건 사는, 인정사정없던 선대 피어몬트 모건 시절처럼 시장에 직접적인 권력을 휘두르지는 않았다. 아니, 격류를 저지할 능력과 의지를 두루 갖춘 책임감 있는 권력자가 아무도 없었다. 그리하여 1929년의 즐거운 여름이 가고 가을이 시작되었다…….

여기서 잠시 다른 수치를 짚어 보자.

매우 신중하고 보수적인 브루킹스 연구소가 연달아 내놓은 평가에 따르면, 1929년 바로 그해에 연소득이 1만 달러가 넘는 미국 가정은 전체의 2.3퍼센트에 불과했다. 5천 달러 이상의 수입이 있던 가족은 8퍼센트, 71퍼센트 이상의 가정이 2,500달러 이하의 수입으로 살았다. 그중 60퍼센트 정도의 가정은 연수입이 2천 달러

이하였다. 42퍼센트 이상이 1,500달러도 안 되는 소득으로 생계를 꾸렸다. 그리고, 21퍼센트 이상 가정의 연간 소득이 1천 달러 이하였다.

브루킹스 연구소의 경제학자들은 "1929년 물가를 고려하면 가족 소득 2천 달러는 기본적인 생필품만을 공급할 정도로 간주된다." 고 말했다. 이 말은, 2천 달러 미만의 소득은 가난을 의미한다고 해석할 수 있다. 1929년이란 황금기에, 미국 가정 60퍼센트의 소득이 사실상 그 아래였다니! 브루킹스 연구소의 경제학자들은 조심스럽게 의견 하나를 덧붙였다. "적어도 지난 10년 동안, 소득분배의 불평등이 두드러진 추세가 나타났다."

월 가는 그 어느 때보다도 더 미국 변화의 축으로 보이고, 은행가와 브로커들이 왕처럼 활보하고, 부자는 더 부유하게 만들고 사회의 하층계급에게는 돈이 조금씩 방울방울 떨어지게 하는 시스템을 기반으로 번영이 가능한 듯 보였던 1920년대. 그 시기가 구질서의 인디언 서머indian summer, 즉 늦더위의 일부였다면, 그것은 특별한 늦더위였다. 이 늦더위의 열기는 잘못된 것이었다. 그 열기를 조성한 가치가 비현실적이었을 뿐 아니라, 자멸할 운명을 지닌 것이었으며, 또한 운 좋은 소수와 그렇지 않은 다수 사이의 골을 깊어지게 만들었기 때문이다.

10 대공황

흔들리는 월 가의 리더십

1929년 10월 24일 아침, 미국 번영의 탑이라는 구조물에 큰 금이
가면서 쩍 벌어졌다. 뉴욕 증권거래소의 주가가 여러 날 동안, 점
점 더 빠른 속도로 미끄러져 내려가고 있었다. 그리고 그날 아침,
주가는 걷잡을 수 없는 공황 상태에 빠졌다. 뉴욕의 은행가 지도
층이 시장을 지탱하기 위한 구매 연합을 구성하고자 모건 사에 모
였다. 모건의 주요 공동 출자자의 형제인 리처드 휘트니는 그 후
거리를 가로질러 증권거래소의 커다란 홀에 가서 US스틸의 주식을
205포인트에 사들이는 주문을 냈다. 주가는 한동안 회복되었다. 피
어폰트 모건이 1907년의 공황을 저지한 선례도 있지 않은가. 이번
공황 역시 금융계 큰손들의 기민한 자신감에 무릎을 꿇을 것이 확
실했다.

　하지만 '파팅턴 부인Dame Partington'*이 대서양을 쓸어버릴 수
없듯이, 그들이 쇄도하는 매도 주문을 더는 멈출 수 없다는 것이

---

*파팅턴 부인 **"계란으로 바위 치기"**. 19세기 말 영국의 비평가이자 만담가인 시드니
스미스가 당시 개혁에 반대하는 세력을 가리켜 "1824년 대서양 폭풍을 빗자루로 쓸
어내 막으려 했던 파팅턴 부인"과 같다고 했다. 그 이후 불가능한 일을 하려는 시
도를 비유적으로 가리킬 때 쓰는 말이 되었다.

234

며칠 지나지 않아 분명해졌다. 이러한 상황은 거래소가 개장할 때마다 계속되었다. 10월 29일 최악의 날에는 필사적인 매도인들로 인해 1,600만 주 이상이 시장에 내던져졌다. 질서가 회복된 것은 11월 13일이나 돼서였다.

이 짧은 몇 주 동안에 증권 가치는 흔적도 없이 사라졌다. 당시의 국가 부채보다 더 많은 돈이 날아가 버린 것이다. 미국 경제의 전체 신용 구조는 당시 그 누가 추측했던 것보다도 훨씬 심각하게 흔들렸다. 월 가 리더십의 전설은 손상을 입었다. 대공황이 다가오고 있었다.

처음엔 이러한 사태가 기업이나 산업 전반에 끼친 영향은 그리 크지 않아 보였다. 심각한 일은 없을 거라고 모든 이가 다른 모든 사람을 안심시켰다. 1930년 봄에는 실제로 상당한 상승 장세가 있었다. 하지만 5월이 되자, 이 한순간의 분투도 끝을 맺었다. 그러고 나서 2년간의 지속적인 몰락이 있었다. 유가증권 시세뿐 아니라, 이보다 훨씬 더 심각한 미국 경제 규모의 쇠퇴가 시작된 것이었다. 매상 부진이 일으킨 악순환은 재앙으로 치달았다. 회사 수입이 하락하자, 임금 삭감과 직원 해고가 이어졌다. 이는 실업 증가와 판매 감소를 불러왔으며, 이는 다시 사업 손실로 이어져 또

1929년 10월 24일, 흔히 '검은 목요일'로 불리는 대폭락 장세날에 소식을 듣고 몰려든 수많은 투자자들로 뉴욕 증권거래소 앞은 인산인해를 이루었다.

다시 임금 삭감과 종업원 해고를 낳았다.

이 당혹스러운 시절, 후버 대통령은 처음엔 국가적인 낙관주의를 조성하려고 노력했다. 재계 간부들을 워싱턴으로 소환하여, 상황이 근본적으로 건실하며 임금 삭감은 없을 거라고 발표했다. 하지만 아무런 효과도 없었다.

그 후 한동안 대통령은 시장의 자정 기능을 믿으며 아무런 개입도 하지 않았다. 이 역시 아무 효과가 없었다. 그러자 유럽에도 동시에 몰아친 금융공황이 가장 골칫거리라고 확신하게 된 대통령은, 제1차 세계대전 패전국들이 진 전쟁 부채와 배상금에 대해 국제적인 지불 유예 운동을 조직했다. 멋진 외교적 수완이었지만 그 효과는 일시적이었다. 후버는 금융부흥공사(RFC)를 세워 곤경에 처한 은행과 기업을 연방 정부가 원조하도록 했다. 이때 어려움에 처한 개인에게는 연방 기금을 절대로 투입하지 못하게 하는 원칙을 세웠다.

1932년에서 1933년으로 넘어가던 겨울, 회복이 눈앞에 다다른 듯 보였던 바로 그때, 미국 은행 체제가 혼란에 빠졌다. 금융부흥공사라는 해법도 소용없었다. 이 결과는 미국 역사상 가장 놀라운 우연의 일치 중 하나였다. 1933년 3월 4일, 후버가 백악관을 떠나고 프랭클린 델러노 루스벨트가 입성하던 바로 그날, 미국의 은행 체제는 완전히 멈추었다. 일반적으로 훤히 알고 있다고 여겨진 정통 경제 이론을 편든, 능력 있고 총명한 대통령은 당시 시스템 붕괴의 비극적 희생자가 되었다.

루스벨트는 기운차고 결연한 취임사에서, "우리가 두려워해야 할 단 한 가지는 바로 두려움 그 자체"라고 선언하며 전격적인 행동에 돌입했다. 은행의 업무를 성공적으로 재개시키고, 활발하고 난잡하며

1933년 3월 4일, 후버에 이어 대통령에 당선된 **프랭클린 루스벨트**가 취임사를 하는 모습.

때로는 자기모순적이었던 개혁·구제·격려 프로그램을 실시한
것이다. 이 프로그램은 1930년대 중반에 나라를 혼란에 빠뜨리고,
적어도 어느 정도는 이 혼란을 회복시켰다.

대공황에 대해 알아야 할 5가지

괴로운 실패는 개인적인 것이든 국가적인 것이든 쉽사리 잊혀진다.
사람들은 본능적으로 실패의 기억을 가두어 버리려고 애쓴다. 후대
에 공화당원들이 후버의 기나긴 시련기에 일어났던 일을 윤색하려
한 것은 당연했다. 개인주의를 믿는 사람들은 사기업이 일으킨 혼
란을, 곧 사기업의 가치 폭락을 잊으려고 노력했다.

　말이 나온 김에 덧붙이자면, 애국자들은 일반적으로 국가 이력
에 오점이 될 만한 것을 최소화하려고 한다. 그리고 대공황이 너
무나도 고통스러운 개인적 기억으로 남아 있는 수많은 미국인들
은 아마도 무의식적으로 그 기억을 떨어내려고 애썼을 것이다. 이
기억을 기록으로 다루는 소설가라면 독자들 중에는 이러한 이유
로 책을 내려놓고 싶어 할 이가 있다는 걸 안다. 그럼에도 불구하
고, 미국 국민이 이후에 겪게 되는 흥망성쇠를 이해하려면 대공황
에 대해 마음에 새겨 두어야 할 몇 가지가 있다.

　1 | 대공황은 그 쇠락의 비율과 기간에서 끔찍한 수준이었다.
1932년 중반, 즉 1929년의 추락 이후 2년 반 이상이 지났을 때,
미국 산업은 전체적으로 1929년 최고조였을 때의 채 절반도 기능
하지 못하고 있었다. 1932년 한 해 동안, 임금으로 나간 총액은
1929년보다 60퍼센트나 적었다. 총 배당금은 57퍼센트가 줄었다.
미국 기업계가 전체적으로 50억 달러 이상의 순손실을 기록할 때

였으니 이 배당금은 그나마 운이 좋았던 기업의 수익을 의미한다. 직원에 대해서는 더 박했다고 말하는 사람도 있을 것이다.

전통적으로, 기업 세계에서 낙관론의 정도와 관계있는 주가에 대해 몇 가지 실례를 들어 살펴보자. 1929년 상승 장세에서 최고 가가 72¾포인트였던 제너럴 모터스의 보통주는 공황 때 36으로 떨어졌고, 1932년에는 7⁵/₈포인트로 바닥을 쳤다. 최고가 101포인 트이던 라디오 주식회사의 보통주는 공황 이후 26포인트로 떨어 지고, 낮게는 2½까지 하락했다. 오랜 동안 시장의 지표 종목 역 할을 하던 US스틸의 경우, 1929년 261¾ 포인트까지 올랐던 것이 공황 이후 150으로, 이어서 21¼까지 곤두박질쳤다.

그해에 1,200만 명 이상의 미국인이 해고되었다. 특히 산업도시 의 실직자 비율은 엄청났다. 예를 들어, 〔뉴욕 주의 공업도시〕 버펄 로에서 일을 할 수 있거나 일할 준비가 되어 있는 1만5천 명에 가 까운 인구를 대상으로 집집마다 조사한 결과, 그중 31퍼센트가 일 자리를 구하지 못했고, 상근직 노동자는 50퍼센트 이하로 나타났 다. 한편, 면화 값은 5센트 이하, 밀은 50센트 이하, 옥수수는 31 센트로 떨어지며 농부들 역시 절망적인 궁핍에 빠졌다.

이 대공황은 묘하게도 눈에 보이지 않는 현상이었다. 자세히 관 찰해 보았다면 이전보다 거리에 나온 사람 수가 줄었다거나 빈 가 게가 많다거나, 거지와 구걸하는 사람들이 눈에 띄게 늘었다는 것 을 알아차렸을 것이다. 곳곳에 줄 서서 식량 배급을 기다리는 빈민들과 도시 변두리에 있는 공 터에 세워진 후버빌도 눈에 들어 왔을 것이다. 열차 길이는 짧아 졌고, 풀먼식 호화 차량은 줄어

1930년대 미국 도시 곳곳에 만들어진 **후버빌**. 실업자와 마땅한 거주지가 없는 사람들이 모여 생겨난 판자촌으로, 당시 대처 능력 부재로 국민에게 절망을 안겨 준 대통령의 이름이 붙었다.

들었다. 수많은 공장의 굴뚝에서 연기가 나오지 않게 되었다. 하지만, 그 밖에는 눈에 띄는 게 거의 없었다. 대부분의 사람들은 집에 가만히 앉아서 온기를 유지하려고 애썼다.

2 | 1929년의 대공황은 전 세계적인 붕괴의 일부였다. 기민한 〔현대 경제학의 거장〕칼 폴라니는 이 붕괴를 19세기에 확립된 시장경제의 붕괴로 파악했다.

3 | 대공황은 수많은 사람들에게 내면적으로 여생 동안 계속되는 상처를 남겼다. 그들 자신 또는 그들의 친구가 일자리를 잃었고, 출세가 좌절되는 것을 목격했고, 생활 방식 전체가 바뀌어야 했고, 아직도 남아 있을지 모르는 나쁜 상황에 대한 끊임없는 공포에 시달렸으며, 많은 경우 실제로 배고픔에 괴로워했기 때문만은 아니다. 그들에게 닥친 일은 너무나도 어이없어 보였다. 대부분의 사람들은 일을 열심히 잘하거나 예의 바르게 행동하면 행운으로 보답받을 거라고 배웠다. 하지만 이제는 무기력한 사람은 물론이고 활동적인 사람에게도, 무능한 사람과 함께 유능한 사람에게도, 무책임한 사람과 함께 덕망 있는 사람에게도 똑같이 실패와 좌절, 가난만이 남았다. 사람들은 자신들의 이해를 넘어서며, 원인도 정의도 없이 형성된 것이 분명한 복잡한 양상 속에 수많은 타인과 자신의 운명이 맞물려 있음을 깨달았다.

그들은 실망을 숨기려고 했지만, 자식들은 이를 감지했고 영향을 받았다. 《포춘 *Fortune*》지 기자들은 1936년 다음과 같이 썼다. "오늘날 대학생 세대는 운명론자들이다. …… 그들은 무모한 짓을 하려 하지 않는다. 바지 단추를 단단히 채우고, 턱을 치켜들고, 입은 꾹 다문 채 다닌다. 평균을 낸다면, 조심성 있고, 차분하며,

모험적이지 않은 세대이다. ……"

시간이 지남에 따라, 나이 든 미국인이나 젊은 미국인이나 할 것 없이 호레이쇼 앨저의 낡은 성공 공식에 냉소적인 시선을 보내는 경향이 계속되었다. 야망을 위해 모험을 하는 것에 회의적이었고, 안정적인 직업과 사회보험제도, 연금제도만 호의적인 시선으로 바라보았다. 그들은 쓰디쓴 경험에서 안전을 갈망하도록 배웠다.

4 | 대공황은 월 가를 지도적 위치에서 끌어내렸다. 그 자리는 19세기 말 성취된 것으로, 월 가는 피어폰트 모건 개인의 지휘 아래로 통합 정리되었으며, 1913년 그가 사망한 이후로는 제도화되었다. 1929년 대은행가들은 공황을 멈추게 하는 데 실패했을 뿐 아니라, 시간이 지나면서 경기 하강에 대처하는 방식에서 드러난 금융가들의 무능력, 그들이 갖고 있던 경제적 신념에 대한 자신감 상실, 은행 금융 시스템 자체의 몰락 등 모든 것이 그들의 무력함을 광고하는 꼴이 되어 버렸다. 1933년 이후로 그들이 갖고 있던 권력의 일부가 이전까지 은행가를 경외하던 대기업 간부들에게 넘어갔고, 많은 부분이 이제 국가의 정치적 수도일 뿐 아니라 경제

수도가 된 워싱턴으로 넘어갔다면, 그것은 어느 정도 자연이 진공 상태를 싫어하기 때문이리라.

5 | 불황은 사업가의 위신을 급격하게 깎아내렸다. 가장 심한 피해자는 존경의 대상에서 조롱과 불신의 대상으로 전락한 은행가와 브로커들이었다. 이들에 대한 불신은, 의회의 연이은 조사로 금융 사기에 관한 증거가 속속 드러나면서 훨씬 심해졌다. 대체로 회사 간부들에 대한 대중의 존중감도 심각하게 침몰하여, 회복하려면 오랜 시간이 필요했다. 이러한 몰락 속에 양심적이고 공공심 있는 기업가들도 탐욕스런 이들과 함께 괴로움을 겪었다.

6 | 독일에서 히틀러에게 힘을 실어 주고, 다른 여러 나라에서는 자본주의의 조종弔鐘을 울리는 듯 보였던 전 세계적인 불황은, 미국에선 혁명과 유사한 그 무엇도 일으키지 않았다. 기술주의 숭배, 〔작가 겸 사회 비평가〕업튼 싱클레어의 캘리포니아 빈곤 퇴치 운동(EPIC), 타운젠드의 노령연금제도 등 경제 문제를 풀어 갈 제안들이 봇물처럼 쏟아졌을 따름이다. 불황은 독재자 같은 휴이 롱에게 짧은 기간 동안 국지적인 권력을 주기도 했다. 또 파

독재자 같은 휴이 롱
거두나 거물을 뜻하는 '킹피쉬'라는 별명으로 유명한 **민주당 정치인**. 대공황 기에 루이지애나 주지사와 상원 의원을 역임했으며, 자신의 주에서는 왕과 같은 권력을 휘둘렀다. 처음에 프랭클링 루스벨트(FDR)를 지지했다가, 1933년 독자적인 정책을 제안하면서 비판으로 돌아섰다. 가장 유명한 제안은 '우리의 부를 나누자(Share Our Wealth)'로서, 대기업과 갑부들에게 엄청난 세금을 매겨 분배에 힘쓰자는 것이었다. 1935년 FRD의 이른바 '제2차 뉴딜' 정책들은 초기 정책보다 훨씬 진보적이었다고 평가되는데, 휴이 롱을 비롯한 비판가들의 의견이 반영된 것이었다. 자타가 공인한 민주당의 차기 대통령 후보감이었지만, 1935년 가을 저격범의 총탄에 희생되고 만다.

보너스 군대 행진
1932년 제1차대전 참전 용사들이 대공황기의 경제난으로
연체되고 있던 보상금을 즉시 현금으로 지급하라며 워싱
턴에 모여서 행진을 벌였다. 이들은 아나코스티아 강가
후버빌에서 야영을 했는데, 군대가 동원되어 이들의 숙
소를 불태워 버렸다!

산 매각에 성난 농부들에게 폭동을, 워싱턴에서 공산주의자들이
이끄는 '행진'을, 1932년 잠깐 있었던 불온한 보너스 군대 행진 등
을 일으키기도 했다. 지식인의 영향력과 노조에 대한 공산주의자
의 영향력이 급성장하기도 했다. 하지만 그것들이 어떤 투표를
거쳐서 성장한 게 아니어서, 그 세력은 지극히 미미한 상태였다.
무수히 많은 미국인들이 자신의 운명에 낙담했음에도 불구하고
혁명은 일어나지 않았다. 예로부터 전해 오는 관습에 따라, 정당
간 권력 이동이 있었을 뿐이다. 루스벨트의 뉴딜을 통해 경제법
칙이라고 알려진 것들을 개혁하고 규제하고 개입하는 뒤범벅 정
책을 도입했지만, 워싱턴 관료정치를 지지하는 일부 공상적인 광
신자들과 정권을 혐오하며 끈덕지게 버티는 극소수의 사람들만이
이러한 개혁이 미국의 정치경제 구조에 총체적인 변화를 가져올
것이라 기대했다.

시어도어와 프랭클린 루스벨트의 공통점

루스벨트가 취임한 지 1년이 채 안 된 1933년 12월 31일, 《뉴욕
타임스》에 영국 경제학자 존 메이너드 케인스가 대통령에게 보내
는 공개서한이 실렸다. 케인스는 이렇게 썼다.

"당신은 기존 사회 시스템의 뼈대 안에서 사리에 맞는 시도를

통해 현 상황의 악을 개선시키려는 모든 국가의 대리인으로 나섰습니다. 당신이 만약 실패한다면, 세계적으로 합리적인 변화는 심각하게 타격을 입을 것이며, 교조주의와 혁명끼리 세계를 놓고 아귀다툼을 벌일 것입니다."

결과적으로 교조주의와 혁명이 싸우는 상황은 벌어지지 않았다. 기존 사회체제 구조 내 실험은 당시의 규율이었다. 미국의 양심 개혁 기간 동안처럼, 국가조직에 드러난 결함을 타개하는 미국식 방법은, 조직을 굴러가게 하면서 다시 한 번 그것을 개선하는 시도를 하게 했다. 이 시도는 전통적인 미국 정당 기구를 통해서 전개되었다.

[26대 대통령인] 시어도어 루스벨트 가족(Oyster Bay Roosevelts)과 프랭클린 루스벨트 가족(Hyde Park Roosevelts) 간에 오랜 정치적 냉각이 지속되었다고 해서, 프랭클린 델러노 루스벨트와 그 부인의 작은아버지인 시어도어 루스벨트의 공무 접근 방식상의 놀라운 유사성을 놓쳐서는 안 된다.

우선 두 사람 모두 부자였다. 그들은 승자였음에도 불구하고, 둘 다 희생자들을 옹호하여 최악의 상태에서 벗어나게 해 주었다. 둘 다 엄청난 활기와 사람을 끄는 매력이 있었다. 시어도어의 매력은 다소 소탈한 편이었고, 프랭클린의 경우 더 점잖은 편이었지만 말이다. 둘 다 인간, 그야말로 부류와 조건을 따지지 않고 모든 사람에게 왕성한 관심이 있었다. 체계적인 경제관이 없고, 정책과 계획을 강구하는 데 임기응변적이었던 것도 공통점이다. 경제 문제를 기본적으로 윤리 문제라고 생각한 것도 같았다. 신기하게도 두 사람 모두 각각의 시대에 이데올로기나 혁명의 폭력 없이도 변화를 가져오는 데에 성공했다.

뉴딜에 대해 알아야 할 5가지

뉴딜 정책이란 익숙한 주제를 여기서
상세하게 되풀이할 필요는 없겠다.

1933년 봄.
프랭클린
루스벨트는
라디오에 출연하여
여전히 얼어붙어
있던 시장에 확신을
심어 주었다.

1933년 봄, 설득력과 전염성을 갖
춘 프랭클린 루스벨트의 자신감이 어
떻게 국가의 기운을 북돋우고 활기를
불어넣었는지, 그가 어떻게 은행 문
이 여전히 닫혀 있던 시절에 라디오를 통한 최초의 방송 대담에서
은행들이 성공적으로 업무를 재개할 수 있다는 차분한 확신을 전
달했는지(실제로 은행은 곧 문을 열었다.), 취임하고 나서 험난했던
첫 100일 동안 어떻게 즉흥적으로 급조된 뒤죽박죽 법안을 국회에
서 기록적인 속도로 가까스로 통과시켰는지, 그가 개혁 프로그램
을 계속해서 밀어붙이고 금값에 손을 대고 [루스벨트의 측근으로
뉴딜 입안자인] 해리 홉킨스가 공공사업국(WPA)을 통해 수많은
가구를 구제하면서 연방 정부의 적자를 크게 늘리자 보수파와 부
자들이 곧 얼마나 격노하기 시작했는지, 루스벨트가 어떻게 연달
아 두 개의 자문 위원회Brain Trust를 구성하여 그에게 경제적 아
이디어와 연설 정보를 준 젊고 똑똑한 이상주의자들을 끌어 모았
는지, 1936년 공화당의 랜든을 어떻게 이겼는지,* 1937년 대법원
과 어떻게 티격태격했는지,** 1937년에서 1938년 사이에 급격히

---

*1936년 대선에서 민주당 후보인 FRD는 일반인 표의 61퍼센트, 선거인단 표의 98.5
퍼센트를 획득하는 압도적인 승리를 거두었다. 공화당의 랜든을 선택한 주는 메인
과 버몬트 단 두 주였다.

**중요한 뉴딜 법안들이 헌법에 어긋난다며 연달아 보수적인 대법원에 의해 무효화
되자, 루스벨트는 9명인 대법관 수를 15명으로 늘리겠다는 계획을 발표했다. 기존
대법원이 3(진보) : 4(보수) : 2(중도 보수)였기 때문에 자신이 6명을 더 임명하면
9 : 6으로 유리해진다는 판단이었다. 그러나 이 **'대법원 채우기'** 시도는 상원에서 거
부당해 실현되지는 못했다.

경기가 후퇴하자 어떻게 연방 정부의 지출을 늘려 극복했는지, 이후 유럽의 전운이 점점 더 가까이 다가오자 뉴딜 정책의 목표에 집중하지 못하고 어떻게 관심을 다른 데로 돌렸는지 등등을 일일이 설명하지는 않겠다. 여기서 언급해야 할 것은, 뉴딜 정책이 번영을 완전히 회복시킨 것이 아니라는 엄연한 사실이다. 미국이 번영을 되찾은 것은 국방비 지출이 최고조에 이르렀던 1940~1941년이 되어서였다.

하지만 뉴딜 정책은 여러 가지 면에서 미국 경제의 본질을 영구적으로 바꾸어 놓았다. 여기서 잠시 뉴딜 정책이 일으키고 풀어놓은 몇 가지 변화와 새로운 힘을 살펴보자.

1 | 뉴딜 정책은 미국에서 행해졌던 경제 게임의 여러 규칙을 고쳐 썼다. 예를 들어, 1920년대에 금융 면에서 일어난 어리석은 사태의 재발 방지를 위해 시중 은행을 증권 사업에서 분리시켰고, 관련 내용에 대한 철저한 정보 공개 없이 유가증권을 발행하는 것을 금지시켰다. 증권 거래상의 주가 조작을 규제했으며, 거래소를 단속할 연방 정보기관을 세웠고, 공익사업 분야의 불합리한 지주회사 구조를 해체했다. 새로운 규칙서가 나왔을 뿐 아니라, 연방 정부는 여러 면에서 그 규칙을 강화하고 해석하는 중재자로 자리를 옮겼다.

2 | 뉴딜 정책은 약자의 보호자로서 경제 게임에 광범위하게 개입했다. 과거 시대의 게임 규칙이 작용하여 수요공급의 법칙이 미국 농부에게 타격을 줄 것 같으면 뉴딜 정책이 개입하여 농부가 받아야 할 가격을 보장해 주었다.(기질적으로 보수파에 속했던 미국 농부들이 자신들의 경제적 삶을 그들을 대변해 주는 정부의 결정에 맡

기게 되었다는 것은 뉴딜이 가져온 기묘한 결과이다.)

마찬가지로, 뉴딜 정책은 전직 대통령 후버가 세운 금융부흥공사를 통해서 병든 기업을 지속적으로 도왔고, 파산 지경에 이른 회사가 망하는 것을 막는 활동에 나섰으며, 융자 할부금을 대신 내 주며 농장주와 주택 소유자들을 원조했다. 새로운 주택 건설회사 설립에 필요한 출자를 승인했고, 은행 예금을 보장해 주었으며, 사회보장제도를 통해 실업자와 노인을 일정 정도 도와주었다. 노동자를 위한 최저임금 및 노동시간법에 서명하기도 했다.

이 모든 정책을 통해 워싱턴은 이렇게 말하고 있었다. "경제법칙이 제어되지 않고 작동한 탓에 많은 사람이 거기에 사취당하는 경향이 있어 보이는가? 괜찮다. 우리가 보조금이나 담보, 보험으로 그 손해를 보상해 줄 것이다." 간단히 말해서, 뉴딜 정책은 가치와 보상의 결정자로서 시장을 폐쇄하지 않고 오히려 더 많이 만들었다.

3 | 뉴딜 정책은 댐·다리·공원도로·유원지 등을 대규모로 건설하고, 심지어 구호받는 사람들까지도 사기업을 방해하지 않도록 신중하게 고안된 온갖 종류의 사업체에서 일하도록 투입하여 고용을 자극하는 의욕적인 작업에 돌입했다. 전력을 공급하는 사기업과 경쟁하고, 홍수를 예방하며, 농부들에게 자연보호 원칙을 가르치는 등 복합적인 문제를 해결하고자 '테네시 강 유역 개발공사'(TVA)를 세웠다.

4 | 뉴딜 정책으로 노조에는 파란불이 들어왔다. 그전까지는 클레이튼 법안처럼 단체 협상을 인가하는 듯 보였던 법들이 법원의 결정으로 종종 무효화되는 상황이었다. 하지만 이제는 1932년

뉴딜 정책의 일환으로 진행된 하수관 교체 공사. 뉴딜은 일자리 창출을 위해 대규모 공공 건설 사업을 추진했다.

노리스-라구아르디아 반파업중지법[황견조약 금지. 비폭력 노동분쟁에 대한 법원의 파업중지명령을 금지했음]에 이어, 1933년의 국가산업부흥법(NIRA) 7A항이[NIRA의 7A항에서 노동조합 조직을 합법화했음], 그리고 대법원이 이 법을 보류하자 와그너 법[국가노동관계법(NLRA), NIRA가 위헌이라는 이유로 무효화되자 다시 통과시킨 법. 노동자의 단체교섭권을 보장하도록 연방에 기구를 설치]이 잇따라 나왔다. 노조 조직을 허가하는 방침이 분명하고 명백해지자, 노조에 가입하려는 이들이 쇄도했다.

1935년, [1920~60년까지 전미광산노동자조합UMWA의 의장을 지낸 미 노동조합 운동의 대부] 존 L. 루이스는 산업별 노동조합(CIO)을 결성했다. CIO는 미국 노동총연맹(AF of L)에서 축출되면서 산업 노조로 특화된 경쟁 조직이 된 것이다. 산업별 노동조합은 이제껏 노조화되지 않았던 중공업, 특히 자동차와 철강업계로 파고들어갔고, 그 결과 격렬한 투쟁이 연달아 일어났다. 낡은 사상을 고수하는 고용주들은 스파이와 불량배를 고용하는 데 수십만 달러를 썼고, 분노한 노동자들은 맹렬한 파업으로 맞섰다. 1936년 가을부터 1937년 봄까지 몇 달 동안, 50만 명에 이르는 남녀가 일

자리를 떠났다. 그들은 주로 공산
주의 조직책이 조장하고, 다른 사
람들도 채택했던 새롭고 불법적인
연좌 농성 파업 방식을 취했다. 폭
동과 유혈 참사가 일어나며 각 산
업도시에는 거의 내전 때와 같은
긴장이 감돌았다. 긴장이 최고조에
달했을 때, 대기업인 US철강주식회
사 이사회 의장인 마이런 테일러가
자발적으로 CIO 소속 단체 중 하나
와 노조 계약을 맺었다. 작은 철강
회사들은 계속해서 파업을 겪었지
만, 노조 결성은 당시의 피할 수 없
는 질서였음이 분명했다.

'새롭고 불법적인'
파업 방식인 **연좌
농성**(위)과
승리(아래).

　그리하여 1933년 300만에도 못 미치던 미국 내 노조원의 수는,
1930년대가 끝날 무렵 거의 900만으로 급증했다. 초반에는 노조에
가입할 꿈도 꾸지 않던 사무직 노동자들도 노조를 조직하고 파업
하겠다고 위협했다. 고위 간부와 피고용인들은 그들 사이에 놓인
불신의 벽으로 인해 서로 갈라졌다. 부분적으로는 노조의 압력 때
문에, 기업과 산업계에서 주당 평균 노동시간은 1930년대가 시작
될 무렵보다 5시간 정도 짧아졌고(49.3시간에서 44시간으로), 토요
휴무제가 표준으로 자리 잡았다.

　뉴딜 정책은 노조와의 전반적인 공감을 바탕으로, 나중에 〔저명
한 경제학자〕 존 케네스 갤브레이스가 미국 경제의 '상계 세력'이라
고 부른 세력을 풀어 주었다. '상계 세력countervailing force'이란
사업 경영진에 반대하여 행동하고, 한동안 만만찮은 규모의 알력

을 초래하며, 국가 수입을 저소득층에게 재분배하려 노력하는 세력을 일컫는다.

5 | 뉴딜 정책은 국가 경제를 전체로서 다루려고 노력했다. 이 정책은 〔일정량의 금 가치를 기준으로 단위 화폐의 가치를 재는〕 금본위제의 자동적인 작동을 폐기하고, 〔통화 당국이 금준비에 관계없이 자유롭게 발행량을 조절하도록 되어 있는 통화인〕 **관리통화**에 가까운 무언가를 도입했다. 정부의 가장 중요한 임무가 예산의 균형을 맞추는 것이라는 생각을 버리고, '적자 지출'이라는 케인스적 아이디어를 받아들였다. 이는 아주 낙관적인 개념으로, 상황이 나쁜 시절의 적자가 좋은 시절의 흑자로 메워져 균형을 이루게 된다는 아이디어이다. 그러한 꿈에 내재하는 위험이 무엇이건 간에 그 개념은 꽤 견고하게 확립되어, 이제 경제가 지속적으로 균형을 유지하는 것은 지출과 국고 관리를 담당하는 워싱턴 당국의 책임이 되었다.

개혁 조치와 보조금, 담보, 공공사업, 노조 장려, 경제를 전체로서 조종하려는 시도 등 이 모든 〔정부〕 개입의 결과는 물론 사회주의적인 질서는 아니었다. 적어도, 정부가 경제와 산업의 관리를 넘겨받는다는 낡은 의미에서 보자면 말이다. 엄청나게 다양한 기업 관리가 여전히 사적인 지배 아래 남아 있었기 때문이다. (비록 규제로 묶인 경우가 많았고, 세금으로 고통받았으며, 노조의 저항에 시달려서 많은 경영 간부들이 정부와 노조의 포로인 양 느끼긴 했지만 말이다.) 그렇다고 해서 자유로운 경제 질서도 아니었다. 적어도 모든 이의 경제적인 부가, 허버트 후버가 1930~1931년에 그랬던 것처럼 정부는 방관하는 상태에서 열린 시장에서 사는 사람과 파는 사람의 행동으로 결정된다는 낡은 의미의 질서에서 보자면 말이다. 개입의 결과는 이 둘의 중간쯤이었다. 중재자인 정부가 계속해서 호루라기를 불며, 〔미식축구 심판처럼〕 이 선수 저 선수를 벌주거나 궁지에 몰린 팀이 15야드를 더 간 것으로 해 주려고 운동장으로 돌진하는, 수정 혹은 교정 자본주의 정도가 적절하겠다.

말 나온 김에 덧붙이자면, 이 신질서는 루스벨트와 그의 자문위원들이 포괄적인 방식으로 기획한 것이 아니었다. 말하자면 땜질식의 짜깁기 조치였는데, 이 조치들은 서로 연관 관계가 거의 없는 거나 다름없이 만들어졌다. 따라서 몇 년 뒤 미국 경제는 새롭고 더 품위 있는 저택이라기보다, 여러 군데를 폭넓게 개조한 오래된 집 같아 보였다. 여기에는 새 지붕을 이고, 저기에는 한쪽 문짝만 갈고, 마루는 일부 아래에만 새 지지대로 받친 다음, 하인 수만 잔뜩 많아진 집 말이다.

신질서가 특별히 잘 기능했다고 보이지도 않는다. 치명적인 재앙을 비켜 간 것은 사실이다. 오랫동안 행운과는 거리가 멀었던 수많은 이들에게 희망을 준 것도 사실이다. 하지만 전쟁의 그림자가 짙어지고, 미국이 국방을 위해 열광적으로 무장하기 시작하고 나서야, 이 새로운 혼종 국가체제가 실제로 작동되기 시작했다.

그래도 1930년대라는 모진 10년은 미국인에게 많은 유산을 남겼고, 미국인의 미래에 중요한 의미를 안겨 주었다.

미국이라는 '국가 공동 운명체'의 탄생

그중 가장 근본적이고 중요한 것은, 개개인의 운명이 서로 얽혀 있으며, 그들이 "모두 한 배를 타고 있다"는 개념이다. 국가 위기가 경제학자, 사회학자, 정치학자, 지식인 전반의 능력을 이렇게 시험한 적이 있었던가. 그들은 동포들에게 실제로 무슨 일이 일어나고 있는지, 월 가의 은행가와 디트로이트의 제조업자, 워싱턴의 관료와 입법자들의 움직임에 여러 가지로 어떻게 영향을 받는지, 하루하루 어떻게 살아가는지 밝혀내야 했다.

1930~1931년 사이에 내가 1920년대 미국에 관한 비공식 역사를 다룬 『온리 예스터데이Only Yesterday』〔『원더풀 아메리카』〕란 책을 작업할 당시, 내 최고의 정보원은 그 당시의 일간지와 잡지들이었다. 내가 꼭 참고해야 했던 책, 르포르타주, 평가 등이 책장한 단을 차지했었다. 그리고 1939년에는 1930년대에 관한 비슷한 책, 『과거 이후Since Yesterday』를 집필했다. 그런데 이번에는, 내 시간과 에너지가 허락한다면 다루어 봐야 할 책이 큰 도서관 건물을 다 채울 정도였다. 여론조사원이나 사회 분석가, 경제 통계학자, 다양한 조사 보고서의 저자들이 동시대의 상황을 너무나 열심히 조사했기 때문이다. 또한, 학자들뿐 아니라 그다지 교육받지 못한 사람들을 포함한 수많은 남녀들 사이에 미국인에게 내재한 반쯤 신비주의적인 신념이 점차 퍼져 나가고 있음이 명백했다. 이들이 성공적으로 사건을 정리하는 능력이 아주 진지하게 시험대에 올랐기 때문에, 그 신념은 더욱더 놀라운 것이었다. 다른 환경과 과거를 가진 남녀가 자신들의 운명이 상호의존적임을 발견하면서, 서로 상대를 새로운 이해의 시선으로 바라보기 시작하고, 대체로 상대를 서로 좋아하고 있음을 깨닫는 것과 비슷하다고나 할까.

이 신념이 당시의 정치사회적 분쟁에 어떤 영향을 미쳤는지는 측정하기도 어렵고 그 영속성도 불확실하다. 하지만 이 책을 읽는 수많은 독자들이, 예컨대 1939년 뉴욕 세계박람회를 기억할 때 분수며 조명 장식을 한 나무, 불꽃놀이, 건물의 양 측면을 타고 아래로 흐르는 인공 폭포며 제너럴 모터스의 상상으로 가득 찬 미래상 전시, 수상 쇼에서 왈츠에 맞춰 수영하는 소녀들, 화려하게 꾸

1939년 뉴욕
세계박람회.

며진 여흥 등을 즐기면서 느꼈던 당시의 감각, 즉 일종의 내면적
인 흥분은 기억하지 못하는 게 아닐까 생각해 본다. 이 흥분을 표
현할 적절한 말을 찾는다면, 다음과 같이 말할 수 있을 것이다.

"이 모든 것이, 아름다운 것과 어리석은 것 모두 한결같이, 이 땅
에 사는 1억4천만 명의 사람들, 즉 자신들의 운명이 함께 내던져져
있음을 알게 된 상냥하고, 창의성이 풍부하며, 희망에 차 있는 사
람들을 다양한 방식으로 비추었다."

1930년대의 유산에 추가되는 두 가지가 있다. 하나는, 미국인 개
개인이 심각한 문제에 빠졌을 때 나머지 사람들이 정부를 통해서
이들을 도와주러 올 임무가 있다는 생각이다. 다른 하나는, 대공
황 같은 사태를 결코 반복하지 않는 것 역시 정부를 매개로 한 국
민의 몫이란 점이다. 오랜 세월에 걸쳐 진통을 겪고 지독하게 논쟁
하며 얻어 낸 이 생각들은, 1940년 즈음 대다수 사람들에게 암묵적
으로 수용되었다. 물론 이 생각을 실천하며 사는지는 두고 봐야 할
일이지만.

11 마지못해 강대국

전쟁에 부정적인 국민 여론

1930년대 초중반, 해외에서 전해지는 소식은 정복 야욕을 품은 호전적인 나라들이 적지 않음을 섬뜩하게 상기시켰다. 하지만 처음에는 이런 소식들이 대공황이란 드라마가 펼쳐지는 동안 무대 뒤에서 들리는 소음으로밖에 여겨지지 않았다.

1931년 일본이 만주를, 1935년에는 이탈리아의 파시스트 무솔리니가 에티오피아를 침략했고, 1936년엔 히틀러가 [프랑스와 영유권 분쟁을 벌이던 지역인] 라인란트로 진격하여 더 밀어붙이겠다는 의도를 분명하게 드러냈다. 미국은 강도 높게 비난했지만, 대다수의 미국인은 그러한 외국의 파괴 행위에 대해 어떠한 조치를 취하는 게 자신들의 몫은 아니라고 여겼다. 당시 미국에는 고립주의적 분위기가 팽배했다. 다른 나라에서 무슨 일이 일어나건 상관없이 중립의 벽 뒤에서 안전하고 만족스럽게 살 수 있다고 확신했기 때문이다.

이는 미국의 개인들이 여러 가지 경로를 거쳐 도달하게 된 믿음이었다. 우선, 외국의 모든 것을 철저하게 불신하는 부류가 있었다. 이런 논리는 수많은 아일랜드계(영국에 아무 애정이 없는)와 독일계(독일과 또다시 충돌하는 게 두려웠던) 사람들, 동부인들은 격식을 차린 유럽 외교관들의 부추김에 잘 넘어간다고 의심하던 다수의 중서부 사람들과 북미 대평원 주민들에게 먹혀들었다.

공황으로 인해 심한 고통을 겪은 남녀들은 이 고통을 금융자본가와 대기업 사업가의 탐욕 탓으로 돌렸고, 그리하여 나라를 전쟁으로 몰아넣으려는 것은 "국제 은행가"와 "전쟁 상인"의 교활한 책략이라는 믿음으로 귀결되었다. 공산주의자와 그 졸개들도 월 가

대공황기에 벌어진 **구직자 시위.**

와 군수품 제조업자들에 반대하는 강력한 항의에 동참하라는 지령을 받았다. 프랭클린 D. 루스벨트 대통령을 깊이 불신하여, 그가 자신의 권력을 더 확고하게 굳히려고 나라를 전쟁으로 끌어 가려 한다고 의심하는 사람들도 있었다. 미국이 굳이 외국 원정을 감행하지 않아도 자국 내에서 공황의 여파에 충분히 대처할 수 있으며, 미국이 민주주의와 자유를 위해 할 수 있는 최선의 기여는, 이러한 이상이 미국 국경 안에서만 실현 가능함을 보여 주는 것이라고 진지하게 믿는 이들도 있었다.

마지막으로, 제1차 세계대전 이후 환상에서 깨어난 젊은 세대로서, 로이드 모리스의 문구를 빌자면, 전쟁에 대해 '가차 없이 냉소적'이 된 남녀들이 있었다. 이들은 1920년대에 젊은 시절을 보내고 이젠 중년에 접어들었으며, 그중 견실하고 영향력 있는 시민이 된 다수는 제1차 세계대전에 미국이 개입했던 것이 부모 세대의 비극적인 실수였다는 확신을 갖고 있었다.

1930년대 중반, 노스 다코타 주의 제럴드 P. 나이가 수장으로 있던 상원 위원회가 제1차 세계대전 기간에 일부 미국 기업이 거둔 어마어마한 이익을 폭로했고, 모건과 듀폰 등 대기업들이 미국을

1935년 4월 12일
'전쟁 반대 파업'을
예고하는 포스터.
대학생들을
대상으로 한 잡지에
실린 것이다.

전쟁에 엮이게 했다는 인상을 전파하는 데 성공했다. 그러자 수많은 사람들이 자신들의 의심이 입증되었다고 생각했다. 제1차 세계대전에 대한 '수정주의적' 시각이 정통한 시각으로 자리한 것이다.

그리하여 1937년 1월, 갤럽[통계학자이자 여론조사가인 조지 호레이스 갤럽은 1935년에 여론 연구소를 창설했다.]의 여론 조사원들이 "미국이 세계대전에 참가한 것이 실수였다고 생각하십니까?"라고 묻자, 응답자 중 적어도 70퍼센트가 "그렇다"고 대답하는 사태가 벌어졌다. 1935년 가을, 전쟁을 선포하기 전에 의회가 국민투표로 국민의 찬성을 얻어야 할지 갤럽이 묻자, 응답자의 75퍼센트가 "그렇다"고 대답했다. 물론 이렇게 대답한 사람 중 국민투표를 준비하는 데 얼마나 오랜 기간이 걸리는지 제대로 알았던 사람이 얼마나 되는지는 알 수 없다. (일본이 진주만을 폭격했을 때 국민투표를 하려고 기다렸다고 생각해 보라!) 그럼에도 불구하고, 이 답변은 의미심장하다. 이는 자국 내의 악당과 얼간이들이 선량한 사람들을 속여 전쟁으로 몰아넣었다는 시각이 당시에 지배적이었음을 보여 주기 때문이다.

중립주의를 위협한 전쟁의 불길

1935, 1936, 1937년 동안, 미 의회는 미국이 전쟁 중인 다른 어느 열강에게도 무기나 군수품을 팔지 못하게 하는 '중립 법안'을 연달아 세 차례에 걸쳐 통과시키면서 이러한 고립주의적 분위기를 표현했다. 루스벨트 대통령과 국무부는 이 법안들을 탐탁지 않게 여겼다. 이 법안들이 비현실적이고, 미국의 손발을 묶는 것이며, 해

외에 대한 영향력과 권리를 부정하는 거라고 보았다. 하지만 거스르기에는 여론이 너무나 강력했다. 1937년 10월, 루스벨트가 침략자들과는 '국교를 단절해야 한다'고 연설하자, 항의 소동으로 귀가 멍멍할 지경이었다.

하지만 사태는 이미 걷잡을 수 없이 빠르고 불길하게 진행되고 있었고, 무대 뒤의 소음은 위협이 증가하고 있음을 강하게 암시했다. 1937년 무렵, 히틀러와 무솔리니는 둘 다 스페인 내전에서 독재자 프랑코를 적극적으로 지원했다. 같은 해에 일본은 중국을 공격했다. 1938년 3월, 히틀러는 오스트리아를 점령했다. 그해 가을 뮌헨 회의에서, 히틀러는 영국과 프랑스를 위협하여 독일이 체코슬로바키아의 일부를 점령하는 데 동의하게 했다. 이듬해 봄, 히틀러는 뻔뻔스럽게도 체코슬로바키아의 나머지 지역을 모두 점령했고, 무솔리니는 알바니아를 침략했다. 1939년 늦여름, 히틀러는 스탈린과 동맹을 맺고 폴란드를 공격했다. 이제 영국과 프랑스도 더는 방관할 수 없게 되었다. 바야흐로 제2차 세계대전으로 흘러가게 된 것이다.

다음 해 여름경, 곧 1940년 여름에 미국인들은 핀란드가 러시아에 공격당하고, 덴마크와 노르웨이가 히틀러에게 침략당했으며, 베네룩스 3국과 프랑스조차 믿을 수 없을 정도로 격파당하는 것을 공포에 떨며 목격했다. 이제 영국만이 히틀러의 전 유럽 정복의 걸림돌이었고, 영국이 어떻게 버티느냐에 성패가 달려 있었다.

이 당황스런 사건들의 연속은, 히틀러의 돌진이 의미하는 바를 국민에게 일깨우려는 루스벨트의 강도 높고 설득력 있는 노력이 더해져서 미국인들에게 큰 충격을 주었고, 미국이 제 힘으로 따로 뚝 떨어져서 살아갈 수 있다는 능력에 대한 확신에 서서히 그러나 결정적인 변화를 가져왔다. 1930년대 중반에 있었던 명백한 도덕

1939년 9월,
히틀러의 독일은
스탈린과 동맹을 맺고
폴란드를 침략했다.
이로써 세계대전은
돌이킬 수 없는 일이
되었다.

적 확신, 곧 전쟁은 군수품 제조업자가 조장한다는 등의 생각은 해외에서 전해지는 소식에 하나씩 잠식되었다. 불길한 사건이 일어날 때마다 미국의 여론은 바뀌었다. 때로는 그 변화가 너무 빨라서, 잇따른 갤럽 조사로 그 추이를 추적해야 할 정도였다.

예를 들어 1939년 3월, 여론조사에 참가한 사람들 중 52퍼센트가, 만약 유럽에서 전쟁이 일어난다면 미국이 영국과 프랑스에 항공기 및 기타 전쟁 물자를 팔아야 한다고 생각했다. 바로 그 다음 달 히틀러가 체코슬로바키아를 완전히 점령한 뒤, 이 비율은 66퍼센트까지 올라갔다. 1939년 가을에 전쟁이 실제로 발발하자, 중립 법안은 군수품의 현찰 판매를 허가하는 쪽으로 수정되었다. 하지만 대다수 미국인들은 자신들이 바다 건너편에서 목격하고 있는 악몽 같은 변화에도 불구하고 여전히 명확한 입장을 밝히길 꺼린 채 요지부동이었다. 미국의 중립주의는 쉽게 죽지 않았다. 프랑스가 무너지고 영국이 홀로 남아 '피, 고생, 눈물, 땀'이라는 상황에 맞닥뜨리자, 비로소 미 국민은 새로운 국면에 대한 냉혹한 필요성을 감지하고는 누군가가 무언가를 조작하고 있다는 의구심을 잠재우기 시작했다.

날벼락 같은 일본의 진주만 공격

1940년 6월 프랑스가 붕괴하자, 미국은 무기 생산을 급격하게 늘리기 시작했다. 자주국방의 절박한 필요성은 거의 모든 사람을 단결시킬 수 있었다. 그 후 몇 주가 지나지 않아서, 루스벨트는 영국에 총과 노후한 구축함을 제공하기 시작했다. 1940년 초가을께, 미국에서 징병법이 실시되기 시작했다. 그런데 바로 같은 계절에, 두 명의 대통령 후보는 유럽을 원조하는 데 동의하긴 해도 미국을 전쟁으로 몰아가서는 안 된다고 한목소리로 주장했다. 이 두 명의 후보는 전례를 깨며 세 번째 출마한 프랭클린 델러노 루스벨트*와 공화당의 막바지 선택을 받은 [변호사 출신의] 웬델 윌키였다.

'연합군을 원조하여 미국을 방어하려는 모임'과 [중립을 주장하는] '자유를 위한 투쟁회'와 '아메리카 퍼스트'를 지지하는 연설자들이 격렬하게 대치했다. 이듬해, 히틀러가 영국 도시를 폭격하여 초토화시키고, 발칸 제도를 침범하고, 러시아를 침략하고, 일본이 극동 지역을 위협하자, 여론은 점차 직접적인 개입 쪽으로 기울었다. 무기 대여 법안이 대다수의 지지로 의회에서 통과되었고, 미국 군함이 영국으로 가는 보급선을 호위하기 시작했다. 미국은 독일과 선전포고 없는 전쟁 국면에 접어들었음을 깨달았다. 하지만 1941년 12월이 다가올 즈음까지도, 나라는 여전히 정서적으로 날

---

*3선 대통령 루스벨트 1932년에 이어 1936년 대통령에 재선된 루스벨트는, 1940년 3선에 성공한다. 지금처럼 대통령직의 3선을 금지하는(즉, 재선까지만 허용) 규정은 1947년 헌법수정조항 22조로 명시되었다. 그전에는 스스로 3선을 마다하고 고향으로 내려간 초대 대통령 조지 워싱턴에 대한 존경의 표시로 관습적으로 3선 금지 규정을 지켜 왔다. 유일한 예외는 대공황과 2차 세계대전이라는 전무후무한 위기 상황에서 4선까지 성공한 프랭클린 루스벨트뿐이다. 단, 대통령 유고시 부통령에서 대통령직을 승계받은 자가 4년 임기의 절반 이하만 대통령직을 수행할 경우에 출마하면 재선까지 할 수 있다. 트루먼은 3년 남은 임기를 이어받았기 때문에 1948년 선거에만 출마했고, 1952년에는 법률적으로 출마가 불가능했다.

제2차 세계대전 당시
미국의 중립을 주장한
'아메리카 퍼스트'
모임.

카롭게 분열되어 있었다.

그 당시 많은 미국인들, 아마도 과반수는 미국이 전쟁에 완전히 빠져들 위험이 있더라도 히틀러를 반드시 물리쳐야 한다고 믿었다. 그리고 극소수는 미국이 가진 모든 것을 전쟁에 쏟아 붓고 전력투구하는 것까지 찬성했다. 또, 꽤 많은 편에 속하는 소수는 루스벨트의 호전적인 태도를 강한 불신의 눈으로 주시했다. 이 중 아주 적은 수만이 히틀러나 일본 제국주의자들을 모종의 호의를 갖고 지켜보았다. 간단히 말해서, 아무리 침략 행위가 싫어도 그 공격이 당장 서반구를 위협하지 않는 한, 이를 저지하려고 참전해서는 안 된다는 게 지배적인 정서였다.

그런데 1941년 12월 7일, 모든 의혹을 끝장낸 날벼락이 떨어졌다. 그 날벼락은 아이러니하게도 히틀러의 독일이 아닌 일본에서 날아왔다. 〔일본 해군의 항공대와 잠항정이 하와이 진주만의 미국 태평양 함대를 기습 공격하여 태평양 전쟁의 도화선이 된〕 진주만 공격은 부인할 수 없는 도전이었다. 그리고 곧바로, 약속이나 한 듯이 히틀러와 무솔리니가 미국에 선전포고를 했다. 이렇게 되자, 유럽의 문제가 미국을 계속 분열시킬 것이라는 일말의 기대조차 사라졌다. 주사위는 던져졌다. 느닷없이, 미 국민은 아시아와 유럽에 있는 두 적에 맞서 제2차 세계대전을 승리로 이끌겠다는 결연한 의지로 단결하게 되었다.

이 연이은 사건들로 미국인은 마지못해, 뒷걸음치는 사람마냥, 다음과 같은 사실을 인식해야 했다. 즉, 미국은 아메리카 대륙에서 유일한 안전 국가가 아니라 세계의 강대국이며, 그에 따르는 기회와 의무에 부응해야 한다는 점이었다. 미국인은 이러한 생각에 분개했

1941년 12월 7일
일어난 **진주만 공격**.

다. 그들은 제 힘으로 자신들이나 돌보는 게 훨씬 낫겠다고 느꼈으
며, 이 정서는 여전했다. 하지만 선택의 여지가 없었다.

어쩔 수 없는, 덤덤한 전쟁

제1차 세계대전 동안에는 활기찬 십자군 정신과 함께 전쟁에 대한
반감도 상당했다. 그러나 이번에는 반대가 전혀 없었다. 미국이 참
전했던 3년 8개월 동안 내내 반전파나 평화주의자 조직도 없었다.
어마어마한 세출 예산에 대한 반대도, 그 안건에 대한 눈에 띄는
저항도 없었다. 하지만, 십자군 정신은 찾아보기 어려웠다. 제1차
세계대전에 대한 대중의 환멸과 제2차 세계대전 참전에 대한 논란
이 남긴 여파였다.

　사람이 전쟁 표어와 군대 행진에 얼마나 현혹될 수 있는지 듣
고 또 들은 당시 세대로서는, 마음 깊은 곳에 회의적인 생각이 깃
들어 있을 수밖에 없었다. 이 새로운 전쟁은〔제1차 세계대전 기간
중에서도〕1917년에서 1918년까지의 전쟁과 놀라울 정도로 비슷했

다. 적어도 유럽에서는 그랬다. 명백한 차이와 사태에 대한 뚜렷한 논리에도 불구하고, 수백만 사람들의 무의식 속에는 애국심에 찬 연설을 들을 때마다 책망을 불러일으키는 무언가가 남아 있었다. 그들은 집단 히스테리의 희생자가 되고 싶지 않았다. 국기가 휘날리는 것조차도 거북스러워했다. 앞으로 있을 일에 최대한 객관적인 상태로 머물고 싶었다.

그 결과, 사기 진작을 담당한 장교들은 미국의 전쟁 목표에 관한 지침을 내릴 때 미국 군인들이 보인 엄청난 무관심을 상부에 보고해야 했다. 대부분의 병사들 마음속에 있던 전쟁 목적은, 집에 돌아가는 더 빠른 방법이 없다면 적을 물리쳐야겠다는 것인 듯했다. 용기와 인내를 북돋우는 가장 강한 힘은, 군복을 입었다는 자존심과 동료에 대한 충의인 것 같았다. 밴드의 연주도 별로 없었고 트럼펫 소리도 거의 들리지 않았으며, 퍼레이드도 없었다. 이런 분위기에서 멋모르고 미국의 전쟁 이상을 옹호했다가는 주변에서 쏟아지는 냉랭한 시선을 감내해야 했다.

게다가 반개입주의자였던 사람들과 그저 내키지 않아 했을 뿐인 일부 사람들의 감정적 의혹은 여전히 그들을 옭아매고 있었다. 이들은 철저한 정부 지배와 일반 시민의 모진 희생을 요구하는 일부 전쟁 정책에 맹렬히 반대하며, 여전히 회의적으로 마지못해 움직이고 있었다. 이들은 무조건적인 충성을 바치며 망설임 없이 전쟁에 나갔고, 형제나 아들을 전쟁에 내보냈다. 그래도 정서적인 경계심은 여전했다. 영국을 불신했고, 태평양에서 전쟁이 벌어지기 이전부터 유럽에서 전쟁에 끼어든 미국 고위층의 성향도 의심스러웠다. 또 전쟁을 구실로 미국 경제에 전직 교수들을 개입시키려는 자문 위원 무리를 봐주는 것 같은 워싱턴 관리들을 비웃기도 했다.

물론 공황도 상처를 남겼다. 오랜 세월 동안 운명이 자기들 편이 아니었으며, 운명의 수레바퀴가 다음번에 굴러갈 때에는 엄청난 재난 속에 내던져질지도 모른다고 여긴 사람들에게는 다가올 미래가 거대하고 불길한 물음표나 다름없었다. 물론 그들은 맞서 싸울 것이었다. 하지만 그 후엔 어떻게 될 것인가? 일단 적을 무너뜨리고 나면, 어떤 긍정적인 결과를, 참된 희망을 갖고 기대할 수 있을까? 그들은 알지 못했다. 전쟁의 대의 운운하는 건 공허하게 들렸다. 자기 할 일은 하겠지만, 밝은 희망은 없었다. 일부 사람들은 실업계의 거물로 보이는 그 누구에게나 심한 불신을 품었다. 윗대가리들이 사리사욕을 채우려고 참전한 것이라고 이해했기 때문이다. 당시 평범한 군인이 대치하고 있는 적보다, 언덕 위의 집에서 샤워도 하고 다양한 칵테일을 마시며 편안하게 생활하는 직속 대장에게 더 생생한 분노를 느꼈다는 것은 그만큼 대공황의 기억이 가까웠기 때문이다.

그래도 미국의 무장 군대는 거의 예외 없이 멋지게 싸웠다. 마음속으로 싸움의 명분이 지닌 정당성을 깊이 의심했다면 어떻게 그렇게 싸울 수 있었을지 의심스러울 만큼. 대체로 미국의 민간인들도 총력전이라는 중요한 도전에 적절히 대응했다. 이들에 대해서도 똑같이 말할 수 있다. 그들 역시 비록 미국의 임무가 어쩌고저쩌고하는 미사여구를 신용하진 않았을지 몰라도, 그 타당성을 전적으로 믿었다. 사태가 최악으로 흘렀을 때조차, 군인이건 민간인이건 간에 종국에 다가올 승리를 믿어 의심치 않았다. 그 승리가 정말 화목하고 편안한 평화를 보장할지는 미심쩍었지만 말이다. 미 국민은 국가와 자유에 대한 미몽에서 깬 덤덤한 옹호자였다.

브레이크 풀린 미국의 생산력

이 책에 제2차 세계대전에 관한 군사적 이야기를 상세히 늘어놓을 생각은 없다. 일본이 태평양의 대부분을 차지했고, 미국 군대가 〔필리핀 마닐라 만에 있는 반도〕 바탄에서 격퇴당했으며, 독일 잠수함이 〔미 노스 캐롤라이나 주〕 해터러스 곶의 기름얼룩 속에 미국 함선들을 침몰시켰던 초반의 고통스런 나날부터, 노르망디 상륙작전의 놀라운 성공, 프랑스에서 거둔 압승, 〔프랑스 아르덴 · 벨기에 · 룩셈부르크 · 독일과 인접한〕 벌지에서의 후퇴, 독일로의 진군, 태평양에 흩어져 있는 섬들에서 거둔 연이은 승리에 이어 일본에 원자폭탄 투하, 그리고 1945년 8월 항복을 받아 내는 것으로 이어지는 긴 이야기를.

장군, 외교관, 군사 역사가, 자서전 작가 등이 각각의 전략적 결단과 전술적 조치 하나하나를 묘사하고 논쟁하며, 이 거대한 전말에 대해 다양하게 말해 왔다. 특파원과 소설가, 극작가들은 〔태평양 솔로몬 제도〕 과달카날의 늪지대와 노르망디의 산울타리로, 〔태평양 길버트 제도〕 타라와와 〔이탈리아〕 살레르노 해변으로, 태평양 정찰의 기나긴 밤으로, 독일 상공에서 일어난 공중전으로 독자를 데리고 갔다. 그런데 오늘날에도 여전히 그 의미가 유효한데도 불구하고 충분히 거론되지 않은 것은, 그 근심스런 기간 동안에 미국이 생산 부문에서 거둔 눈부신 성과이다.

대공황의 불행은 놀라운 사실을 덮어서 감추고 있었다. 즉, 필요의 자극을 받아서 1930년대에 미국 산업이 능률 면에서 급격하게 성장했다는 점이다. 드러난 수치들은 의미심장하다. 경제학자들이 할 수 있는 최상의 평가에 따르면, 1인 1시간당 생산량은 1900년에서 1910년 사이에 12퍼센트 늘어났다. 1910~1920년에는 7.5퍼센트밖에 오르지 않았다. 숨 가빴던 1920~1930년에는 21퍼

센트 증가라는 인상적인 수치가 나왔다. 1930~1940년 공황 기간에는 많은 공장이 문을 닫거나 비상근 체제로 운영되었고, 능률과 효율에 강도 높은 압박이 있었던 시기임에도 불구하고 놀랍게도 41퍼센트나 상승했다. 다만, 대부분의 산업에 거의 언제나 일종의 브레이크가 걸려 있었다. 공장은 과잉생산을 해서는 안 되었다. 그러다가 전쟁이란 비상 체제에 돌입하자, 이 브레이크가 풀렸다.

위싱턴의 군사 정책 입안자들이 실로 웅장한 규모의 계획을 세웠기 때문이다. 제1차 세계대전 때에는 복무 중인 미군이 500만도 안 되었지만, 제2차 세계대전이 끝날 무렵에는 1,200만 명 이상이 복무 중이었다. 입안자들은 미군의 군사력을 무장·장비·보급에서 최고로 정비해 주고, 역사상 가장 편안한 환경을 제공하기로 작정했으며, 실제로 그렇게 되었다. 게다가 미국은 자국의 병력뿐 아니라 다른 나라의 병력에도 보급을 해 주어야 했다. 결과적으

제2차 세계대전의 추이. (왼쪽 위부터 차례대로) 바탄에서 격퇴당한 미군－**노르망디** 상륙 작전－미국의 **원자폭탄 투하**－일본의 **항복**.

로, 미국의 생산량과 전쟁 비용은 천문학적 수치를 기록했다.

1943년 말경, 미국은 제1차 세계대전 당시의 최고치보다 이미 다섯 배나 많은 비용을 전쟁에 쏟아 붓고 있었다. 1930년대에 뉴딜 정책을 비판한 사람들은 70 또는 80, 90억까지 이른 연간 연방 예산에 격노했었다. 아니, 미국을 파산으로 이끌 작정인가? 그런데 1942년 회계연도에는 〔나머지 전쟁 기간의 지출에 비해〕 상대적으로 적은 340억 이상을 지출했다. 1943년에는 790억, 1944년에는 950억, 1945년에는 980억, 1946년에는 600억을 썼다. 이 시기의 마지막 4년 동안, 미국의 '연간' 지출은 사실상 공황 시절에 그토록 중대한 걱정거리였던 총 국가 부채보다 훨씬 더 많았다. 미국의 국가 부채는 후버 재임 마지막 해에 190억에서, 1939년 400억으로 상승했다. 그런데 불과 몇 년 지나지 않아서 '1년에' 980억 달러를 써 버리는 정부가 생겨난 것이다. 그리하여 1946년 무렵, 국가 부채는 쌓이고 쌓여 2,690억에 이르렀다! 이 어마어마한 총액은 그때까지 미국 역사에서 일어난 일들을 사소한 변화처럼 보이게 만들었다.

더 빨리, 더 많이! 전시경제의 위력

그렇다면 많은 돈을 들여 야심적으로 진행한 군수물자 생산은 어떻게 이루어졌을까? 미국의 생산력은 비용에는 거의 신경 쓰지 않고 생산자들에게 제1차 세계대전 때처럼 생산량과 속도에만 집중하라고 주문하여 일궈 낸 결과였다. "얼마나 많이, 빨리 만들 수 있습니까?"

미국의 제조업자들은 대단한 열성을 가지고 그 도전에 응했다. 기록 갱신에 매달리는 특유의 열정에 호소했기 때문이다. 과연,

방송인이 야구 중계를 듣는 라디오 청취자들에게 만루에 아무개가 친 3루타가 1927년 이래 월드 시리즈 첫 경기에서 나온 최초의 3루타임을 알려 주거나, 달리기 선수인 남학생이 1.6킬로미터를 4분에 주파하는 기록을 세우는 역사상 최초의 인물이 되는 꿈을 꾸게 하는 나라다웠다.

새로운 공장이 빠르게 세워졌다. 전체 자동차 산업이 승용차 제조에서 탱크, 트럭, 무기 생산 쪽으로 방향을 틀었다. 합성 고무부터 레이더까지, 상륙용 함정부터 근접 전파 신관까지, 아타브린〔말라리아 예방약〕, 페니실린, 방역 살충제부터 원자폭탄을 개발하는 '맨해튼 프로젝트'에 이르기까지 온갖 종류의 새 생산품과 설비의 신속한 생산이 미국 공장에 할당되었다. 워싱턴에서 날아오는 요구는 늘 빨리, 빨리, 빨리, 그리고 많이, 많이였다.

그 결과는 다음과 같다. 1945년 미국 내 제품 및 서비스 총생산은 2,150억 달러에 이르렀다. 이는 910억 달러였던 1939년 총액의 두 배를 충분히 넘기는 액수이다. 전시의 물가 상승을 감안하더라도, 1945년의 생산 규모가 1939년보다 대략 66퍼센트 이상 더 많음을 알 수 있다. 미국의 산업은 아마도 전체 경제사에서 5년 안

'맨해튼 프로젝트'
이 계획을 진행한 컬럼비아 소재 푸핀 물리학 연구실. 1942년부터 45년까지 진행된 미국 정부의 **원자폭탄 개발 계획**이다. 미 정부와 군대가 나서서 집중 지원하고, 페르미와 아인슈타인 등 당대 최고의 과학자들이 참여한 이 계획은 곧 전국적인 연구 작업의 암호명이 되었다. 초기 연구가 맨해튼에 있는 컬럼비아 대학에서 많이 이루어져서 이런 이름이 붙었다. 어마어마한 물량 지원과 연구 끝에 1945년 7월 16일 오전 5시 30분, 뉴멕시코 주 앨버커키에서 남쪽으로 193킬로미터 떨어진 앨러머고도 공군 기지에서 최초의 원자폭탄이 폭발했다. 원자폭탄의 폭발력은 1만5천~2만 톤의 TNT와 맞먹었다. 그리고 다음 달, 맨해튼 프로젝트로 생산된 두 개의 원자폭탄이 히로시마와 나가사키에 투하되었다.

에 성취한 가장 놀랄 만한 생산량 증가를 달성한 듯했다.

궁핍한 호황

연방 정부가 전시 체제의 국가 경제에 수십억에서 시작하여 수백
억에 이르는 막대한 돈을 쏟아 붓고 있을 때, 국민의 생활수준에
는 어떤 변화가 일어났을까? 답은 대단한 호황이다. 1930년대 뉴
딜 정책의 집행자들은 경기 부양에 필요한 정부 지출을 연간 수십
억 선에서 유지하려고 성실하게 노력했다. 그런데 그들이 찻숟가
락으로 퍼 올렸던 것을 이젠 국자로 뜨는 격이 되었다.

　1943년 말, 직업을 바꾸거나 유망한 취직자리를 기다리는 사람
들을 제외하면 실업률은 눈에 띄게 줄어들었다. 1944년경, 호황의
징조는 어디에나 있었다. 어느 도시에 가건 호텔 방을 구하기가
어려웠다. 점심 식사 때 언제나 자리 잡기 쉬웠던 식당이 이젠 12
시가 지나면 꽉 들어찼다. 대부분 계산대에서 현금으로 거래되는
모피 코트와 보석 판매가 급증했다. 오랫동안 감소세를 보이던 사
치품 시장이 갑자기 수요가 넘쳐흘렀다. 어느 악기점 경영자는 그
랜드피아노가 새 것이든 수리한 것이든지 간에 갖다 놓기가 무섭
게 팔려나간다고 전했다. 1930년대 훨씬 전부터 불황에 시달려 오
던 뉴잉글랜드 공장 도시를 방문한 사람들은, 이제 새로 페인트칠
한 집과 산뜻하게 수리된 울타리를 볼 수 있었다.

　이러한 번영의 홍수는, 전쟁에 전력투구하는 탓에 필경 헐벗어
야 마땅할 나라에서 목격되기엔 기이한 현상이었다. 당시 미국은
민간 대공 감시원들이 추운 겨울 밤, 별이 총총한 하늘 아래 앉아
있을 것 같지 않은 적의 소리에 귀를 기울이던 나라였다. 공습 경
비원들이 〔적의 야간 공습에 대비하여 일정한 지역에서 등불을 모두

가리거나 끄는] 등화관
제를 철저히 실시하고
자 완장을 차고 "신호
50이 수신되었다. 공습
경비원을 배치하라!"는
말이 떨어지는 무시무
시한 순간을 끊임없이

1945년 무렵
인디애나의 **휴양지**
풍경.

기다리는 나라였다. 응급처치 팀은 삼각 붕대 감는 법을 배우고,
지혈점에 대해 사려 깊은 얘기를 나누었다. 나일론이 바닥나서 여
성들은 스타킹을 신지 않고 다녔으며, 담배·버터·설탕·커피는
공급이 부족했고, 비프스테이크는 극도로 보기 드문 요리가 되어
있었다. 징병 위원회는 워싱턴에서 날아온 최근 변경된 규정을 놓
고 골머리를 앓았다. 당시 어디서나 볼 수 있었던 군복 차림의 병
사와 선원들은, 공공의 안전을 위해 희생해야 한다는 모든 이의
의무를 끊임없이 상기시켰다. 이것이 미국의 상황이었다.

정부는 지출을 줄여 물가 상승을 늦추고자 할 수 있는 한 모든
조치를 취했다. 물가 상한선을 정하고, 부족한 필수품을 배급제로
지급하고, 임금을 동결하고, 초과 이익에 세금을 부과하고, 기록
적인 개인 소득세를 부과하여 얼마간 성과를 거두었다. 그러나 호
황이라는 것은 분명했고, 역설적이게도 그 물결은 곳곳에 넘쳐흐
르고 있었다. 1930년대의 기나긴 궁핍이 지나간 뒤였기에 이런 상
황을 환영하는 무언가가 있었음을 부인할 수 없다.

전쟁으로 돈을 번 사람과 못 번 사람

그렇다면 누가 돈을 벌어들이고 있었을까?

대체로 대기업 주주들은 그다지 많은 돈을 손에 쥐지 못했다. 당시 많은 대기업들은 대규모 전쟁 물자 생산을 주문받아, 국가 경제에서 입지를 강화하고 있었다. 하지만 경영진들이 미래의 불확실성에 대해 품은 경계심과 1919년의 전쟁 이익에 관한 곤혹스런 스캔들에 대한 기억, 초과 이득세가 그들의 배당금을 적은 수준에 머물게 했다. 주식시장은 활력을 잃었다. 거대 자본도 그 자체만으로는 시들했다.

대공황 시절에 가까스로 살아남아, 이제 대규모 전쟁 물자 생산을 주문받은 일부 중소기업들은 세율과 재계약 문제가 있긴 해도 엄청난 돈을 벌고 있었다. 비록 전쟁 물자 주문을 받지는 못했지만, 큰 이익을 거둔(역시 세전으로) 섬유업체를 비롯한 작은 회사들도 꽤 많았다. 하지만 다른 업계는 명백한 곤경에 처해 있었다. 예를 들어 관광객 숙소와 노변 선술집, 자동차 판매원들은 가스 배급제로 인해 괴로움을 겪었다. 물자 부족으로 심한 손해를 입고, 군수품 생산으로 방향을 틀 수도 없어 적자의 늪에 빠진 제조업자와 상인도 많았다. 하지만 이때 돈을 벌어들인 회사들보다 더 흥미로운 것은 돈을 번 개인들이었다.

부자들은 얼마간 돈을 벌긴 했다. 하지만 이 중 정직한 사람들은 높은 소득세 때문에 거의 돈을 벌지 못했다. 여러 사건에서 드러났듯이, 대부분의 헤픈 씀씀이는 탈세 또는 회사 판공비의 남용, 둘 중 하나의 결과였다. 수많은 호화 파티의 주제가는 "모두 정부에게 달려 있다"였다. 전쟁이 소수의 합법적인 백만장자, 주로 "감모 공제"* 때문에 연방세 부담을 그다지 크게 느끼지 않던

---

*감모 공제 저장물 고갈에 대한 보상 차원에서 광물, 가스, 석유 등 소모재 생산업 투자자에게 혜택을 주는 **감세 정책**. 위험 부담이 큰 사업에 대한 투자를 고무하려고 1913년 세입법에서 만들어졌다. 그러나 한편에서는 줄어드는 소모재의 가치는 더 높이 쳐서 세금을 부과해야 한다는 주장도 있었다.

석유업자들을 양산하고 있었지만, 일반적으로 부자이면서 정직한 사람은 많은 이익을 올리진 못했다.

월급이나 임금이 전시노동위원회의 결정으로 동결되었던, 군수 산업 이외의 직업 종사자들은 전혀 돈을 벌지 못했다. 이들 중 일부는 '직업군 재분류'나 '능력제 승급'의 도움을 받긴 했다.(사실 인용 부호는 있으나마나였다. 이는 단지 빌미에 불과했다.) 배당금과 이자에 의존하던 사람들 역시 별 재미를 보지 못했다. 실제로는 많은 경우, 물가 상승으로 인해 상황이 오히려 악화되었다.

일반적으로 말해서, 당시 전시 상황의 주요 수익자는 농부들과, 어떤 식으로든 전쟁에 특별히 유용한 지식과 능력을 가진 공학자, 기술자, 다양한 분야의 전문가, 군수산업 분야의 숙련공(또는 숙련된 일을 배워 숙련공 집단으로 진입할 수 있는 미숙련 노동자들) 등이었다.

농민은 이제 안락하게 살게 되었다. 그리고 그럴 때도 되었다. 이들은 연이은 역경을 오랜 동안 헤쳐 왔기 때문이다. 과거 1920년대에 번영의 악대 마차에 올라탈 수 있었던 농부들은 거의 없었다. 제1차 세계대전 이후 농지 가격이 폭등하여 많은 농민들이 능력 이상의 빚을 지게 되었고, 다수의 농촌 은행이 파산했을 때 그 불행은 이들에게 직접 번졌다. 그들이 받은 대가는 끊임없이 부족해 보였다. 대공황 기간 동안, 농산물 시세는 턱없이 떨어졌다. 겨우 막 회복이 되려고 할 때, 가뭄과 모래 바람이 연달아 닥쳐와 대평원 전체를 황폐하게 만들었다. 비참한 처지에 놓인 오키즈 Okies〔농사를 많이 짓는 오클라호마 주에서 온 사람〕는 뭔가 더 나을 거라는 일말의 희망이라도 있는 캘리포니아로 절박한 이주 길에 올랐다. 하지만 이제 시세는 호황이었고, 농작물 수요가 넘쳐 났으며, 날씨도 좋았다. 농법도 많이 향상되었다. 1943년 무렵에는

1944년
미니애폴리스에
위치한
군수공장에서
일하는 **여성 노동자**.

농민의 총 구매력이 1930년대가 끝날 무렵에 비해 거의 두 배가 되었다.

공학자, 기술자, 군수 공장의 노동자들은 흥미로운 상황 덕분에 혜택을 보았다. 전시 비상 체제가 시작될 무렵에는 실업 인구가 여전히 많았으므로, 인력을 공식적으로 배치할 필요가 전혀 없었다. 군수산업은 경제에 지장을 주지 않으면서 다른 직업군에서 수많은 노동자들을 흡수할 수 있었다. 주로 높은 임금을 빌미로 일꾼들을 유인했다. 한 젊은 화학자는 어느 화학회사에서 그가 오랫동안 기대해 본 적도 없는 봉급에 자신을 데려가려 한다는 걸 알게 되었다. 스미스 부인의 하녀는, 자유로운 저녁 시간과 함께 주급 50달러를 벌 수 있는 전기 공장에서 일하려고 떠났다. 소다수 가게 점원은 거리를 지나쳐 걸어가 탱크 부품을 만드는 공장에서 일하게 되어 수입이 두 배로 뛰었다. 백화점 스타킹 계산대에서 일하던 여자 점원은 비행기 공장에서 일하여 백화점보다 두어 배 되는 돈을 가져올 수 있었다.

후일 주요 산업에서 일하는 노동자들이 이직하지 못하게 되고, 전시노동위원회가 그들의 임금을 일정 한도 내에서 유지하게 한 것은 사실이다. 하지만 이 군수산업 노동자들이 새로운 번영의 주요 수혜자가 된 하나의 직업군이었다는 중요한 사실에는 변함이 없었다. 당시 제조업 노동자들에 관한 수치를 살펴보면, 1939~1945년에 그들의 주 평균 소득은 86퍼센트 상승했다. 반면 그들의 생활비는 29퍼센트 정도 올랐다고 추정된다. 그러므로 1939년보다는 형편이 훨씬 나아진 것이다. 노동자들은 급격하고도 반가운 실질 임금의 상승을 경험했다.

대체로 군수 경기는 당시 저소득층 사람들의 기운을 북돋워 주

는 역할을 했다. 예외가 좀 많기 했지만. 이 점은 뒷장에서 다시 다
룰 것이다. 이는 미국의 미래와 관련하여 아주 중요한 사실이다.

거대 정부의 등장

전쟁 기간 동안 연방 정부는 뉴딜 정책이 가져온 발전에서 한 발
짝 더 나아가 규모와 권한, 복잡성 면에서 괄목할 만한 발전을 일
구었다.

이 점에서 확장이란 단어가 꼭 들어맞는다. 이 성장은 완전히 새
로운 게 아니었다. 연방 정부와 주 정부 및 지방정부 모두 이전에
이미 지속적인 성장을 거듭했다.(이는 전시에는 다른 것은 그대로여
도 연방 정부는 팽창한다는 원칙에 해당된다.) 예를 들어, 1915년에
서 1930년까지 연방 정부 운영비는 352퍼센트나 껑충 뛰었다. 군
사 및 재향군인 경비가 이 운영비 증가에 한몫하긴 했지만, 시민
행정 비용도 237퍼센트나 상승했다. 주 정부의 경우, 인색한 캘빈
쿨리지가 연방 지출을 어느 정도 억제하던 기간에도 운영비가 급
등했다. 최고로 보수적인 시민들조차 새로운 주도로와 더 크고 좋
은 학교를 원하던 시절에, 주 정부는 어떻게 운영비를 늘릴 수 있
었을까? 이러한 성장 추세는, 훨씬 더 도시화되고 더 복잡해진 사
회에 사는 사람들의 상호의존성이 증가하면서 생겨난 불가피한
결과였다. 발달 중인 교외 지역에 살면서, 인구 증가에 따라 정부
예산이 팽창하는 것을 본 사람이라면 누구나 이 현상을 인정할 것
이다.

그렇다고는 해도 뉴딜 정책은 이 추세를 가속화시켰다. 1941년
부터 1945년까지의 전쟁은 이러한 성장 추세에 더 강한 추진력을
보탰다. 1930년 후버 재임 시절, 대공황이 아직 시작 단계일 때

연방 정부가 고용한 시민은 대략 60만 명 정도였다. 그런데 1940
년경 뉴딜 정책이 온 힘을 발휘하고, 전시 경기가 막 시작되었을
때, 이 수는 100만 명 이상으로 증가했다. 그러다가 1945년경 전
쟁이 끝나갈 무렵에는 무려 350만 명 이상으로 늘어났다.

　그렇다면 제2차 세계대전 후에는 100만 명이 약간 넘는 수준으
로 다시 줄어들었을까? 그렇지 않았다. 직원 수는 어느 정도까지
만 감소했다. 제1차 세계대전 이후에도 그랬던 것처럼 말이다.
1949년 전쟁이 끝나고 4년쯤 지나고 한국전쟁이 있기 전에, 연방
정부의 직원 수는 200만 명이 넘었다.

　이렇다고 보면, 더 엄격한 계약에 필요한 명부가 왜 없었는지,
또 팽창 일로를 걷던 뉴딜 정부의 변형된 복사판이 되길 무척 원
했던 트루먼 대통령의 '페어 딜Fair Deal' 정부를 비난할지도 모르
겠다. 어떤 희생을 치르더라도 자리를 붙잡고 늘어지는 관료 고유
의 성향을 탓할 수도 있다. 어쨌거나, 연방 정부 직원 수가 늘어난
한 가지 주된 원인은 소련과 질질 끌던 긴장 관계에 있었고, 또 다
른 원인은 십중팔구 여전히 증가하던 미국의 상호의존성에 있었
을 것이다.

　당시 환경보호에 관심이 깊던 사람들과 나눈 얘기가 생각난다.

트루먼과 루스벨트

1944년 민주당 전당대회에서 트루먼은 프랭클린 루스벨트의 파트
너로 선택되었다. 그때까지 잘 알려지지 않은 미주리 출신 정치인
이었던 트루먼이 1945년 4월 루스벨트 대통령의 급작스런 서거로
대통령직을 승계하게 되었다. 트루먼은 1948년 대통령에 재선되어
53년까지 8년간 미국을 이끌었다. 반소·반공을 내세운 '트루먼 독
트린'으로 유명하며, 내정 면에서는 '페어 딜'이라는 개혁 프로그램
을 진행시켰다. 이 프로그램은 명칭에서도 알 수 있듯이, 루스벨트가 못다 이룬 국내 사회 복지정책을
계승해 나가겠다는 의지를 담고 있다. 구체적으로는 민권과 공정한 고용 관행, 평등한 교육 및 복지정책
의 시행을 제안했다.

그들 가운데 공공심은 투철하지만 매우 보수적인 한 전직 은행가가 있었는데, 그가 어떤 목표(하천 유역 보호였던 걸로 기억되는데)를 달성하려면 새로운 연방법이 필요하다고 말하길래, 그러한 일들은 가능하면 워싱턴에 새로운 권위를 부여하지 않는 방식으로 처리되는 게 좋을 듯하니 여러 주들 사이에 협정을 맺는 것이 낫지 않겠느냐고 내가 물었다. 전직 은행가는 연방 차원의 조치만이 목적을 이룰 수 있다고 참을성 있게 설명했다. 그 친구 역시 연방 정부의 권력이 전반적으로 성장하는 것은 위험하다고 생각했을 것이다. 하지만 미국인의 삶이 서로 더 밀접하게 연결되어 가기 때문에, 환경보호 분야에서도 연방법과 연방 조례, 연방 기금에 더욱더 의존하려 할 것이 틀림없다는 냉혹한 원칙을 그는 깨닫고 있었다.

지금도 과도한 세금 부담을 우려하는 후버 위원회처럼 공공심이 투철한 기관들이 행정 능률과 효율을 높이려고 열심히 노력하고, 다른 기관들이 사기업과 개인의 자유를 억누르지 않는 범위로 정부 조치를 제한하고자 성실하게 힘쓰지만, 실제로 정부 규모가 작아질 전망은 거의 없어 보인다. 덩치 큰 정부는 이제 내내 국민 곁에 머물 것이다.

후버위원회
1947년 7월 트루먼 대통령 재임 시절, 연방 의회의 결정에 따라, 뉴딜 정책 및 제2차 세계대전으로 팽창된 **행정 기구의 합리적 개혁안**을 의회에 권고할 목적으로 설치된 미국의 초당파적 임시 자문 위원회. 위원장이던 전직 대통령 허버트 후버의 이름을 땄다.

기쁨만큼 책임은 커지고

1945년은 큰 사건이 유독 많은 해였다. 1945년이 시작되자, 눈 내리는 아르덴 지역에서 벌인 벌지 전투에서 독일의 대반격이 좌절되었고, 세계의 다른 한쪽 끝에서는 맥아더 장군의 부대가 필리핀 전역에 돌진하고 있었다. 3월에는 미군이 독일 라인 강을 가로지르는 레마겐 철교를 고스란히 손에 넣었다. 이로써 독일 전역을 공격할 수 있는 길이 열렸다. 4월에 이 공세가 엘베 강에 이르렀을 때, 프랭클린 D. 루스벨트가 승리를 향한 기나긴 노고에 지쳐 서거했다.

전쟁 시기에 자신이 능수능란한 전쟁 지도자임을 입증했던 그는, 처칠과 따뜻한 협력 관계 속에 일을 해 나가기에 아주 적합한 인물이었다. 이제 미국의 대통령직이라는 육중한 책임은 미숙하고 나서지 않던 부통령, 해리 S. 트루먼의 어깨 위로 떨어졌다. 같은 달 말에 샌프란시스코에서 국제회의가 시작되었다. 여기서 국제연합United Nations(UN)이 조직되었다. 5월 초에는 무솔리니가 죽고, 히틀러도 죽었으며, 독일은 항복했다. 7월엔 세계 최초의 원자폭탄 폭발 실험이 뉴멕시코에서 있었다. 8월에 원자폭탄은 일본의 두 도시에 실제로 사용되었고, 일본은 항복했다. 미식축구 코치가 추천장을 받게 해 주려고 졸업반 선수를 경기 막바지에 투입하듯이, 스탈린이 일본에 맞서기 위해 뒤늦게 군대를 이동시킨 직후의 일이었다. 대일 전승 기념일(V-J Day)은 광란의 환희를 몰고 왔다. 이제 평화의 시대가 도래했다!

미국은 떠들썩한 국민의 요구에 부응하여 가능한 한 빨리 군대를 귀환시키기 시작했다. 그 결과 미국은 두 가지 놀라움과 마주하게 되었다.

첫째는 행복한 놀라움이었다. 무수히 많은 사람들이 예상했던

대일 전승
기념일(V-J Day).

것과 같은 전후 불경기는 없었다. 오히려 새로운 호황이 곧바로 시작되었다. 연방 정부의 통제가 완화되면서, 전시보다 더 심한 진행성 물가 상승이 시작될 정도로 대중들이 돈을 써 댔던 것이다. (1940~1945년에 중산층 가족의 생활비는 28.4퍼센트 상승했다. 1945~1949년까지는 31.7퍼센트 상승했다. 그러고도 물가는 여전히 계속 오르는 중이었다.) 일련의 파업은 잇따른 연방 정부의 중재를 불러왔다. 이 중재는 노동자 측이 내놓은 요구의 일부라도 들어주는 게 보통이었다. 이렇게 얻어 낸 임금 상승은, 간혹 약간의 여윳돈을 남기면서 이 임금을 빨아들이는 물가 상승으로 이어졌다.

임금 상승은 한 차례, 두 차례, 세 차례 등으로 시작되다가, 몇 차례인지 세는 것조차 놓칠 정도로 잦아졌다. 거의 모든 비용의 상승은 일부 기업과 고정 수입에 의존하던 개인들에게 심한 압박을 가했다. 하지만 여하 간에 호황이 계속되고 있다는 현실에는 의심의 여지가 없었다. 정부 지출도 꾸준히 높은 수준에 머무는 가운데 당시의 경제 문제는, 미국이 생산할 수 있는 모든 물건을 다 소화할 수 있느냐가 아니라 소화하길 바라는 모든 물건을 다 생산할 수 있느냐였다.

또 하나의 놀라움은 매우 근심스러운 것이었다. 히틀러의 국가사회주의가 완전히 끝장나고, 맥아더의 신탁통치로 일본이 유순해져서 한숨 돌리기가 무섭게, 이번에는 소련이 세계 정복에 관심을 기울여 불안을 고조시키면서 미국을 압박해 왔다. 미국은 극동 지역과 유럽에 모두 대규모 주둔군 병력을 유지해야 했다. 뿐만 아니라, 지칠 대로 지친 영국에 차관을 보내 버팀목이 되어 주어야 했고, 트루먼 독트린에 따라 그리스와 터키를 원조하러 가야 했다. 그뿐인가. 마셜 플랜을 실시하여 비공산주의 정부와 서유럽 국민들을 돕는 데 매년 수십억 달러씩 써야 했다.* 베를린을 굴복시키러 간 소련이 굶주리지 않게 수개월 동안 베를린으로 위험한 항공 수송 비행을 감행해야 했던 미국은, 이제 서유럽을 보호하고자 북대서양 조약을 맺고 서유럽의 방위에 엄청난 돈을 대야 했다. 또 1950년에는 한국을 공격하는 공산주의 세력을 저지해야 했다. 그 와중에 새로 조직된 국제연합의 모든 이사회, 회의, 위원회 회기

---

*트루먼 독트린과 마셜 플랜 **트루먼 독트린**은 1947년 3월, 트루먼이 미 의회에서 선언한 미국의 외교정책에 관한 원칙이다. 공산주의 세력의 확대를 저지하기 위해 자유와 독립의 유지에 노력하며, 소수에 의한 독재를 거부하는 의사를 가진 나라에 대하여 군사적·경제적 원조를 제공한다는 것이 주 내용이었다. 이 원칙에 입각하여 당시 공산 세력에 맞서던 그리스와 터키의 반공 정부에게 미국은 경제적·군사적 원조를 제공했다. 이 원칙은 이후 미국 외교정책의 기조가 되어 마셜 플랜과 북대서양 조약으로 구체화되었고, 냉전 초기 이념적 바탕이 되었다.

마셜 플랜은 제2차 세계대전 이후 수립된 대 유럽 경제 원조 계획이다. 공식 명칭은 Eurprean Recovery Program(ERP). 당시 국무장관 G. C. 마셜이 1947년 6월 하버드 대학 강연에서 제안하여 '마셜 플랜Marshall Plan'이란 이름이 붙었다. 미국이 마셜 플랜을 시행한 까닭은 두 가지다. 유럽의 경제 성장을 촉진하고 공산주의의 확산을 저지한다는 것이 주 목적이었고, 과잉 기미를 보이던 국내 생산능력과 자본을 다른 지역으로 돌리려는 목적도 있었다. 1948년부터 52년까지 4년간 서유럽 16개 국에 130억 달러가 무상 원조됐는데, 이 금액은 당시 미국의 국민총생산(GNP)의 2퍼센트에 해당하는 규모였다. 원조의 대부분이 직접 보조금이었고, 10퍼센트만이 대출 형식이었다. 마셜 플랜 덕분에 4년 뒤 유럽 경제는 36퍼센트나 성장하여 선진국으로 가는 토대를 마련했다. 전후 미국이 대외 관계에서 영향력을 확대하게 된 계기가 마셜 플랜이다.

마다 소련 대표의 의사 방해 공격과 비방에 부딪혀야 했다.

얼떨떨한 민주국가의 수호자

그리하여 승리에 들뜬 휴식의 꿈은 거의 시작하자마자 끝나 버렸
다. 징병은 계속되어야 했다. 유감스럽게도 육군 상비 병력을 다시
강화해야 했고, 이 때문에 불행히도 물가 상승을 더 장기화시키는
대가를 치렀다. 미국은 정부가 관리하는 초극비 대규모 원자력 산
업의 불편한 소유자가 된 자신을 발견했다.(미국으로선 얼마나 기이
한 경험인가!)

초당파적인 행정력을 쏟은 외교정책은 간혹 성공을 거두었다.
하지만, 곤혹스런 책임을 떠맡은 중압감 속에서, 세계 여러 곳에
서 공산주의에 주도권을 빼앗겼다는 실책 또는 실책으로 추정된
것에 대한 비난과 정치적 불화가 계속되었다. 미국은 또 공산주의
가 여러 노동조합과, 진보적이라고 추정되는 여러 공공사업 조직,
일부 정부 부서 등 집행부에까지 침투했다는 사실도 발견했다. 당
시에는 반소련 정서가 너무나 강해서 이러한 발견은, 이 책의 또
다른 장에서 보겠지만, 아주 빈약하고 잘못된 증거에 의지하여 수
많은 훌륭한 시민들의 평판을 더럽히는 결과를 낳았다. 다른 한편
으로는, 소련에 대한 깊은 불신으로 인해 유럽의 구제·발전·방위
에 관한 법안들이 압도적인 지지를 얻어 연달아 통과되기도 했다.
미국은 깊은 불안 속에, 미국이 유럽처럼 고통을 겪어 본 적이 없
음을 잘 아는 유럽 사람들을 불쾌하게 만들 수도 있는, 너그럽고
정치적 수완 있는 원조 정책을 수행했다.

국제적인 긴장이 다시 높아지자, 또 하나의 놀라운 사실이 밝혀
졌다. 불과 얼마 전까지도 분명히 있던 고립주의가 사실상 사라졌

던 것이다.

이전에 고립주의자였던 미국인과, 국제적으로 평화가 계속되었다면 고립주의자가 되었을 미국인들 대부분이 특정 영역에 대해서는 개입주의자가 되는 역설적 상황이 벌어졌다. 그 특정 영역이란 극동 지역이었다. 대서양 건너편을 바라볼 때에는 영국에 대한 정부 지출에 반대표를 던지고, 유럽 대륙에 대한 지출은 줄이면서 과거의 회의주의적 시선을 유지했다. 하지만 시선을 태평양 건너편으로 돌리고 나면, 회의적이기는 커녕 장제스를 전적으로 신뢰하며 전폭적인 지지를 보내고 싶어 했다. 미국 관료들에겐 분노했다. 이들이 외국 정부를 원조하는 데 지나치게 헤퍼서가 아니라, 너무 열의가 없고 인색해서였다. 일부 비평가들은 아시아에 대한 진지한 개입주의자가 아닌 사람은 모두 공산주의 동조자라는 혐의가 있다고 할 정도로 공격을 퍼부었다. 이 논리대로라면, 마셜 플랜 지원에 전념하지 않는 사람은 공산주의 동조자가 되었다.

이 모든 상황이 의미한 바는 무엇이었을까? 미국인 중에 유럽 개입주의자와 아시아 개입주의자는 있어도, 더 이상 진정한 고립주의자는 찾아보기 힘들게 되었다는 것이다. 적어도 당분간은. 외교정책에 대한 논란은 분분했어도, 미국이 비공산 세계를 수호하는 우두머리이자 재정적 원조자, 조언자라는 피할 수 없는 임무에 직면했다는 점에 대해서는 전반적인 동의가 있었다.

만약 1935년의 미국인이 미래를 예견할 수 있었다면, 이러한 전개를 전혀 믿지 않았을 것이다.

너무나 새로웠기 때문에 미국인은 전혀 준비가 되어 있지 않았다. 미국에는 중국, 한국, 인도차이나, 이란, 이집트, 위기에 직면한 그 밖의 나라를 잘 아는 전문가가 턱없이 부족했다. 이런 전문가를 서둘러 길러 내야 했다. 외교정책 문

20세기 초 중국의 정치가인 **장제스**는 만주사변 뒤 일본이 중국을 침략하자 국공합작으로 일본에 맞서다가, 제2차 세계대전 후 다시 중국 공산당과 결별하고 내전을 벌였다. 처음에는 미국의 지원 등으로 공산당을 압도했으나, 1949년 말에 대만으로 쫓겨 가 중화민국(대만) 총통으로서 미국과의 관계를 더 돈독히 하였다.

제는 대부분의 미국인에게 낯설고 신기하기만 했다. 미국인은 정부의 해외 선전 활동에 얽히는 것을 천성적으로 불쾌하게 여겼다. 그러니 갑자기 부여된 지휘관 역할에 정서적으로 얼떨떨할 수밖에. 미국인이 타고난 본성, 그리고 후천적으로 습득한 본성은 미국인은 자기 일이나 돌보는 나라라고 말해 주었다. 미국은 그 어느 때보다도 마지못한 강대국이었다.

12 낡은 배가 움직이네

남부에서 북부로, 흑인들의 대이동

1950년대쯤 일군의 기술자, 외교관, 교환교수, 언론인들이 신세계에서 책임을 수행하러 떠나면서, 외국에 나간 미국인들은 다음과 같은 질문 공세를 받게 되었다. "미국에서 당신의 인종 관계는 어떻게 됩니까?"(이는 부분적으로 끈질긴 공산주의 선전 운동의 결과이기도 하다.) 아시아인과 아프리카인 등 모든 나라의 유색인들에겐 그들의 신세계(Brave New World)에 관해 미국이 한 약속의 신뢰도를 판단하는 데 미국의 국내적인 실천 여부를 묻는 이 질문이 아주 큰 의미를 지녔다.

[15년간 상원 외교위원회 위원장을 지낸 제임스 윌리엄 풀브라이트가 정부의 잉여 농산물을 외국에 공매한 돈을 교환 교육 계획에 충당하자고 제안하여 마련된 '풀브라이트법'으로 만들어진] 풀브라이트 재단, 후진국개발 4개조 계획,* 아프리카 경제위원회(ECA), 국제연합

---

*후진국개발 4개조 계획 1949년 트루먼이 취임 연설에서 제안한 '4대 정책' 가운데 네 번째 정책에서 나온 것으로, '우리의 과학적 진보의 결실을 개발 후진 지역의 개선과 성장을 위해 사용'하도록 한다는 취지를 담고 있다. 이는 지원국에 기술 및 시설 이전을 하는 것으로 시작되었으며, 장기적 원조 계획을 통해 농업·의료·교육 분야로 확대되었다.

1920년대 남부 **목화 농장**에서 일하는 흑인들.

의 기술 원조 계획 등 미국의 파견단들은 이 상투적인 질문에 상투적인 대답을 하기 어려웠다. 미국에 어느 정도의 차별이 지속적으로 존재한다는 사실을 부인할 수 없었기 때문이다. 해외로 나간 사람들은 자신들의 마음속에 남아 있는 인상이 시대에 뒤진 진부한 것이라는 점도 깨달았다. 적어도 그 정도는 왜곡되어 있었다. 그들은 세상에 이렇게 말하고 싶었다. "하지만 지난 수십 년 동안 그런 상황이 얼마나 많이 바뀌었는지 알아주셔야 합니다."

1900년 미국에는 900만이 채 못 되는 흑인들이 살았고(1950년의 1,500만 명 남짓과 비교할 때), 그들은 압도적으로 남부에 집중되어 있었다. 그중 거의 10분의 9가 남부에 살았을 뿐 아니라, 4분의 3 정도는 남부 중에서도 '시골'에 머물고 있었다. 한 세대 동안 미국 내 흑인들은 자유인이라는 이름뿐인 신분으로 가난과 좋지 않은 건강, 악화된 주거 환경, 불충분한 교육, 부족한 기회, 그리고 적어도 남부에서는 법 앞에서 열등한 지위 등 절망적으로 불리한 상황에 놓여 있었다. 그들 중 적어도 44.5퍼센트가 문맹이었다. 그들은 주로 가장 천하고, 힘들며, 더럽고, 보수가 적은 일에 매여 있었다. 가장 대표적인 직업은 목화를 따는 일로서, 흑인은 농장 소작인이라는 비효율적이고 사기를 저하시키는 시스템의 희생자였다. 냉소적인 사람이라면, 흑인들의 타고난 특성은 무기력과 무책임이라고 소작인들에게 가르치려고 이 시스템이 일부러 고안된 것이라 여길 정도였다. 수많은 흑인들이 빚 때문에 실제로 노예나 다름없는 일을 하며 살았다.

남부 백인들 사이에 퍼져 있는 흑인에 대한 지배적인 시각은, 그들이 사실상 인간 이하이며, 교육을 받아 보았자 나아질 게 없다는 것이었다. 어느 흑인이 비상한 지적 능력으로 두각을 나타내면, 이는 그의 핏줄에 백인의 피가 흐른다는 표시로 받아들여졌다. 유색인이 분수를 알고 얌전히 구는 한 백인들은 호의와 상냥함을 갖고 대했지만, 거기서 벗어나는 어떤 기미라도 보이는 순간 어김없이 위협을 가했다. 남부 백인들이 흑인들의 유쾌한 태도와 점잖은 유머, 노래 재능, 리듬 감각, 본능적인 예의 등을 즐긴 만큼이나, 사실 그들에겐 깊은 두려움, 즉 재건 시대의 기나긴 기억과 여러 지역에서 흑인의 수가 백인보다 많다는 깨달음으로 증가된 두려움이 내재되어 있었다.*

이 두려움 때문에 그들은 '할아버지 법grandfather law' 같은 장치를 통해 점차 흑인의 참정권을 박탈했다.** 1900년, 앨라배마에

---

*미국의 재건기 1865년 남북전쟁이 종료되고 1877년까지 패전한 남부를 연방 정부가 직접 통치한 기간을 이렇게 부른다. 이 기간은 크게 급진파 공화당이 장악한 의회가 주도하여 남부에 군정을 설치하고 적극적인 재건법을 실시한 시기(1866~68)와, 남부 흑인과 급진파로 하여금 남부 정권을 장악하게 하여 전쟁 전의 남부 체제를 완전히 전복시키려 한 시기(1868~77)로 구분된다. 그러나 남부 백인 엘리트의 복귀를 차단하지 못했고, 재건은 1877년 연방군의 철수로 종료된다.

'할아버지 법' 이 시기에 남부 백인들이 흑인의 권리를 제한하고자 지역 차원의 법체계를 통해 흑인의 선거권과 교육권 등을 박탈한다. 이것들을 통틀어 **흑인 규제법(Black code), **짐 크로우 법**(Jim Crow Laws)이라 하는데, 이를 대표하는 법률이 바로 할아버지 법이다. 이 법은 할아버지가 투표권이 없었던 사람들은 투표할 수 없게 하여 사실상 노예 시절 투표권이 없던 흑인들의 투표를 원천 봉쇄했다. 이외에도 남부에는 '**지능검사법**'이란 것이 있었는데, "물 한 잔에는 물방울이 몇 개 있나?" "헌법의 원리는 무엇인가?"와 같은 답변하기 어려운 질문을 던져 흑인을 불합격시키는 것이었다. 이 같은 규제법들로 흑백 간의 통혼은 금지되었고, 모든 공공

서 투표 연령에 해당하는 흑인 남자 18만1,471명 가
운데 등록된 숫자는 3천 명에 불과했던 것으로 추정
된다. 린치〔미국 독립혁명 때 반혁명 분자를 즉결재판으
로 처형한 버지니아 주의 치안판사 C. W. 린치의 이름에
서 유래한 사적인 폭력 처벌〕를 당하는 경우도 많았다.
1900년에는 적어도 115명이 기록되어 있고, 1901년에
는 기록상 130명으로 증가했다.(1940년대에는 한 해에
평균 4명 이하였다.)

20세기 초반
미국에서 일어난
흑인 대상 **린치**의
희생자.

　남부 이외 지역에 거주하던 100만 명 정도의 흑인
들은 대체로 더 잘 지냈다. 북부와 서부의 임금 수준
이 더 높았고, 학교도 더 좋았으며, 위생 상태도 꽤
괜찮았다는 이유도 일부 있지만, 이 지역에서는 흑인
에 대한 두려움이 아직까진 덜했기 때문이다. 일부 소규모 사회에
서는 소수 흑인 주민들이 매우 존중을 받았고, 실제로 이웃들과
사회적으로 평등한 위치를 누렸다. 하지만 북부에서도, 흑인들은
미국인의 삶을 다룬 드라마에서 희극적이거나 별난, 대수롭지 않
은 인물로 관습적으로 다루어졌다. 이를테면 중산층의 대화에서 흑
인 하인이 최근에 한 우스꽝스런 말이 마치 어린애가 최근에 한 재
미있는 말처럼 얘기되었다.

　여행을 할 수 있는 흑인들 사이에는 북쪽으로 이동하려는 경향
이 오랫동안 지속되었다. 하지만 흑인들의 북쪽 이주가 물밀듯이
쇄도한 것은 1915년이나 되어서의 일이다. 이 이주를 가속화시킨
것은, 전쟁 특수로 인해 북부 산업도시에 미숙련 노동자의 수요가
늘어났기 때문이다. 할렘이나 필라델피아, 시카고에 있는 흑인 친

장소와 시설물에서 인종별 분리정책이 실행되었다. 이런 행태는 1960년 말에야 본
격적으로 시정되기 시작했다.

구나 친척들은 끼니를 거르지 않고 먹고, 흑인 차별이 없음을 기꺼워하며 살고 있다는 소문이 남부 시골에 연달아 퍼지면서 이주는 해마다 계속되었다.

이렇게 북부, 특히 흑인 이주자를 압도적으로 많이 흡수했던 대도시에서 흑인 인구가 팽창하자, 앞서 말했던 것과 같은 두려움, 예전엔 남부애서만 심했던 이 두려움이 북부 사람들을 사로잡기 시작했다. 그 결과, 흑인을 백인들이 원하는 일자리에서 쫓아내고, 흑인이 살면 그 지역의 부동산 가치가 떨어진다는 이유로 흑인들을 그들만 사는 빈민 구역 안에 가두려는 시도가 더 의도적이고 조직적으로 진행되었다. 1920년대 중반, 의기양양한 〔백인 우월주의를 내세우는 미국의 극우비밀결사〕 쿠 클럭스 클란(KKK)이 남부뿐 아니라 북부 여러 지역에서도 번성했다. 외래적인 것으로 여겨지는 모든 집단에 대해 적대적인 조직적 인종차별의 정도는, 각 사회 안에 있는 그 집단의 상대적인 규모에 비례하는 경향이 있으며, 그들이 북쪽으로 이동하면서 같은 문제를 북부로 끌고 왔다는 사실을 흑인들은 쓰라린 경험으로 알게 되었다.

백인들의 자각 혹은 '도덕적 불편'

그러던 중 대공황이 닥쳤다. 대공황이 흑인 인구에 미친 충격은 지독했다. 일자리를 잃을지도 모른다는 불안이 수많은 미국인을 짓누르게 된 그 시기에, 최악의 피해자는 전통적으로 가장 나중에 고용되고 제일 먼저 강등되고 해고되는 사람들일 수밖에 없었다. 그럼에도 불구하고 흑인들의 북부 이주가 계속되었다면(실제로 그랬지만), 이는 생활보호를 받을 수 있는 가능성이 대체로 남부보다 북부가 더 높았기 때문이다.

1935년 여러 도시에서 흑인 가족의 연간 소득 평균을 집계했다. 북부 도시에서는 평균적으로 백인 가족 평균 소득의 절반 또는 절반에 약간 못 미쳤다.(대공황 시절, 백인들로서는 그 소득이란 게 자랑거리가 못 되었는데도.) 남부 도시에서는 그보다 더 적었다. 예를 들어, 남부 앨라배마 주의 모바일에서 백인 가정의 1935년 연간 소득은 1,419달러였던 반면, 흑인 가정은 고작 481달러였다. 그리고 같은 해, 북부에 사는 모든 흑인 가족의 반수 정도가 생활보호 대상자였다!

공산주의자들이 이 상황을 이용해 먹으려고 바삐 움직였다는 게 놀랄 일도 아니다. 그들이 머릿속으로 그리던 그 프롤레타리아 상이 바로 여기 있지 않은가? 그러나 공산주의자들은 많은 흑인들을 전향시키는 데 실패했다. 부분적으로는, 흑인들이 하나의 계급을 형성한다기보다 세습적 계급제인 카스트 제도에 더 근접한 무언가를 구성하고 있었기 때문이 아닐까 한다. 흑인 내부에도 여러 계층이 있어서, 그들의 지도자층을 포함한 대부분의 흑인들에게 공산주의는 입맛에 맞지 않았다. 또 다른 이유는 공산주의가 애초부터 인기가 없었기 때문인데, 어느 흑인이 말했듯이 "빨갱이가 아닌 흑인인 것만으로도 충분히 나빴다." 그리고 흑인들이 공산주의 이론과 실천의 이질성을 체질적으로 싫어했기 때문이라는 이유도 있다.

제2차 세계대전이 다가오면서 경제가 급격히 성장했다. 전반적인 임금 수준이 올라가면서, 흑인들도 얼마간 이익을 보게 되었다. 그러나 그들은 뒤늦게 그 혜택을 받았다. 왜냐하면 새 일자리를 최대한 차지하려는 백인 노동자들이 1차 세계대전의 산업 특수 기간 때보다 훨씬 더 의식적이고 계획적으로 행동했기 때문이다.

이번에는 또 다른 요인이 작동하고 있었다. 미국 내에서 혜택을 누리지 못하는 사회계층의 존재가 민주주의를 위한 투쟁에 참가한 나라인 미국의 경력에 오점을 남긴다는 사실을 무수히 많은 백인 시민들이 불편하게 인식하게 되었다. 흑인 지도자들은, 백인들과 마찬가지로 군대에 징집되어 들어간 흑인들이 차별 대우를 받으며 천한 일을 도맡아 하고 있음을 상기시키며, 백인들의 도덕적 불편함을 가중시킬 수 있는 모든 기회를 이용했다.

군대 내 차별에 반대하고 군수품 제조 공장 내의 '공정한 고용 실천' 규약에 찬성하는 운동은 북부 백인들 사이에서 큰 지지를 얻었다. 남부에서조차, 비록 〔남부의 대표적 명문가들인〕 랜킨 가 사람들과 탤머지 가 사람들이 '백인 지상주의'라는 낡은 투쟁 구호를 여전히 외치긴 했지만, 양심을 일깨우는 구호로 호소하는 좋은 사람들도 꽤 많았던 게 분명하다. 그들은 일부 소비자들에게 의도적으로 가난을 선고하는 공동체가 짊어져야 하는 경제적 부담이 얼마나 무거운지를 깨달아 가고 있었다. 그래서 남부 주들이 안고 있는 흑인들의 가난과 고통이란 아주 오래된 문제를 해결할 수 있는 설득력 있고 평화로운 조정안을 찾고자 진지하게 노력했다.

한동안 그 결과는 불확실했다. 〔1974년 노벨 경제학상을 수상한 스웨덴의 경제학자〕 건너 머달은 전쟁 동안 미국 내 흑인 문제를 충실하고 공정하게 다룬 논문 「미국의 딜레마An American Dilemma」를 완성하면서 다음과 같이 썼다.

'흑인 신문을 읽고, 남부와 북부에 사는 보통 흑인들과 거리를 둔 관찰자들에게 들은 이야기를 취합해 본 결과, 나는 오늘날 미국 흑인들 사이에 음울한 회의주의가 팽배해 있을 뿐만 아니라, 심지어 냉소주의마저 감돌고 있으며, 모호하고 지긋지긋하며 노기 어린 불만이 내재하고 있음을 확신하게 되었다.'

머달은 1943년과 1944년, 1945년에 대부분의 사람들이 그랬듯

이, 전쟁 뒤에 또다시 불황이 덮
쳐 오리라 예상하면서, 그 결과
생기게 될 마찰이 흑인의 발전을
퇴보시키지 않을까 우려했다. 한
동안 흑인과 백인들이 서로 상대
에게 품은 반감은 평화적으로 해
결될 기미가 안 보였다. 전쟁이
끝나자마자 일부 흑인 지도자들이
두 인종을 평등한 위치에 두지 않
는 군대의 입대를 거부하라고 흑

1935년 무렵
피츠버그의 흑인
철강 노동자 가족.

인들을 독려했을 때에는 특히 그러했다.

흑인 대중문화 스타들

하지만 전후 불황은 없었다. 그리고 그 사이에 미국인의 불편한
도덕심은 꾸준히 발휘되었다. 결과적으로, 10년 전만 해도 믿기
어려웠을 변화가 전후에 일어났다.

　일련의 대법원 판결로, 흑인들을 투표와 교육의 기회에서 멀어
지게 만든 법들이 효력을 잃었다. 어떤 판결은 인종적으로 제한되
어 있던 부동산 계약 조항의 효력을 약화시켰다. 여러 남부 주들
에서 흑인은 물론이고 가난한 백인도 투표할 수 없게 만든 인두세
법[납세 능력의 차이를 고려하지 아니하고 각 개인에게 일률적으로 매
기는 세금]이 폐지됐다. 1948년 선거에서는 100만 명이 넘는 남부
흑인들이 투표를 하러 갔다.

　공군 및 해군은 인종차별을 공식적으로 없앴고, 육군은 예전의
차별 관행을 수정했다. 몇몇 북부 지역 주에서는 진보적인 고용

288

버스 뒤편에 마련된
'유색인 전용석'에
앉아 있는 흑인들.

듀크 엘링턴(위)과
루이 암스트롱(아래).

정책의 모범을 세우려는 많은 고용주들의 열망과 결합된 '평등 고용법'의 압박으로, 여러 새로운 분야에서 흑인들이 일할 수 있게 되었다. 그리하여 오랫동안 다른 곳에 있다가 돌아온 뉴욕 사람들은 예외 없이, 전엔 백인들의 전유물이던 도심 버스와 거리를 이용해 통근하거나, 예전엔 흑인 손님이 거의 없다시피 했던 상점에서 자유롭게 쇼핑하는 다수의 흑인 남녀들을 보고 깜짝 놀랄 수밖에 없었다. 북부와 서부 도시의 호텔과 식당, 극장 등에 존재하던 흑인 출입 제한 역시 눈에 띄게 사라졌다.

1920년대 이래로 지식인들 사이에서는 흑인들이 기여한 예술, 특히 재즈를 감상하는 인구가 늘어났다. 시간이 흐르면서 더욱 열렬해진 재즈 연구자들은 뉴올리언스와 멤피스의 원조 재즈 뮤지션들과 베이슨 스트리트[뉴올리언스의 대표적 유흥가로, 유명한 재즈 블루스 연주 카페와 연습실이 밀집해 있다.] · 비일 스트리트[멤피스의 대표적인 재즈 거리로, 지금도 유명 연주자들의 연주가 벌어지는 클럽들이 즐비하다.]의 전통을 잇는 후계자에 대한 엄청난 숭배에 빠져, 듀크 엘링턴과 루이 암스트롱 같은 재즈 뮤지션들은 수천 명의 음악 애호가들 사이에서 깊은 존경의 대상이 되었다.

한편, 꽤 다른 분야에서 [1940년대 팔레스타인 문제를 중재한 공으로 1950년 노벨 평화상을 수상한 민주당 정치인] 랠프 번치가 근동 지역 중재자로서 정치적 수완과 위엄을 발휘하여 수많은 백인들의 찬양을 얻고 있었다. 하지만 흑인들의 위신을 세우는 데에는 헤비급 권투 챔피언 조 루이스만 한 사람이 없었다. 엄청나게 많은 대중이 권투를 보았기 때문이다. [저명한 스포츠 저널리스트] 지미 캐넌은, 조가 그의 동족뿐 아니라 인류의 자랑거리라고 말했을 정도이다.

(왼쪽부터) 인도의
네루 수상을 만나고
있는 **랠프 번치**, 조
루이스, 재키
로빈슨, 로이
캄파넬라.

1940년대 말, 프로야구에서 흑인 차별 정책이 붕괴된 이후 여러
흑인 선수들이 보여 준 활약상도 마찬가지 역할을 했다. 〔1947년
메이저리그에 입성한 최초의 흑인 선수〕재키 로빈슨처럼 놀라운 경
기력과 모범적인 몸가짐을 가진 사람들은, 야구 팬들로 하여금 예
전에 야구에 인종차별이 있었다는 것이 말도 안 된다고 여기게 만
들었다. 그리하여 1950년 무렵에는 대부분의 야구광들이 인종에
거의 신경 쓰지 않고 인기 선수를 뽑는 듯했다. 라디오로 야구를
중계하는 진행자들도 선수들의 피부색에 대한 언급을 아주 조심
스럽게 자제해서, 집에만 틀어 박혀 야구를 즐기는 팬들은 로이
캄파넬라의 타율은 줄줄 꿰어도 그가 흑인이라는 사실은 알지 못
할 정도였다.

〔프랭클린 루스벨트 대통령의 부인이자 사회운동가〕엘레노어 루스
벨트 부인은 이렇게 기록했다.

인종 관계라는 영역에서 미국에 일어난 가장 중요한 일은, 아마
도 두 인종의 융화에 관해서라면 이제 많은 것들이 당연하게 받아
들여진다는 점일 게다. 내가 이를 절실히 느끼게 된 것은 1945년
백악관 취임식 때이다. 접견 대열을 주시하고 있던 한 무리의 여
기자들이 일정이 끝날 무렵 내게 다가와서 이렇게 말했다. "12년
동안 무슨 일이 일어났는지 실감이 나십니까? 만약 1933년 연회

에 여러 흑인들이 와서 오늘처럼 이렇게 다른 사람들과 줄을 서 있었다면, 나라의 모든 신문이 그 사실을 대서특필했을 겁니다. 지금 우리는 이를 뉴스라고 생각조차 하지 않고, 우리 중에 아무도 이를 언급하지 않지만 말이죠."

이제 잡지, 신문, 영화에서도 흑인을 더 이상 우습거나 천한 역할로만 등장시키지 않았다. 낡은 고정관념은 대부분 사라져 갔다. 가장 놀라운 변화는, 백인 젊은이들 사이에 나타난 태도 변화일 것이다. 북부와 남부에서 모두 피부색에 상관없이 흑인을 한 국민으로 인정하는 광범위한 결의를 보였다. 이러한 태도 변화는, 대법원 판결에 따라 남부와 경계 주의 여러 대학이 차별 없는 기준으로 흑인들에게 입학 허가를 내주었을 때 확연해졌다. 이때 대학 당국자들은 불안해 했다. 일부 백인 학생들이 불만을 품고 소동을 일으킬까 봐 걱정했던 것이다. 그러나 1951년 말까지 어디에서도 그런 소란은 일어나지 않았다. 학생들은 새로운 혁신을 한결같이 당연한 일로 받아들였다.

흑인들의 경제적 운명

한편, 미국 남부의 경제에 일어난 극심한 변화는 흑인들의 운명에 크나큰 영향을 미쳤다. 목화 따는 기계와 목화 껍질 벗기는 기계의 발명으로 남동부에서 목화 산업의 지배가 끝을 맺었고, 농장 소작인이란 오래된 제도의 토대도 서서히 허물어져 갔다. 미시시피 델타, 텍사스, 오클라호마, 뉴멕시코, 애리조나의 목화 재배자들이 넓은 땅에 적합한 기계화 농법으로 목화를 경제적으로 수확할 수 있음을 보여 주면서, 조지아나 앨라배마, 노스 · 사우스 캐롤라이나 주에 있던 기존의 목화 농장은 버려졌다. 남동부 주들은 목화 재배에서 낙농업, 목축, 채소 재배, 셀룰로오스 채취를 위한 소나무 재배 등으로 차츰 업종을 변경하기 시작했다. 그 결과, 백인이나 흑인이나 할 것 없이 소작인들이 나라 전역에 있는 산업도시로 이동하는 추세가 빨라졌다.

1950년의 인구조사 수치는 이 변화의 범위를 잘 보여 준다. 이미 살펴보았듯이, 1900년에는 흑인의 4분의 3 정도가 남부 시골에 거주했다. 그런데 1950년경엔 그중 5분의 1도 채 안 되는(이들 중 절반 이하가 소작인이었다.) 인구만이 그곳에 있었다. 앨라배마, 아칸소, 조지아, 미시시피 등 몇몇 남부 주에서 전체 흑인 인구가 1940년 이래 실질적인 감소세를 보였다. 사우스 캐롤라이나 주만 증가세를 기록했으나, 그 정도가 아주 미미했다.

북부 주들의 인구 수치를 보면, 흑인 인구가 얼마나 광범위하게 분포하게 되었는지 알 수 있다. 예를 들어 코네티컷에서는 흑인 주민의 수가 10년 만에 3만3,835명에서 5만4,953명으로 뛰어올랐다. 위스콘신의 경우, 2만4,835명에서 4만1,884명으로 증가했다. 흑인들의 이동이 단지 크고 밀집한 중심부로만 향한 것은 아니었다. 나라의 다른 지역으로도 서서히 확산되고 있었다.

그렇다면 흑인의 경제적 운명은 어떠했을까? 제2차 세계대전 당시 경제학자 건너 머달은 다음과 같이 기록했다.

흑인들의 경제 상황은 병적이다. 상류층 또는 중산층 신분을 누리는 극소수를 제외하고, 남부 시골 및 남부와 북부 도시의 격리된 빈민 구역에 사는 미국 흑인 대부분이 가난하다. 소유한 자산도 거의 없다. 가재도구조차 대부분 불충분하고 망가져 있다. 그들의 수입은 적을 뿐 아니라 들쭉날쭉이다. 하루 벌어 하루 먹고 사는 인생이며, 미래를 향한 실낱같은 확신도 없다. 전반적 문화, 개인적 관심과 노력은 극히 한정되어 있다.

20세기 중반에도 이러한 일반론에 담긴 사실은 여전히 유의미했다. 하지만 1940년대의 호황이 흑인 인구에게도 상당한 번영을 가져다주었다는 징후가 있었다.

1948년에 흑인 가족의 연간 소득 평균이 백인 가족의 소득보다 47퍼센트 낮은 것으로 추정되었다는 것은 맞는 말이다. 하지만 대통령 경제자문위원회가 1951년 1월에 펴낸 1950년 '국가경제 보고'를 보면, 다양한 소득 집단에 속하는 흑인들의 비율을 산정한 수치가 나와 있다. 이는 상황을 약간 다른 맥락에 놓을 수 있는 근거가 된다. 그해의 세전 현금 수입이 1천 달러 미만인 (가족과 개개인으로 구성된) 소비 단위 중 83퍼센트가 백인으로 드러났기 때문이다. 흑인은 15퍼센트, 나머지 2퍼센트는 확인할 수 없는 것으로 분류되었다. 그 다음으로 연간 소득이 1천~2천 달러인 집단 중에서는 89퍼센트가 백인, 10퍼센트가 흑인이었다. 2천~3천 달러를 버는 계층에선 92퍼센트가 백인, 7퍼센트가 흑인이었다. 소득이 3천 달러 이상인 집단에서는 97퍼센트가 백인, 3퍼센트가 흑인이었다.

이 수치들을 검토할 때에는, 당시 흑인 인구가 전체의 10분의 1에 불과했다는 사실을 염두에 두어야 한다. 따라서 이 수치들은 부유한 집단에서는 흑인의 수가 현저하게 부족하고, 최저 소득층에서는 흑인이 초과 상태에 있음을 드러낸다. 개인적으로 내가 이 수치들을 처음 접했을 때 느꼈던 놀라움에 독자들이 공감할지는 모르겠다. 최하층에서 흑인 인구가 차지하는 비중이 예상만큼은 크지 않았다. 소작 농업에서 산업으로, 남부에서 다른 지역으로 흑인들이 이동한 것은, 머달도 지적했다시피, 흑인들이 처한 비참한 상황을 완화시키려는 일반 대중의 태도에 일어난 변화와 맞물려 있었다.

더디지만 분명한 변화

다른 신호들도 긍정적이었다. 흑인 문맹률이 50년 사이에 44.5퍼센트에서 11퍼센트로 떨어졌다. 흑인의 평균수명도 거의 26년이나 늘어났다. 전 세계 공산주의자들의 선전 운동에 끊임없이 등장하던 린치[사적 처벌]도 사실상 사라졌다. 1945년 한 해 미국 전체를 통틀어 단 한 건의 린치 사건이 보고되었다. 1946년에는 한 건, 1947년 한 건, 1948년 두 건(희생자 중 한 명은 백인이었다.), 1949년 세 건, 1950년 두 건(역시 한 명은 백인)이었다. 어떤 질병이나 사고가 그 정도로 드문 경우는 별로 없기 때문에, 1억5천만 인구가 사는 나라에서 린치로 인한 사망률은 무시해도 좋을 만큼이었다.

20세기 중반 즈음, 미국 단과대학과 종합대학에는 9만4천 명의 흑인 학생이 다니고 있었다. 프랑스에 교환교수로 다녀온 한 흑인 여성은, 미국의 흑인이 카스트 제도에 속한다는 인식을 덜어 주면서 미국에도 자신처럼 전문적인 삶을 이끌어 갈 수 있는 흑인이 엄청나게 많다는 점을 프랑스 학생들에게 끊임없이 설명해 주어야 했다. 이 여성은 "당신도 워싱턴의 보도를 걸어 다닐 수 있나요?"라는 질문에, 당연히 허용된다는 사실을 설명해야 했다.

남부 도시들에서는 흑인 경찰관의 수가 증가했고, 이들은 종종 백인 범법

학교에서 교육받는 흑인 어린이들.

1970년대 미국의
흑인 대학생들.

자들을 검거하기도 했다. 버지니아 주의 리치먼드 시의회에 흑인이 선출되는 등의 상징적인 사건들이 일어났다. 대체로 징후는 분명했다. 흑인의 지위가 대부분의 유럽인들이 (공산주의자의 과장된 선동과 미국의 유색 인종차별에 대항하는 초기 반역자들의 저술에 영향을 받은) 상상하는 수준을 훨씬 넘어섰을 뿐 아니라, 심지어 대부분의 미국인이 생각했던 것보다도 높아졌다.

미국이 안고 있는 이 핵심적 문제가 더 심각한 마찰과 반목 없이 해결점을 찾으리라는 예측은 거의 없었다. 우호적인 화합의 시대는 보이지 않았다. 하지만 적어도 갑론을박의 전쟁터는 흑인에게 덜 불리한 쪽으로 서서히 이동하고 있었다. 미국이 민주주의 역사상 가장 더러운 얼룩을 지우는 방향으로 나아가고 있다고 〔유색인종의 권리신장을 위한 전미협회(NAACP) 사무국장〕 월터 화이트가 1951년 여름에 했던 말처럼 말이다. "종종 고통스러울 정도로 더디지만 이것도 진보는 진보이다."

13 빨리 더 빨리

20세기 중반의 과학 기술 혁명

[역사가 겸 저널리스트] 헨리 애덤스는 1904년에 출간한 책[『*Mont Saint Michel and Chartres*』]에서 자신을 '파리에 사는 초로의 소심한 독신 신사'라고 묘사하면서, 해마다 발전하는 증기력과 전력, 방사능의 발견에 대한 놀라움을 기록했다. 그러면서 가속의 법칙을 얘기했다. 인간이 마음대로 다룰 수 있는 힘의 양이 점점 더 빠르게 증가한다는 것이다.

"개략적으로 말하면, 1840년에서 1900년 사이에 세계의 석탄 산출량은 매 10년마다 두 배씩, 사용 가능한 동력의 형태로 늘어났다. 1900년 석탄 1톤이 1840년의 1톤보다 서너 배나 많은 동력을 냈으니 말이다."

애덤스는 굉장한 미래를 기대했다. 사람이 사용할 수 있는 동력이 신의 경지에 이를 정도로 증가할 거라고 예상했다. "이전의 모든 자연 창조물과 비교해 볼 때 무한한 석탄과 화학 동력, 전기력, 방사능 에너지뿐만 아니라 아직 확인되지 않은 새로운 동력도 누릴 수 있는 자손인 새로운 미국인은 신과 비견되는 경지에 오를 것이 틀림없다."

1900년 이래 진행된 진보의 속도에 대해서는 이렇게 말했다. "서기 2000년을 살아가는 미국인이라면 누구나 무제한의 동력을 제어하는 방법을 알게 될 것이다. 예전의 지력으로는 상상조차 할 수 없던 복잡성 속에서 사고하게 될 것이며, 이전 사회의 범위를 넘어서 전체적으로 문제를 처리하게 될 것이다. 그 시대 미국인들이 보기엔 19세기나 4세기나 둘 다 똑같이 유치한 수준으로 여겨질 것이

증기 펌프 볼트를 조이고 있는 **발전소 기계공**. 1920년대 루이스 하인 작.

2부 변화의 계기 ★ 297

며, 그 시기에 어떻게 그렇게 적은 지식과 그렇게 무력한 에너지원으로 그다지도 많은 것들을 할 수 있었는지 의아해 할 것이다."

20세기 중반에 미국 기술의 놀라운 진보를 사려 깊게 관찰했던 사람이라면, 1904년 애덤스가 감지했던 것과 비슷한 당혹감을 느낄 수도 있다. 미국의 생활환경에서 동력 사용은 애덤스 시절 이래 현기증 나는 속도로 증가해 왔을 뿐 아니라, 급격히 가속화되면서 앞으로 더욱더 빨라질 조짐을 보이는 듯했다. 1930년대 말 여러 경제학자들은 미국이 '성숙한 경제' 단계에 도달했다는 결론을 내렸지만, 증기력의 도입 이후 뒤따랐던 것에 필적할 만한 기술 혁명이 그것도 훨씬 더 빠르게 진행되고 있음을 사람들은 목격했다. 1935년부터 1950년까지 15년 동안, 미국의 과학 기술은 성큼성큼 발전해 나갔다. 그 진보는 적어도, 예전에 헨리 포드의 조립라인이 생생하게 전달했던 것만큼 인상적이었다. 게다가 모든 상황으로 볼 때 그 진보는 절정에 이른 것도 아니며, 아직 준비 단계에 불과했다. 조만간 사람들이 일하고 사는 조건을 바닥부터 뒤집게 될 변화 과정의 시작일 뿐이었다.

전쟁이 추동한 연구개발의 르네상스

제2차 세계대전의 발발이 어떻게 미국 산업 생산력의 물꼬를 텄는지 11장에서 이미 주목한 바 있다. 비용에 상관없이, 물량과 빠른 속도 외에 아무것도 상관하지 말고 생산에만 신경 쓰라는 요청을 받았을 때, 제조업자들이 어떻게 세계를 놀라게 할 정도로 폭발적인 활약상을 선보였는지도 보았다. 하지만 앞에서는 전쟁이 발명과 기술 혁신을 자극했다는 식의 간략한 언급만 했을 뿐이다.

전쟁 기간 동안, 과학연구개발국이나 다른 기관을 통해 정부가 항상 말한 것은 사실상 "이 발견 아니면 저 발견이 전쟁에 써 먹을 만할까? 만약 그렇다면, 개발해서 실용화하자. 비용 걱정은 제쳐 놓고!"였다. 그 결과는, 책상 한 가득 쌓여 있는 과학 논문을 철저히 조사해서 유용성을 보장받을 수 있는 것들을 추려 낸 다음, 논문에 제시된 처방을 군사적 효용을 지닌 물건으로 전환하는 데 필요할 모든 비용과 인재를 끌어 모으는 전문가팀의 등장이었다.

전형적인 예는 물론 원자폭탄 개발이다. 1939년 원자 분열 성공에 이어, 1940년에는 미국에서 실험으로 이를 확인했고, 곧 정부가 수십 억 달러를 들여 '맨해튼 프로젝트'를 발족시킴으로써 연구·공학·제조 실험·개발 기간을 5년 미만으로 단축했다. 그렇지 않았다면 완수하는 데 30년은 족히 걸렸을 과정이었다.

다른 예들도 셀 수 없이 많다. 예를 들어, 알렉산더 플레밍이 최초로 페니실린에 대해 설명한 때가 1929년이었다. 그가 발견한 바의 가능성이 실현된 것은 그로부터 오랜 세월이 지나서였다. 그러다가 전쟁이 터지자, 의학적 용도에 맞춰 페니실린이 사용되기 시작했다. 하지만 이번에는 연구를 매우 빠른 속도로 몰아 붙여, 전쟁이 끝나기도 전에 약이 다량 공급되었다.

또 다른 실례는 로버트 왓슨 와트와 다른 영국 연구자들이 진행했던 선구적인 과제, 즉 레이더의 개발이었다. 당시 영국을 독일군의 폭격에서 보호하자면 이 레이더 개발이 절실했다. 이 영국 과학자들의 발명을 미국의 레이더 장비 제조업체들이 대규모로 이용했다. 그것은 수천 명의 젊은 미국인들에게 전자공학의 원리와 잠재력을 가르치는 결과

1935년 영국의 디튼 파크에 설치된 '원조' 영국 **레이더** 장치 옆에 서 있는 **로버트 왓슨 와트**. 현재 이 장치는 런던 과학박물관에 있다.

를 가져왔다.

앞에 인용한 개발 사례들은 대부분 외국에서 이루어진 과학적 발견을 바탕으로 진행되었다. 앞에서 은유적으로 언급했던 책상 가득히 쌓여 있던 논문들이란 미국이라는 국가 테두리를 벗어난 것이었다. 새로운 전시 생산품과 장치들을 탄생시킨 근본적인 연구들은 대부분은 아닐지라도 상당 부분 유럽인들의 업적이었다. 여기서 미국이 가장 효과적으로 공헌한 바는, 특히 응용과학 분야에서 보인 연구 조직 능력, 활발한 생산 라인을 세우는 기량과 대규모 작업을 최고의 속도로 해내는 열정이었다.

전쟁이라는 위기는 순수 과학자, 응용과학자, 제조업 간부, 군사 장교, 정부 관료들을 전에 없이 한데 뭉치게 했고, 상대방의 미래에 대한 이해에 대단한 영향을 미친 협력 관계로 이들을 결속시켰다. 대학 실험실에만 처박혀서, 자신들의 발견이 실제로 응용될 수 있는 가능성 따위엔 전혀 신경 쓰지 않는 특별한 자존심으로 똘똘 뭉쳐 있던 물리학자와 화학자들이 가장 치명적으로 쓸모 있는 종류의 긴급 연구에 돌입했고, 육해군 장성과 관료, 공학자, 제조업자와 의논하러 워싱턴으로 향했다.

나머지 사람들은 물리학자 또는 화학자의 학문적인 열의에 새로운 존경심을 품게 되었다. 지금의 그들에게 갑작스럽게 꼭 필요해진 중요한 열의였다. 이후로 이해관계를 초월한 이론적 연구의 질이 그 과정에서 손상된 것은 아닌지, 특히 수많은 과학 인재들이 1945년 이후에도 계속 정부를 위한 제한된 프로젝트에 투입되어 미국의 순수 과학 발전을 늦춘 게 아닌지 등등의 문제가 제기되어 왔다. 하지만 그 당사자들을 자극했던 사고의 교류가 전쟁 동안 이루어진 것만은 확실하다. 많은 교수들이 새로운 만남으로 활기를 되찾았고, 여러 산업 간부들은 새로운 과학 연구의 잠재된 미래를 꿰뚫는 새로운 통찰력을 가지고 워싱턴에서 돌아갔다.

대체로, 전쟁 기간 동안 미국의 과학 기술은 온실 속 화초들처럼 성장했다.

전기 제품이 일으킨 일상생활의 혁명

전쟁이 촉발시킨 호황은 과학 기술의 변화를 사뭇 다른 수준으로 진척시켰다. 주머니 속에서 짤랑거리는 현금은, 수많은 평범한 미국인들이 더 많은 기계를 사도록, 그것도 출시되자마자 구입하도록 만들었다. 대일 전승 기념일 후에도 이 추세는 계속되었다.

우선, 모든 사람이 전쟁 때 구입할 수 없었던 새 자동차를 원하는 듯했다. 공장 조립라인에서 갓 뽑혀 나온 새 차를 소유하는 즐거움을 누리고자 치열한 경쟁이 벌어졌다. 사람들은 자동차 판매상의 대기자 명단에 자기 이름을 올린 개월 수나 햇수에 대해 얘기했다. 명목상 중고로 분류된 중고차를 놓고 한바탕 소동이 벌어지기도 했다. 자동차 제조업자들이 수요를 따라잡을 수 있게 된 것은 그로부터 몇 년이 지나서였다. 1950년 한 해에만 800만 대이상을 팔아치웠다. 이는 제1차 세계대전이 끝날 무렵에 미국 전역을 굴러다니던 자동차 대수보다 더 많은 수였다.

여기서 끝이 아니었다. 전후 시대에 농부들은 새 트랙터와 옥수수 수확기, 전기 착유기 등을 구입했다. 이웃끼리 공유하여 사용하는 농기계류의 진용도 굉장했다. 농부의 아내는 늘 염원해 왔으나 대공황 시절엔 살 수 없었던 반짝반짝 빛나는 흰색 전기냉장고와 최신 세탁기, 급속 냉동고를 갖게 되었다. 교외 지역에 사는 가족은 식기 세척기를 설치하고, 전기로 작동하는 잔디 깎는 기계를 샀다. 도시에 사는 가족은 빨래방의 단골손님이 되었고, 거실

냉장고의 진화.
1930년대(왼쪽)와
1950년대(오른쪽).

에는 텔레비전을 들여놓았다. 남편 사무실에는 에어컨이 설치되었
다. 이렇게 늘어놓다 보면 끝이 없을 정도였다.

　이러한 기계들 중 근본적으로 새로운 제품은 거의 없었다. 이
미 시장에 나와 있거나 오랫동안 사용되던 물건이 많았다. 기본적
으로, 이러저러한 기계들을 널리 보급시킨 것은 호황이었다. 여기
에 더하여, 서로 적대적인 다양한 세력들이 한몫했다. 예를 들어,
뉴딜 정책 최대의 적인 전기 공공시설 산업과 뉴딜 정책의 산물인
농촌전화사업국 간의 경쟁은 미국 농장에 전기가 보급되는 데 일
조했다. 그리하여 1935년에는 미국 농장의 10퍼센트 정도에 전력
이 공급되었으나, 1950년 무렵에는 이 비율이 85퍼센트 이상으로
확대되었다.

　긴 부재 끝에 20세기 중반 미국 남부 아칸소 주의 파예트빌에
돌아온 누군가는, 거의 모든 동네 농장에 전기가 들어오는 것을
보고 눈이 휘둥그레졌다고 말했다. 그가 어렸을 때만 해도 전등불
을 켜는 농장이 드물었기 때문이다. 비슷한 시기에 대중잡지의 편
집인들은 농가 주부의 일상에 관한 기사를 포토 에세이식으로 싣
기로 했다가 포기했는데, 그 이유는 잡지 통신원과 사진가가 만나
본 농가 주부들이 기계 설비를 아주 잘 갖춘 주방을 갖고 있어서
사진상 도시 주부들과 구별되지 않았기 때문이다.

　　1950년, 영국의 '생산성 향상팀'이 상용화된 농법을 배우러 미국을 방문했을 때의 일이다. 그들은 뉴저지부터 네브래스카까지 여러 농장들을 견학했다. 그들의 관심은 고도로 기계화된 호화로운 대농장이 아니라, 한 사람 정도의 일손을 고용한 상태에서 가족끼리 꾸려 가는 소규모 농장에 집중되어 있었다. 트랙터 쟁기, 원판 써레, 옥수수 파종기, 옥수수 수확기, 복식 수확기, 착유기, 자동 선적 트레일러와 같은 기계의 사용이 증가하고 널리 보급되었을 뿐 아니라, 기계장치를 도입하며 농장마다 작업 방식이 재편되었다는 사실에도 그들은 주목했다. 농부들은 이제 기계를 단순히 능률적이고 말이나 인간의 수고를 대신해 주는 지치지 않는 물건 정도로 보지 않고, 일을 새로운 방식으로 해 나갈 수 있게 해 주는 장치로 여기게 되었다. 예를 들어, 건초 건조제를 사용하여 가축 사료에 들어 있는 비타민 성분을 보존한다거나, 칸막이 기둥이 있는 전통적인 외양간 대신 탁 트인 우리나 '원형 우리' 옆에 있는

1955년 무렵
미국에서 사용된
수확기(위)와
착유기(아래). 시카고
과학산업 박물관.

'착유 응접실'에서 전기 착유기로 소젖을 짜는 것으로 대체하는 식이었다.

1940년대에 미국의 농장 일꾼 수는 950만 명에서 800만 명이 약간 넘는 수준으로 줄어들었다. 그런데도 농장 생산량은 25퍼센트 증가했다. 물론 국내 호경기와 해외 식량 부족이 시장을 넓힌 까닭도 일부 있다. 하지만 다른 미국인들처럼 농부들도 더욱더 많은 기계를, 새 것이든 낡은 것이든지 간에 일상생활 속에서 사용하게 되었기 때문이기도 하다.

다양한 노동력 절감 장치들

같은 시기에 미국 공장에선 높은 임금 상승률 때문에 노동력을 줄이는 방안을 찾는 데 혈안이었다. 그 형태는 매우 다양했는데, 그중 일부는 아주 초보적인 상식을 바탕으로 하고 있었다. "저 미숙련 노동자들이 땀나게 하고 있는 일을 시킬 만한 기계를 만들어 낼 수는 없을까?"라든지 "공장 바닥을 개조해서 이 지점에서 저 지점으로 사람이 직접 물건을 옮길 필요 없이 컨베이어 벨트를 타고 부드럽게 작업대 사이를 이동하게 할 수는 없을까?" 등이었다. 물론 과학 공식과 지극히 복잡한 조립 작업을 필요로 하는 방안도 적지 않았다.

상식에 근거한 노동 절약 장치는 많았다. 오버헤드 크레인, 갖가지 컨베이어(중력 롤러, 스케이트 롤러, 벨트 컨베이어), 단위 화물을 집어 올리는 기계, 전기로 작동되는 손 도구들, 클리닝을 위한 압축 공기 사용 등등. 지게차와 화물 운반대는 사용이 단순하면서도 중요한 역할을 해서 대표적으로 잘 활용되는 장치였다. 튼튼하고 작은 트럭인 지게차에는 제품을 집어서 높이 들어 올려서

1950년대 말
선보인 **지게차** 모델.

이쪽에서 저쪽으로 나를 수 있는, 쌍으로 맞물린 금속 손가락 같은 갈퀴가 달려 있었다. 화물 운반대는 밑창이 이중으로 된 단순한 쟁반 형태로, 운송해야 하는 제품 상자나 꾸러미를 쌓아 둘 수 있다. 화물차의 화물 운반대에 쌓아 둔 짐을, 지게차가 금속 갈퀴로 들어 올려서 공장 안의 지정된 장소로 옮겨서 내려놓았다. 이 모든 게 아주 간단했다. 난해한 거라곤 조금도 없었다.

트럭을 길가에 세워 놓고 짐을 내리는 작업을 지켜본 적이 있는 사람이라면, 지게차와 화물 운반대가 얼마나 획기적인 장비인지 알 수 있을 것이다. 한 사람이 트럭에서 짐 상자를 들어 올려서 주면, 트럭 밑에서 다른 사람이 그 짐을 받아서 보도를 가로질러 건물 안으로 나르고, 건물 안에 있는 또 다른 사람이 그 짐을 받아서 내려놓는 작업에는 최소한 세 사람이 필요하다. 그런데 이 모든 수고를 지게차 안에서 지게차 바퀴와 갈퀴의 금속 집게를 정확하게 조작하는 기술자 한 사람이 대신하게 되었으니! 이러한 새로운 기계장치는 온갖 종류의 노동 절약 장치의 상징이었다. 인간의 노동력은 값비싸고 따라서 보존돼야 할 것이었지만, 화물 운반대를 만드는 데 들어가는 나무나 플라스틱은 얼마든지 구할 수 있고 보존 가치도 별로 없어서 소모해도 괜찮은 것이었다.

지게차의 기본 원리는 누구나 이해할 수 있었다. 하지만 문외한은 1935년에서 1950년 사이에 상용화된 일부 복잡한 전기기계, 즉 재료를 아주 미세한 단위까지 정밀하게 측정하는 장치나 어느 기계의 작동을 지켜보면서 작동 중의 결함을 자동적으로 수정하는 기계 앞에서는 두려움을 느낄 수밖에 없었다. 엔지니어가 기계 애기를 하며 입에 올리는 언어도 일반인에겐 상당히 생소했다. 관련 공정도 마찬가지였다. 하지만 적어도 그들이 이룩한 기적 같은 결과의 진가는 이해할 수 있었다.

기계는 조립라인에서 나온 제품이 사양에 충실한지 아닌지에 따라 통과시키거나 폐기하면서 개수를 세고 검사할 수 있다. 철판의 정확한 두께를 믿을 수 없을 정도로 꼼꼼하게 점검할 수 있으며, 금속 덩어리 안에 숨어 있는 결함까지 발견해 낼 수 있다. 기계의 작업을 초인적인 시력으로 감시하고, 관찰 결과에 따라 기계를 가동 혹은 정지시키며 조정할 수 있다. 이 역시 그것이 작동하는 과학적 원리는 파악하기 어려웠지만, 상징하는 의미는 명료했다. 누군가의 앞에 놓인 임무의 변화에 따라 *그가* 반응하는 모든 동작을 예측할 수 있는 기계를 만들어서 숙련공이 필요 없어졌을 뿐 아니라, 사람보다 훨씬 더 신속한 반응과 예리한 눈이 달린 기계가 등장했다. 이러한 기계가 상용화되자, 수많은 산업 노동자들은 기계들의 다양함과 기계에 대한 감독이 거의 필요하지 않다는 점에 놀라지 않을 수 없었다.

단순 노동자에서 '품질 관리자'로

같은 시기에 상용화된 또 하나의 혁신은 얼마간 다른 의미를 갖는다. 이 혁신은 노동자를 쫓아내지 않았다. 그 대신, 인간의 노동력 낭비를 줄이면서 인간을 더 책임감 있는 행위자로 만들었다. 이는 바로 '품질 관리'란 것으로, 정해진 기계가 생산한 작업 샘플을 비정기적으로 채취하여 그 샘플을 극도로 면밀하게 전자 점검하고, 완전무결한 완성도에서 어떻게 빗겨 갔는지 차트에 기록하는 시스템이다. 노동자는 이 차트를 참조하여 짐작이 아니라 기계

306

1950년대에 '**품질 관리**' 개념이 도입되어 획기적인 성과를 거두었다.

가 정확히 어떻게 기능하는지에 대한 정밀한 지식에 근거하여 기계를 조정·정비할 수 있다. 불량품 수를 획기적으로 줄여 공장들의 비용을 절약해 준 이 시스템은 노동자를 특별한 의미에서 제 자신의 감독으로, 정통한 비평가로, 성과에 대한 판단자로 만들어 노동자의 위상을 높이는 효과를 가져왔다.

이렇게 다양한 기계를 이용한 방법론이 도입되면서 누적된 효과는 무엇일까?

첫째는, 미숙련 노동에 대한 수요가 급격히 줄었다는 점이다. 1900년, 미국에는 1,100만 명 정도의 '일반 노동자'(농장 일꾼을 포함하여)들이 있었다. 그런데 1950년경에는 이 수가 600만 명도 채 안 되었다. 뒤집어서 생각해 보면, 전문 공학자와 기술자에 대한 수요는 그만큼 엄청나게 증가했다.

20세기가 시작될 무렵, 하버드 대학 총장이던 코넌트〔1933~1953년에 하버드 총장을 역임한 화학자 제임스 브라이언트 코넌트〕는 화학공학이 아직 전문직으로 발전하지 않았다고 말했다. 그런데 1951년, 같은 주제를 두고 그는 이렇게 말했다. "최근 5년간 1만5천 명 이상이 교육을 받았음에도 불구하고, 화공학자 수가 매우 부족하다." 미국 내 공학자 수를 통틀어 보면, 1900년 4만 명 정도에서 1950년 40만 명으로 늘어났다. 그래도 공학자에 대한 수요는 여전히 많았다. 한국전쟁으로 이 수요가 급증한 측면도 있다. 1951년, 4천 곳이 넘는 회사의 인재 스카우트 팀들이 공대를 졸업한 학생들을 노리고 있었다. 한 대학의 채용 담당관은 "성적이 나쁜 학생들조차 적어도 세 군데에서 제의를 받았다"고 밝혔다.

[국민총생산(GNP)이란 용어를 처음 사용한 영국 통계학자 겸] 경제학자 콜린 클라크는, 산업 문명이 진보함에 따라 사람들이 농업에서 산업으로, 그 다음에는 사업 · 무역 · 운송 · 오락 · 지적 전문직 등 이른바 '서비스업' 직종으로 이동하게 된다고 분석했다. 이러한 이동이 미국에서 진행된 것은 분명하다. 1900년 이래로 농업에 종사하는 미국인의 비율은 크게 떨어졌고, 산업에 종사하는 비율은 전반적으로 거의 변화가 없었다. 반면, 서비스업에 종사하는 비율은 상승세를 탔다. 이를 산업 내부에서 일어난 변화와 맞물려 생각해 보면, 어느 분야에서나 똑같은 발견을 할 수 있다. 20세기 중반, 수작업 노동자는 점점 줄어들었고, 사무실에 앉아서 일하는 사람들은 점차 늘어났다. 힘을 써서 일하는 사람은 줄고, 두뇌로 일하는 사람은 늘었다. 제한적인 교육만 받아도 할 수 있는 일자리는 줄어들고, 상급 교육이 필요한 직업은 많아졌다.

미국에는 아직 어둡고 흉포한 공장도 여럿이었다. 괴롭고 힘들거나 따분하고 단조로운 일도 여전히 많았다. 최고로 자동화된 공장이라도 정비공, 관리인, 청소부를 고용해야 했다. 이들의 일은 거의 기계화되지 않았고, 이들은 기계문명 시대의 '신종 프롤레타리아'를 형성했다.

헨리 포드가 조립라인을 세운 이래, 인간을 로봇화시키고 볼트를 죄는 기계적인 동작밖에 하지 않게 만드는 공장의 풍조를 통탄하는 목소리가 계속돼 왔다. 그러면서 완벽하게 기계화되고, 그러한 노동으로 인해 인간성이 말살되는 미래 시대에 대한 무시무시한 그림이 그려졌다. 하지만 실제로 일어난 일은, 그 변함없고 지루한 볼트 죄기가 점점 더 기계의 몫이 되어 가고 있다는 것이다. 예전에 볼트를 조이거나 그와 비슷한 일을 하던 인간은 이제 좀

조립라인. 1950년대 들어 이런 풍경이 사라지고 많은 작업장이 기계화되었다.

더 복잡한 기계를 다루거나, 공학 연구 보고서를 공부하면서 책상에 앉아 있게 되었다. 예전에 제품 꾸러미를 들어 올리다가 등이 부러졌던 인간은 이제 컨베이어 제어실에 앉아 있다. 일이 견딜 수 없이 힘들고 지루하다면, 이는 그 일을 대신할 기계를 들일 시점이라는 꽤 좋은 신호이다. 이것이 바로 우리 시대에 작용하는 법칙이다.

1939년, 나일론 스타킹이 등장한 해

진군하는 부대보다 한 발 앞서 움직이는 정찰병처럼, 순수 과학 및 응용과학 분야의 공학자들과 연구자들 역시 한 발 먼저 움직이고 있었다. 한 세대 동안 화학자와 화공학자들은 앞 장에서 언급했던 아이디어를 여러 가지로 입증해 냈다. 즉, '화학합성' 물질이 단순한 자연 모방물이 아닌, 그것보다 더 좋은 재료가 될 수 있다는 아이디어 말이다. 그들은 실제로 자연을 능가했다. 이 아이디어의 결정판을 선보인 것은 제2차 세계대전 이전, 구체적으로는 1939년 10월 25일이었다. 이날 처음으로 나일론 스타킹이 시판되었다.

1930년대와 전쟁 기간에 그 밖의 다른 기술 개척자들은 오랫동안 무시돼 온 동력원인 디젤엔진을 개선시켜 철도와 산업에 널리 확산시켰다. 비행기에 풍부한 동력원을 공급해 주는 고옥탄 가솔린도 개발했다. 합성고무도 생산됐는데, 이는 단순한 전쟁용품을 뛰어넘어 전국의 자동차 바퀴를 바꿔 놓을 상품성 높은 물질이었다. 기술자들은 또 탄화텅스텐 절단기를 빠른 속도의 작업 기계에 어떻게 적용해야 할지도 알아냈다. 그리고 항생제라는 자비로운 가능성을 발견하여 의학사에 중대한 업적을 남기기도 했다.

1939년 뉴욕 세계 박람회 때 세상에 첫 선을 보인 듀폰의 **나일론 스타킹.** 박람회장에 제조 기계를 전시하고, 스타킹의 강도를 증명해 보였다.

기술 개척자들이 이룩한 가장 인상적인 업적인 원자폭탄의 경우, 그 치명적인 가능성을 이미 두 눈으로 확인한 바 있다. 이를 생산하는 데 드는 엄청난 비용의 관점에서 볼 때, 원자폭탄의 유익한 가능성이란 것이 무엇인지 아직 불분명하게 느껴질 수도 있다. 역사가인 헨리 애덤스의 표현대로, 원자폭탄을 만든 과학자들은 조만간 인간을 "헤아릴 수 없을 정도로 거대한 동력을 가진 어린애"로 만들지도 모른다.

항공 산업 분야에서는 애덤스의 가속 법칙 작용이 두드러지게 구현되어 왔다. 1935년까지만 해도 모험이나 실험 단계를 제외한 어떤 대양 횡단 비행도 없었다. 그런데 그로부터 12년도 채 지나지 않아서, 누가 유럽에 간다고 하면 제일 먼저 하는 질문이 "비행기로? 아니면 배로?"가 되었다. 전쟁이 끝날 무렵, 사람들은 제트기의 도래를 목격했다. 그리고 몇 년 지나서 않아서, 비행기 속도가 극복할 수 없다고 추정했던 음속 장벽을 넘어섰다는 소식이 전해졌다. 1950년경에는 비행기로 상층 대기를 탐험하게 되어, 과학자가 맑은 정신에 무미건조하고 사무적인 어조로 우주여행의 가능성을 얘기하는 상황에 이르렀다.〔1957년 10월 소련이 세계 최초의 인공위성인 스푸트니크 1호를 발사한 데 이어, 1961년 4월에는 유리 가가린이 탄 보스토크 1호가 지구 상공을 일주했다. 이에 자극받은 미국의 케네디 대통령이 1961년에 '아폴로 우주 계획'을 발족시켜, 1969년 7월 드디어 유인 우주선 아폴로 11호가 달에 착륙했다.〕

과학의 발전이 미국 비즈니스를 변화시킨 방식에 관한 놀랄 만한 증거는 다른 분야에서도 얼마든지 찾을 수 있다. 이는 1950년 〔유리제품을 생산하는〕 코닝 사 매출의 50퍼센트 이상이, 10년 전에는 상업적 제품으로 존재하지 않았던 물건에서 나왔다는 코닝 글래스워크 사 관계자의 말에서도 알 수 있다.

1940년대는 화학자와 화공학자들의 전성 시대였다. 예를 들어, 석유 산업은 캐럴 윌슨〔MIT 경영학부 교수로서 과학·공학·경제학 등을 통해 지구상의 주요 문제를 해결하려 했다.〕이 말했듯이 "원유 한 통 분량의 연료보다 금전적 가치가 더 높은 것들이 있음"을 즐겁게 발견했고, 1942년이 시작될 무렵엔 〔『타임머신』을 쓴 영국의 공상과학소설가〕 H. G. 웰스의 무모하고 엉뚱한 공상에 필적할 만한 연속 이동 방식을 채용한 화학 공장이 무수히 세워졌다. 여러 개로 나누어진 반짝이는 탑들과 격자로 얽힌 밝은 색의 파이프가 보이는 이 낯설고 새로운 공장 안에서, "액체 또는 기체 상태의 원료가 한쪽에서 끊임없이 흘러들어, 복잡한 공정 단계를 거쳐서 다른 한쪽으로 24시간 내내 생산물이 나온다"고 《포춘》 지 편집인들이 1951년에 펴낸 책『미국, 그 영구적인 혁명U. S. A, the Permanent Revolution』에 썼다.

비료부터 세제, 화장품, 해열제, 합성고무, 프린터용 잉크에 이르기까지, 그 다양한 생산품이라니! 요즘 석유화학자들은 실험실에 앉아서 미식축구 경기의 도해처럼 보이는 분자 배열을 그리면서, 자기 자신을 잡다하고 새로운 산업 문명 시대의 설계자로 여긴다.

하지만 아마도 가장 놀라운 미래 발견을 기대해야 할 대상은 화학자가 아니라 물리학자, 또는 물리학자·화학자·생물학자·수학자가 협조한 노력일지도 모른다. 1948년, 화학은 고통 완화제로서 의학 이론을 뒤흔든 물질 '코르티손'〔부신피질호르몬제로 신경통과 류머티즘에 특효가 있고, 눈과 피부 점막의 급성 염증 등에도 효과가 있다.〕을 발견했다. 같은 해, 물리학은 진공관을 대신하게 된 아주 조그마한 기계장치인 트랜지스터를 만들어 냈다. 1950년이 다 가기 전에, 합동 연구를 통해 뜻밖의 잠재성을 지닌 토양 개량제 '크릴리엄'이 개발되었다. 물리학자, 화학자, 생물학자의 합동 연구가 식물처럼 빛으로 식량을 생산해 내는 광합성의 기적을 이룰 시발점이 될지도 모른다고 믿는 고집 센 사람들도 있다.

"서기 2000년을 살아가는 미국인이라면 누구나 무제한의 동력을 제어하는 방법을 알게 될 것"이라는 헨리 애덤스의 예언은 그다지 틀리지 않은 것 같다. 20세기 중반, 이미 가속도가 붙어 있었다.

14 더 많은 미국인, 더 오래 사는 미국인

전쟁이 출산율에 미친 영향

1932년, 잡다한 사회학자 무리가 미국 생활에 관한 방대한 연구를 마무리하고 있었다. 『최근의 사회 변화*Recent Social Changes*』라는 이 책에서 일부 학자들은 미래 미국의 인구가 증가할 가능성을 신중하게 추정했다. 성장 속도가 느려지는 것처럼 보이지는 않았으므로, '현 추세가 계속된다면' 1940년 인구가 1억3,200~1억3,300만쯤 될 거라고 계산했다. 결국 그들은 그다지 틀리지 않았다.

1940년이 되자, 실제 수치는 근소한 차이로 예상을 밑돈다는 게 밝혀졌다. 추측컨대, 대공황으로 인한 낙담이 영향을 미친 것이 아닌가 싶다. 그러나 그 차이는 아주 작았다. 실제 인구는 1억3,166만9,275명이었다. 하지만 같은 기준을 바탕으로 사회학자들이 예측한 1950년 인구는 엄청나게 빗나갔다. 그들의 예상은 1억4,050만~1억4,500만 사이였다.(오차 범위를 상당히 두었다.) 그러나 1950년의 실제 수치는 1억5,069만7,361명으로, 최대 추정치보다 500만 명이나 더 많았다. 의외였으며, 굉장한 놀랄 만한 증가였다.

인구 증가의 주요 이유는, 1940년대에 껑충 뛰어오른 출산율이었다. 이를 일부 사람들처럼 딱 잘라서 '전쟁과 호경기' 탓으로 돌리는 것은, 문제를 다소 지나치게 단순화시킨 듯 보인다. 제1차 세계대전 때에는 인구가 그렇게 크게 증가하지 않았기 때문이다. 상당히 호경기였던 1920년대에도 출산율은 높아지지 않았고, 오히려 약간 낮아졌다. 자녀가 있는 남편들의 징병을 유예해 주는 규정도 하나의 요인이었음을 부정할 수는 없다. 몇 달 또는 몇

1940년대 중반 미국의 **출산율**은 급증했다.

년 동안, 어쩌면 영원히 떨어져 있어야 할지 모를 젊은이들이 서둘러 결혼에 뛰어드는 자연스런 경향도 또 하나의 요인이었다. 군복무라는 전혀 가정적이지 않은 생활에서 돌아온 젊은이들이 하루빨리 가정을 꾸리고 싶어 했다는 점과 그들을 기다려 온 여인들의 열망도 한몫했다. 제대 급여와 퇴역군인지원법이 그 모험적 시도의 돈줄이 되는 경우가 많았다.

전쟁과 전쟁에 관한 유언비어가 장래를 위태롭게 하고 생명마저 위협하는 듯하자, 손에 닿는 것이면 무엇이든지 움켜쥐려는 욕구뿐 아니라, 미래에 뭔가 기여하고 싶고 핏줄을 영속시키고 싶다는 욕망도 생겨났다. 명백한 욕망까지는 아니더라도(대부분의 출산이 어느 정도는 뜻하지 않게 일어나므로), 적어도 당분간 대를 잇지 않겠다는 결심을 느슨하게 만들기는 했다.

어쨌든 출산율은 오랜 하락기를 거쳐, 1930년대에 인구 1천 명당 17에서 18명 근처를 맴돌다가, 1942년에는 20.9명, 1943년에는 21.5명으로 상승했다. 그러다가 1944년에는 20.2명, 1945년에는 19.6명으로 약간 떨어졌다.(이 시기는 아버지가 될 수 있는 수많은 후보들이 유럽이나 태평양 제도, 바다에 있을 때이다.) 그리고 나서

1946년에 23.3명, 1947년 들어 25.8명으로 갑자기 증가했다. 그 후 낮아졌지만 그 비율은 아주 소폭이었다. (1948년 24.2명, 1949년 24.1명, 1950년 23.5명이었다.)

여기에는 틀림없이 전쟁의 살육과 혼란에 대한 매우 흥미로운 반응이 포함되어 있었다. 비교적 조리 있는 지식인들이, 삶이 운에 좌우되고 개인이 눈 먼 미래를 파악하기엔 역부족이며, 인간의 노력이 갖는 가치에 대한 굳은 신념이 총체적으로 무너져 내려 인류가 절망에 빠지고 있다는 결론 언저리에 도달했을 때 이런 반응이 나타났다. 미국의 출산율에 벌어진 상황은, 전체 인구가 전반적으로 밝은 미래관을 갖고 있는지의 여부를 헷갈리게 하는 근거를 제공하는 것 같았다. 아이를 낳지 않는다고 오랫동안 비난받아 온 미국 대학 졸업생들 사이에서조차 출산율이 상승 추세를 보였다. 167개 대학의 남녀 동창생 기록을 보면, 41학번이 1951년경까지 졸업생 1인당 낳은 자녀 수는, 36학번이 졸업 후 10년 동안 낳은 것보다 많았다.

결혼율과 이혼율의 동반 상승

그렇다면 가족제도가 미국인의 수명을 늘린 걸까? 이러한 생각은, 대공황 시절 떨어졌던 결혼율이 전쟁 중에 그리고 전후에 높이 상승하여 1946년 최고조에 이르는 동안 이혼율 역시 높아졌다는 사실을 감안하면 다소 이상해 보일 수 있다. 하지만 이 시기에 이혼이 많았던 것은 전쟁 중에 서두른 결혼에 대해 서서히 후회하게된 탓도 일부 있음이 틀림없다. 이게 사실이라면 어느 냉소주의자가 말했듯이, 대부분의 결혼이 근접성과 기회 덕분에 성사된 것이라서, 거리가 멀어지고 기회가 다양해지자 많은 결혼이 깨졌다는 얘기가 된다.

1940년대 중 전쟁이 끝나고 남은 기간 동안, 이혼율은 전쟁 전보다 여전히 높았음에도 불구하고(1946년 인구 1천 명당 4.3명이라는 높은 수치를 보이다가, 1949년에는 2.6명으로 떨어졌다. 1940년에는 2명이었고, 1930년에는 1.6명, 1920년에는 0.9명, 1900년에는 0.7명이었다.), 이는 아마도 결혼이 바람직하지 않다는 의구심의 증거가 아니라, 결혼은 오래 지속돼야 한다는 신념이 줄어들었다는 증거로 보아야 한다.

이 수치는 1940년대 미국 젊은이들 대부분이 결혼과 양육에 대해, 이전 몇 십 년간 똑똑한 젊은이들 대부분을 사로잡았던 것과 같은 냉소적이거나 환멸에 찬 의혹을 품지는 않았다는 인상을 입증해 주는 듯하다. 이제 젊은이들은 모험으로 가득 찬 독신 생활의 즐거움을 무한히 연장시키고 싶어 하지 않았다. 결혼이 자유인에게 전통적인 일부일처제를 강요하는 부르주아적 방편이라고 여기지도 않았다. 문명의 와해가 임박했다는 여러 경고에도 불구하고, 젊은이들은 그러한 붕괴에 직면할 거라고 알려진 인간이란 생물의 수를 더하는 데 필요 이상으로 거부감을 표하지 않았다. 그렇다. 그들은 결혼해서 아이를 갖고 싶어 했다. 이왕이면 남편과

텔레비전이 있는
1950년대 거실.

아내가 함께 사용할 수 있는 식기 세척기와, 화목한 부부애에 더하여 그들을 즐겁게 해 줄 텔레비전이 있는 목장 같은 집에서 가정을 꾸리기를 원했다. 그들은 대지 주위를 둘러보고, 동쪽과 서쪽을 살핀 다음,

집터로 가장 알맞을 위치를 결정했다.

평균 수명 49세에서 68세로

1940년대에 미국 인구가 그렇게 놀라울 정도로 증가한 또 하나의
원인은, 사망자 수가 줄었다는 점이다. 일찍이 미국 국민들이 이
렇게 건강했던 적이 없다.

이와 관련하여 1900년 이래 누적된 변화는 실로 경이로웠다.
1900년, 사람들의 가슴에 당황스런 충격을 안겼던 여러 가지 질병
으로 인한 사망률이 크게 줄어들었다. 독감과 폐렴으로 인한 사망
률의 경우, 10만 명당 181.5명에서 1948년에는 38.7명으로 감소했
다. 결핵은 201.9명에서 30명으로, 장티푸스와 파라티푸스는 36명
에서 0.2명으로, 디프테리아는 43.3명에서 0.4명으로, 성홍열은
11.4명에서 0.1명으로 떨어졌다. 1948년 전국에서 성홍열로 사망
이 사람이 68명에 불과했다는 얘기이다.

유한한 존재인 인간은 결국 무언가로 죽는 게 보통이므로, 이
와 같은 놀라운 사망률 감소가 (전에는 폐렴과 결핵이 차지하던 주
요 사망 원인 1, 2위를 대신하게 된) 심장 질환과 암 같은 질병으로
인한 사망률 증가와 맞물려 진행됐다는 것쯤은 그리 이상한 일이
아니다. 하지만 1900~1950년 사이 미국인 예상 수명에 나타난 실
제 변화는 인상적이지 않을 수 없다. 고작 49세였던 예상 수명이
68세로 늘어난 것이다!

무엇이 이러한 기적을 일으킨 것일까? 한 마디로, 이 기적은
의학 지식과 교육 및 실습, 공중위생, 공중보건 대책, 건강 원칙
에 관한 일반 대중의 높아진 이해 수준 등이 서로 상승작용을 일
으켜 만들어 낸 결과였다. 〔록펠러 재단의 의료 교육 분과 위원장이

던] 앨런 그레그 박사에 따르면, "하버드의 생화학자 로런스 J. 헨더슨은 1910년을 전후하여 미국의 의학 발전이 임의의 병을 가진 임의의 환자가 임의로 찾아간 의사에게 진찰을 받아 나을 가능성이 50대 50이라는 확률적인 우연성보다 더 높다고 말할 수 있는 수준까지 갈 거라고 예측했다."

그 이후로도 미국의 의료 분야 종사자들은 수많은 질환의 치료법을 익혔을 뿐 아니라, 술파닐라마이드(1935년 이후), 페니실린(1929년에 발견되어 40년대 초반에야 임상적으로 사용된), 오레오마이신 같은 항생제(훨씬 최근에 쓰인), 혁명적인 부신피질 자극 호르몬제와 코르티손(1948년부터 임상적으로 사용된) 등 지극히 효과적인 약의 사용법을 습득했다. 말라리아 예방을 위한 모기 박멸 같은 공중보건 대책은 아주 효과적이어서, 1950년 미시시피 주에서 새로운 말라리아 환자를 찾는 의사에게 10달러의 보너스를 지급한다고 했지만 단 한 건도 보고되지 않았다.

비타민의 발견[네덜란드의 크리스티안 에이크만과 영국의 F. 홉킨스가 1929년 비타민을 발견한 공로로 노벨상을 받았다.]과 대중적인 비타민 교육이 공중보건 전반에 기여한 바도 간과해선 안 된다. 20세기 중반이 되자 우유는 말할 것도 없고, 토마토 주스를 비롯한 과일 주스, 녹색 채소, 샐러드에 건강에 이로운 특별한 효능이 있다는 얘기를 아직 들어 본 적 없는 가정은 드물었다.

젊은 하비 쿠싱 박사가 볼티모어에서 기차에 한 가득 실린, 미국─스페인 전쟁에서 장티푸스를 얻은 환자들을 마주한 이래로 군대 의료 서비스의 효율성 면에서 일어난 진보를 하버드의 공중보건대학 학장인 브리가디어 제너럴 시몬스는 통계적으로 깔끔하게 비교해 냈다. "미서전쟁에서 질병으로 인한 미군 측 사망률은 한 해 1천 명당 20명이었다. …… 제1차 세계대전 때에는 사망률이 16명 정도로 줄어들었다. …… 제2차 세계대전 때에는 0.6명밖에 안 되었다."

전염병을 상대로 한 전쟁에서 거둔 잇따른 승리는, 1940년대에 노인 수의 엄청난 증가와 연금제도에 대한 새로운 관심 등을 유발시켰다. 종업원을 65세에, 심지어 60세에 해고하는 풍조가 여전히 진행되어, 이 나이 이상의 노인에게 지급하는 연금이 대부분의 회사들에게 지나친 부담이 되지 않을까 하는 민감한 물음도 제기되었다. 다른 한편으로 출산율의 급증은 1950년경 이미 인원 초과 상태에 이른 초등학교 시스템을 궁지에 빠뜨리기 시작했고, 앞으로 다가올 긴 세월 동안 그 상태가 악화될 조짐을 보였다. 그리하여 1950년대가 시작되면서 경제활동인구에 속하는 미국인들이 근래 역사상 전에 없이 늘어난 노인과 어린아이들을 어떻게든 부양해야 할 공산에 직면했다.

171cm에 67kg, 미군의 평균치

미국인은 대체로 건강해지기만 한 게 아니라, 신체적으로도 더 성장했다. 이는 양차 대전의 의료 기록만 봐서는 증명하기 어렵다. 제2차 세계대전 당시 징병 초기 2년간의 병역 등록자 평균 키가 제1차 세계대전 동안 신체검사를 받은 신병들의 키와 171.45센티미터로 완전히 일치하기 때문이다. 몸무게의 경우, 1941~1942년 입대자 남자 체중이 67.5킬로그램으로, 1917~1918년 입대자 평균 체중인 63.9킬로그램보다 평균 3.6킬로그램 더 나갔다. (1941~1942년 지역 병무청에서 분류한 전체 징병 대상자의 평균 신장은 173센티미터, 평균 체중은 68.4킬로그램으로 여전히 더 컸다.)

하지만 이러한 비교는 다소 오해의 여지가 있다. 그들은 다른

조건에서, 다양한 가계 출신 남자
들을 대표하는 차별화된 비율로 뽑
힌 이들이기 때문이다. 오래된 가
문의 잘사는 미국인 중에서 합리적
으로 비교할 만한 집단을 보면, 신
체적인 성장이 활발히 진행되고 있
음을 알 수 있다. 예를 들어, 1870
년대에서 1880년대 초반의 하버드
대학생은 평균 신장 173센티미터에
평균 체중은 62.28킬로그램이었다.
이 수치는 1920년대에서 1930년대

1940년대의 남녀
대학생들.

초반에 평균 신장 178.15센티미터로 5센티미터쯤 더 자랐고, 평균
체중은 67킬로그램으로 4.5킬로그램이나 더 무거워졌다.

　여자대학인 바사 대학의 1800년대 85학번 학생과 1900년대 40
학번의 치수 사이에도 거의 비슷한 만큼의 차이가 난다. 1885학
번 여학생들의 평균 신장은 160.2센티미터였던 데 반해, 1940학
번 여학생들은 165.3센티미터였다. 평균 체중은 1885학번 여학생
들이 52킬로그램, 1940학번은 56.8킬로그램이었다. 덧붙이자면,
허리 사이즈도 약간 늘어났다. 1885학번 여학생들은 24.875인치
였는데, 1940학번은 25.25인치였다. (바사 대학교 여학생의 허리둘
레는 1905년 뱃대끈을 두른 치마 위에서 쟀을 때 최소치인 23.44인치
를 기록했고, 엉덩이에 벨트를 걸치던 1927년에는 최대치인 26.19인치
를 기록했다.)

　정확히 비교할 수 있는 통계를 확보하기 어렵다 해도, 50년에
걸친 평범한 관찰만으로도 아들은 아버지보다, 딸은 어머니보다
더 덩치가 커졌음을 알 수 있다. 특히 20세기 중반에는 젊은 아가

씨들의 발 사이즈가 어머니들을 당혹스럽게 만들었다. 1940년대에 동부의 한 여자 사립 고등학교 졸업생이 모교에 교사로 부임하여 자기가 가르치는 학생들의 가슴-허리-엉덩이 사이즈를 보고 놀라 학교 의사에게 이렇게 말했다고 한다. "애들이 참 크군요!" 그러자 학교 의사가 대답했다. "크다고요? 그래도 당신이 보고 있는 아이들은 토마토 주스 세대인걸요. 자몽 주스 세대를 기대하세요."

동에서 서로, 소도시에서 대도시로

1950년 무렵 미국의 인구 통계는 서쪽으로 흐르는 인상적인 동향을 보여 주었다. 특히 캘리포니아와 태평양 북서부로의 이동이 두드러졌다. 농장과 소도시에서 인구 중심지로 인구가 옮겨 가는 현상도 여전했다. 소박한 생활 방식이 인격 형성에 미치는 가치를 신봉하는 사람들은 도시화를 슬퍼했을지도 모르지만, 그 추세는 멈출 기미가 안 보였다. 그 배후에는 농장 생산에 필요한 일꾼 수는 점점 더 줄어들고, 대도시에서 서비스업이 크게 번창했다는 경제 논리가 자리하고 있었다. 저항할 수 없는 기회, 아니면 상상의 기회가 구심력처럼 재능 있는 사람들을 끌어당기고 있었다.

그렇다면 자동차, 전화, 대중잡지, 라디오, 텔레비전이 사람들의 예상만큼 농부와 시골 사람들을 멋진 세상과 연결시켜 주면서 그들의 생활을 향상시켰을까? 그랬다. 이 문명의 이기들은 헤이거스타운이나 파두카, 그랜드 포크 같은 도시에서 떨어진 지역에 사는 젊은 남녀들에게 사람들의 일거수일투족이 뉴스가 되고, 불빛이 밝게 빛나며, 매력이 넘쳐흐르는 로스앤젤레스나 시카고, 뉴욕 같은 대도시의 즐거움을 맛볼 수 있는 매혹적인 초대장을 전달했다.

20세기 초엽, 뉴욕 **엘리스 항**에서 의사의 검사를 받고 있는 **이민자들**.

　여기에다 〔여러 인종과 문화가 뒤섞이는 도가니란 뜻의〕'멜팅 폿 melting pot'이 오랫동안 성공적으로 기능했다는 것이, 20세기 중반에 이를수록 미국의 인구가 크게 증가한 또 다른 원인이겠다. 1920년대 초에 이민이 빈틈없이 제한되는 통에 외국 태생 미국인의 수는 꾸준히 줄어들고 있었다. 유럽에서 이민이 물밀듯이 밀려오던 기간에 3등 칸으로 바다를 건너온 남녀들은 하나 둘씩 죽어 갔다. 그러면서 미국의 도시에서 외국어를 듣는 일도 점차 줄어들었다. 이민자의 아들딸들은 미국식 관습과 생활양식을 확실하게 습득했다. 어느 이탈리아계 뉴요커가 말했듯이, "영어를 말하는 부모를 둔 커다란 이점"을 지닌 이민 3세대는 비록 이름은 여전히 외국식일지 몰라도 메이플라워 호의 자손들처럼 미국인이 되어 갔다.*

───────────────────

*이민법 규제. 19세기 말~20세기 초 미국에는 배외주의의 발흥으로 이민 규제를 강화하는 법들이 만들어졌다. 우선 1882년 만들어진 '**이민금지법**'은 중국인의 이민을 금지시켰다. 이어 '1917년 이민법'은 특정 질병과 정신질환자, 급진적 사상을 가진 이 등의 이민을 금지시켰고, 16세 이상 입국자의 영어 능력 시험을 의무화했다.

1920년대에 스포츠 담당 기자들은 미식축구 우승팀의 진용에 자주 등장한 유럽식 이름을 재미있어 하며 거기에 주석을 달곤 했다. 하지만 1950년대가 되자 미 국민의 출신지가 전 세계를 아우른다는 사실이 너무나 당연하게 받아들여져서, 가장 미국적인 스포츠라 할 야구의 월드시리즈에 출전한 선수 이름의 재미난 조합에 토를 단다는 것이 너무나 진부한 짓으로 보였다. 1950년 월드시리즈 첫 경기에서 승리한 〔뉴욕 양키스 소속〕 선수 아홉 명의 타순을 보자. 우딩, 리주토, 베라, 디마지오, 마이즈, 브라운, 바우어, 콜먼, 라스키. 이들이 모두 양키들이다!

1921년과 24년에 연이어 제정된 **'국적법'**은 아예 국가별 이민 수를 제한했는데, 연간 이민 수를 15만 명으로 한정짓고 각 국적별로 1890년 인구조사 기준 3퍼센트의 인원만을 허가하도록 했다. 이는 1890년 이후, 특히 1900~20년 사이 이민이 급증한 남유럽과 동유럽 이민을 겨냥한 조치였다. 이 지역들은 영어권이 아닌 데다 가톨릭 지역이고 무정부주의 등 급진 사상의 온상이라 여겨졌기 때문에 미국이 추구하는 가치와 어울리지 않는다는 믿음이 이민 규제로까지 이어진 것이다. 이민 규제의 기조는 1960년대 말에야 해제되었다.

3부

새로운 미국

15 전국적인 평준화

견고한 소득 불균형의 벽

20세기 후반세기로 접어들며 미국의 상황을 찬찬히 둘러볼 겸 한숨 돌리면서, 한때 부자와 가난한 사람 사이에 크게 벌어졌던 틈새에 무슨 일이 생겼는지부터 살펴보자.

돈, 즉 소득에 관해서 말하자면, 변화는 그다지 크지 않았다. 미국에는 여전히 가난에 파묻힌 '섬'이 있었고, 병과 고령, 고난과 최저 능력 등으로 빈곤에 시달리며 살아가는 수백만 명의 개인과 가족이 있었다. 평균치는 풍요로움과 전혀 거리가 멀었다. 그렇긴 해도 50년 동안, 특히 1940년 이래 일어난 인상적인 일은, 국립 경제조사국(NBER)의 지극히 이성적인 연구 팀장이 "역사상 가장 큰 사회혁명 중 하나"라고 기술할 정도로 충분히 주목할 가치가 있다.

미 국민들의 소득 분배 관련 수치를 산정할 때, 이 수치는 근사치에 불과하다는 점을 반드시 알아야 한다. 소득세 통계표, 인구조사 통계표, 다양한 특정 조사표 등 여러 종류의 자료를 만드는 꼼꼼한 경제 조사원 집단들은 서로 매우 다른 집계 결과를 발표한다. 물론 오늘날의 통계가 지난 세기말에 산출된 것보다 훨씬 더 정확하긴 하다. 그때는 소득세도 없었고, 앤드루 카네기의 소득이

1914년, 이탈리아 **이민자**들이 모여 산 시카고 노스사이드 인근 **빈민가**의 아이들.

미국 평균 노동자 소득보다 2만 배나 많았으며, 악취와 오염 속에 사는 비참한 이민자들이 빈민가를 메웠고, 생각이 깊은 여러 시민들이 〔시인〕 에드윈 마컴과 함께 "시대의 공허함을 얼굴에 드러낸" 임금 노동자가 세상을 심판하고자 들고일어날 그날을 막연히 우려하던 시절이었다.

이제부터 인용할 수치들은 1948년 소득 분배를 다룬 미국 의회의 경제보고 부문 양원합동위원회의 분과 위원회가 작성한 자료에서 나왔다. 이는 1951년 1월 대통령 경제자문위원회가 대통령에게 제출한 보고서에 포함되어 있는 수치와 대충 비슷하며, 아마도 사실에 가까울 것이다.*

이 수치들에 따르면, 최근 미국 내 전체 가구의 10.6퍼센트 정도가 연간 1천 달러 미만의 개인 혹은 가족 소득으로 살고 있다. 즉, 열 가족 중 한 가족은 당황스러울 정도로 불충분한 수입으로 근근이 살아가고 있다는 얘기다.

---

*소득 분배 자료 **경제자문위원회**는 가족과 개인을 포함한 소비 단위를 계산하며, 1949년 소비 단위의 다섯 계층 중 최하층은 연간 1,280달러 미만의 소득으로 빠듯한 생활을 하고 있다고 밝혔다. 그 바로 위 계층은 연간 소득이 1,280~2,289달러이며, 다섯 계층 중 중간인 세 번째 계층은 2,290~3,199달러, 차상위 계층은 3,200~4,500달러, 최상위층은 연간 소득이 4,500달러 이상이었다. 경제자문위원회의 수치를 **양당합동위원회** 분과위의 그것과 비교할 때, 전자의 계산은 하위 계층에서 1인 1가구(가족 가구와는 다른)에 집중되었다는 사실을 감안하여 하향 조정되었다는 점을 기억해야 한다. 그런데 또 하나 잊지 말아야 할 사항이 있다. 즉, 5인 1가구에게는 비참할 정도의 소득이 1인 1가구의 경우엔 그럭저럭 살 만한 수준이 될 수 있다는 사실이다. 사람들이 처한 무수히 많은 상황들, 부양가족의 소비 단위와 자립 생활자의 소비 단위 사이에 명확한 선을 긋기가 어렵다는 점을 곰곰이 생각해본다면, 왜 이러한 수치가 실질적인 사실의 아주 개략적인 외형만을 나타내는지를 알 수 있다.

또, 대략 일곱 가구 중 한 가구에 해당하는 14.5퍼센트 정도는 1천 달러에서 2천 달러 사이의 소득으로 살고 있다.

다섯 가구 중 한 가구에 해당하는 20.6퍼센트 정도는 2천 달러에서 3천 달러 사이의 소득으로 살고 있다.

전체 가구의 3분의 1 정도 되는 33.6퍼센트는 3천 달러에서 5천 달러 사이의 수입으로 살았다.

일곱 가구 중 한 가구에 해당하는 17.9퍼센트 정도만이 5천 달러에서 1만 달러 사이의 수입을 갖고 있다.

그리고 매우 적은 수의 가족, 즉 34가구 중 한 가구에 해당하는 2.9퍼센트가 연간 1만 달러 이상 최상위 소득층에 속했다.

가족과 함께 살지 않는 개인 가구도 많았는데, 1948년에 이런 가구가 800만 가구 정도로 추산되었다. 이들의 소득은 최하층에 더 많이 속한다는 점을 제외하고는 대체로 유사한 경향을 보였다.

빈곤층의 추락 막은 사회 안전망

이제 잠시 이 집단들 중 최하층, 즉 1천 달러 미만의 연간 소득으로 사는 10.6퍼센트의 가족과 개인을 살펴보자. 그들은 누구인가?

우선, 여기에는 단순히 흉년을 맞은 일부 농부와 일시적 곤경에 빠진 개인 사업가들이 포함되었다. 그들은 농작물이나 제품을 밑지고 팔아야 했다. 하지만 이들 중 일부 또는 대부분에게는 이 곤경을 극복할 만한 저축이 있었다. 대부분 가혹한 가난에 시달리지는 않았다.

최하층 중엔 메마르고 척박한 땅에서 농사를 짓는 사람이나 소작인, 물납 소작인 등 수많은 농촌 빈곤 계층이 포함되었다.(이 중 정확히 얼마나 그런지는 몰라도, 상당수가 지극히 적은 수입으로 근근이 버텨 나갈 정도의 작물을 재배했다.) 또, 그 숫자는 그리 많지 않아도 노년층 집단이 최하층의 한 귀퉁이를 차지했다. 이들은 얼마 안 되는 가족의 저축이나 수입에 기대어 살거나, 노후 원조 물자를 받으면서 아니면 그것도 없이 혼자 힘으로 생계를 꾸려 나갔다. 《하퍼스》 1950년 6월호에 실린 미국의 빈곤에 관한 로버트 L. 헤일브로너의 연구를 보면, 1948년 현재 네 가족당 한 가족만이 노인을 부양하고 있고, 홀로 사는 노인의 셋 중 둘이 주당 20달러 미만으로 살고 있다.)

이혼당하거나 버림받아 제대로 먹고 살 수 없는 여인들과 불구자, 정신병자 등 파탄 가정의 희생자들도 최하층에 속했다.(헤일브로너의 말을 인용하자면, 이 중 다수가 "살아 있는 한 공동체의 보호를 받게 될 것이다.") 늘 아무 짝에도 쓸모없는 사람, 사회에 무익한 부랑자, 어쩌다 고용되어도 오래가지 않는 사람들도 여기에 들어갔다. 농촌 빈민층과 무일푼 노인 중에서 흑인의 비율이 비정상적으로 높았다는 사실도 덧붙이는 게 좋겠다.

그 다음 단계에 속하는 빈곤층, 즉 1천 달러에서 2천 달러 사이의 연간 소득이 있는 개인이나 가족 집단으로 올라가 보면, 불리한 상황에 맞닥뜨린 사업가나 작황이 나쁜 농부, 노인, 이혼하고 버려진 여자, 장애인, 계속 해고당해 간신히 살아가는 노동자 등을 더 많이 발견하게 된다. 호경기 때조차 임금이 너무 낮아서 끊임없이 가난과 싸워야 했던 사람들도 있다. 이 부류에도 역시 지나치게 많은 흑인들이 포함되었다.

소득 면에서 국가의 하위 3분의 1을 점한 이 두 집단의 구성에서 가장 놀라운 점은(12장에서 논했던 흑인들의 특수한 상황을 일부 제외하고), 이들이 '대중the masses'이 아니라는 것이다. 그들은 프롤레타리아도 아니다. 단지 널리 흩어져 있으며, 서로 많이 다른

1938년 뉴욕
지하철 승객. 미국의
유명 사진작가인
워커 에번스의
작품이다.

종류의 경제적 혹은 기타 다른 곤란함을 겪고 있는 다수의 국민들
이었다.

상상 이상으로 깔끔하고 당당하게 살지만 때로는 굶어야 하는
노인과, 이번 해 농작물을 폭풍우로 망친 훌륭한 농부, 음료수 한
잔을 사려고 구걸하는 부랑자, 일자리를 잡을 재주가 없는 바보까
지, 이 다수는 다양한 부류에 걸쳐 있었다. 그리고 이러한 역경의
희생자와 부적응자를 돕는 수단이 결코 완벽하진 않아도, 단연코
20세기 시작될 무렵보다는 훨씬 더 많이 마련되어 있었다. 게다가
20세기 초처럼 그렇게 거대한 빈곤층 집단도 없었다.

대공황 기간에, 경제학자 스튜어트 체이스는 다음과 같은 취지
로 글을 쓴 적이 있다. 즉, 유동적인 사회에서는 늘 경제라는 계
단을 잘 올라가는 사람도 있고 거기서 굴러 떨어지는 사람도 있게
마련인데, 괜찮은 사회라면 후자가 지하실 바닥으로까지 계속 떨
어지진 않도록 하는 방법을 갖고 있어야 한다는 것이다. 그런데
친척과 이웃의 도움이나 민간 자선단체 혹은 시립·연방 구제 기
관 등의 노력으로, 20세기 중반에는 지하실 바닥으로 떨어지는 사

람들 대부분을 1층에서 붙잡는 데 성공했다.

전반적인 상향 평준화

이제 연간 소득이 2천~1만 달러에 속하는 그 다음 두세 개 층 사람들을 만나 보자. 이들을 검토하다 보면 제2차 세계대전 이후 진행된 호황 국면을 만나지 않을 수 없다. 무수히 많은 가구가 2천 달러 미만 소득층 혹은 2천~3천 달러 소득층에서, 호황을 맞아 한 단계 또는 두 단계 올라섰기 때문이다. 이 운 좋은 가족들은 실로 다양한 직업으로 돈을 벌었다. 여기에는 농부, 사무실 직원, 전문가, 반쯤 숙련된 산업 근로자, 숙련공 등이 포함되었다. 하지만 전체적으로 가장 잘나간 집단은 산업 근로자층이었다.

2,500달러로 살았던 철강 노동자 가족이 이제는 4,500달러를 벌었다. 3천 달러를 벌었던 고도로 숙련된 전동 공구 기사의 가족은 이제 매년 5,500달러 또는 그 이상을 쓸 수 있게 되었다. 이와 관련하여 주목할 만한 통계 하나를 보자. 1950년 미국 내 모든 제조 산업 종사자들의 평균 수입은 일주일에 59.33달러였다. 지난 10년 동안 이 수입이 오르면서 물가 상승이 이를 뒤쫓았지만, 대체로 수입 증가가 물가 상승을 훨씬 앞질렀다.

이 수치들을 풀이하자면 무슨 뜻일까? 산업도시와 소도시 및 농장의 수백만 가족들이 가난 또는 가난에 가까운 상태에서 벗어나, 전통적으로 중산층의 생활 방식이라고 여겨져 온 삶을 누릴 수 있는 상태에 근접했다는 것이다. 모든 가족원이 좋은 옷을 입고, 더 좋은 차를 사고, 전기냉장고를 들여놓고, 잘 꾸며진 주방을 갖게 되고, 치과에 가며, 보험료를 내게 되었다면 이해하기 더 쉬울까?

이 산업 근로자, 농부, 기타 다양
한 사람들이 그렇게 운 좋은 상승을
누릴 만한 최고의 가치가 있는 부류
인지는 확실하지 않다. 개중에는 교
사 같은 지식 노동자들이 새로운 질
서의 주요 수혜자에 속하길 바란 사
람도 있을 수 있다.(물론 그들은 이

1940년대 미국
중산층 가족의 저녁
풍경.

안에 들지 못했다.) 하지만 저소득층의 감소가 나머지 사람들에게
미친 영향은 인상적이다. 이전보다 한두 단계 올라선 가족들이 더
많은 물품을 사게 되면서, 그들의 확장된 구매력이 산업 전반에
엄청난 활력을 불어넣었기 때문이다. 그 덕분에 미국은 가난한 이
들을 덜 가난하게 만들면서 더욱더 호황을 누리게 되었다.

최상위 계층에서도 두드러진 변화가 있었다. 경제라는 경주에서
저 멀리 앞서 가던 부유층 수가 상당히 줄어든 것이다. 이제 소득
면에서 인구의 상위 5퍼센트에 속하는 계층, 대략적으로 8천 달러
이상의 수입이 있던 사람들에게 무슨 일이 일어났는지 살펴보자.

국립 경제조사국 소속 사이먼 쿠즈네츠가 공들여 계산한 바에
따르면, 양차 대전 사이의 기간에는 비교적 유복한 집단에 속하는
사람들이 국민총소득에서 큰 부분을 차지했다. 세금을 공제하기
전으로 쳐서 30퍼센트, 세금을 제한 뒤에는 28퍼센트를 약간 웃도
는 정도였다. 하지만 1945년 즈음, 이 비율은 세전 19.5퍼센트, 세
후 17퍼센트로 뚝 떨어졌다. 이후에도 이 상위 집단이 비교적 선
전했지만, 그다지 두드러지지는 않았다.

그러면서 상위 1퍼센트, 대충 어림잡아 1만6천 달러 이상 소득
집단으로 분류할 수 있는 정말로 잘사는 부유층이 세금 공제 후
국민총소득에서 차지하는 비중이 1945년 13퍼센트에서 이후 몇

년 사이에 7퍼센트로 내려앉았다.

여기서 바로 한 가지 물음이 제기된다. 고소득층이 총소득에서 차지하는 비율이 감소하고 저소득층의 비율이 증가했다는 것은, 단순히 파이 조각을 피터에게서 빼앗아 폴에게 주어 버렸다는 얘기일까?(피터에게는 그렇게 보였다. 특히 3월 15일경에는 더 그랬다.(3월 15일은 미국 기업 세금 공제 기준일이다. 개인은 4월 15일))

이에 대한 답은, 피터가 점점 더 커진 파이에서 상대적으로 작은 조각을 받았다는 것이다. 물가 상승을 감안하더라도, 1929년에서 1950년 사이에 '모든' 미국인의 총 가처분소득은 74퍼센트나 상승했다. 이는 상당한 증폭이다. 따라서 부유층이 '상대적으로' 힘들었을지는 몰라도, '절대적으로' 괴로움을 겪었다는 얘기는 사실이 아닐 가능성이 높다.

존경받지 못한 부자들

이 시점에서 흥미로운 각주를 덧붙일 수 있겠다. 조금 전에 언급했던 대규모 임금 인상이 대체로 이익을 감소시키지는 않았다는 점이다. 1929년 총 이익을 1950년과 비교해 보면, 그 사이에 총 이익이 총 임금과 급료보다 좀 더 가파르게 상승했음을 알 수 있다. 뉴잉글랜드 의회의 구호를 인용해 보면, "상승하는 흐름이 모든 배를 끌어올린다!"

(그런데 부자들은 왜 많이 못 벌었을까? 그 이유는 사업 확장에 대비하여 이익을 일부 보유해 두고, 이익은 더 폭넓게 분배되었으며, 당연한 말이지만 세금을 훨씬 더 많이 물어야 했기 때문이다.)

여기에서 부자들의 위상 변화는 주목할 만하다. 이제 시중에는 더 이상 합법적인 부자는 없다는 냉소적인 발언이 돌았다. 판공비

를 착복하여 잘사는 사람과 탈세자가 있을 따름이라는 것이다. 이
는 결코 사실이 아니다. 연방 소득세법의 자본 이득 조항을 능숙
하고 적법하게 사용해도, 일부 금융 거래로 얻은 이익의 대부분을
보유할 수 있었기 때문이다. 석유업자들은 같은 법에 있는 27.5퍼
센트의 감가상각비 공제 조항을 이용하여 엄청나게 많은 이익을
올렸다. 낮은 이자율로도 상당한 소득을 올릴 정도로 자본이 넉넉
한 사람에게 매우 유용한 세금 면제 증권도 있었다. 하지만 대체
로 대규모 소득은 내국세 징수국(CIR)에 의해 산산조각이 났다.

다소 가상적인 사례이지만, 1950년 증권거래위원회 공식 기록
에 등재된 최고 보수는 찰스 E. 윌슨 제너럴 모터스(GM) 회장이
받은 62만6,300달러였다. 이 중 일부는 그가 향후 5년간 받게 될
주식과 현금이었다. 1950년에 윌슨이 이 액수를 전부 현금으로만
받고, 따라서 어떤 특별 공제 없이 총 62만6,300달러 전체에 대한
연방 소득세를 내야 한다고 가정해 보자. 그렇다면 그중 세금 명
목으로 정부가 가져갈 돈이 46만2천 달러이고, 윌슨에게는 고작
16만4,300달러 정도만 떨어지게 된다. 이를 궁핍하다고는 할 수
없지만, 수백만 달러를 소득으로 챙겨 두는 사람에 비하면 그 비
슷한 생각이 들 것이다.

찰스 윌슨 GM 회장.

막대한 상속 재산을 보유했거나, 세금이 낮아서 매일 매일 저
절로 불어나는 재산을 가진 사람, 큰 회사의 주인, 그리고 그다지
돈이 많지 않은 친척이나 친구들에게 갖가지 형태의 도덕적 의무
를 진 사람, 대학교·고등학교·병원·자선단체들이 자신의 기부
에 상당 부분을 의존한다는 걸 아는 사람(탈세자과 도박꾼, 신흥 갑
부들 중에는 이런 의무와 기회를 인지하지 못하는 이가 많다.) 등에
대해 말하자면, 세금과 물가 상승에 따른 그들의 처지는 이 부류
에 속한 누군가가 말했듯이, "부자가 된다는 그런 건 없다. 그저

훨씬 큰 규모로 가난해질 뿐"이란 말로 요약될 수 있겠다.

따라서 액수는 적으나마 비과세 수익을 가져다주는 주州 채권과 지방 채권, 일반 소득세보다 훨씬 낮은 자본 이득세, 시세가 오를 만한 회사 주식의 특별 보수, 장기간에 걸쳐 수입이 늘어나는 여러 장치들에 부자들이 애착을 갖게 되었다.(예를 들어, 10년 동안 현역으로 근무하고 그 이후로는 자문역으로 근무하는 데 대한 보수를 포함시킨 30년 계약을 맺는다. 이렇게 하면 현역에서 은퇴한 뒤에도 오랫동안 먹고살 만해진다.)

또한 많은 사람들이 양심보다 벌이가 중요하다는 성향을 보였다. 그래서 세금 징수원의 눈을 피할 속셈으로 가능한 한 현금을 쓰며 살아가는 사람도 있었다.(부자가 된 지 얼마 안 되었다면 한동안은 이렇게 살 수 있다. 그러나 이미 잘 알려진 부자나 부유한 상속자, 대기업 임원 등은 세금 징수원의 날카로운 눈이 그들에게 꽂혀 있으므로 거의 그렇게 할 수 없다.) 내가 국세청 직원이라도, 돈다발을 꺼내어 모피 코트나 다이아몬드를 사는 사람을 추적하고 싶어질 것이다. 그러므로 국세청 직원들이 신문에서 대규모 보석 강도 사건 기사를 유심히 찾아본다는 얘기는 전혀 이상한 얘기가 아니다.

접대비가 낳은 과대망상

그 결과, 최근 들어 세금 징수 관리들의 부패와 암묵적인 뇌물 수수 등 악취 나는 일들이 횡행하고 있다. 여기에 더하여, 최고 부유층뿐 아니라 자신을 그저 적당한 부자라고 여기는 이들 중에도 회사 돈을 상습적으로 횡령하여 쓰는 경향이 늘어났다.

필수품을 포함하여 원하는 모든 것, 가령 본인과 가족 그리고 손님들이 얼마든지 와도 부족함이 없는 주택, 탈 것, 오락거리 등이 무료로 공급된다면, 월급을 받을 필요도 없을 것이다. 그런데 여러 회사 임원들이 이러한 부러움을 살 만한 상태에 가까운 삶을 누리는 게 눈에 보인다. 그들은 필요할 때면 회사 차나 회사 소유의 철도 침대칸, 회사 비행기를 타고 다닌다. 비행기가 이들 일행을 켄터키 더비 경마장이나 대학 미식축구 선수권전에 데려다 준다 해도 아무 문제가 없다. 그런 것은 '계약을 성사시키는 접대 과정'이기 때문이다. 그들은 또 즐거운 휴양지에서 기분 전환을 위해 수영이나 골프를 즐기면서 장기간 사업 회의를 갖는다. 이 비용도 물론 모두 회사가 댄다. 휴가를 회사 캠프장에서 보내거나, 회사 소유 컨트리클럽에서 골프를 칠 수도 있다. 최신식 호텔에서 수백 명의 손님을 초대하여 칵테일파티를 하고 싶으면, 이 역시 회사가 비용을 부담해 준다. 이 파티도 접대에 속하기 때문이다.

　뉴욕의 큰 호텔 경영자가 제2차 세계대전 동안 자기 호텔의 넓은 방에서 벌어진 호화 파티들에 대해 묘사해 준 적이 있다. 그 파티 비용을 누가 댔느냐고 묻자, 이 경영자는 대답했다. "아, 모든 비용은 다 회사가 부담했죠."

　1950년 5월 《플레어*Flair*》란 출판물에 〔작가〕 존 오하라가 '새로운 접대비 사회'라는 아주 적절한 표현을 사용하여 이에 대해 기술했다. 뉴욕을 방문하는 보통 사람들은 터무니없는 가격을 지불

1950년대 **컨트리클럽**에서 골프를 즐기는 미국인들.

하지 않으면 뮤지컬 〈남태평양〉 티켓을 구하기가 어려웠다면서, 그런데 "표 두 장에 100달러를 내는 손님들이 있다면, 그 손님들은 바로 대기업들이다. …… 대기업은 식당 탁자부터 풀먼식 호화 기차 차량 예약에 이르기까지 모든 것에 대해 맨 먼저 권리가 있다."라고 덧붙였다.

임원이 아닌 다소 시시한 샐러리맨도 판공비를 아주 잘 써먹을 수 있다. 뉴욕 도심의 활기찬 레스토랑에서 여배우며 광고계 유명인, 상원 의원, 촌평 칼럼니스트, 성공한 작가, 출판업자, 전 스포츠 챔피언, 텔레비전 코미디언 등등 바로 옆에서 먹고 마시면서 진행되는 중요한 거래에는 보통 폭넓은 계층의 남녀가 참석하는데, 그중 일부는 판공비로 날마다 점심을 먹고 종종 저녁 식사까지 하는 평범한 샐러리맨들이다. 교외 지역의 고객들을 구워삶고자 데려오는 경우도 있고, 그냥 자기들끼리 점심을 먹으러 오기도 한다. 어떤 경우이든 돈은 회사가 댄다.

이런 레스토랑 중 가장 잘나간다는 두 군데의 경영자에게, 그날그날 판공비로 먹고 마시는 손님의 비율이 얼마나 되는지 물었다. 한 사람은 점심 땐 거의 절반이고, 저녁 식사 때에도 비슷한데, 저녁엔 가장 인기 있는 룸을 이용한다고 대답했다. 저녁 시간에 다른 자리를 이용하는 경우는 거의 없다고 했다. 다른 사람은 말하기를, 점심때 4분의 3, 저녁때에는 그보다 적고, 늦은 저녁에는 극소수라고 했다. 하지만 쇼가 있는 나이트클럽에서는 저녁 시간 비율이 높아질 거라고 추측했다. 수많은 고객과 잠재 고객들이 그런 접대에 정말로 넘어갈 거라는 추측은 꽤 개연성이 있다. 어떤 경우에든 이런 접대가 고객과 잠재 고객을 낚는 방법이라는 이론은 기분 좋은 사치를 누리는 생활에 도움이 되리라. 이러한 생활이 적어도 24시간 중 몇 시간 동안, 자기 돈 한 푼 내지 않으면서 주객 모두에 의해 저질러진 것이다.

집에서 떨어져서 우아하게 사는 클리블랜드 공구회사 임원이나 피츠버그 철강회사 임원의 부인이라면, 가족생활의 저울을 한쪽으로 치우치게 하는 무언가가 있다는 점을 이따금씩 깨달을지도 모른다. "회사가 남편을 완전히 망쳐 놨다." 한 실업가 부인은 이렇게 말했다. 다음은 1952년 1월 7일자 《라이프*Life*》 지에서 〔저널리스트〕 윌리엄 H. 화이트 주니어가 인용한 이 부인의 발언 내용이다.

1947년 **풀먼 객차** 광고.

심지어 1년에 7,500달러밖에 못 벌어 오던 시절에도 그는 늘 워싱턴에 파견되었습니다. 그이는 워싱턴에 갈 때면 제너럴 사의 J. R. 로빈슨으로 풀먼 객차의 특별 전용실을 이용했고, 방 두 개짜리 스위트룸을 잡았습니다. 그러고 나면, 회사 임원들이 그를 사냥·낚시용 오두막으로 불러들였습니다. 이 오두막은 회사가 관리하는 곳으로 북쪽 숲에 있었습니다. 남편은 뉴욕으로 갈 때에는 트웬티원(21)과 버베리 룸, 챔보드에서 즐겼을 겁니다.* 그동안 나는 30센트짜리 햄버거를 먹고 있었죠. 우리 둘이 함께 휴가를 떠날 때에는 낡아 빠진 고물차를 타고 가거나 매부의 차를 빌려야 했습니다. 상류 생활의 맛은 일부 사람들에게 과대망상을 불러일으키죠.

물론 이러한 기회를 이용하지 않으려 한 고위직 실업가도 많다. 20만 달러를 충분히 넘는 세전 소득을 올리는 한 임원은, 플로리

---

*고급 식당 클럽들이다. '**트웬티원**'은 뉴욕 미들타운에 위치한 음식점으로 금주령 하에 엄청난 와인 저장고를 비밀리에 갖춰 술을 댄 것으로 유명하나, 지금은 그저 그런 식당으로 남았다. '**버베리 룸**'은 버크셔 호텔에 있는 식당으로 여전히 영업 중이고, '**챔보드**' 역시 식당이었으나 지금은 식료품점이 되었다.

338

다에 있을 때 자기는 감당하지 못할 큰돈을 써 대는 사람들이 많아서 끊임없이 놀랐다고 말했다. 그는 세금과 채무 때문에 그해 적자를 모면하면 다행이었는데 말이다. 또 모르겠다. 그가 플로리다에서 목격한 남녀들은 50주 동안은 허리띠를 졸라 매고 살다가 1년 중 단 2주 동안만 호화롭게 살았는지도. 그들은 탈세자가 아니었는지도. 하지만 그들 중 대다수가 모든 비용을 대신 지불해 주는 회사라는 실질적인 부의 대용품을 찾아내어 이용해 먹는 이들이었을 가능성이 더 높다.

만인에 의한, 만인을 위한 사치품

부자와 가난한 사람 간의 소득 격차가 좁혀진 것보다 훨씬 더 인상적인 것은, 그들 사이에 있었던 생활 방식상의 격차가 좁혀졌다는 점이다.

예를 들어, 옷차림을 생각해 보자. 1900년이라면 프록코트에 실크해트를 쓴 은행가와 파리에서 수입한 가운을 입은 그의 부인이 대담하게도 일반 대중들 사이를 지나간다면, 주변 사람들이 이 부부에게서 멀찍이 떨어져서 걸을 것이므로 멀리서도 그들을 알아볼 수 있을 것이다. 그 당시 대도시에 온 시골 사람은 그야말로 눈에 띄는 '촌뜨기'였다. 값싼 남자 옷을 사는 사람은 허리를 꽉 조이는 재킷과 앞코가 둥근 신발로 알아볼 수 있었다.

하지만 1950년 현재 철강 노동자 또는 사무원과 고위급 임원의 차이는 무심코 봐선 누가 돈깨나 있는 사람인지 알아차리기 어렵다. 얼마 전 어느 테니스 대회를 보러 갔다가, 세계에서 가장 유명한 축에 속하는 은행 이사회 의장의 두세 줄 뒷자리에 앉게 되었다. 그때 그의 오래된 파나마모자와 평범해 보이는 신사복을 보면서, 그 주변에 있는 사람들 중 그가 재계의 중요 인물이라고 짐작할 사람이 몇이나 될까라고 생각했다. 여섯 자리 수의 수입(세전)을 올리는 사람이 수천 명의 회사원들 사이에 섞여 뉴욕 지하철이나 대륙 횡단 비행기를 타더라도, 비록 그가 주변 사람들보다 좀 더 비싼 양복을 입었을지는 몰라도, 사람들의 호기심을 끌지 못할 것이다. 그저 다른 사람과 똑같아 보일 따름이다.

여자들의 경우에도, 의상 구입에 매년 5천 달러를 쓰는 여성과 여기에 훨씬 못 미치는 지극히 적은 돈을 쓰는 여성 사이에 나는 외모 차이란, 기품 있는 취향을 가진 사람과 그런 것과는 거리가 먼 사람 사이의 차이만큼이나 눈에 띄지 않았다. 세 벌의 옷을 가진 가난한 여자와 서른 벌의 옷을 가진 부유한 여성의 차이는 거리에선 드러나지 않았으며, 부유한 여성의 옷이 더 좋은 소재로 더 잘 재단되었다는 사실은 식견 있는 사람이 가까이서 봐야 알 수 있었다. 유행은 파리에서 결정되었고, 이 유행을 최고로 비싼 옷가게에서 들여와서, 더 비싼 미국인 디자이너가 변형시켰다. 그리고 그로부터 6개월이나 1년 정도 지나면, 값싼 옷을 만드는 사람이 그 디자인을 가져다 썼다. 요즘 들어서는 이 과정이 더 빨라졌고, 디자인 차이도 별로 나지 않는다. 가난한 여성이 정말 특별나게 가난하거나 무관심하지 않다면, 이 여성도 부유한 여자처럼 퍼머를 한다. 아마도 집에서 하겠지만. 또, 소득 수준을 막론하고 모든 여성이 나일론 스타킹을 신었다.

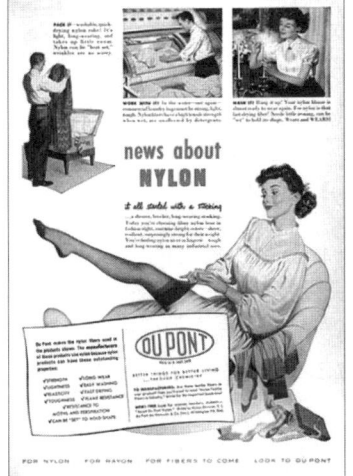

1948년 듀폰 사의 **스타킹 광고**.

여기서 스타킹의 변천사를 검토해 보는 것도 흥미롭겠다. 세기 전환기에만 해도, 스타킹은 사치의 상징이었다. 1900년, 인구가 7,500만 명인 나라에서 제조되는 스타킹은 15만5천 켤레뿐이었다. 그런데 1949년, 대부분의 미국인들이 품질 면에서 실크 못지않다고 여겼던(비록 더 좋지는 않지만) 나일론 스타킹 매상은 15만5천 켤레가 아니라 5억4,300만 켤레였다. 이는 나라 안에 있는 14세 이상의 모든 여성이 각각 아홉 또는 열 켤레씩 신을 수 있는 숫자였다. 이제 '모든 사람을 위한 사치품의 대량생산'이라는 논리가 이해되시는지?

한 세대 전, 유명 통신판매 회사에서는 서부 농민의 부인을 위한 옷과 동부 도시 여성을 위한 옷을 다르게 만들었다. 그러나 이제 그런 구별은 없다. 최근 타고 있던 기차가 〔면화와 석탄 등으로 유명한 중남부 주〕 오클라호마의 어느 작은 소도시에 정차해서 철도 승강장에 있는 여자들을 보게 된 한 친구는, 〔광고의 거리로 유명한 뉴욕의〕 매디슨 가나 〔일리노이 주의 최대 도시〕 미시간 대로를 걷는 여자들을 외관상 구분할 수 없었다고 말했다. 이제 여자가 입을 수 있는 분명한 부의 상징은 밍크코트밖에 없다고 말해도 좋을 것이다.

이 지점에서 설명이 필요할 것 같다. 앞에서 설명한 추세는 획일적인 경향이 아니다. 남자건 여자건 간에 다양한 옷차림이 공존했다. 다만 여기서 지적하고 있는 바는, 이 다양성이 경제 계급의 문제라기보다 지역 혹은 직업군 구성원 간의 선호나 관습의 문제였다는 것이다.

1950년 **매디슨 가** 중심부. 프레더릭 루이스 작.

복장에서 계급의 경계가 무너져 내리는 이러한 추세가 대수롭지 않게 보일 수도 있다. 그러나 나는 생각이 다르다. 사람이 겉모습으로 구분된다는 의식은 아주 큰 경계이다. 사람이 외관으로는 구분되지 않는다는 의식은 장벽을 제거하는 중요한 요소이다.

집안일의 대중화

이제 옷에서 일상생활 용품으로 넘어가 보자. 〔경제학자〕H. 고든 헤이스 교수가 1947년 《하퍼스》 지에서 지적했듯이, 이제 부자도 가난한 사람과 같은 종류의 담배를 피우고, 같은 종류의 면도기로 수염을 밀며, 같은 전화와 진공청소기며 라디오와 텔레비전을 사용하고, 집에는 같은 조명과 난방 장치를 설비했다.(이 밖에도 무한히 열거할 수 있다.) 부자의 자동차와 가난한 사람의 자동차가 보이는 차이는 사소했다. 기본적으로 이 둘은 비슷한 엔진과 부품을 장착했다.

20세기 초에는 자동차에 서열이 있었다. 그 맨 꼭대기는 롤스로이스, 메르세데스 벤츠, 이소타 프라치니 같은 수입차가 차지했다. 이 차들 중 하나를 소유하고 있다는 것은 부자라는 분명한 증거였다. 피어스 애로우, 피어리스, 패커드 등의 미국산 일류 차종도 있었다. 그런데 이후 이런 고급 차종들이 차례로 하향세를 타면서, 포드의 소박한 모델 T에 이르렀다. 오늘날엔 완고하게 직사각형을 고집하는 고풍스럽고 보수적인 롤스로이스와, 미국인의 눈에는 아주 맵시 있고 작게 만든 듯 보이는 영국의 신형 스포츠 카 같은 소수의 특이한 자동차를 제외하고는 등급 분류가 비교적 없는 편이다. 큰 신형 차를 소유한 사람이 높은 소득자일 가능성이 더 높아 보이지만, 빠듯한 수입으로 매력적인 차 값을 겨우 지불한 사람일 수도 있다.

수돗물과 배관 문제에서는 경계의 와해가 훨씬 서서히 진행되었지만, 그래도 꾸준히 지속되고 있었다. 수세식 변기를 처음 보고는 발 닦는 곳인 줄 알고 그 안에 발을 담그고 섰다가 좀 다치기도 한 남부 산간 지역 사람들이 있었던 게 사실이다. 하지만 요즘은 미국 도시와 소도시의 더 낡고 가난한 공동주택이나 거주 지

1950년 무렵
진공청소기로
청소를 하는 주부.

역에서만 수돗물이며 욕조, 샤워 시설, 수세식 변기 등이 부족할 뿐이다. 이러한 편의 시설은 전국의 농가에도 빠르게 보급되었다.

한편, 하인 계급은 특히 북부와 서부에서 거의 사라졌다. 1900년과 비교했을 때 하인 임금이 갖는 구매력이 50년 만에 다섯 배에서 열 배나 증가했지만 말이다. (게다가, 더부살이를 하면 거주비를 고스란히 저축할 수 있는데도.) 실질적으로 하인들이 사라지며 극히 일부를 제외한 모든 가족이 요리며 청소, 세탁 등의 잡일을 떠안게 되면서 한때 프롤레타리아 이민자였던 사람들이 집안일을 굴욕적이라고 여기는 일반 미국 사회 내로 편입되었다. 그러면서 부자와 가난한 사람의 생활 방식 사이에 놓여 있던 또 하나의 대비가 사라져 갔다. 이젠 안락한 환경에서 자란 딸도 요리법을 알아 두는 편이 낫고, 아들 역시 기본적인 지식은 익히는 것이 꽤 중요하다는 걸 깨닫게 됐다.

교육으로 대량생산된 똑같은 미국인들

그렇다면 부자와 가난한 사람의 생활 방식 사이에 놓여 있던 격차를 축소시킨 원동력은 무엇일까? 이전 장에서 보았듯이 이 원인은 매우 많고 복잡하다. 소득세와 노조의 압박 같은 정치·경제적인 이유도 있고, 공원과 놀이터 개발 같은 정치·사회적인 이유도 있다. 물론 대량생산의 역학 구조가 주요 원인이었다.

대량생산의 논리는 이런저런 사치품들이 시장에서 사실상 사라지게 했다. 사치품 제조업자 및 상인들은, 질적으로도 괜찮은 대량생산품 제조업자 및 상인들을 상대로 별 희망 없는 경쟁을 벌여야 한다는 걸 깨달았다. 재단사나 책 만드는 사람, 셔츠 제작자는 살아남기 위해 힘겨운 싸움을 벌이게 되었다. 나는 개인적으로 야회복에 펌프스를 신는 것을 고집스러울 정도로 좋아하는데, 최근에는 이 구두를 거의 구할 수가 없다. 2~3년 전에는 새 펌프스를 사려면 터무니없는 값을 치러야 했다. 다음번에 이 구두를 사려고 할 때에는 이것이 더는 만들어지지 않는다는 사실을 알게 되어도 놀라지 않을 것이다. 펌프스 제작을 뒷받침할 만한 시장이 없으니 말이다. 이제 대량생산이 우리를 지배한다. 그리고 대량생산은 정해진 한도 안에서만 다양성을 허용한다.

변화를 이끈 또 하나의 중요한 요인은 교육의 엄청난 보급이었다. 1900년에는 고등학교 진학 연령에 있는 10명의 소년 소녀들 중 1명 정도가 실제로 고등학교에 갈까 말까 할 정도였다. 그런데 이제는 5명 중 4명 이상이 진학한다. 이는 단지 책으로 배우는 학문만을 의미하지 않는다. 공동체를 구성하는 다양한 가족의 생활 방식을 배우는 여러 가지 사회교육도 여기에 들어간다. 미국의 종합대학, 단과대학, 교육 양성 기관에 다니는 학생 수도 8배나 증가했다.

1949년 대학생들이 **수강 신청**을 하는 모습.

또 다른 요인은 제2차 세계대전이었다. 전쟁을 계기로 수백만 명의 젊은이들이 외국 여행길에 올랐고, 이것은 학습 의욕이 있는 이들에게 다른 생활 방식을 배울 수 있는 좋은 기회가 되었다. 특히 공군 장교 등 일부는 이전에는 결코 알지 못했던 규모의 삶을 살아갈 기회를 얻었다. 전쟁 중에 여권용 사진을 찍으러 초라하고 작은 사진관에 들렀을 때, 그 사진관 주인이 자기 아들이 남대서양을 횡단하는 비행기 조종사라고 얘기하는 걸 들은 일이 있다. 그 2~3년 전까지만 해도 그 소년이 육군 장교라는 편리한 지위를 누리면서 브라질과 라이베리아를 볼 기회가 생길 거라고 상상이나 해 봤을까.

마지막으로, 모든 소득 계층의 미국인에게 같은 모방 유형을 강요한 일반 대중잡지와 영화, 라디오, 텔레비전의 어마어마한 영향을 간과해선 안 된다. 다시 말해, 매체가 미국인들을 모두 똑같은 종류의 사람이 되고 싶어 하게 만든 것이다.

출판업계에서 집과 정원을 가꾸는 정보를 집중적으로 다룬다고 하여 '주거 분야'라고 부르는 내용의 잡지와 여성 잡지를 예로 들어 보자. 이 잡지들은 수십 년간 매달 아기를 돌보는 법, 아이들을 챙기는 법, 손님을 즐겁게 접대하는 법, 균형 잡힌 식사를 준비하는 법, 집을 멋지게 꾸미는 법, 잔디와 정원을 아름답게 가꾸는 법 등 더 나은 삶의 기술을 수백만 명의 여성들에게 가르쳐 왔다. 잡지의 일부 조언들이 노련하고 안목 있는 사람들에겐 때로 우스워 보였을지 모른다. 어떤 정보는 광고주에게 잘 보이려는 데 오용되었고, 피상적이며 자기만족적인 면이 없지 않았다. 하지만 자기 처지라는 한정된 시야에 갇힌 사람들에게 미친 궁극적인 교육 효과는 주목할 만했다. 전국적인 발행 부수를 가진 일반 대중잡지는 지역주의를 깨트리는 데 일조하기도 했다. 우중충한 도심 아파트에 사는 주부, 외딴 농장이나 공장 도시에서 자라는 소년 소녀들에게 일상적인 테두리 바깥의 세계를 어렴풋이 알게 해 주기도 했다. 오늘날 미국에 사는 이들 중에 대중잡지를 통해서 비타민 같은 것을 처음 알게 된 사람 수가 얼마나 되는지 알아보는 것도 상당히 흥미로울 것이다.

게다가 이러한 잡지나 다른 매체에 실린 광고들은 더 많은 제품을 사고자 더 열심히 일하도록 끊임없이 동기를 제공했다. 다른 나라와 마찬가지로, 미국에도 임금이 오르면 졸라맸던 허리띠를 이제 좀 풀 수 있게 됐다는 핑계로 물건을 쉽게 사들이는 경향을 보이는 일부 노동자들이 있다. 하지만 그것이 일반적인 원칙이 아닌 만큼, 즉 이런 현상은 노동자가 점점 더 많은 것을 구매할 수 있다는 희망에 박차를 가하는 만큼, 대량 광고는 최고의 유인 동기로 꼽힐 만했다.

1950년대 **식기세척기** 광고.

이렇게 잡지를 통한 대중 교육 형태는 전적으로 20세기적인 현상이었다. 20세기가 시작될 무렵엔 100만 부 근처의 발행 부수를 가진 미국 잡지는 없었다. 그런데 1947년경에는 100만 부가 넘는 잡지가 적어도 38종은 있었다. 1951년 좀 더 나은 삶을 영위하는 방법에 관해 수많은 유쾌한 제안을 했던 《리더스 다이제스트*Reader's Digest*》 하나만 해도, 미국 내 발행 부수가 950만 부를 넘어섰다.

"이 상황에서 그레고리 펙이라면?"

1905년에야 비로소 시작된 영화와 1920년에 시작된 라디오도 똑같은 정서적 흥분을 즐기려는 모든 소득층의 남녀노소를 청취자로 만들었다. 미국적 경험의 공통분모에 맞춰 영화와 프로그램을 만들기도 했다.

영화에서는 캐리 그랜트, 험프리 보가트, 그레고리 펙, 몽고메리 클리프트, 팔리 그랜저 등의 대중 스타들이 부유하고 멋진 남자나 경제적으로 진퇴양난에 빠진 남자 역할을 연기했다. 인기 배우가 되는 관건은 배역이 아니라, 모든 미국 젊은 남자들이 그 가치를 인정할 수 있거나 적어도 근접이라도 할 수 있는 종류의 매력을 드러내는 것이었다. 즉, 구세대 사람들이 중산층 수준이라고 칭했던 말과 행동에 일치하는 모습을 보여 주어야 인기를 얻을 수 있었다. 나는 이를 계급 없는, 즉 미국인 전체를 아우르는 평준화된 기준이라고 부르고 싶다. 왜냐하면, 이것이 미국인들의 근본적인 정체성이기 때문이다.

할리우드 여배우들 역시 이 같은 제약에서 자유롭지 않다. 여왕 같은 역이건 소박한 역이건 그 어떤 역할에도 캐스팅될 수 있지만, 홍보 담당자들은 대중이 그들을 숭배하게 만들려면 샐러드를 만들고 주방 바닥을 걸레질하며 빨래를 너는 모습을 영화 잡지에 기꺼이 보여 줄 준비가 되어 있어야 함을 알고 있었다. 호화로운 수영장 옆에서 멋진 디자인의 수영복을 입고 여가를 즐기는 모습을 보여 준 다음에 말이다.

잭 베니는 라디오에서 돈을 잘 버는데도 불구하고 수수한 집에서 낡고 시원찮은 차를 몰면서, 모든 일을 도맡아 하는 유일한 하인과 격의 없이 사는 배역을 맡는다. 오지 넬슨과 해리엇 넬슨은 그들 자신은 중산층에 속할지 몰라도, 근본적으로 다양한 소득 계층에 속하는 수백만의 젊은 부모와 아이들의 공통 경험을 드러내는 일련의 희극적인 상황 속에 놓였다.

그 결과는? 험프리 보가트처럼 말하려고 해서 보수적인 부모를 당황하게 만드는 부잣집 열네 살짜리 아들이나, 똑같은 희망을 품고 있는 트럭 운전수의 아들 모두 그들의 우상과 비슷하게 성장할 것이고 따라서 서로 비슷해질 것이다.

그리고 또 다른 상황이 발생했다. 반세기 전에는 고급 레스토랑에서 어떻게 행동해야 할지 최소한의 매너조차 몰랐던 석탄 광

부는 이제 자기 자신에게 이렇게 묻기만 하면 되었다. "이 상황에
서 그레고리 펙이라면 어떻게 행동할까?" 한 마디로, 미국 사회의
양극단 사이의 사회적 거리가 줄어들고 있었다.

"이 상황에서 **그레고리
펙**이라면?"

이러한 변화를 생각할 때마다 뉴욕에서 얼마 전에 보았던 광경
이 떠오른다. 보수 공사 때문에 길이 파헤쳐져 있고 일꾼들이 장비
가 도착하기를 기다리며 서 있었는데, 그중 한 명이 손에 맨홀 뚜
껑을 들어 올려 여는 데 쓸 법한 금속 막대기를 쥐고서 작은 오락
거리에 빠져 있었다. 그가 그 막대기로 무엇을 하는지 확인하려고
두 번이나 쳐다보았다. 그는 우아한 골프 타법을 연습 중이었다.

그래도 상류사회는 있다

부자들의 재력이 줄어들고, 추세가 평준화된 생활 기준으로 흘러
갔다고 해서 상류사회가 사라졌다고 말하면 과장일 것이다. 사회
적 모방은 인간사에서 지칠 줄 모르는 동력이다. 어느 사회에서든
사회적 경계는 그려지게 마련이고, 지위나 재산을 숭배하는 속물
근성이 번식하려는 경향이 있다. 대부분의 도회지나 소도시엔, 지
역사회를 필두로 하는 쉽게 식별 가능한 사회 유형이 존재한다.

물론 그 구도가 끊임없이 바뀌긴 하지만, 작은 사회에서 점점
더 큰 규모의 사회로 이행하면서 그 유형은 훨씬 더 복잡하고 다
양해지고 포착하기 어려워진다. 대규모 사회에서 발견되는 여러
가지 다양한 전문직군과 사업군으로 인해, 그리고 사회적 관계에
차별을 부과하는 대기업 내의 특수한 위계질서로 인해 복잡해지
게 되는 것이다. 이때의 차별이란 가족을 기반으로 하거나, 부로
강조된 과거의 차별과 거의 상관이 없다. 사회적 지위에 상관없이
성공한 사업 간부뿐 아니라, 연예인이나 뉴스감이 될 만한 또는

사진을 잘 받는 인물에게 따르는 명성에 의해서도 훨씬 더 어지럽게 영향을 받는다.

계속 성장해 가는 도시 인근 지역에서는, 이 지역의 관심사 및 오락거리와 위성도시 사람들의 관심사 및 오락거리 간에 관점이 나뉠 뿐 아니라, 인적 이동이 빨라서 혼란스럽다. 작년에 무척 즐거운 파티를 자주 열었던 셰리단 씨네 가족이 디트로이트로 이사를 간다. 스탠리 씨네 가족은 너무나 좋은 사람들인데, 진정한 사회생활을 위해 도시로 간다. 대단히 매력적인 젊은 에드워즈 씨네 가족은 큰 아이가 학교 갈 나이가 되자 작년에 교외로 이사가 버렸다. 수입이 오르면 다른 데로 이사할 수도 있고, 막내 아이가 다 자라고 나면 어떻게든 도시로 다시 돌아갈지도 모른다. 조직적인 속물근성이 혼란스러울 정도로 사회 유형은 만화경처럼 변화무쌍하다.

사회, 즉 대문자 S(Society)로 시작하는 구 상류사회는 뉴욕이 그 중심이었다. 하지만 이제는 사회 유형이 극도의 복잡성에 다다른 곳이 뉴욕이었다. 부유층이 밀집되어 있지만, 이들 중 타인에 대해 눈곱만큼이라도 알고 지내는 사람은 거의 없다. 그들은 모호하게 규정된, 서로 겹치는 무리를 형성한다.

예를 들어, 은행가나 주식 중개인, 도심의 변호사와 이들의 가족들이 있다. 그리고 출판업자, 작가, 광고업자, 라디오와 텔레비전 방송에 종사하는 사람들이 있다. 이들은 일련의 브로드웨이 무리들과도 차례로 겹쳐진다. 다른 한편으로 도매업과 소매업을 운영하는 상당수의 비즈니스 무리가 있다. 그리고 다양한 종파의 교회와 연관된 사람들이 있다. 지역 가톨릭교는 예외적으로 독특한 무리를 형성한다. 물론 주요 관심사가 정치인 무리와 겹치긴 한다. 그러다가 서로 다른 종류의 공익사업과 자선사업 기관 후원에

관련된 남녀들 간에 친분이 생긴다. 여기저기 다른 지방에서 올라
왔거나, 여름과 주말 여가를 롱아일랜드나 코네티컷, 뉴저지, 기
타 지역에 있는 지역사회에서 보내려고 온 뉴요커들 간에도 한층
끈끈한 인연이 생긴다. 각각의 예술 분야마다 있는 애호가와 후원
자들 사이에도 느슨한 친분이 있다. 이러한 일부 예술 쪽 관심 분
야에서 유대인은 비유대인과 뒤섞이게 된다. 그 밖의 다른 영역에
서는 유대인은 따로 떨어져서 잘 어울리지 않는다. 어떤 디너파티
나 칵테일파티에서도, 자신이 속한 무리의 사람들과 함께 전에는
몰랐던 다른 사람들을 만날 수 있다. 그들은 파티를 연 주인 부부
와 친분이 있는 사람들로, 공통 관심사에서 분명 또 다른 연줄이
있을 것이다.

　이렇게 다채로운 풍경 속에 상류사회는 더 이상 없다고 말하는
것은 옳지 않다. 그러한 말이 비상식적으로 여겨질 정도로 주목할
만한 혈통과 상당한 재산을 가진 가문이 많다. 하지만 이러한 상
류사회가 여전히 존재한다는 것은 거의 그들만의 비밀이다.

　상류사회의 회합과 사교계 데뷔 파티는 소수를 제외하면 대중
들에게 거의 알려지지 않았다. 이 사회는 선택된 사교계 데뷔자를
위해 여전히 짧고 강렬한 사교 활동을 제공하고, 그들에게 아주
신중하게 선택된 남자들끼리의 교우 관계를 준비해 주려고 노력
한다. 더 큰 규모의 축제 행사를 준비할 때에는 뉴헤이븐〔예일 대
학교〕과 프린스턴 같은 젊은 엘리트 집단에서 그다지 꼼꼼하게 거
르지 않은 상당수의 학생들을 데려와야 했으므로, 이 선택 과정은
다소 가치가 떨어진다.

　상류사회에 속하는 젊은 남녀들의 경우, 나이를 먹으며 시간과
주의를 다른 일에 빼앗기면서 상류사회의 일원이라는 지위 역시
얼마간 희미해지게 된다. 아주 충실한 상류사회의 원로들은 '카페

1940년 '**카페
소사이어티**'에서
열창하는 가스펠
가수 시스터 로제타
타프.

소사이어티Cáfe Society'라고 알려진 이 얼마 안 된 경쟁 그룹에 콧방귀를 뀌고, 〔여배우〕 탈루라 뱅크헤드, 〔야구 선수〕 조 디마지오, 〔배우〕 반 존슨을 둘러싼 세인들의 관심을 멸시했을지 몰라도, 그들의 자손들 대부분은 니커보커나 링크스, 브룩, 콜로니 클럽〔모두 전통 있는 클럽들〕의 멤버십을, 스토크 클럽이나 21의 단골들에게 좋게 알려진 그룹〔신흥 클럽들〕의 멤버십 아래로 꼽으려 했다는 데에는 변함이 없었다.* 신문의 사교계 동정란은 주로 카페 소사이어티 사람들을 다루려고 하는 것처럼 보였다. 과거의 상류사회를 화려해 보이게 만든 것 가운데 비용이 아주 많이 들어간 축제 행사를 빼놓을 수 없다. 그런데 요즘에는 대기업이나 월도프 호텔에서 파티를 열 수 있다. 가족이 사적으로 파티를 여는 경우는 거의 없다. 간단히 말해서, 상류사회가 존재하지만 일반 대중에겐 실질적으로 알려져 있지 않고 눈에 띄지도 않았다.

---

*카페 소사이어티는 1938년 그리니치빌리지에 개업한 나이트클럽이다. 사장인 바니 조셉슨은 허세 가득한 상류층 클럽과 차별되는 클럽을 만들려고 했고, 흑인의 음악적 재능을 평등한 분위기에서 선보일 공간으로 카페 소사이어티를 구상했다. 이 클럽은 흑백 고객을 똑같이 취급했고, 흑인의 연주는 허하되 관객으로는 입장하지 못하게 한 코튼클럽 등 기존 클럽과 달랐다. 빌리 홀리데이, 폴 로비슨, 레스터 영, 엘라 피츠제럴드, 사라 본, 메리 루 윌리엄스 등이 이 클럽에서 연주하고 노래한 당대 최고의 음악인들이었다. 이들 간의 교류와 발전은 바로 이 공간이 있었기 가능했다. 조셉슨 사장은 좌파적인 입장을 담은 기획 공연이나 모금 공연을 이 클럽에서 열었는데, 제2차 세계대전 기간에는 이런 공연이 반공주의적 세태로 견제당하기도 했다. 결국 카페 소사이어티는 1948년 문을 닫았다.

취향의 민주화

광고주들은 그들대로 변화에 주의해 왔다. 〔작가〕 아그네스 로저스는 1949년에 다음과 같이 썼다.

성적 매력은 이제 일반적으로 모든 미국 여성들이 도달할 수 있으며 아주 쉽게 얻을 수 있는, 단지에서 그냥 사기만 하면 되는 것으로 광고되는 게 우리 시대의 징후이다. 오늘날 제품을 팔고자 여성을 부자나 상류계급으로 규정해야 한다고 느끼는 제조업자는 거의 없다. 구매자의 속물근성을 부추기는 전략은, 올바른 제품 구매와 적절한 사용법을 꼼꼼히 알려 주는 방식으로 성적 매력에 호소하는 것보다 설득력이 떨어지게 되었다. 사용자의 배경에 상관없이, 적은 돈과 약간의 노력만 있으면 누구든지 제품을 가질 수 있다. 성적 매력은 민주화되었다.

이전 시절에 부유한 상류층들이 왕처럼 생활하던 굉장한 성들 역시 상속세와 부가세에 대부분 넘어가고 말았다. 물론 뉴포트를 중심으로 일부 대저택에는 여전히 과거의 그들이 살았다. 마치 아무 일도 없었던 양 고집스럽게 처신하려고 애쓰는 사회적 특권 계급의 늙은 수호자들 말이다. 하지만 뉴욕에서는 5번 가를 백만장자들의 거리로 만들었던 윌리엄 H.며 윌리엄 K., 코르넬리우스 밴더빌트 등의 유명한 저택들이 완전히 파괴되어 비즈니스 빌딩이나 아파트에 자리를 양보하게 되었다.

뉴포트에서도, 〔필레 가문의〕 오커 코트는 가톨릭 대학이 되었고, 〔코르넬리우스 밴더빌트 2세의 여름 별장이던〕 더 브레이커스는 매년 박물관으로 임대되었다. 원한다면, 이제 누구나 이곳에서 호화로운 시절의 밴더빌트가 된다는 게 어떤 것일지 느껴볼 수 있다. 하이드 파크에 있는 프레데릭 W. 밴더빌트 저택도 마찬가지로 박물관이 되었다. 레녹스에 있는 헨리 화이트의 저택은 작은 호텔이 되었다. 필라델피아 외곽의 화이트마시 홀, 즉 130개의 방이 있는 E. T. 스토츠버리의 저택은 펜실베이니아 소금 제조회사 펜솔트의 연구소가 되었다. 팜 비치의 플래글러 저택 역시 화이트 홀 호텔의 일부가 되었다. 다른 저택들도 수녀원, 소년 소녀 기숙학교, 병원 시설이 되었다. 이런 식의 건물들은 이후로는 꽤 오랫동안 다시 지어지지 않았다. 요즘 같은 인건비로는 유지비가 어마어마하게 들기 때문이기도 하지만, 오늘날 부자들의 생활 방식이 예전만큼 왕족 혹은 가짜 왕족의 취향이 아니기 때문이다.

이러한 개인 소유의 대저택들이 사라져 가는 것을 착잡한 기분으로 바라보는 이들도 있을 것이다. 그러나 지극히 유럽적인 이 궁전들의 웅장함에는 뭔가 가짜라는 느낌이 항상 감돌았다. 이 건물들을 유지하는 것을 어렵게 만든 인건비 상승에 대해 생각해 보고, 이러한 인건비 상승이 수많은 남녀들에게 새로운 안락함과 기회를 가져다주었음을 반추해 보는 사람도 있을 것이다. 개중에는 과거에 시중드는 사람과 하인 등 다수의 고용인들이 늘어나면서 인간 존엄성에 대한 미묘한 모욕이 존재했음을 인정하는 사람도 있을 것이다. 그러나 그럼에도 불구하고, 일부 대저택에는 요즘처럼 덜 계층화된 사회에서 그리워하는 화려함이 있었다.

지난 여름에 그 건물들 중 별것 아닌 축에 속하는 한 저택을 조사하러 갔었다. 별것 아니라는 의미는 한때 살던 사람의 수라는 측면에서 볼 때 그렇다는 얘기이다. 큰 침실이 8∼10개에 '불과'하지만, 일찍이 이 저택을 주름잡았던 생활 방식은 화려했다. 내가 갔을 때에는 매수자를 기다리는 빈집이었다. 주랑 현관의 큰 기둥이 이제는 갈라지고 이가 빠진 회벽 토대 위에 서 있었다. 측면

현관의 나무 기둥은 금이 갔고, 오래된 페인트가 벗겨져 있었다. 바깥 정원에는 잡초가 무성했다. 청명한 골짜기를 내려다보는 전망은 자라난 덤불에 일부 가려져 있었다.

집 안에 들어가 보니, 무지한 예술품 파괴자들이 이쪽에서는 전화 박스를 뜯어내 버렸고, 저기에는 귀중품 약탈 사냥 중에 생긴 잡동사니 더미를 방치해 놓았다. 건물로 치면 3층 높이, 18미터에 이르는 커다란 중앙 홀의 조각된 천장은 지붕의 새는 구멍 때문에 일부 떨어져 나갔다. 단단한 나무로 된 마루에는 떨어져 나간 벽토가 여기저기 조금씩 쌓여 있었다. 한때 야회복을 입은 남녀들이 오늘날의 사회 관행으로 보면 낯선 의식에 우아한 격식을 차리고 모여서는, 그 응접실과 식당을 수많은 촛불로만 밝혔었다는 사실이 믿기지 않을 수도 있다. 사람들은 그러한 생활 방식의 종말이 민주주의의 대가인지, 그 대가가 사소한 건지 아니면 엄청난 건지 갈피가 잡히지 않았다.

격식의 종말

오늘날에는 격식을 차리지 않은 행위에 대한 숭배가 널리 퍼져 있다. 이 흐름은 무척 오래 지속되어서, 우아함으로 돌아가려는 복고적 반작용을 잠시나마 기대하게 될 정도이다. 하지만 격식 쪽으로 한 걸음 내디딜 때마다, 예절은 곧 좀 더 쉬운 규범 쪽으로 두 걸음 나아갔다.

오늘날의 미국인 남성을 살펴보자. 앞자락을 비스듬히 재단한 모닝코트는 결혼식 때 한 번 빌려 입고는 더 이상 입지 않는다. (최근 한 결혼식에서, 신랑과 신랑 들러리란 직책이 안내를 맡을 사람들이 입을 모닝코트를 빌리는 일을 처리하는 것임을 알게 되었다. 이런 일의 거북스러움은, 결혼 피로연을 준비하는 출장 연회업자를 고용하는 것과 차이가 없다.) 연미복은 부유한 극소수의 젊은이들만 드물게 열리는 파티에서 입는다. 어떤 노령의 자산가는 1926년에 샀던 예복 정장을 이제껏 꺼내 입을 일이 없었다고 한다. 연미복 대용으로 입는 턱시도 역시 입을 일이 점점 더 없어지고, 저녁 만찬 때 관례상 정장을 하는 남자들이 줄어들어서 거의 사라질 정도가 되었다.

빳빳한 칼라도 마찬가지로 거의 완전히 사라졌다. 양복 조끼 역시 입지 않게 되었다. 40세 이하 남자가 조끼를 입으면, 복장에서 보수적인 경향이 있는 것으로 여겨졌다. 모든 종류의 모자도 점점 없어져 갔다. 특히 여름에는 더 그랬다. 빳빳한 밀짚모자는 그야말로 시대에 뒤떨어진 퇴물이 되었다. 주로 고칠 수 없는 습관을 가진 나이든 신사나 고풍스런 취향을 가진 젊은이들이 썼다. 전국 사무실 관리협회가 최근 벌인 조사에서, 사무실 규정에 관한 질문에 응답한 회사의 4분의 3이, 남자 사원들이 언제든지 겉옷 상의를 벗을 수 있도록 한다고 답변했다. 그 외 13퍼센트는 더울 때만 이를 허가했고, 58퍼센트 이상이 스포츠 셔츠 차림을 용인했다.

스포츠 복장은 증가 추세이다. 트위드 재킷과 플란넬 또는 카키 바지 콤비부터 캘리포니아와 플로리다에서 선호하는 화려한 무늬 셔츠와 바지까지 차림새도 다양하다. 다양한 종류의 작업복 역시 편안한 스타일이 인기를 끌게 되었다. 젊은 남자는 이따금씩 격식을 차려야 할 경우를 빼고 넥타이를 매지 않는다. 여학교에 다니는 여자 친구를 만나러 가는 학부생의 기본 옷차림은 일반 셔츠나 티셔츠에 헐렁한 바지, 울 양말, 윤을 내지 않은 신발인 경우가 많다. 만약 이 남학생이 지극히 엄격한 귀족적 예의범절을 따르고 싶어 한다면, 하와이풍 셔츠보다는 단추로 잠그는 칼라(물

론 단추를 풀어 놓은 채로)가 달린 무늬 없는 흰색 또는 푸른색 셔츠를 고집할 것이다. 그리고 무광 갈색 신발보다는 무광 흰색 신발을 신으려 할 것이다. 아무리 취향이 고답적이어도 단정한 투피스 정장에 넥타이를 매려 하지는 않을 것이다.(적어도 저녁 만찬 때까지는.)

투피스 정장은, 대학 캠퍼스에서 아주 똑같지는 않더라도 거의 20세기 초반에 턱시도가 하던 역할을 대신하고 있다. 격식을 차려야 할 행사 때 입는 복장인 것이다. 다른 경우에는 카키색 면바지에 티셔츠, 스포츠 셔츠, 스웨터, 럼버맨즈 셔츠나 스포츠용 점퍼 등 날씨에 맞춰 옷을 골라 입으면 된다. 이전의 정통 남성 복장에 저항하는 캠페인이 아주 꾸준히 진행되어서, 125년 전통의 정통 복식 지배가 사실상 끝나려나 보다 하고 추측하는 사람들도 있다.

반면, 여성들 사이에서는 약식 옷차림을 추구하는 경향이 그다지 분명하게 규명되지는 않는다. 의류업과 광고업계의 소위 어마어마한 권력을 가진 거물들이 때때로 얼마나 열정적으로 우아한 복고풍을 선언했는지, 그들의 승리가 얼마나 드물고 단명했는지

신입생들에게 비니 모자를 씌우는 환영식을 벌이고 있는 1950년대 **미국 대학생들**.

주목해 보면 꽤 재미있다. 대부분의 젊은 여성들, 그리고 적지 않은 수의 나이든 여성들도 1년 내내 모자를 쓰지 않은 채로 다니고, 여름에는 스타킹도 신지 않고 다닌다. 또한 굽 없는 로퍼나 발레화를 신고, 머리 수건을 두른다.

편안함, 최고의 미덕

이러한 격식의 해방은 남녀 간의 좀 더 편안한 관계라는 유행 코드와 딱 맞아 떨어진다. 남편과 아내는 상대방의 친구들과 전보다 더 많은 시간을 보낸다. 함께 요리하고 설거지하며 아이를 돌보고, 높은 인건비로 인해 남편은 아마추어 가구 제작, 주방 페인트 칠하기, 가사 도구 수리 등의 취미를 갖게 되었다. 게다가 피차 정장을 차려입을 기회도 그렇게 많지 않다.

남녀공학이 꾸준히 확산되면서, 소년 소녀들은 놀 때뿐 아니라 공부할 때에도 이성을 만나는 데 익숙해지고, 옷차림 자체도 이런 추세를 따라갔다. 남자들만의 클럽도 하나 둘씩 여성들의 요청을 받아들여 만찬 장소로 빌려 주고, 심지어 이전 시대에는 남자들만의 신성불가침 구역이던 클럽에 여성들의 입회를 허가해 주기도 했다. 뭔가 잔인한 광경이 여성들의 눈과 귀를 거슬리게 할 거라는 걱정은 아무도 하지 않는 것 같았다. 그러면서 이성이 주변에 함께 있는 것을 즐겁게 여기는 보편적인 감정이 생겨났다. 물론 이 문제에서 공동체마다 혹은 사회 집단마다 관행에 큰 차이가 있었지만, 일반적으로 세련된 사회 집단일수록 남녀가 따로 즐기는 경향이 덜했다. 하지만 보편적인 추세가 편안한 우정을 나누는 방향으로 흐른다는 점에는 이론의 여지가 없어 보였다.

하인이 드물어지면서, 손님들이 탁자에 앉아 서빙을 받던 형식의 저녁 만찬도 점차 뷔페 스타일의 찜 냄비 요리 접대로 대체되었다. 안주인이 마지막 손님이 도착할 때까지 기다린 다음에야 식사 준비를 마무리하게 되면서 만찬 시간은 더 탄력적으로 바뀌었다. 따라서 약속 시간에 맞춰 올 정도로 눈치 없는 사람은 한참을 칵테일이나 마시며 시간을 보내게 되었다.

존스 씨의 신원을 로빈슨 양에게 밝히는 격식을 차린 소개는, 헨리 존스를 바버라 로빈슨에게 인사시키는 식으로 조금씩 바뀌었다. 상류사회의 엄격함이 남아 있는 몇 안 되는 장소를 제외하면, 어디에서든지 남성은 "안녕, 바버라"라고 처음 소개받은 여성에게 응답할 것이다. 언젠가는 일품요리 메뉴에 3~5달러짜리 앙트레[코스 요리의 중심 요리]가 있는 품격 있는 대도시 레스토랑의 웨이터가 "여러분, 뭘로 하시겠습니까?"라는 인사로 손님들을 편하게 대하는 모습도 보았다.

개인의 집에서 열리는 댄스파티도 드물어졌다. 호텔이나 나이트클럽에 춤추러 갈 수도 있지만, 그러한 여흥은 젊은이들로선 너무 비싸고 번잡스러워서 자기들끼리 놀 때에는 길가의 선술집으로 만족했다. 여기서 유쾌하고 편안한 분위기에서 합리적인 비용으로 맥주나 청량음료를 마시면서 춤도 추고, 주크박스를 틀어 놓고, 인생을 논했다. 그러면서 한때 시골뜨기의 오락거리였던 스퀘어댄스가 다양한 소득층에서 높은 인기를 누리게 되었다. 춤이 단순하고 떠들썩할수록 사람들은 더 좋아했다. 뉴욕의 어느 상류층 여학교에서 최근에 열린 스퀘어댄스 파티에 참석한 남학생들이 받은 초대장에는 "청바지 입고 오세요."

1950년대 중반에 열린 **스퀘어댄스** 파티.

라고 씌어 있었다. 교외 지역에서는 토요일에 화려한 모자에 청바지를 입고 고해성사를 보러 가는 가톨릭교 소녀를 가끔 보게 된다. 미국인의 모든 생활 양상에서 허례허식은 하나 둘씩 계속해서 사라져 가는 듯했다.

그 까닭은 무엇일까? 아마도 주된 이유는, 격식을 차리지 않는 행위가 사람들에게 민주적이고 꾸밈없으며 우호적인 것으로 보였기 때문일 것이다. 또, 부유층 자녀들 사이에는 다른 보통 사람들에 대한 일종의 죄책감이 희미하게 남아 있었다. 대공황 때 수많은 사람들이 부자들의 생활 방식에 분개했고, 그런 부유한 생활을 가능하게 한 자금의 출처를 수상쩍게 여겼다는 사실을 의식하고 난처해 하는 것이다. 이 죄책감은 여러 가지 형태로 나타났는데, 그중 하나가 젠체하는 듯 보이지 않는 종류의 오락거리를 즐기는 경향이었다. 고위층 경영진에 속하는 사람들에게도 어느 정도는 이런 심리가 작용했다. 노동조합주의를 조장할 정도로 자신들을 향한 불신이 크다는 걸 잘 알았으므로, 자기에게는 왕족 같은 망상 따위는 전혀 없다는 것을 회사 파티에서 일부러 보여 주기도 했다.

다른 소득층에 속하는 수많은 사람들에게는, 아마도 민주적 방식으로 보이는 것에 대한 묘한 만족 같은 것이 있었을 것이다. 물론, 격식을 챙기는 일이 단지 성가시고 시대에 뒤떨어진다고 생각한 사람들도 있었다. 그래서 이들은 격식을 차리려 애쓰지 않아도 된다는 사실에 안도했다.

격식에 얽매이지 않는 것을 숭배하는 추세를 어떻게 생각하든지 간에, 이는 20세기 중엽 평준화된 미국의 생활 방식과 행동 기준을 단적으로 보여 주었다.

16 회사, 새로운 스타일

과거의 눈으로 현재를 본다는 것

자신이 사는 시대의 삶과 제도들을 명확하게 바라보는 것만큼 힘든 작업도 없을 것이다. 신문들도 그다지 도움이 안 되는 것이, 신문에는 흔히 경험할 수 없는 특이한 사건이나 일들이 주로 실리기 때문이다. 잡지들은 간간이 도움이 되긴 하지만, 잡지 역시 충격적인 사건에 집중하는 경향에서 벗어날 수 없다. 라디오나 TV의 상황도 별반 다를 바 없다. 사진작가들도 이례적이거나 눈길을 끄는 것들을 찾아내려는 경향이 있다.

최근 역사를 다룬 책들을 출판한 사람으로서, 평범한 일상의 모습이나 특정 시대에 널리 수용된 행동 유형을 보여 주는 사진이 극히 드물다는 사실에 놀랄 수밖에 없다. 심지어 우리가 우리 자신을 바라볼 때에도, 우리 눈에 보이는 것들의 추정된 성질에 대해 젊었을 때 갖게 된 생각들(부모님에게서 배웠든지, 아니면 고등학교나 대학에서 배웠든지 간에)에 좌우되는 경향이 있다. 그렇게 바라보다가 우리의 관찰을 일반화하기 시작하면 문제가 악화된다. 보통 역사적인 함의를 조망할 용어가 없는 상태에서는 이를 기술할 어휘가 없기 때문이다.

1950년대 **뉴욕 증권거래소** 입회장 풍경.

1950년대 **뉴욕 증권거래소** 입회장 풍경.

　예를 들어, '자본주의'라는 단어가 그렇다. 우리는 통상적으로 경제 체제가 자본주의적이라고 말한다. 그러나 이 단어는 과거 반세기 이전에 현재 미국의 경제 방식과는 판이하게 다른 경제 활동 방식을 내포했고, 오늘날 유럽에서도 내포하고 있다. 또 '자유 기업'과 '사회주의'라는 대립되는 용어에도 이 용어들로 전달하려는 경제 및 정치적 현안의 정확한 정황을 규정하는 데 별 도움이 되지 않는 전통적인 의미가 과도하게 담겨 있다.

　이제 기업으로 가 보자. 대부분의 미국 비즈니스는 기업들, 사실상 한 사람이 운영하는 형태부터 제너럴 모터스 같은 거대 기업 형태까지 포함하는 기업들이 이끌어 왔다. 오늘날 이 기업들이 연간 소비하는 금액은 19세기에 미국 정부가 지출했던 비용(육·해군 유지에 드는 비용을 포함하더라도)보다 더 많다. 돈을 버는 미국인의 절반 정도가 한 회사에 고용되어 있다. 농부나 기타 자영업자들을 제외한다면 이 비율은 훨씬 커진다. 그러나 바로 이러한 미국 기업들의 본질은, 특히 대기업의 경우, 대부분의 사람들이 기업이란 용어를 처음 접한 이래로, 혹은 교과서에 기업 개념이 처음 소개된 이래로 너무 많이 변해서 우리가 지금 실제로 목격하는 바에 대한 실체를 파악하는 데 어려움이 있다.

우리에게는 이 변화가 매우 중요하다. 그러므로 새로운 눈으로 오늘날의 기업체들을 살펴봐야 한다.

자본주의에서 주주의 역할

다소나마 일반적으로 잘 알려진 사실에서부터 시작하자. 전통적으로, 회사란 자금을 투자해서 그것을 키워 나가는 사람들이 운영하는 것이라고 알려져 있다. 그들은 주식을 소유하며, 주주로서 자신들을 대신하여 회사 경영을 책임질 이사진을 선출한다. 이사진은 실질적인 운영을 담당할 전문 경영자를 선발하고 감독한다. 따라서 이론상 그리고 법률상 최종 권한은 주주들에게 있다. 이는 자본이 필요한 대부분의 신생 회사들에게 여전히 유효한 내용이다. 그리고 어찌 되었든 간에, 여러 영세 기업들에게도 해당된다. 하지만 성숙기에 이른 대부분의 성공한 미국 회사들과, 특히 미국 산업의 막대한 부분을 차지하는 거대 재벌 기업들 내에서 주주들은 더 이상 실질적인 의미에서의 지배권을 갖고 있지 않다. 다시 말해, 주주들이 경영진에 대한 권력과 무게에 종속되고 만 것이다.

정책을 수립하고 결정을 내리는 사람은 경영자이다. 물론 중대한 의사 결정은 반드시 이사회의 비준이 있어야 한다. 대부분은 아니더라도 많은 이사진들은 엄중한 책임 의식을 지니고 있으며, 최근 몇 년 사이에는 이러한 책임감이 커지고 있다는 징후도 나타난다. 그러나 실제 회사 경영에 이들이 기여하는 바는 다소간 부정적으로 흐르는 경향이 있는데, 이는 이사들 가운데 눈앞에 놓인 현안을 날마다 고민하며 사는 사람이 거의 없다는 사실만 놓고 봐도 그러하다. 주주들에 관해서는, 법률상 몇 가지 주요 안건에 대해 주주들이 비준을 하도록 여전히 명시되어 있다. 그래서 주요 안건에 관한 결정을 내릴 때에는 까다로운 법적 절차를 거친 승인이 필요하며, 이로써 주주들은 총회에서 동의 의사를 표명하게 된다. 하지만 주주총회는 대개 한편의 소극에 지나지 않는다.

회사 임원들은 난처한 질문과 적의가 담긴 연설에 맞서 인공미 가득한 상냥함을 내비치며 대응할 수도 있으나, 대다수의 주주들은 경영자에게 우호적인 대리권을 위임해 왔다. 그 결과, 이의를 제기하는 사람들은 이에 대항하여 수백만의 반대표를 이끌어 내는 신사 한 사람에게 섬멸된다. 나 자신도 반대가 하나도 없을 뿐더러 진행 절차가 미리 잘 짜여 결정돼 있는 어느 주주총회에 참석한 적이 있다. 몇 분간의 회의는 사전에 미리 준비되어 있었고, 의사록은 큰 소리로 천천히 낭독되었다. 적절한 시점에 여러 이사들이 다양한 신호에 응해 답변을 했고, 적절한 결의안을 제안하고, 가결했다. 그들은 옆 탁자 위에 놓인 위임서 뭉치가 주주들을 대표하여 행동할 수 있는 법적 전권을 자기들에게 부여해 준다는 사실에 기분이 들떠 있는 것 같았다.

이런 상황에서 주주 한 사람이 회사의 경영 방식에 불만을 품고 있다고 가정해 보자. 그가 이상한 행동을 일삼는 사람이거나, 난동을 부리려는 별종 개혁주의자 혹은 특정 단체에 소속된 정치가라면, 거대 기업의 경영에 반대하려 들 것이다. 하지만 그렇지 않다면, 이 사람이 할 수 있는 일이란 그 회사의 주식을 팔아 치우고 떠나는 것이다.

이 사람이 갖고 있는 GM이나 굿이어, 유나이티드 항공회사(UA)의 주식은 대부분의 경우, 막강한 기업에 대한 일말의 소유권이나 지배권을 의미하지 않는다. 그저 얼마간의 소득이나 이익을 올리는 한 가지 방법일 뿐인데, 이것이 이 사람이 대여 금고에 보관해 두는 예쁘게 꾸며진 증서 한 장이 인증해 주는 그의 권리인 것이다. 그래서 회사의 운명에 관한 그의 관심은 주로 주가가 어떻게 되어 가는지 가끔씩 신문의 주식시장 난을 훑어보는 형태를 띠게 된다. 살펴본 결과, 성에 차지 않는다면 그냥 주식을 처분하면 된다.

물론 경영자는 과거의 세기 전환기에 소액주주들을 대했던 것보다는 훨씬 더 경의를 갖고 이 사람을 대할 것이다. 20세기로 접어들 무렵에는 회사의 발전이 어쩌고저쩌고하는 애기조차 없었고, 기껏해야 한 다발의 냉혹한 통계치만 제출했을 따름이다. 그러나 이제는 상세하고 생생한 보고서와 함께 회사의 운영을 보여 주는 더 사실적이며 풍부한 사진들, 이러저러한 방식으로 사용된 비용 내역을 예쁜 막대그래프로 나타낸 자료를 제출한다. 아직 수영복 차림으로 방긋 웃고 있는 여자 사진이 들어간 사업보고서를 받아본 적은 없지만, 틀림없이 그런 것들이 있었을 거라는 확신이 든다. 20세기 중반, 매출을 높이려면 이러한 기쁨을 안겨 주는 표준 상징이 있어야 했다. 이런 것 없이 장기간 버틴다는 것은 거의 불가능하니까. 문제의 본질은 바로 여기에 있었다. 경영자가 주주를 바라보는 눈이 마치 고객을 바라보는 것과 비슷하다는 것. 요컨대, 주주는 회사의 소유자라기보다는 그 주주의 후원이 다른 길로 새지 않도록 구워삶아 두는 편이 나은 어떤 대상인 것이다.

여러 경로로 잠재적인 반대를 잦아들게 하고 나면 경영자는 권좌에 앉게 된다. 그리고 대부분의 경우, 이런 대기업의 경영자는 사실상 영구 유임이 가능하다. 말해 보자. 주주가 100만 명 이상인 아메리카 전화회사(ATC)에서 그 주주들 중 누가 전체 주식의 10분의 1 이상을 소유한 다음이 아니고선 어떤 실질적인 행동을 취할 수 있는지를.

미국 비즈니스의 일면을 살피다 보면, 십중팔구 현 경제 체제를 '자본주의capitalism'라기보다는 '경영주의managementism'〔통상 '경영자주의managerialism'라는 용어가 자주 쓰임〕라고 부르는 편이 더 적절하다는 사실을 깨닫게 될 것이다.

자본주의? 경영주의!

이러한 모든 상황은 수많은 세월 동안 수많은 논평자들에게 익숙한 풍경이다. 그런데 여기에 또 하나의 변화, 곧 식자층에겐 꽤 알려져 있으나 전반적인 인식의 폭은 그다지 넓지 않은 변화가 있었으니, 그것은 바로 오늘날의 기업들, 그중에서도 특히 대기업은 주주들에 의해 경영되지도 않을 뿐더러 대부분의 경우 은행 같은 자금 조달자들에게조차 예전만큼 그렇게 의존적이지 않다는 사실이다.

과거에 회사 경영자들은 구제나 재편 혹은 사업 확장 등 큰돈이 들어갈 일이 생기면 모자를 공손히 손에 들고서 〔뉴욕의〕 월 가나 〔보스턴〕 스테이트 가, 〔필라델피아의〕 체스트넛 가 혹은 〔시카고의〕 라살르 가로 향했고, 은행가들은 자금을 제의하면서 대개 그 회사의 향후 경영에 대한 발언권을 갖겠다는 조건을 내걸었다. 그 결과, 다른 은행가들의 머리를 조아리게 하고, 큰손들을 외경심에 차게 만드는, 한 사람의 위대한 은행가가 미국 비즈니스의 최고 수장이나 다름없는 존재가 되었다.

실제로 오늘날 많은 비즈니스 분야에서 구제나 재편, 신규 자금 조달 등 은행가의 역할이 막중해졌다. 이들의 원조는 실로 값지고 영향력 또한 크다. 하지만 은행가들이 거들먹거리며 권세를 뽐낼 가능성은 별로 없다. 우선, 이제는 고객과의 거래 조항이 법률로 철저하게 제한되어 있다. 둘째로, 구제 임무를 맡는 자리에

정부의 재건금융공사(RFC) 같은 경쟁 후보들
이 출현하게 되었다.(최근 몇 년간 이곳의 일부
공무원들이 자신들의 역할에 매우 개인화된 관점
을 취했다는 사실이 밝혀졌다.) 쉽게 말해서, 어
느 회사가 사업 확장에 쓸 돈이 필요해졌을
때 이 회사 경영자가 굳이 월 가의 거대 보험
회사가 아닌 메디슨 스퀘어 등을 찾아갈 수도
있게 되었다는 뜻이다. 또는 떠오르는 자본
집단인 투자신탁에 도움을 청할 수도 있다.
그것도 아니면 그냥 회사 자금을 사용하거나.

1950년 무렵 뉴욕
월 가의 **증권거래소**
내부 풍경.

실제로 오늘날 성공한 기업들은 대부분 자체적으로 자금 조달
을 하고 있다. 이들은 이익의 일부만을 배당금으로 지급하고, 나
머지는 신규 장비 구매와 신규 공장 건립, 새로운 자회사 매입 등
에 사용하는 등 자본금을 굴린다. 돈을 굳이 은행가에게서 빌리지
않는 이런 방식은 세기 전환기에만 해도 대기업 사이에서 찾아보
기 힘들었다. 그러나 20세기로 접어들며 점차 일반화되었고, 20세
기 중반에 이르러서는 하나의 표준 방식으로 자리 잡았다. 그 결
과, 넉넉한 자금을 보유한 대기업의 경영자가 월 가를 찾는 것은
다분히 의사에게 진찰을 받으러 가는 것처럼 받아들여지게 되었
다. 다시 말해, 공손하게 행동하는 것처럼 비쳐지는 것이다. 만약
은행가가 누군가에게 명령을 내리기라도 한다면 끔찍한 날이 닥
칠 수도 있고, 어찌 됐든지 간에 은행가에게 정기적인 진료를 받
고 건강진단을 받는 것이 나쁘지는 않기 때문이다. 하지만 그렇다
고 해서 의사가 그 경영자를 마음대로 부릴 수 있는 처지는 또 아
니다. 이제 비신스키와 그 동료들이 주장했던 것과는 반대로 월
가의 어느 누구도 성공한 기업의 사장을 쥐락펴락할 수 없다.

다른 많은 사안들과 마찬가지로 이 문제에서도 소련 선전자들과, 그보다는 덜한 반감을 갖고서 미국을 주시하는 많은 외국인들은 미국에 관한 진실을 왜곡할 뿐만 아니라 20년도 더 지난 오래된 사실까지 곡해한다.

대기업을 견제하는 정부·노동조합·평판

그렇다면, 성공한 대기업은 언제나 자기들 마음대로 행동한다는 말인가? 꼭 그렇지는 않다.

우선, 아무리 대기업일지라도 정부의 엄격한 제한을 받는다. 〔경제학자인〕 섬너 H. 슬리히터 교수가 지적했듯이, 과거 50년간 미국에서 일어난 기본적인 변화 중 하나는 "자유 기업형 체제에서 정부 주도형 기업 체제로 전환된 경제······ 신경제"이기 때문이다. 슬리히터 박사의 말처럼 "신경제는 누가 얼마큼 버는지, 무엇을 생산하는지, 그것이 어느 정도 가격에서 팔리는지에 대한 근본적인 의사 결정이 공공 정책으로 정해진다는 원칙에 따라 운영된다."

정부는 최저가와 최고가에 대한 한계치를 설정하여 물가 변동 추이에 간섭한다. 또 재화를 선전하고 파는 방식, 어떤 회사가 주식을 사들이는 데 허용할 수 있는 사업 영역, 종업원들의 급여 형태 등 수많은 방식을 통제한다. 고용평등법을 갖춘 몇몇 주에서는 심지어 고용 주체에 대한 결정권도 정부가 갖는다. 에드 팅은 다음과 같이 기술했다. "어떤 사업이 화제가 될 때, 우리가 먼저 던져야 할 질문은 '우리가 그 사업을 해야 하는가?'가 아니라 '우리가 그 사업을 하는 것이 현행 규칙과 규제 아래에서 가능한가?'가 될 것 같다."

비록 팅은 은행 업무에 대해 기술했지만, 그의 말은 여타 다른 사업들에도 여전히 유효하다. 게다가 기업 소득세와 원천징수세,

사회보장세, 기타 과세들을 징수하면서, 정부는 기업에 일련의 복잡한 회계 임무를 부과한다. 경우에 따라서는 회계 업무를 기업에 유리하게 하는 만큼의 추가 부담을 지우기도 한다. 그래서 사업 선택의 범위도 정부 제재를 받으며 복잡하게 꼬이게 된다.

기업 경영은 또한 노동조합에도 심하게 구속받는다. 기업 측에서 보면, 노동조합은 거의 전적으로 부정적인 권력이다. 노동조합은 회사를 단단히 옭아맬 수도 있고, 비록 운영권은 없어도 노동조합과 회사 사이에 타결된 계약 조항을 집행할 수도 있다. 집행은 사실상 경영자의 몫인데도, 노동조합 지도자들의 방해는 실로 엄청난 힘을 발휘한다. 최근 몇 년간 국가 경제에 미친 개인의 영향력 면에서 피어폰트 모건에 가장 가깝게 다가갔던 사람이 〔미 노동조합 운동의 대부〕 존 L. 루이스라고 말하는 사람들은 현실을 제대로 파악하고 있는 것이다. 〔작가 겸 경영 컨설턴트, 대학교수인〕 피터 F. 드러커는 노조가 있는 공장에서 고용과 해고, 상사의 권한, 불만 사항 처리, 잔업, 휴가, 그 밖의 많은 것들을 정하는 것이 "산업 공장과 사무실에 적용되는 새로운 관습법"이라고 적절하게 기술한 바 있는데, 이를 법규화하는 일련의 계약들이 실행되었다. 많은 경우, 이 관습법의 기본 줄기는 장기적인 안목에서 보면 종업원들뿐만 아니라 회사 처지에서도 유용한 것이었다. 하지만 경영자의 독립성을 축소하는 것임은 틀림없었다.

미 노동조합 운동의 대부 **존 L. 루이스.**

마지막으로, 경영자는 언제나 자신의 행동이 종업원과 주주, 고객, 그리고 정부뿐 아니라 일반 대중들에게도 어떤 식으로 비쳐질지 이에 대한 안목을 갖고 항로를 잡아야만 했다.

작은 기업체의 사장들은 공개 심사를 받지 않으며, 때로 중절도죄의 적용을 면제받는다는 계약을 맺을지도 모른다. 그러나 대기업 사장들은 이렇게 한다는 것이 굉장히 위험한 것이라는 걸 안다.

그들은 자기 기업이 면밀하고 비판적인 감시의 눈초리 아래 놓여 있다는 사실을 잘 알기 때문이다. 증권거래위원회의 상세 보고서, 세금 징수 보고서, 그리고 언제 연방무역위원회나 국회 위원회의 조사를 받을지 모르기 때문에 그들은 자신들의 사생활이 마치 어항 속 금붕어 같다고 느꼈다. 금붕어는 건강해야 한다. 그들도 다른 사람들처럼 상업적으로 도움이 될 대중적 평판을 얻고자 건전한 존경을 획득하려 한다. 그들은 친구들을 사귀고 사람들에게 영향력을 행사하는 것이 자신들의 의무라고 여겼다. 이러한 의무는 그들이 개인적으로 하고 싶은 일을 할 수 있는 기회를 축소시켰다.

그래서 기업 경영자들은 비록 제한된 범위이긴 하지만 그들이 하고 싶은 대로 계속해서 고용하고 해고하고 지불하고 구입하고 제작하고 팔면서 성공적인 성숙기에 도달한 뒤로 주주와 투자자들의 입김에서 상당히 자유로워졌다. 그 결과, 그들은 국영 산업이나 사업 경영자와는 아주 다른 위치에 놓여졌다. 그럼에도 불구하고 제약 조건들은 셀 수 없을 만큼 많은 데다 너무나 엄격해서, 이들이 "자유 기업"에서 근무한다고 하는 것은 정확한 표현이라기보다 그저 멋을 부린 표현이라고 하는 편이 적절할 것이다. 한 마디로, 기업 경영자들은 일련의 혹독한 규율에 따라 움직이며, 공공의 재산에 관심을 갖고 이에 전념하는 사유 기관을 운영한다고 보면 되겠다.

하지만 이는 현상의 지극히 일부에 불과했다.

비즈니스가 전문직이라니!

20세기 중반에 기업 비즈니스의 본질이 변화를 겪고 있었기 때문이다.

이 변화를 기술하는 데 다른 사안들처럼 친숙하게 다가오는 표현을 택하자면, 비즈니스가 점차 전문화되었다고 말할 수 있을 것이다. 변호사나 의사, 기술자, 교수 등 우리가 이른바 전문직이라고 일컫는 직업에서 활동하는 사람의 수가 점점 더 많아지고, 전문직 종사자들의 기질과 비슷한 정신을 갖고 직업에 임하는 경우가 더 많아지는 추세라는 취지에서 본다면 말이다.

20세기의 첫 10년이 지날 무렵, 하버드 대학 총장이 새로 설립된 하버드 경영대학원 학위 수여장을 작성하면서 비즈니스를 일컬어 "가장 오래된 예술이자 가장 초보적인 전문직"이라고 말했을 때, 전통적인 사고방식에 사로잡힌 고루한 사람들은 이를 상당히 경솔하게 받아들였다. 단순히 총장이 사용한 표현이 가장 오래된 직업의 정체성을 연상시켰기 때문이 아니었다. 그들에겐 이 모든 생각이 터무니없어 보였다. 비즈니스가 전문직이라니! 이 얼마나 순진한 발상인가! 비즈니스란 '넘버원'이 되는 데 혈안이 된 사람들이 벌이는 무모하고 우악스런 난투극이 아닌가? 그런데 뭐라고? 비즈니스 인력을 대학교에서 교육시킨다고?

사실 그 시절엔 현장에서 잔뼈가 굵은 거물들은 대학 졸업자를 고용하는 것조차 못 미더워 했다. 대학 졸업자들은 시건방지고 비현실적이라서, 그들이 비즈니스 세계에 제대로 발을 들여놓으려면

1940년대에 문을 연 **비즈니스 칼리지**.

대학에서 배운 많은 지식부터 벗어 던져야 한다고 여겼다. 그 이후로 생겨난 대략적인 변화는 바로 이 하버드 경영 전문 대학원이 대기업들의 주목을 받게 되었고, 그러면서 금전적인 지원을

얻어 냈다는 사실에서 감지된다. 그리고 이러한 기업들 중 상당수
가 비용을 부담하면서 대략 나이가 40줄에 들어선, 자사의 가장
전도유망한 인재들을 파견하여 이 학교의 13주짜리 상급 경영 과
정을 수강하도록 했다. 확대되는 임무에 걸맞은 인재로 육성하기
위해서였다. 이처럼 한 훌륭한 대학이 직업학교를 갖춘다고 해서,
이것이 학문을 탐구하는 전통에서 벗어난다는 뜻은 아니다. 그보
다는 미국 비즈니스의 핵심 역할을 수행하려면, 오늘날 효과적으
로 작용하고 있듯이, 지도자들이 전문적인 기술과 능력을 갖추어
야 함을 의미한다.

　물론, 쉽게 한 밑천 잡으려고 약삭빠르게 움직이는 눈이 주도
하는 넓은 교역 장소가 틀림없이 존재한다. 돈벌이가 성과의 유일
한 척도라고 여기는 실업가들도 많이 있다. 돈이 된다면 누가 희
생되든지 상관없이 말이다. 그러나 오늘날 대부분의 주요 회사 임
원들은 다양한 종류의 수많은 복잡한 기술적인 문제들을 처리해
야 하고, 종업원과 정부·소비자·일반 대중으로 맞물려 돌아가는
관계들을 지속적으로 염두에 두어야 하며, 복합적인 기업 경영에
서 효과적으로 균형을 유지하는 데 최대한 집중해야 하므로, 고도
로 숙련되고 유연한 사고를 갖춘 사람이어야 한다.

　비즈니스는 전문적이거나 준 전문적인 성격의 많은 기능들을
자기 내부로 흡수한다. 비즈니스는 엄청난 수의 공학자들을 필요
로 하지만, 그 형태는 『경영자의 활동*Executive Action*』의 저자들이
기술한 내용과 같다. "이제 그냥 '공학자'인 사람은 더 이상 존재
하지 않는다. 그 대신 전문화된 공학자, 상호 교환될 수 없는 기
술을 지닌 사람들이 수없이 존재한다." 비즈니스 분야에는 통계학
자, 회계사, 감사원, 경제학자, 품질 관리 전문가, 움직임 연구 전
문가, 안전 관리자, 의학 이사, 인사 담당자, 노동 관련 전문가,

교육 담당 이사, 홍보 담당자, 광고 담당자, 시장 분석가, 리서치 컨설턴트, 해외 무역 컨설턴트, 변호사, 세금 전문가 등 이 끝없는 명단에 속하는 사람들이 모두 필요하다.

연구 · 책임감 · 정보 공유, 현대 기업의 3요소

그렇다면 현대 기업의 모습을 구성하는 한 가지 요소인 연구 측면을 살펴보자. 20세기 초, 회사 자체 내에 연구소를 둔다는 것은 정말로 드문 일이었다. 이런 연구소가 19~20세기에 걸쳐 빠르게 증가한 다음에도, 어느 구식 경영자는 회사에 연구 부서가 있는지 하는 질문을 받자 이렇게 대답했다. "있긴 있습니다만, 그저 홍보 차원에서 장려금을 주는 정도입니다." 그러나 대공황 시절에조차 연구소는 번식에 번식을 거듭한다. 대통령 직속 과학자원위원회가 발행한 「스틸먼 리포트Steelman Report」에서 추정한 바에 따르면, 1947년까지 미국 내 과학자와 연구 개발자는 13만7천 명에 달했고, 3만 명이 정부 기관에서, 5만 명이 단과 및 종합대학에서 일했다. 그리고 이보다 더 많은 5만7천 명이 산업체 연구소에 근무했다.

20세기 초만 해도 구색 맞추기 수준에서 유지되던 **연구 부서가** 대공황을 거치면서 전성기를 맞이했다.

또 다른 요소를 살펴보자. 이는 바로 기업이 짊어지고 나아가야 할 광범위하고 다양화된 책임이란 것으로, 전통적인 비즈니스와는 확연한 차이가 있다. 〔언론인〕태론 퍼킨스는 베네수엘라에서 활동하는 미국 석유회사들을 다루면서 다음과 같은 사실에 주목했다. 즉, 이 회사들이 채유장 근처에 모든 것을 갖춘 새로운 도시를 건설하고 나서야 비로소 사업에 착수할 수 있었다는 점이다. 이는 "종업원들이 살 집과 아이들

이 다닐 교육 시설, 온 가족이 이용할 병원 및 의료 보호 시설, 포장도로, 쓰레기 처리장, 하수 처리 시설, 많은 물량을 저가에 공급할 수 있는 식료품점, 발전 시설, 정수 시설, 세탁소, 얼음 공장에다 야구장이나 극장을 갖춘 위락 시설, 춤과 당구를 즐길 수 있는 클럽 하우스까지 갖추어야 함"을 의미했다. 또한 "도시를 건설하고 난 후에 석유회사의 관할 경영자나 지역 관리자는 이 지역의 문명화를 책임져야 했다. 이러한 도시의 건립과 운영에는 고도로 다양화된 전문 능력을 지닌 일단의 전문가 집단이 필요하다."

대기업에 고용된 각 분야의 전문가들의 활동은, 대부분 다른 고용주 밑에서 일하는 전문가들의 활동과 분리되지 않는다. 그러기는커녕 오히려 전국세일즈훈련 경영자협회, 전국원가회계사협회, 또는 미국기업비서협회 등의 회의에 참석하는 것이 일이다. 여기에서 각자 맡고 있는 분야의 진행 상황에 관한 정보를 교환하고 아이디어를 얻는다. 이러한 몇몇 그룹들이 모일 때면, 예컨대 산업계 화학자들이 미국화학협회 회의에서 행정계 화학자들과 학계 화학자들을 만날 때면, 이들은 자신들이 속한 학문 분야의 폭을 넓히려고 애쓴다는 점에서 서로 다르지 않다는 것을 발견한다.

내 앞에 비행 건강 문제를 다룬 학술회의 보고서가 놓여 있다. 하버드 공중위생 학부(연구 및 교육 사립 기관) 주관으로 열린 이 회의에는 하버드 대학과 여타 연구소의 교수들을 비롯하여, 해군과 공군, 미국공중위생서비스 대표들, 항공사와 항공기 제작회사 대표들, 보험회사 대표들이 공동으로 참여했다. 이러한 종류의 공동 연구가 날마다 전국 곳곳에서 열리고 있다. 1945년 [미국의 원자폭탄 개발 계획인 '맨해튼 프로젝트'를 주도한 물리학자] 로버트 오펜하이머 박사는 어느 국회 위원회에서 다음과 같이 말했다. "협력 체제를 이룬 과학자들 사이의 잡담은 물리학의 활력소입니다. 이런 일이 과

학의 모든 영역에서 이루어져야 한다고 생각합니다." 여기서 과학
자들이란 말을 인사 담당자와 시장 분석가, 원가 회계사들로 바꾸
어도 뜻은 마찬가지일 것이다. 자기 분야에서 진정한 전문적 관심
을 갖고 일하는 그 밖의 모든 기업 직원들을 포함해서 말이다.

　이러한 아이디어 교류는 오늘날 미국 비즈니스를 관통하는 가
장 중요한 사실로 연결된다. 즉, 미국 비즈니스에는 비밀이 거의
없으며, 오히려 실상과 아이디어를 공유함으로써 지속적인 융합을
시도한다는 점이다. 유럽뿐 아니라 영국 실업가들조차 이에 대해
끊임없이 놀란다.

　이 공유 작업은 여러 가지 방식으로 이루어진다. 고위층이 사
용하는 방식 하나를 살펴보자. 제조화학자협회의 임원들은 매달
만나서 화학에 관한 수많은 관심사를 얘기하는데, 이때 회의 탁자
에는 전 산업 분야의 안전 기록 도표가 놓인다. 여기에는 전체 업
계뿐 아니라 개별 회사의 도표도 들어 있어서, 듀폰이나 몬샌토를
다니는 사람이 머크나 아메리칸 시아나미드의 정확한 안전 수치
를 알 수 있다. 왜 이렇게 하는 것일까? 안전은 그들의 공통된 관
심사이므로, 경쟁에 앞서 축적된 지식을 공유하는 것이 서로 이익
이기 때문이다.

　비슷한 경우로, 수년 전 미국의 잡지 출판사들은 발행 부수 감
사 기구를 발족시켰다. 각 잡지의 발행 부수 기록을 철저하고 공
정하게 정기적으로 조사하고, 그 수치를 상세하게 공표하기 위해
서였다. 일부 다른 나라에서는 이러한 수치들을 비밀에 붙이기도
한다. 발행 부수를 공개한다는 것에는, 광고 지면을 할당받는 광
고주의 입장에서 자신이 사는 지면에 대한 정보를 정확하게 파악
하는 게 모든 이에게 득이 된다는 전제가 붙는다. 비록 공개를 함
으로써 출판업계의 경쟁사들이 다른 회사가 어떤 식으로 해 나가

는지 알게 되더라도 말이다.

정보 공유는 업계지를 통해서도 이루어진다. 업계 현황을 다루는 전문지의 수는 무수히 많은데, 각 잡지마다 더 효율적인 경영 방법에 관한 아이디어로 꽉 차 있다. 이탈리아 군용 항공이 제2차 세계대전 기간에 기업 상황이 너무나 악화되어, 무솔리니의 파시스트 정부가 미국과 영국에서 이탈리아로 들어오는 항공 전문지 수입을 금지했었다는 나름대로 일리 있는 얘기를 들은 적이 있다. 그래서 당시 이탈리아 기술자들은 미국에선 모두 접할 수 있는 수많은 정보를 얻을 수 없었다고 한다.

정보 공유를 관장하는 미국 내 모든 기관 중에서 가장 특징적인 곳이 무역 컨벤션, 곧 무역 총회이다. 1930년 《월 스트리트 저널Wall Street Journal》에 따르면, 당시 미국에는 4천 개의 무역협회가 있었다. 믿거나 말거나, 지금은〔1950년대에는〕 1만2천 개나 되는 무역협회가 있다. 국립 협회가 1,500곳, 주 및 지방정부 차원의 협회가 1만500곳이다. 이 단체들 중 상당수가 월급제 간사를 두고 있어서 효과적으로 발전했다. 1951년, 200여 명의 간사들이 시카고에 모여 무역협회 소속 간사들의 무역협회로서 의견을 교환하고 상담했다.

1946년 애틀랜틱 시티에서 열린 CIO(산업별 노동조합 회의) **컨벤션**.

이러한 단체들 중 한 곳이 1년에 한두 차례씩 뉴욕의 월도프나 코모도, 시카고의 스티븐스나 에지워터 비치, 세인트루이스의 체이스, 애틀랜틱 시티나 프렌치 릭, 화이트 설퍼 등지〔호텔〕에서 총회를 개최할 때 행사 의례는 거의 일류 수준에 가까웠다. 새로 도착한 사람들을 위해 마련된 녹색 나사 천을 덮은 데스크(옷깃에 다는 배지와 회의 및 행사 일정표를 받는 곳)와 팜 룸이나 볼룸에서 열리는 공식 회의(오전 중에 열리면 참석률이 떨어지기도 하는), 업계의 높으신 분들이 자유 기업 체제의 영광과 사회주의의 음흉한 위협에 관한 연설(대필 작가가 꾸며 낸)을 하는 공식 만찬이 있었다. 서로 친밀하게 등을 두들기면서 〔위스키에 물과 얼음을 섞은〕 하이볼을 마시고 포커를 치는 등 회원들이 마치 젊은 시절로 다시 돌아간 것처럼 느끼게 만드는 분위기였다. 부인들을 초대했을 경우, 그 부인들을 위해 카드놀이인 브리지나 커내스터 게임도 했다. 부부 동반이 아닌 경우, 임원들은 뉴욕이나 시카고, 애틀랜틱 시티 등 회의 장소가 어디든지 간에 그곳이 부정의 소굴이라는 지역의 전설을 뒷받침이라도 하듯이 빈털터리가 되어 집으로 돌아가는 경향이 있었다.

때로는 모임의 진지한 목적이 술판에 가려지는 듯 보여도, 모임 자체는 지극히 중요하다. 구매와 판매 조건, 시장의 성격, 최근의 기술 진보에 관한 정보가 공유되기 때문이다. 회의 참석자들은 서로 모든 것을 말하지는 않을지도 모른다. 그렇지만 "당신네가 공급하는 종이는 어떻게 질을 유지합니까?"라는 질문에, "당신이 알 바 아니오."라고 쌀쌀맞게 대답할 사람은 없다. 이들은 정보를 돌리는 것이 장기적으로 모두에게 이익임을 배운 바 있다. 정보를 공유하는 것이 과학과 예술의 역사에 장기적으로 이익임을 미국역사학회 회원들이 깨달았듯이 말이다.

새로운 스타일의 리더

대다수의 임원들을 압박하는 요즘의 사업 풍경과 복합적인 문제들을 조사하여, 《포춘》 지 편집인들이 펴낸 『미국, 영원한 혁명U. S.A, the Permanent Revolution』에서 저자들은 "경영이 전문직화되고 있다"고 선언했다. 이어서 훨씬 더 거침없는 표현으로 말했다. "실업계에 거물은 멸종되었다. …… 20세기 중반의 사업가는 노동, 정치, 사회복지를 가르치는 학교에 가야 한다. 기술자는 사업가이고, 세일즈맨은 경제학자이며, 조사원은 광고인, 금융인은 법률 전문가이다."

실업계에 거물이 멸종되었다고? 이 보고서는 좀 과장되었을지도 모른다. 그러나 오늘날 대기업 고위층에 올라가는 사람의 유형과 이전 시대의 유형 사이에는 분명 놀라운 차이가 존재한다.

세기 전환기에 미국의 경제 분야에 가장 큰 영향력을 행사했던 인물들 중 4장에서 언급했던 여덟 명을 예로 들어 보자. J. 피어폰트 모건, 존 D. 록펠러, 앤드루 카네기, 에드워드 H. 해리먼, 제임스 스틸먼, 조지 F. 베이커, 윌리엄 록펠러, H. H. 로저스. 이중 독일의 괴팅겐 대학에서 2년을 수학한 모건을 제외하고는 아무도 대학에 가지 않았다. 그러나 요즘에는 대기업 임원이 되려면 대학 졸업자여야 하고, 상당수는 공학이나 법률 분야에서 교육을 받아야 한다는 게 꽤 당연시된다.

예를 들어, 많은 이들이 힘든 분야로 여긴 자동차 업계에서 제너럴 모터스(GM)의 최고 경영 책임자였던 찰스 어윈 윌슨은 카네기 공대 졸업생으로, 전기공학자로서 사회에 첫발을 내딛었다. 크라이슬러의 사장, 레스터 럼 콜버트는 텍사스 대학과 하버드 법대를 다닌 뒤 노동법 전문가가 되었다. 포드 사의 헨리 포드 2세는 자리를 상속받았다고 말할 수 있는 몇 안 되는 경영자 중 하나

로서 약간 특별한 경우이긴 하다.(오늘날에는 점점 더 흔치 않은 경
우가 되고 있다. 가족 경영 회사는 눈에 띄게 사라져 가고 있기 때문이
다.) 하지만 그는 적어도 몇 년 동안을 예일에서 보냈다.

총 자산 면에서 미국 최고의 기업인 스탠더드 석유회사(뉴저지)
의 이사회 의장 프랭크 위트모어 에이브람스는 시라큐스 대학
1912학번이었다. 그는 엔지니어 교육을 받았다. 같은 회사의 사장
인 유진 홀먼은 텍사스 대학에서 석사 학위를 땄고, 지질학자로
사회생활을 시작했다.

제너럴 일렉트릭(GE)의 고위 임원들 중, 1950년 국가 동원 임
무를 떠맡을 때까지 사장을 지낸 찰스 E. 윌슨은 대학에 진학하지
않은 예외적인 경우였다. 하지만 이사회 의장 필립 던햄 리드는
위스콘신에서 공학 학위를, 포덤에서 법학 학위를 땄다. 윌슨의
뒤를 이어 휘트먼 칼리지 1922학번인 랠프 J. 코디너가 사장이 되
었다. US스틸의 최근 이사회 의장인 어빙 S. 올즈는 예일대 1907
학번이자 하버드 법대 1910학번으로 법률가이다. 하버드대 1905학
번이자 통계학자로서 나중에 주영 대사가 된 아메리칸 전신전화
회사(AT&T)의 최고위직 임원 월터 S. 지포드는, 은퇴와 동시에
로즈 기술 전문학교 1922학번이자 공학자인 르로이 윌슨에게 자리
를 물려주었다. 르로이 윌슨이 죽자, 미주리 대학 1913학번이자
전기공학자인 클레오 F. 크레이그가 뒤를 이었다.

1927년 1월,
뉴욕과 런던을 잇는
최초의 전화 연결에
성공한 아메리칸
전신전화회사(AT&
T) **월터 지포드**
사장(사진 중앙).
지포드는 통계학자
출신으로 주영
대사를 지낸다.

대사직에 있던 지포
드의 언급은 이 같은 인
물들에 관한 또 하나의
흥미로운 사실을 시사한
다. 즉, 그들 중 다수가
한 번쯤은 정부 관료직

에 있었다는 점이다. 앞에서 열거한 사람들 중 에드워드 윌슨은 1950년부터 1952년까지 국가 주관 업무의 최고 책임자로 있었을 뿐 아니라, 제2차 세계대전 때에는 전시생산국의 부국장을 맡았다. 코디너도 한동안 같은 자리에 있었다. 리드는 1941년부터 1945년까지 정부 내 다양한 업무를 두루 맡았다. 장관급에 해당하는 자리도 거쳤다. 홀먼은 석유 산업 분야로 가기 전에 미국지질조사에서 수년 동안 일했다.

스터드베이커를 자동차회사 목록에 포함시킨다면, 이 시대 최대의 정치적 임무 중 하나인 마셜 플랜 운영을 맡았고 나중에는 포드 재단의 이사장이 된 사람이, 이 회사의 총수였던 폴 호프먼이었음을 알아챌 수 있을 것이다. 재단에 관해 말하자면, 교수들과 광범위하게 관련을 맺었던 카네기 재단의 1948년 이사장이었던 데브로 C. 조셉을 주목하지 않을 수 없다. 그는 뉴욕 생명보험회사의 사장직으로 자리를 옮겼다. 이 회사에는, 법률가로 경력을 쌓고 준 정부 조직인 뉴욕연방준비은행 총재를 역임한 조지 레슬리 해리슨이 이사회 의장으로 있었다.

이러한 특성은 그 후계자들 사이에서 훨씬 더 많이 발견되는 변화의 전형이다. 즉, 이들은 대기업에 있으면서 국가사업과 그 밖의 공익사업 임무를 자연스럽게 떠맡아 입신양명의 길로 들어섰다. 이로써 오늘날 기업이 당면한 광범위한 기술과 공적인 책임에 대비하는 전문적이고 실무적인 훈련을 보완하게 된다. 새로운 스타일의 기업은 새로운 스타일의 지도자를 끌어들였다.

잘나가는 기업과 공익 활동의 연관성

미국인 대부분은 당연하게 받아들이지만, 유럽인은 놀라움을 표하여

도리어 우리를 놀라게 하는 미국 생활의 또 다른 면을 주목하는 데
는 1분 이상 걸리지 않는다. 그것은 미국이 끝에서 끝까지 온통 공
익의 이런 저런 면을 돌보고자 설립한 사설 단체와 각종 국립·주
립·구립 협회들로 가득 차 있으며, 대부분의 실업가들이 이러한
단체들에서 활발히 활동하고 주도적인 역할을 한다는 사실이다.

『미국, 영원한 혁명』에서 《포춘》 지 편집인들은 이 사실의 중요
성을 매우 강조했다. 그러면서 그 근거로 이 단체들이 아이오와 주
의 세다 래피즈라는 곳에서 어떻게 운영되는지 보여 준다. 센추리
엔지니어링 회사의 부사장인 키스 던이 그가 의장으로 있는 세다
래피즈 상공회의소의 오찬 모임을 어떻게 주재하는지, 그리고 나
서 어떻게 바로 사회구제기금 회의로 이동하는지를 뒤쫓는다. 보
증신탁은행 행장인 반 베치튼 셰퍼는 또 어떻게 의회 조정위원회
의 수장 역할뿐 아니라, 코 칼리지의 이사이자 사무국장, 세다 래
피즈 지역 사회재단의 이사장, 지역 보건자문위원회의 위원장, 아
이오와 보건자문위원회의 일원, 세인트 루크 병원 및 지역 관현악
단과 아마추어 극장을 위한 자금 조달자 역할을 충실히 수행하는
지 보여 준다. 셰퍼는 자기 시간의 3분의 1 이상을 지역사회에 바
친다. 실업가가 병원이나 학교, 대학, 자선단체 이사회에 속해 있
거나, 그의 부인이 여성클럽, 여성연합, 사친회(PTA)에서 열심히

1958년 비즈니스 전문직 **여성클럽** 모임.

활동하는 것은 전혀 새로울
게 없는 얘기다. 하지만 활
발한 업무 지원을 받으며
최근 등장한 일부 단체들은
크리스천 사이언스 모니터
의 어윈 D. 캔햄이 "자발적
인 집단 활동, 마르크스식

집산주의에 비교할 수 없을 정도로 훨씬 더 역동적인 잠재력을 지닌 집산주의collectivism의 일종"이라고 명명한 구도에서 다소 새로운 시도를 한 게 분명하다.

수많은 경우들 중 두 가지만 언급해 보면, 경제 연구와 경제 연구에 기반한 정치적 권고를 목적으로 하는 경제개발위원회는 사업 경영에 대한 관심을 증진시키려 할 뿐 아니라, 경제 문제에 대해 더 넓은 시야를 갖고, 과거의 실업계 거물을 깜짝 놀라게 할 기업 총수들과 경제학자들까지 한데 모으는 역할을 한다. 〔불문학자, 극작가, 언론인〕 루이스 갈란티에르가 "더 좋은 학교, 도로 안전, 화재 예방, 국채 판매, 결핵 및 기타 질병과의 전쟁에 관한 공공 캠페인에 들어가는 문안과 디자인, 전문적인 기술을 나라에 제공하는 전문가들의 자원 봉사 단체"라고 기술했던 광고심의회도 있다.

학교에 대한 지원의 중요성을 강조하는 라디오 광고를 들으면서, 그 광고가 광고심의회에서 무료로 제작·방송되어 '밥 호프 쇼'처럼 꼭 인기 있는 프로그램에 따라 나온다는 사실을 의식하며 한 가지 사실을 깨닫는다. 이는 마치 메트로폴리탄 생명보험회사의 관절염 치료 광고, "네, 그렇습니다. 어떤 의미에서는 아주 좋은 사업이라고 생각합니다. 하지만 좋은 사업과 공공복지 증진 사이의 어디쯤에 선을 그을 수 있을까요?"라고 말하는 광고를 들을 때와 같은 느낌이다. 이제 잘되는 사업과 공공복지는 상당히 겹치는구나!

이 둘은 겹칠 뿐만 아니라, 둘 사이에 남아 있는 틈새를 어떻게든 이으려는 노력도 계속되고 있다. 20세기 중반 들어 여러 다양한 과학들 사이에, 과학과 산업 사이에, 사회학과 사업 사이에, 사회의 이런 저런 요소들 간의 종합과 화해에 대한 소망이 널리 퍼

졌다. 미국 사회에서 서로 상반된다고 생각돼 온 관심사를 대표하
는 사람들이 협의하여 공통의 조언을 이끌어내는 회의를 개최하는
것이 유행이 되었다. 최근 광고심의회도 미국 생활의 실상을 해외
에 제대로 알리려는 의도에서 이런 회의를 조직했다. 이 회의는
1951년 4월 16일 뉴욕 월도프 아스토리아 호텔에서 열렸다. 저술
가와 잡지 편집인과 필자, 외국 라디오 고문과 방송 작가, 신문 편
집인, 교수, 대학 총장, 재단 이사장, 사주, 정치가나 재단 이사장
이 된 사주 등이 토론자단에 포함되었다. 이들의 발언은 흥미로웠
지만, 20세기 중반에 잘나가는 언론 관계자들이 미국의 중요성을
토론하고자 한자리에 모였다는 사실이 갖는 의미만큼 관심을 끌
정도는 아니었다. 다만 이 회의는 사업뿐 아니라 다른 종류의 사
회적 노력에도 참여했던 이들이 공통된 관심사에 관한 아이디어를
상호 교류하고자 지속적으로 협력한 하나의 사례라 할 만하다.

　미국 기업의 또 다른 추세는 1인 경영 체제가 팀 경영 체제로
바뀌어 갔다는 것이다. 실업계의 거물은 죽지 않았을지 몰라도,
성격이 불같았던 아메리칸 컬런회사의 고_故 조지 워싱턴 힐과 늘
제멋대로였던 몽고메리 워드 사의 시웰 에이버리 같은 독재자는
점점 줄어들고 있었다. 한 기업 총수는 이런 추세를 다음과 같이
요약했다.

　　동종 업계의 수많은 실업가들이 20세기 초반에 혼자 힘으로 회
　사를 시작했다. 아이디어와 얼마간의 자금을 가진 사람이 있었
　고, 사업은 그의 개인적인 소관이었다. 이후 목표가 커지고 1920
　년대에 판매 문제가 중요하게 부각되자, 이 사업가의 뒤를 이어
　성공한 세일즈맨이 등장했다. 시간이 지나면서 연구의 중요성을
　얘기하기 시작하여, 연구자(어쨌거나 연구에 관심이 있는 사람)가

득세하기 시작했다. 그러다가 연구가 너무나 복잡해져서 아예 하나의 전문적인 영역이 되었고, 이 다양한 전문 분야 가운데 하나 또는 그 이상을 잘 아는 개인들이 모인 팀이 필요해졌다. 이제 우두머리는 이 팀이 균형 잡힌 조직으로 잘 돌아가도록 유지하는 데 힘써야 한다. 그는 그 팀의 좋은 우두머리가 되어야 한다. 회사 사장으로서 나는 연구자들이 무엇을 하는지 아는 척하지 않는다. 그들이 조화로운 균형 속에서 다른 나머지 조직과 잘 어울려 굴러가도록 유지하는 게 내 일이다.

여기서 스탠더드 석유회사(뉴저지) 조직은 예외적이다. 조직 이사들은 유급 상근직으로 회사 자문단의 구성원이며 전체 이사회로서 일주일에 한 번 모이고, 그중 다섯 명으로 구성된 집행 위원회는 매일 모인다. 협동을 강조하는 현행 추세를 반영하는 매우 흥미로운 경우이다. C. 하틀리 그래튼은 최고위층 사람들이 어떻게 일하는지 《하퍼스》 지에서 다음과 같이 설명했다.

　이사회는 논란의 여지없이 회사 경영의 핵심이다. 이사회의 결정은 집단적으로 이루어진다. 항상 만장일치를 추구하지만, 늘 하던 방법대로 설득해도 극복할 수 없을 정도로 견해가 날카롭게 갈리면 더 많은 사실 자료 수집을 요청하면서 결정을 미룬다. 사장도 이사회의 일원으로 토론에 동등하게 참여한다. 이사회 위원장도 마찬가지다. 구성원들도 사람인만큼, 일반 구성원들의 견해보다 사장과 위원장의 견해에 아무래도 무게가 더 실릴 수는 있다. 그렇다고 해서 사장이나 위원장이 위원회를 지배하는 것은 아니다. 사장과 위원장의 생각은 단지 여러 동료들 중 한 사람의 그것이다.

　이러한 새로운 스타일의 경영인들이 공익에 대해서는 어떤 태도를 가졌을까? 이 부분을 논할 때에는 정말로 신중해야 한다. 기업 총수가 하는 연설은 홍보부가 준비한 겉치레일 수도 있으므로, 고결한 듯 보이는 의도를 액면 그대로 받아들일 수 없음을 깨달아야 한다. 그래도 뭔가 변화가 일어났긴 했던 것 같다.

　대공황은 이와 깊은 관련이 있다. 미국 대기업의 최고위층은 그 시기에 자신들이 얼마나 대중의 노여움을 샀는지 기억했다. 일부 연장자들은 여전히 낡은 사상을 고수하는 워싱턴 혐오자이고, 오늘날 힘 있는 사람들 중에서 정부가 부과하는 제약 규정과 엄청난 서류 업무에 불만을 드러내지 않는 이는 거의 없다. 그렇지만 이해가 빠른 다수의 젊은 층은 1920년대의 기만을 극도로 싫어했고, 이전 세대가 그랬던 것처럼 삶의 정치사회적 실상과 충돌하지 않으려는 굳은 의지와, 어렵게 배웠지만 있는 그대로의 거짓 없는 원칙도 자각하고 있었다. 이 원칙이란, 피터 F. 드러커가 말했듯이, 장기적인 안목으로 보면 "기업이 사회에 도움을 주지 못한다면, 어떠한 정책도 기업을 도와주려 하지 않을 것"이라는 원칙이다.

　전쟁 역시 변화와 많은 관계가 있었다. 전쟁은 서로 상대방의 능력과 견해를 인정할 수 있게 된 사업가와 공무원, 노동계 지도자, 물리학자, 사회과학자 등 다양한 분야의 전문가들을 정부의 과업 아래 한데 모았기 때문이다. 내가 기업 임원들을 떠받들려 한다고 생각한다면 그건 오산이다. 세인트루이스 《포스트 디스패치*Post Dispatch*》지의 랠프 코플란이 1951년에 있었던 코닝 사의 회의에 참석했다가 이때 목격한 참석자들의 태도를 설명한 방식을 좋아할 따름이다. 코닝 유리회사가 주최한 회의의 주제는 '산업 문명화 시대에 살기'였고, 이틀 동안 사업가와 사

피터 F. 드러커.
1950년부터 72년까지 뉴욕대학교 경영학 교수로 재직한 그는, 보수적인 관점에서 현대 기업의 철학적·실제적 토대를 제시했다.

회학자 및 여러 학자, 언론인, 공무원 등이 모였다. 코플란은 "내가 자랄 때, '영혼 없는' 기업이란 말은 매우 일반적인 표현이었다. …… 하지만 나는 일생에 걸쳐 이 믿음에 일어난 놀라운 변화를 보아 왔다. 기업이 영혼을 얻었다고 말할 수 있는지는 잘 모르겠지만, 적어도 지능은 획득한 것 같다."고 말했다.

일상생활과 세계관까지 지배하는 회사

오늘날 미국 기업은 규모가 크든 작든지 간에 하나의 경제 단위이자 정치 단위로 기능한다. 기업에서 일하는 이들 대부분이 적어도 업무 시간에는 정규 공무원의 지배가 아닌 기업의 지배를 받는다는 사실을 아주 잘 자각하고 있다는 점에서 그러하다. 사장, 부서장, 주임, 감독……, 그 직책이 무엇이든지 간에 회사 상사가 어떤 주지사나 시장보다도 직원들에게 더 밀접한 집행 권한을 갖고 있다.

앞에서 언급한 관습법의 실체라 할 회사의 업무 규약이 시의 조례나 주법 또는 국법보다 더 가까이서 직원들의 생활과 운명을 조건 짓는다. 업무상 그들의 재산권, 곧 그들에게 다른 어떤 유형의 소유물보다 더 의미가 있을지도 모를 재산상 권리의 범위를 규정하는 게 기업이기 때문이다. 기업은 일이 그날그날 그들에게 주는 만족도를 상당 부분 결정하기도 한다. 업무 규약이 경영진 독단으로 정해졌건 경영진과 노조의 합의로 정해졌던 간에, 이 규약이 노동자 본인들뿐 아니라 간접적으로는 그들의 가족까지 통제하게 되므로, 존스 씨나 밀러 양이 회사를 옮길 때 그들의 일상생활 방식과 세계관에 영향을 미치는 변화는 다른 동네로 이사하는 것만큼이나 심할지도 모른다.

기업은 사회적 단위, 즉 하나의 공동체이기도 하다. 일자리를 구하러 오하이오의 소도시에서 필라델피아로 온 젊은 여성은, 새로운 직장 동료와 친구들 사이에서 결혼할 남자를 찾을지도 모른다는 사실을 잘 안다. 그리고 부서에 있는 다른 처녀들과 함께 점심을 먹으러 나가기 시작하면서 점차 새로운 사회를 접하게 된다. 마찬가지로, 클리블랜드의 공장에서 캔자스 시티의 공장으로 직장을 옮긴 젊은이는 자신의 사회생활이 주로 공장 안에서 사귀게 될 친구 관계를 바탕으로 정해질 것임을 잘 안다.

회사가 공동체를 구성하는 범위는 물론 여러 요소, 그중에서도 종업원들이 집단으로서 갖는 사회적 동질성에 달려 있다. 구체적으로는 회사가 그 지역을 지배하고 있는지, 여러 회사들 중 규모가 큰지 작은지, 대다수 종업원들이 퇴근 후 각자 사는 동네로 가려고 뿔뿔이 흩어지는지, 회사 내 다른 직원들과의 긴밀한 협조 관계에 찬성 혹은 반대하라는 공식적인 압력이 느껴지는지 등이 이 공동체를 구성하는 요소들이다. (비록 뉴욕의 홍모맨 벤 소넨버그는 직장 동료들과의 점심 식사는 '직업적 자살 행위'라면서 외부 계약의 중요성을 강조했지만.)

하지만 내가 보기엔 전반적으로 회사 내 사회생활은 대부분의 소설이 보여 주는 사회생활보다 미국적인 상황에서 훨씬 더 중요한 요소이다. 소설 속 허구는 회사 생활을 해 본 적이 없는 자영업자나 경험한 적은 있지만 타고난 개인주의자라 이를 곱지 않은 시선으로 보는 사람들이 만들어 내는 것 같다. 회사 내 사회생활이 얼마나 중요한지는, 부분적으로 꾸준한 도시 집중화 현상으로 설명할 수 있다. 사람들은 여러 사람들과 도시의 사무실에 근무하며 소규모 사회가 제공하는 것보다 훨씬 더 많은 사회적 기회를 보장받는다. 물론 도시 전체가 하나의 기업과 관계있는 곳에 있을 때만큼 전적으로 회사 생활에 의존하게 되지는 않을 거라는 걸 어렴풋이 느끼지만 말이다.

개중에는 사회적 유형이 기묘한 회사들도 있다. 1951년 말, 《포춘》 지는 일부 기업에 재직 중인 임원 부인들에게 부여되는 압박, 구체적으로 말해서 임원 부인다운 엄격한 행동 강령을 준수해야 한다는 압력을 다룬 기사를 두 꼭지 게재했다. 이 기사들은 나중에 《라이프》 지에 요약되어 실렸는데, 한 마디로 일부 기업에서 부인이 회사 사회의 적격인 일원으로 인정받고 나서야 그 임원을 선택하거나 승진시킨다는 내용이었다. 남편이 회사 임원이 되려면, 그 부인은 사교적인 편안함을 갖추고 분별없는 얘기나 술을 삼가며, 다른 부인들을 품위 있게 행동하도록 이끌고, 남편들이 다른 무엇보다도 회사에 가장 많은 관심을 기울이도록 내조해야 한다. 이 기사들은 임원 간의 팀워크 개념과 공동체로서의 회사 개념을 풍자하며, 관습이 사회에 강요할 수도 있는 순응 방식과 계급의식, 속물근성을 간접적으로 드러냈다. 기사 속의 언급들로 보아, 개인주의를 지워 없애려는 조용한 음모가 나타나지 않은 회사도 있었던 게 분명하다. 그러나 일반적으로는 경영진과 노조가 모두 나름대로의 이유에서 종업원들의 소속감을 고무시키려는 경향이 있었다.

20세기 중반에도 도시화된 사회에서 사보나 노조 회보는 과거처럼 일주일에 한 번씩 간행되었다. "지불 계정과의 안젤라 필슨이 요즘 새 반지를 자랑하고 있습니다. 행운의 주인공은 디모인 사무실의 제리 캐시디입니다. 안젤라와 제리, 축하해요!" "윈 윈겟 직원이 축구 도박에서 두 번이나 돈을 따서, 앞으로 3년 동안은 쌍둥이 아이들의 신발 걱정을 할 필요가 없어졌습니다." "최근에 사랑하는 사람들을 잃은 릴리안 거샤, 헬렌 드브레세니, 펄 앤서니에게 심심한 조의를 표합니다." "하워드 리치의 열두 살짜리 딸

이자 최근에 앨라배마 주 철자법 대회에서 우승한 엘리노어 리치 1950년대의 **회사 파티**.
가 개스덴에 있는 파이프 공장에 취직했습니다. 엘리노어는 '학사
학위baccalaureate'와 '자선적인eleemosynary' 같은 단어의 철자법을
틀리지 않고 맞춰 우승을 거머쥐었습니다. 사진에서 딸을 자랑스
러워하는 아버지와 함께 있는 엘리노어의 모습을 볼 수 있습니다."

소도시 사회생활의 전통적인 양념거리였던 이런 종류의 개인
소식 기사로 가득 찬 읽을거리가 무엇을 의미하는가? 회사 파티
는 다른 공동체에서 필요한데도 고안할 수 없었던 일종의 야단법
석 잔치로서 회사 공동체에 기능하는 게 아닐까? 세일즈맨이 비
서에게 키스하고, 사환이 부서장에게 우편물 배달 체계가 잘못되
었다고 말하지만, 공동체 규율에 따라 이런 파티에 대해서는 공식
적인 기록이 하나도 남지 않는 그런 경우로서 말이다.

파업이 지역 축제가 될 순 없을까?

이 회사 공동체에서 노조는 오늘날 이례적인 역할을 맡고 있다.
노조는 경영진과 회사, 산업과 본성상 대결 구도를 띠기 마련이
다. 정치적 야당처럼 결코 권좌를 차지해서도 안 되고 할 수도 없

을 뿐 아니라, 그들이 더 잘할 수 있음을 보여 주어서도 안 되는 일종의 국왕 폐하에 대한 야당처럼 말이다. 이때 노조 지도자의 지위는 기묘하다. 그가 주도하는 어떠한 변화도 스스로 실행에 옮길 수 없으면서, 직위상 가급적 사람들의 불만을 이용하고 불신을 자극하며, 어떤 경우에는 그가 반대 운동을 벌이는 회사나 산업뿐 아니라 분쟁에 아무 관련 없는 다른 많은 것들을 마비시킬 수도 있는 파업이란 위협의 불씨를 유지해야 한다. 물가 상승 위험이 있어도 자리가 자리인 만큼 임금 인상을 요구할 수밖에 없고, 이로 인해 인플레이션을 가중시키는 역할을 하게 된다. 그렇게 하지 않으면 그보다 더 크게 지속적인 목소리를 내는 다른 누군가에게 자리를 빼앗길지도 모른다. 또 그 역할이 개혁 운동가로 정해졌기 때문에, 저항이 아닌 화해와 재건의 시기가 오면 자리를 잃을 위험에 처한다. 게다가 가장 유능한 지도자 후보자들을 경영진이 부적격자로 승진시켜 버리는 경향이 있어서 유능한 아랫사람을 찾는 것도 쉬운 일이 아니다. 노조 지도자는 불가피하게 회사 업무에 최고의 만족감을 부여해 주는 회사에 대한 충성심을 손상시키는 역할을 맡아야만 한다. 그가 병기고에 보유한 유일한 강력한 무기인 파업은 극도로 날이 무뎌져서, 목표로 하지 않는 무수히 많은 사람들을 해친다.

　파업권이 산업사회 노동자의 가장 근본적인 특권에 속한다는 주장에는 동의할 수도 있다. 노조와 그 지도자들이 노동자들의 전반적인 생활수준 향상에 핵심적인 역할을 해 왔고, 또 하고 있다는 점에도 동의할 수 있다. 그들이 산업 법령집에 기입해 넣은 업무 규약이(일부 정해진 산업에 강요되는 과잉 고용 조항을 늘 별도로 하고) 살 만한 생활 조건 조성에 많이 기여했고 또 하고 있음에도 대체로 동의한다. 다른 방법으로는 그렇게 얻어 내지 못했을 것이다. 회사 기금의 배분을 놓고 경쟁하는 종업원들에게 일반 조합원 신분이라는 당당한 대표권을 부여하는 방법이, 노동자들의 전반적인 복지 향상에 필수적이라는 점도 부인할 수 없다. 그럼에도 불구하고, 미국의 일반적인 삶의 수준을 지향하는 경향이 그렇지 않고서는 그토록 통합적인 힘을 발휘할 수 없는 오늘날, 이처럼 회사 내에 충성심의 분열이 깊게 자리 잡았다는 것은 산업화된 우리 삶의 변칙적인 요소로 남아 있다.

이러한 상황에서 요즘처럼 제대로 운영되는 책임감 있는 노조가 많고, 노사 관계의 협상 테이블에서 양쪽 모두 인내심과 선의를 보여 준다는 점은 주목할 만하다. 파업은 비행기 사고처럼 뉴스거리가 된다. 반면에 무사 착륙한 수십만 번의 비행처럼, 도리에 맞는 노사 합의는 뉴스거리가 되지 않는다. 영국의 생산성 연구 보고서를 보면, 경영진과 노조가 협력해서 제조업과 경영 방식 발전을 얻어 내는 정도가 자주 언급된다. 양식을 가진 사람들이 회사에 비슷한 충성도를 보일 때 일이 더 잘되고 더 큰 만족을 느낀다는 것이 한 이유로 보인다.

이러한 인식에 반응하여 최근 들어 파업 자체의 성격이 변화되고 있다. 더 지독하고 폭력적으로 변질된 파업도 일부 있지만, 이는 예외적인 경우이다. 이 경우를 제외하면, 지금의 파업과 예전의 파업은 매우 극명하게 대비된다. 노동계에 깊이 공감했던 기자로서 1919년과 1937년, 그리고 1949년의 철강 파업 때 몇몇 공장 도시들을 방문하고 파업 노동자들의 회의에 참석하면서 파업을 가까이서 관찰했던 메리 히튼 보스는 1949년에 목격한 광경에 깜짝 놀랐다. 폭력적인 무리는 온데간데없었다. 뿐만 아니라, 파업 노동자들의 주장에 동네 사람들이 대체로 공감하는 분위기였다. 1919년에만 해도, 아니 1937년 파업 때까지도 붉은 혁명당원 무리

1949년의 파업
풍경. 폭도에서
건실한 시민의
모습으로 파업
참가자들의 모습이
바뀌었다.

로 보였던 파업 노동자들이, 비상시에 재정적 신용을 늘려 주어도 무방한 건실한 시민들로 보였기 때문이다. 심지어 일부 회사 관계자들은 시위대에 커피를 제공하고 있었다! 사람들의 명백한 관심사는 질서 유지였다.

근래에 벌어진 몇몇 파업에서는 과거와는 판이하게 달라진 모습이 더 두드러진다. 파업 기간인데도 마치 활기 넘치던 정치 캠페인이 종료될 때나 중요한 미식축구 경기가 있을 때와 같은 호의적인 들뜬 분위기가 지역사회에서 감지되는 것이다. 그러한 사회에서 파업은 계급투쟁이 아닌, 한쪽은 머릿수로 밀어붙이고 다른 쪽은 돈과 권력을 쥐고 휘두르는 두 팀이 벌이는 일종의 게임처럼 여겨진다.

한편, 파업의 변칙적인 행태 완화와 합당한 새로운 사물의 질서로 나아가는 더 많은 발전의 징조가 여기저기서 더 자주 눈에 띈다. 임금과 생산성을 연결한 최근의 계약들이 하나의 징조이다. 생산성을 강조하는 스캔론 보상 시스템*과 같은 쇄신도 또 다른

---

*1935년 노동운동가 조셉 스캔론이 개발한 상여금 제도로, 총생산 비용에서 노동 비용이 차지하는 비율을 기준으로 상여금을 산정한다.

예가 될 수 있다. 링컨 전기회사처럼 이익 분배제를 도입한 회사
들은 놀라운 성과를 거두었는데, 이런 회사들이 많아지고 있다는
점도 또 하나의 변화 징후이다. 여러 회사 임원들이 종업원과 대
중과의 의사소통 기술, 그리고 노동자 측의 만족과 불만족에 관한
연구에 열중한다는 점도 고무적이다. 이런 추세대로라면 다음 세
대에는 노조의 성격이 회사 충성도를 거스르고 압력을 행사하는
기관에서, 미국 비즈니스의 조직 기구라는 효과적이고 동등한 역
할을 통해 감정적인 불화를 줄여 나가는 쪽으로 변모할 것이다.

   지금까지 미국의 기업은 큰 발전을 이루어 왔지만, 앞으로도
해결해야 할 일이 쌓여 있다.

17 시대정신

애봇 로런스 로웰은
1909년부터
1933년까지 하버드
대학 총장을 지냈다.

미국 문화가 천박한가?

작고한 전 하버드 대학 총장 애봇 로런스 로웰은 아주 재치 있는 즉석 연설가였다. 별다른 메모 없이 공식 만찬에 가서는, 앞 순서의 세 명이 연설하는 것을 듣고서 그들의 언급에 적절히 의견을 달면서 이를 자신만의 설득력 있는 결론으로 자연스럽게 이끌었다. 그가 이렇게 할 수 있었던 것은, 상황에 맞는 적절한 연설을 여러 개 암기하다시피 했기 때문이다. 이를 바탕으로 매 상황마다 조금씩 변형하여 써먹었다.

로웰이 좋아했던 연설은 두 고대 문명인 그리스와 카르타고 간의 차이를 다룬 것이었다. 둘 다 풍요롭고 번성했던 문명인데, 이중 하나는 사람들의 기억 속에 계속 살아남아 오늘날까지 영향을 끼치고 있지만, 다른 하나는 시대에 본받을 만한 아무런 족적도 남기지 못했다고 그는 곧잘 말했다. 그리스에 비해서 카르타고는 학문·철학·예술에 대한 존중이 거의 없이, 전적으로 상업적인 문명에만 치우쳤기 때문이다. 그러면서 로웰은 묻곤 했다. "미국도 카르타고처럼 될 위험이 있을까요?" 그리고 나서는 필수적이고 영구적인 대학의 중요성을 역설했다.

역사상 미국을 사실상 카르타고라고 칭했던 수많은 사람들이 죽 있어 왔고, 오늘날에도 있다. 지난 50년 동안 미국 국민들이 전반적으로 잘살게 되었음에도 불구하고, 카르타고처럼 되어 가고 있다고 주장하는 이들이 있다. 종교와 철학이 깃들지 못한 대중문화를 양산하고 있으며, 예술은 대중오락에 대한 미개한 욕구로 질식할 지경이고, 자유는 여론이라는 무거운 짐에 눌려 있으며, 정신적인 삶은 스러져 간다고 말이다. 이렇게 말하는 대표적인 사람들이 유럽인들이다. 무수히 많은 유럽인들이 현대의 미국 문화는 문화의 'ㅁ'자에도 미치지 못한다고 여긴다. 유럽인이 보기에, 전형적인 미국인이란 돈만 밝히고, 교양이 없으며, 기계적 혹은 상업적 가치밖에 모르는 천박한 사람들이다. 실제로 미국의 영혼과 정신 영역에서의 성취는 최근 더 어려워질 조짐을 보이고 있으며, 기술적·경제적 성공은 아무런 정신의 평화를 가져다주지 못하는 알맹이 없는 것이 되어 버렸다고 말하는 미국인들이 남녀노소를 불문하고 많다.

간혹 현대 미국 문화에 대한 일부 비난을 과소평가하여 받아들일 사람도 있을 것이다. 연봉 2천 달러에서 4천 달러로 뛰어오른 사람들로 인해 풍기가 문란해지고 있다고 한탄하는, 연봉 2만 달러를 받는 사람들의 푸념쯤으로 말이다. 아니면 과거와 현재를 비교하며 쾌적하게 보호받는 주변 여건 속에서 젊은 날을 보낸 사람들이, 오늘날 훨씬 더 포괄적인 집단의 상황과 태도에 맞춰 가면서 드러내는 향수라고 대수롭지 않게 받아들일 수도 있다. 어떤 이는 미국인에 대한 유럽인들의 평가에서 끊임없이 반복되는 오류들을 지적할지도 모른다. 자유롭게 여행하며 넉넉하게 돈을 쓰는 남녀를 엘리트라고 생각하는 데 익숙한 일부 유럽인들은, 미국에서 온 무례하고 거칠고 감수성이 메마른 방문객들을 사회 풍토가 꽤 다른 자국의 동포들과 비교하는 경향이 있다는 것이다. 사실 미국인이든 유럽인이든지 간에, 많은 이들에게 '미국적' 풍경의 주요 특징이 기회의 확대이며, 이 기회의 확대가 맺은 첫 번째 열매가 낯선 관습에 대해 목소리를 낮추거나 적절한 경의를 표하는 게 아닐 수도 있다는 사실에 적응하기란 지극히 어려우니까.

이쯤에서 이러한 함정에 빠져들지 않게 도와줄 사람, 그럼에도 불구하고 지난 반세기 동안 제 나라에서 이룩한 것들에 대해 엄격한 관점을 취하는 사람에게 발언권을 주는 것으로 이 장을 시작하도록 하자.

교회에서 멀어지는 사람들

〔언론인이자 저술가인〕 브루스 블리븐은 『무한한 21세기*Twentieth Century Unlimited*』란 저서의 서문에 다음과 같이 썼다.

1950년이 시작될 무렵, 여러 신문과 잡지들은 1900년 이래로 계속 그래왔듯이, 당대에 대한 공들인 논평을 실었다. 매킨리 시대의 색다른 복장이며 자전거 행렬, 팔자 모양의 콧수염을 기른 남성 사중창단, 진흙탕에 빠져 고생하는 초기 자동차 등으로 그 시대를 편견 없이 묘사했다. 그런데 이 가운데, 내가 보기엔 지난 50년간의 변화 중 가장 중요하다고 생각되는 주제를 다룬 기사는 하나도 없었다. 즉, 극도의 낙관주의부터 거의 자포자기에 가까운 분위기까지 미국의 변화된 윤리적 풍토를 점검한 내용이 전무했다.

50년 전, 인류 특히 미국인은 지금이야말로 최상의 상태이며 매 순간 더 나아지고 있다는 견해를 고수하고 있었다. …… 천국

에는 인류의 지속적인 발전과 복지, 행복을 최고의 관심사로 삼
는 자비로운 신이 있었다. 그 방식을 늘 헤아리기 어렵긴 해도
말이다.

블리븐은 오늘날 우리가 이 신념을 잃었으며, 전쟁과 원자폭탄,
어렴풋이 나타나기 시작한 인류의 전반적인 야만화와 타락을 "몹
시 두려워하고 있다"고 말한다.

그렇다면 우리가 신앙심 없고 방향타 잃은 사람이 되었는가?

교회의 통계자료는 이 의문에 대한 답을 내는 데 그다지 도움
이 되지 못한다. 이 자료들은 대부분의 교파에서 대략 인구 증가
와 맞먹을 정도로 교인이 꾸준히 늘어났음을 보여 주지만, 결혼식
과 장례식 때 빼고는 교회에 가지 않는 사람들까지 목록에 올리려
는 성향 때문에 미심쩍은 구석이 없지 않다. 게다가 교회의 통계
자료가 지난 몇 십 년간 얼마나 꼼꼼하게 조사되었는지 알 길이
없다. 내가 받은 확실한 인상은, 20세기가 시작되고 처음 30~40
년 동안은 사람들이 교회에 잘 가지도 않았고 예배나 교리 및 교
회 의식과 일체감도 잘 느끼지 못하는 추세였다. 계율이 대단히
엄격한 로마가톨릭교를 제외하고, 적어도 부유한 미국인들 사이에
선 그러했다.

점점 더 많은 일반 시민들 사이에서, 일요일 아침에 늦잠을 자
고 나서 점점 더 무거워지는 일요일 신문을 붙잡고 씨름하거나,
10시 반 골프 약속에 나가거나, 아니면 정오의 칵테일을 즐기러
존스 부부네에 가거나, 가족과 함께 강가나 산으로 소풍을 가는
일들이 일상화되었다. 나만 해도 수십 년에 걸쳐 해마다 여러 주
말 파티에 참석하면서, 시간이 지날수록 주인이 토요일 저녁에 손
님 중 누가 다음 날 아침 교회에 갈 계획인지 묻는 경우가 줄어들

1950년대 후반, 캔자스 주에 있는 한 교회의 **일요일 아침 풍경**.

었으며, 1920~30년대에는 일반적으로 아무도 교회에 가지 않는 것으로 짐작하게 되었음을 알아차렸다. 내가 방문했던 가정들이 전형적인 경우가 아닐지는 몰라도, 이 시절 내내 미국인들은 적어도 어느 정도 같은 성향을 띠고 있었다. 요즘 금요일 오후에 도시를 빠져나가는 차량의 홍수 속에, 일요일 아침 교회 안에 있을 사람은 많지 않다고 생각한다.

내가 좀 더 관찰해 본 바에 따르면, 20세기 초반 적어도 30~40년 동안은 교회가 상징하는 믿음과의 일체감과도 거리가 멀어지고 있는 상태였다. 일부 사람들은 과학, 특히 진화론에 과거의 신이 끼어들 만한 여지가 전혀 없다고 생각했다. 과학이 증명하는 세계와 조화를 이루면서, 동시에 지역 교회에도 익숙한 어떤 종류의 신도 상상하기가 어렵다는 의견이었다. 다른 이들 사이에서는 소위 악덕이라고 주장되는 음주와 흡연, 카드 게임, 일요일 골프 등에 물들지 않아야 한다는 것에만 지나치게 신경 쓰고 인류애에는 별 관심 없는 듯 보이는 교리에 대한 도덕적 초조함이 증가하고 있었다. 교회 또는 교회들 중 다수는 이러한 비판에 대처하고자 학교, 강의실, 여성 단체, 젊은이 집단, 스포츠, 연극 등과 결합하여 사회복지 사업과 사회복음주의 운동에 전념하는 복합적인 조직으로 변신하는 등 결연한 의지로 노력했지만, 신도를 모으는 데 성공한 교회는 그다지 많지 않았다. 적어도 일요일 아침엔 그랬다.

게다가 목사가 시민으로서의 덕이 의심스러운 부자 교구민에게 지나치게 굽실거린다거나, 일반 사람들의 추세와 너무 동떨어져

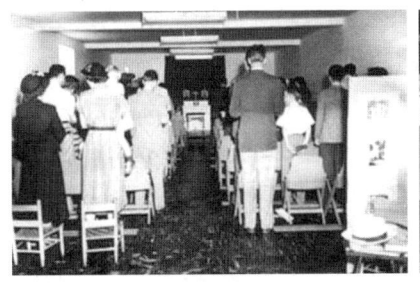

1950년대 교회 **예배** 모습(왼쪽)과 **교회 행사**에 참가한 어린이들(오른쪽).

있다고 느낀 이들도 있었다. 교회가 낡은 생활과 사고방식을 대표하며, 현대적 사고를 하는 사람들은 교회의 영향력을 벗어났다는 막연한 느낌을 받은 이들도 다수였다. 교회에 다니는 사람들과 교회 봉사자들 사이에 강요의 감정이 약해지면서, 많은 사람들에게 자동차와 컨트리클럽, 바닷가, 11시의 아침 식사는 놓치기엔 너무 아까운 일이 되어 버렸다.

1940년대의 반전 혹은 반항

격식을 차린 종교로부터 멀어지는 이러한 경향이 여전히 지배적인 추세이든 아니든 간에, 1940년대 동안에 명백한 대항 운동이 일어났다. 이는 다수의 남녀들 속에서 스트레스와 불안감이 팽배한 시대를 사는 그들의 삶에 뭔가 빠진 게 있다는 꺼림칙한 양심의 가책이라는 형태로 구체화되었다. 그들은 의지할 무언가를 바랐다. 얼마간의 내적인 평화와 안도감을 안겨 주는 모종의 믿음을 갖고 싶어 했다. 『성직자의 예복』, 『추기경』, 『마음의 평화』, 『7층짜리 산山』 같은 책들이 베스트셀러 목록에 등장한 것만 봐도 이 널리 퍼진 갈망과 호기심을 짐작할 수 있다. 그리고 그중 일부는 교회로 되돌아가거나, 처음으로 교회에 발을 들여놓았다.

여기저기 가족들 사이에서 기묘한 반전이 일어났다. 케케묵은 교회 의례에 반대하는 반항적 분위기 속에서 교회를 버렸던 부모들은, 자식들이 자신들 눈엔 진부해 보이는 비기독교적 습관으로 보이는 부모의 행태에 반항하고 있음을 깨달았다. 특히 가톨릭교가 많은 개종자를 만들어 냈는데, 그들 대부분이 이런 유의 반동자들이었다. 가톨릭교는 한 규율에서 다른 규율로 옮겨 간 전 공산주의자들의 피난처로 눈부신 활약을 보이기도 했다. 유입되는 흐름이 방출되는 흐름보다 더 강력했는지, 혹은 이후의 흐름이 어떻게 될지를 20세기 중반에 예측하기란 여전히 어려운 일이었다. 하지만 적어도 종교적 감정과 습관의 흐름에선 그때나 지금이나 혼란스럽기는 마찬가지다.

한편, 교회에 대한 충성을 포기한 수많은 가족의 아이들은 유능하고 괜찮은 태도를 가진 선생을 만날 기회를 놓치게 되었다. 일부 부모들은 그 공백을 스스로 채울 수 있었다. 이렇게 할 수 없는 부모들은 자식들이 성서 인용구를 알아듣지 못할 뿐 아니라 명쾌한 도덕률마저 배울 기회를 놓치게 되자 당황해 했다. 이 사태에 대한 책임을 전가할 누군가를 찾던 부모들은, 학교가 다른 의무에 더하여 윤리 교육에 힘써야 한다고 주장하며 공립학교에 매달리는 경향을 보였다.

다른 부류의 부모들도 있었다. 프로이트를 포함한 심리학 원리를 면밀히 공부하고, 진보적 교육자들의 견해를 다소 불충분하게 이해한 이 부모들은 윤리 교육이 무엇을 전달하는지, 어떤 유의 규율이 아이들의 영혼에 해가 되지 않을지를 놓고 의심에 가득 차 있었다. 한동안은 이 어린 영혼들이 유례없이 아주 무례하고 건방진 꼬마가 될 거라고 걱정하기도 했다. 세상에는 그런 건방진 꼬마 녀석들이 항상 있어 왔음에도 불구하고, 그러한 가족에 속하는 관찰자들은 도덕적 행실이 실로 타락했고, 야구나 축구 스캔들이며 10대 노상강도 패거리, 워싱턴 공무원들의 부패 등이 모두 널리 퍼진 윤리적 쇠락의 징후라고 결론 내리기 십상이었다.

내가 납득하기로는 이러한 결론은 그 타당성이 상당히 의심스러웠고 지금도 그렇다. 역사상 신세대가 구세대의 걱정을 사지 않고 의심의 눈초리를 받지 않은 적은 없다. 20세기 중반, 수많은 10대 젊은이들의 방종한 생활 습관이 그들의 어머니 아버지가 보인 불신에서 비롯되었다고 주장할 수도 있다. 그러나 젊은이들의 윤리 기준이 대체로 전 세대만 못하다는 주장은 실로 미심쩍어 보인다. 요즘 어른들 중에도 조직적인 종교 활동에서 멀찍이 떨어진 채 안정적인 가치관을 상실한 이들이 수없이 많지 않은가. 주변을 돌아보라. 내가 알아 온 사람들 가운데 도덕관념이 타락했다고 할 만한 이들이 몇이나 되는지. 요즘 젊은이들이 그들의 할아버지 할머니 세대가 버릇없다고 여길 행동들을 할지는 몰라도, 하찮고 비열하다고 비난할 만한 행동은 거의 하지 않는다. 이들 사이에서, 그리고 국가 전반에 걸쳐, 매우 중요한 태도상의 변화가 일어나고 있었다. 지난 50년간 "누가 내 이웃인가?"라는 오래된 물음에 대한 답은 점점 더 광범위한 해답을 내고 있다.

민주주의란 '부담스러운' 이상

이 와중에 자신은 선택받은 특권계급이며, 다른 서민 동포들은 중요하지 않다고 여기는 상류층 신사 숙녀들은 여전히 존재했다. 그들의 속물근성은 소위 '상류사회Society'라는 낱말이 큰 영향력을 행사하던 시절보다 자기만족적인 확신은 떨어졌지만, 남을 무시하는 태도는 더 심해졌다. "흙먼지 속에 사는 배고픈 형제들 위에 군림하려는" 나뭇잎 위의 벌레는 예전처럼 많지 않다.

프랭크 코스텔로.
'암흑가의
국무총리'라고 불릴
만큼 미국 역사상
가장 강력했던
마피아 보스이다.

여전히 자신의 가치를 부풀려 생각하는 기업 간부들도 있지만, 정재계의 실력자들이 법정 증인석이 종종 모습을 드러내던 1902년, 노조 대표와 미국 대통령에게 맞섰던 석탄 광부들 사이에서 마크 설리번이 느꼈을 '고의적인 오만함'은 더 이상 보이지 않는다.〔5장 설명 참조〕 물론 여기서 프랭크 코스텔로 같은 암흑가의 지배층은 제외시켜야겠지만.

대학 동창 하나가 1912년에 한 말이 있다. 그는 동기 500명 중 100명 정도를 알고 지낸다며, 속물적으로 들리겠지만 결국 그 정도가 알고 지낼 만한 중요한 동기들이 아니겠느냐고 했다. 그로부터 몇 십 년이 지난 지금 그 동창을 다시 만난다면, 모르긴 몰라도 그때와 똑같은 말을 하지 않을까. 그는 그렇게 처신하면서 그것이 기존의 여론을 거스르는 것임을 알았을 것이다. 오늘날 오래된 저택이나 1920년대식의 멋들어진 아파트에서, 원래는 하인들의 거처였던 곳을 구경한 사람들은 그 초라함에 깜짝 놀라게 된다. 그들은 스스로 묻는다. 소위 고상하다는 인간들이 매일 얼굴을 맞대고 살아가는 이들의 인간적인 요구를 이토록 무시했단 말인가?

'국민소득'이라는 개념, 이 소득의 분배를 측정한다는 생각, 전체 국민 각자의 경제 활동에 영향을 받는 실체로서의 '국민경제'라는 개념, 사회학적인 검토에 대한 폭넓은 관심, 전국에 걸쳐 있는 이런 저런 미국인 집단들의 위상을 그들의 부와 우리의 부가 상호의 존적이라는 확신을 갖고 사회학적으로 검토하는 데 대한 매우 광범위한 관심. 이 모든 것이 지난 반세기 동안에 발전해 온 것이다.

과거에는 '교육 기회의 평등'이란 이상이 그렇게 일반적으로 인정받지 못했다. 이 책의 앞 장에서 미국에서 가장 혜택받지 못한 집단

이었던 흑인에 대해 두드
러진 태도의 전환이 최근
에 일어났다고 말했다. 남
부에서뿐 아니라 다른 곳
에서도 주목할 만한 변화
가 있었다. 일반 대중에 대

미시간 주 소도시에 결성된 자원 봉사 소방대. 이들은 자체 트럭과 장비를 갖추었다. 1950년 무렵부터 소도시를 중심으로 **자원 봉사 활동**이 활발해졌다.

한 책임이라는 개념이 주요 사업가들 사이에 더 널리 확산되었다.
일반 개인들이 폭넓은 의미에서의 선행(각종 교회 활동, 병원 자원 봉
사, 사친회, 보이스카우트, 적십자, 여성유권자동맹League of Women
Voters, 지역 오케스트라, 세계 연방주의자, 미국재향군인회American Legion,
로터리 재단의 봉사 활동 등등)에 참여하는 시간은 헤아릴 수 없을 정
도로 늘어났다. 심지어 교회 모금 활동에 참여하는 사람 수가 교회
다니는 사람 수보다 더 많다고 하는 지역사회 얘기를 들은 적도 있
다. 요컨대, 공적인 의무감이 확산된 것이다.

변화는 흥미로운 양상을 가져왔다. 바사 여자대학에 다니는 여
학생이 부모와 식사하면서 "나한테 그렇게 계속 초콜릿 소스를 건
네시면 신부님께 조직 노동자의 입장을 어떻게 설명할 수 있겠어
요?"라고 외치는 앤 클리블랜드의 만화를 기억할 것이다. 이것을
본 사람들은 알고 지내는 어느 은행가의 딸을 떠올렸을 것이다.
그녀는 첫 직장에서 회사가 돈을 버는 것보다 박봉을 받는 문서
정리 담당원의 어려운 처지에 더 관심을 가졌다. 그리고 1951년
봄, 〔이 책 12장에도 나왔던 '흑인' 노벨 평화상 수상자〕랠프 번치 박
사가 짧은 기간 동안 연달아 13개나 되는 명예 학위를 받은 일을
생각할 것이다. 수많은 기관들이 만장일치라는 유례없는 기록으로
그를 선택했다. 여기에는 한 흑인에게 찬사를 보내는 더할 나위
없는 기회를 발견한 데 대한 기쁨이 어느 정도 반영되었음을 부인

하기 어렵다.

이러한 변화가 여기저기서 격앙된 저항에 부딪힌 것은 자연스런 현상이었다. 본래 민주주의의 이상이란 것은 인간에 대한 이해와 관용에 엄청난 부담을 준다. 그리하여 의식적이고 활동적인 반유대주의가, 일찍이 동질성에서 만족을 얻었고 이제 더는 고독하게 살아갈 수 없음을 알게 된 여러 교외 지역사회로 침범해 들어갔다. 이전에는 흑인이 극히 드물었던 산업도시에선 반 흑인 감정이 거세지고 있었다.

이 대목에서 해외에 파견된 미군들의 행실에 대한 보충 설명을 덧붙여야 할 것 같다. 미국에서 외국어를 사용하는 이민자가 전통적으로 갖게 되는 무산계급이란 지위를 포함하여 쉽게 규명되지 않는 다양한 이유들로 인해, 대다수 미국인들은 애매한 감정 상태에서 인간 존엄성의 원칙을 받아들이다가 말게 되었다. 미군 내에서 동료 사병이 겪는 명백한 부당 행위에 대해서는 지극히 걱정하던 사람이, 아랍인에겐 무례하게 굴고 한국인을 난폭하게 다루는가 하면 독일인을 속이기도 한다. 그로 인해 어떤 불이익도 받지 않는다. 아마도 바로 그 순간, 이런 사람을 대표하는 의원들이 의회에서 그가 그토록 깔보던 국민들을 원조하고자 수십 억 달러의 지출을 승인하고 있었을 것이다.

이러한 역효과에도 불구하고, 〔경제학자 겸 노동 지도자〕 프랭크 태넌바움 박사가 "평등······ 정신적 평등에 대한 의무"라고 불렀던 것을 받아들이는 전반적인 움직임이 미국 사회에서 증가해 왔다고 나는 확신한다. 미국 시민들에게 영향력을 미친 이러한 동질감의 상승이 종교적인 이유에서 나왔든 아니든지 간에, 태넌바움 박사와 다른 연설자들이 1951년 4월 월도프 원탁회의에서 느꼈던 것처럼, 어쩐지 말장난처럼 여겨진다. 〔우편 관련 기계 설비 회사인 피트니 보우스의 최고 경영자] 월터 H. 월러 2세가 그 회의에서 말을 꺼냈듯이, "비즈니스 용어로 말하자면, 우리가 물려받은 정신적 자산에 기생해 살면서 고갈시키고" 있는지 아닌지는 결코 확실하지 않다. 그러나 이렇게 말할 수는 있겠다. 미국인이 국민으로서 가장 지켜야 할 첫 번째 계율을 예전만큼 열심히 따르지 않는다면, 적어도 두 번째 계율로 꽤 잘해 나가고 있다고 말이다.

독자를 '잃어버린 세대'

이제는 그 답이 훨씬 더 양면적이고 불확실한 또 다른 질문에 맞닥뜨리게 된다. 15장에서 기술했던 평준화된 기준과 문화가 질을 위협했을까? 미국은 다량의 2류 교육, 2류 문화, 2류 사고를 양산하면서 1류들을 갈취하고 있는 걸까?

　실제로 그렇다는 비난이 빗발친다. [시인] T. S. 엘리엇 같은 현인의 말을 인용해 보자. "우리 시대가 쇠락의 시대라고 어느 정도 확신을 가지고 주장할 수 있다. 문화 수준이 50년 전보다 낮으며, 이 쇠락의 증거는 인간 활동의 모든 부분에서 눈에 띈다." 이 표현이 미국과 특별한 상관이 없는 비교적 막연한 비난으로 여겨진다면, 엘리엇은 '하층계급이 여전히 존재하는' '계급사회'가 더 낫다면서, 미국의 평준화 추세에 동조하지 않는다는 풍부한 증거를 제시했다.

　사실 미국의 평준화 추세를 비판한 사람들은 그 인용을 산더미처럼 쌓아 올릴 수 있을 만큼 많다. [역사학자] C. 하틀리 그라탄에 따르면, 이들은 오늘날 미국 작가들의 불만을 설명하는 두 가지 개념을 변화에 적용한다.

(1) 어떤 느낌…… 즉, 인간이 그 오랜 세월 동안 의존해 살아온 가치가, 오늘날 대안은 보이지 않은 채 해체 일로를 걷고 있다는 느낌. (2) 그리고 인간의 사적인 가치가 무엇이든지 간에, 요즘 세상에서 개인은 답답하고 독단적인 제도에 좌지우지되어 어떤 경우에라도 일관되게 자신의 가치에 따라 행동할 수 없다는 느낌.

다시 말해서, 작가·화가·음악가·건축가·철학자이건 어떤 분야에서든 지적인 또는 정신적인 선구자이거나 독자적인 주장을 펼치는 독창적인 재능을 가진 사람은 〔1936년 노벨 문학상을 받은 극작가〕 유진 오닐이 '현대병'이라 부른, 또 로이드 모리스가 "구시대의 신의 죽음, 그리고 과학과 유물론이 만족스런 새로운 신을 가져오는 데 실패한 데서 기인한"이라고 했던 것에 맞닥뜨렸을 뿐 아니라, 문학 창작의 최대 보상이 성적인 매력을 드러내는 옷을 입은 주인공이 등장하는 연애 이야기를 쓰는 통속소설가에게 돌

버 틸스트롬
(맨 오른쪽)과 쿠클라, 프란, 올리. 버 틸스트롬은 〈쿠클라, 프란과 올리〉라는 즉석 꼭두각시 쇼를 개발한 꼭두각시 인형 조종자이다.

아가는 세상에 직면했다. 브로드웨이 극장가가 신선한 창작물을 내놓았던 1920년대의 영광스런 시기 이후 과잉 고용으로 인한 고비용과 영화와의 경쟁에 굴복하면서 거의 폐기 상태인 세상, 영화는 영화대로 수많은 관객을 끌어올 수 있었던 이들에게는 충분한 보답을 해 주지만 미덥지 못한 흥행 성적을 거둘 경우엔 제작자들의 숨통을 조이게 하는 세대를 지나서 텔레비전에게 밀리고 있는 세상이 된 것이다.

텔레비전에 쏟아지는 드높은 갈채는 버 틸스트롬에게보다는 〔코미디언〕 밀턴 벌에게 돌아간다. 시인은 시를 위한 무대가 거의 사라졌음을 깨닫는다. 이와는 다른 방식으로 비난하는 사람도 있을 수 있다. 미국

인에게 좋은 자동차와 질 좋은 나일론을 안겨 주는 데 기여한 대
량생산의 역학 구조가 지적 산물 시장에서도 평범함을 강요했다
고 말이다.

이는 지극히 가차 없는 비난이다. 하지만 이에 대해 판단을 내
리기 전에 고려해 봐야 할 여러 가지 문제가 있다.

하나는, 창조적인 재능을 가진 남녀들의 어려운 처지를 가장
생생하게 표현하고 애석해 한 사람들이 주로 작가, 특히 아방가르
드 작가들과 그들의 진가를 잘 이해하는 비평가들이며, 이들이 미
국 문화계에서 차지하는 위치가 다소 특별하다는 사실이다.

제1차 세계대전이 발발하기 직전 수년 동안, 미국 문학의 창시
자와 혁신자들은 그렇게 의기소침한 분위기가 아니었으며, 오히려
한창때였다고 할 수 있다. 시카고에서는 바첼 린제이와 애드거 리
매스터스〔같은 시인들과〕, 셔우드 앤더슨과 링 라드너〔같은 단편소
설 작가〕, 칼 샌버그〔시인이자 소설가〕 같은 이들이 활기와 자신감
에 넘쳐 실험을 하고 있었다. 뉴욕에서는 〔맨해튼 구 남부의〕 그리
니치 빌리지의 젊은 예술가들이 자유시와 이미지즘, 후기 인상주
의, 입체파, '애시캔 파'의 사실주의에서 여성참정권, 사회주의와
공산주의(나중에 모스크바에서 전개되는 것보다 순수하고 이상적인 종
류의)에 이르는 가지각색의 이단적 실험에 미친 듯이 매료되어 있
었다. 〔사진작가〕 알프레드 스티글리츠가 '291' 화랑에서 모던 아트
에 대해 설파했을 때, 아모리 쇼가 1913년 개최되었을 때〔이 책 9
장 참조〕, 〔사회주의 작가에서 미국의 할렘 르네상스의 후원자로, 나중
에는 반 좌파로 돌아선〕 맥스 이스트먼과 〔우리나라에서도 평전이 출
간된 저널리스트 겸 코민 활동가〕 존 리드가 노동운동에 투신했을
때, 〔소설가이자 급진 저널리스트〕 플로이드 델이 문학의 해방을 얘
기했을 때, 이들은 모두 눈앞에 전개될 밝고 새로운 세상을 보았

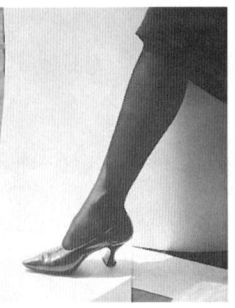

1933년 291
화랑을 찾은
**알프레드
스티글리츠**(맨
오른쪽)와 그의 대표
작품들.

다. 세상의 진보가 머지않아 자신들과 같은 신계몽운동의 전령사들이 지닌 무모한 신념에 승리를 가져다 줄 그런 세상.

하지만 제1차 세계대전이 불러일으킨 엄청난 환멸은 이런 열기에 찬물을 끼얹었다. 정의와 행복과 번영의 황금시대는 요원해 보였다. 지배적인 분위기는 싹 바뀌었다.

'상실의 세대Lost Generation'의 작가들은 동시대 삶의 야비함과 잔인함에 주의를 기울였다. 그들의 기조는 주로 절망적인 삶이었다. 〔저널리스트이자 풍자가〕 H. L. 멩켄은 미국의 천박함과 감상주의를 이구동성으로 냉소하는 사람들의 선두에 서 있었다. 존경할 만한 것을 찾기 어려운 나라에 왜 계속 살고 있느냐는 질문을 받으면, 그는 되물었다. "왜 사람들은 동물원에 갈까요?" 싱클레어 루이스는 미국 중산층과 조지 F. 배빗〔배빗은 소설 주인공이므로, 정확히 말하면 배빗류의 사람들〕을 풍자했다. 스콧 피츠제럴드는 〔『위대한 개츠비』의 주인공〕 제이 개츠비의 호사스런 파티에 참석했다가 나중에 그가 궁지에 빠졌을 때 그를 저버린 점잔 빼는 세인들의 저열함을 강조했다. 여러 아방가르드 예술가와 이들의 숭배자 및 모방자들은 거트루드 스타인이 "미래는 더 이상 중요하지 않다"는 말을 했던 파리로 갔다. 헤밍웨이의 소설 『그래도 태양은 떠오른다The Sun Also Rises』에 나오는 등장인물들은 마치 태양이 더는 떠오르지 않을 것처럼 행동했다.

하지만 이처럼 희망 없는 세상에서 사람들은 여전히 예술을, 정치나 비즈니스와는 멀리 떨어진 채 유일하게 가치 있는 것으로 남아 있는, 예술을 소중히 여길 수 있었다. 정치나 비즈니스계의 속물들이 이해하기 어려웠던 바로 그 예술을 특히 신봉할 수 있었다. 20세기 미국에서 도피한 이 망명자들에겐, 〔문학비평가〕 반 윅 브룩스가 지적했듯이 "난해함 그 자체가 가장 중요한 미덕이 되었다". 그들은 헨리 제임스의 귀족적인 정교함, 은둔자 마르셀 프루스트의 예민함, T. S. 엘리엇의 학구적인 암시, 제임스 조이스의 언어적 수수께끼에 특별한 경의를 표했다. 문학 양식은 1910년과는 상당히 다르게 정해졌다. 문학적 양심을 갖는다는 것은 미국인의 삶과 보편적인 인간의 삶, 세상이 돌아가는 방식에 대한 냉정한 관찰을 의미했다. 이는 문학의 진정한 미덕을 알아보고 이해하는 극소수 독자들의 역량을 살펴보는 것이기도 했다.

이러한 신조는 놀랍게도 오래 지속되었다. 1930년대에는 또 다른 감정적·정서적 기세와 싸워 나가야만 했다. 경제는 주저앉았고, 당장에라도 혁명이 일어날 기세였으며(비록 그런 일은 없었지만 당시엔 많은 사람들이 그렇게 생각했다.), 그리고 많은 작가들이 국민의 3분의 1을 압박하는 자본주의의 무자비함을 비난하고, 전투태세를 갖춘 노동계의 대의를 지지해야 할 필요성이 커졌다. 그리하여 작가들은 투쟁에 대한 절망감을 내던졌다.

프롤레타리아 소설이 쏟아져 나왔지만, 작가들이 공장 노동자로 일하면서 얻은 지식은 극히 한정된 것이었다. 일반 시민을 지지하는 데 아주 적극적이던 작가와 비평가들 사이에서조차, 감수성과 고결함을 가진 사람은 '반드시' 매우 비범한 이들만이 이해할 수 있는 표현으로 글을 써야 한다는 신념이 여전히 통용되었다. 진보적인 작품 활동을 하던 작가와 학생들이, 아마도 소작인들을 무시했을 〔소설가 겸 비평가로 복잡하고 심리적인 작품을 주로 쓴〕 헨리 제임스와 이동 농업 노동자들의 입장에 동조하지 않았을 게 분명한 T. S. 엘리엇의 훌륭한 글을 소작인이나 이동 농업 노동자들과 함께 읽는 강독회에서 돌아오는 재미난 광경이 목격되기도 했다.

제2차 세계대전 동안 노동계를 지지하던 추동력은, 고급 장교들에 맞서 일반 병사를 옹호하는 힘으로 바뀌었다. 세상을 우울한 곳으로 서술했던 과거의 추진력은, 독자의 동정심을 끌어내려는 병사 자신을 포함해서, 인간이 전쟁에서 얼마나 잔인할 수 있는지를 보여 주는 힘으로 변화했다. 작품의 우수성이 극소수의 사람들을 제외한 거의 모든 이에게 제대로 평가받지 못하는 게 당연하다는 믿음은, 문화의 미래에 대한 보편적인 염세주의, 모든 종류의 수작이 겪는 좌절을 환영하는 듯 보이는 염세주의로 바뀌었다.

〔시인〕 W. H. 오든은 1948년에 이렇게 썼다.

당대의 소설가들로서는 그들이 양차 대전 사이에 주목할 만한 문학작품만을 써 왔다는 얘기를 듣는 게 당황스러운 일일 것이다. 유럽에서 돌아온 뒤 내가 받은 최초의, 가장 확고하고도 변함없는 인상은, 어느 시대 어느 장소에서 쓰인 문학의 어떤 인물도 그렇게 천편일률적으로 침울하지는 않다는 것이었다. 나로서는 지구상에서 가장 낙천적이고 사교적이며 자유롭다는 명성을 얻은 나라가, 가장 감수성이 예민한 이들의 눈을 통해 무기력한 희생자, 그늘진 캐릭터, 실향민의 사회로 비쳐져야 한다는 것이 끊임없는 놀라움의 원천이다. …… 모든 소설에서 명예나 역사가 결핍된 주인공들을 마주치게 된다. 상습적으로 유혹에 굴복하다 보니 진짜로 유혹당한다고 말하기도 어색한 주인공들, 세속적인 의미에서 성공하긴 했어도 결국 수동적인 행운의 수혜자에 지나지 않는 주인공들, 유일한 도덕적 미덕이라고는 고통과 불행을 금욕적으로 견뎌 내는 것뿐인 주인공들이었다.

이런 소설가들이 스스로 의식하기 훨씬 전부터 정해진 방식을 따라온 것이라고 할 수 있을까? 최근 소설 판매가 부진한 이유가, 그라탄이 암시했듯이 "동시대 독자들이 포기할 준비를 하기 전에 먼저 현대 작가들이 포기하는 듯 보이기" 때문일까? 요즘 독자들이 작가들을 앞서 나가기 때문일까? 여러 진보적인 작가들이 갖고 있는 난해한 글쓰기만이 좋은 글쓰기라는 변함없는 관념으로 인해, 작가들이 생각하듯 그렇게 바보가 아닐 수도 있는 무수히 많은 독자들과 소통하는 기술에는 거의 주의를 기울이지 않았기 때문은 아닐까? 오늘날 문학인들 사이에 일종의 패배주의가 만연해 있어서, 미국 문화의 양상에 관한 그들의 불행한 결론을 어느 정도 참작해서 받아들이게 만든 것은 아닐까?

문학인들의 비탄에 주목하여 좀 더 깊이 살펴보자.

잡지 : 점점 더 대중적으로

오랜 세월 동안 한 잡지(이제 인쇄 기술자와 운송업자에게도 더 많은 돈을 주어야 하기 때문에, 필자들에게 지급하는 고료가 10년 전과 똑같은)에서 일해 온 나 같은 사람들은 오늘날의 수많은 문인들에게 무관심하기 어렵다. 최근 수백만 독자 확보를 목표로 내건 신규 잡지들이 속속 등장하고, 광고주들이 이 수백만에게 눈길을 돌리는 상황에서, 기품 있는 저널리즘을 만들고자 애정을 갖고 부단히 노력해 온 사람도 문예협회의 상황에 무관심할 수 없을 것이다.

발행 부수가 많은 잡지가 큰 성공을 거두고, 자체 직원들이 직

다양한 소재를
발굴하는 데 앞장선
《**라이프**》와
《**새터데이 이브닝
포스트**》지.

접 기사를 쓰는 잡지들이 늘어남에 따라, 대중적인 기교가 부족하고 돈벌이 때문에 저속한 글을 쓸 생각이 없거나 그렇게 할 수 없으며, 그렇다고 달리 확실한 소득원도 없는 자유 기고가가 안정된 생활을 영위하는 게 더 어려워졌다는 데에는 이론의 여지가 없다. 시류에 편승한다고 금전적으로 쉽게 나아질 상황도 아니었다. 이 현상을 다음과 같이 설명할 수 있겠다. 지극히 높은 수준의 잡지들이 어려운 상황을 겪는 이유는, 양질의 소재를 독점하지 못했기 때문이라고 말이다.

지난 몇 십 년 동안, 점점 더 더양한 소재가 대중적인 정기 간행물에 실리고 있다. 몇 가지 예를 들어 보면, 《라이프》 지에 실린 윈스턴 처칠의 회고록, 《새터데이 이브닝 포스트》에 게재된 포크너의 단편소설을 언급할 수 있겠다. 여기에다 자신의 개성을 유지하면서 대중잡지에 기고하여 괜찮은 수입을 올리는 재능 있는 작가의 수가 아방가르드 작가들의 애기에서 추측할 수 있는 것보다 훨씬 더 많았다. 고급 잡지가 처한 여러 가지 어려움의 원인을 딱 잘라 말하기 어려운 복잡한 상황인 것이다.

책 : 싸구려와 고급 독서 시장의 공존

책의 경우도 마찬가지였다. 신간을 주로 서점을 통해서 정가에 판매하는 '오리지널' 출판인들이 형성하는 책 시장은 전쟁 전보다 다소 커졌지만, 높은 인건비가 책값 상승을 부채질하여 소비자들을 주저하게 만들었다. 그러면서 전체 필자들의 수입에서 소수의 성공한 작가들의 몫은 증가한 반면, 수천 부 이상 팔리지 않을 것 같은 책의 작가들(거의 모든 시인이 여기에 속한다.)은 책을 내기가 전보다 점점 더 어려워졌다. 하지만 여기서도 마찬가지로 상황이 그렇게 어두운 것만은 아니었다.

나는 정말로 출판될 가치가 있는 책이라면, 다각화된 업계의 어느 출판사에서든지 반드시 나오게 된다는 〔역사가 겸 역사 전문 저술가〕 버나드 드보토의 의견에 동의한다. 베스트셀러 목록에 별 볼일 없는 책이 있기도 하지만, 그것을 쓴 작가들의 주머니를 채워 준 이 책들은 어쨌거나 때를 잘 만난 것이다.

출판 자체도 어려운 일만 있었던 것은 아니다. 20세기에 미국에는 무수히 많은 북클럽이 있었는데, 그중 적어도 두 군데는 매달 수십만 부 정도의 책을 판매했다. 《리더스 다이제스트》에서 계간지로 발행한 축약본은 1952년 초반에 권당 100만 부 이상 팔려 나갈 만큼 인기를 누렸다. 1950년부터 발행되기 시작한 축약본은 네댓 가지 소설이나 논픽션을 한 권에 압축한 것이었다. 〔종이 한 장으로 표지를 장정한〕 페이퍼백 서적을 재판하는 출판사도 있었다. 이 책들은 신문 가판대와 편의점용으로 권당 25~35센트에 팔렸는데, 판매량이 가히 경이적이었다. 1950년 총 판매 권수가 적어도 2억1,400만 부 이상이었다. 1951년에는 2억3,100만 권으로 더 늘어났다.

페이퍼백의 3분의 2 또는 그 이상이 소설이나 추리소설류였던 것은 틀림없다. 그중 일부는 아무리 좋게 봐도 쓰레기였던 것도 사실이다. (이런 책을 내는 사람들은, 어느 냉소주의자가 말했듯이, 겉표지를 섹스나 폭력(둘 다면 더욱 좋고)을 암시하는 그림, 즉 총잡이가 관능적인 여인의 옷을 벗기는 그림 같은 것으로 장식한다면 어떤 책이든지 팔 수 있다는 것을 알게 되었다.) 하지만 다른 양상의 페이퍼백들도 있었다.

1940~50년대에
발간된 '쓰레기'
페이퍼백들.

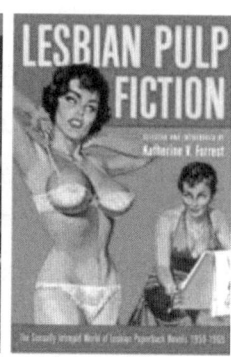

다음은 1952년 1월 몇몇 페이퍼백의 판매 수치이다. 테네시 윌리엄스의 희곡 『욕망이란 이름의 전차*A Streetcar Named Desire*』는 50만 권 이상, 조지 오웰의 『1984*Nineteen Eighty-four*』는 75만 권 이상, 노먼 메일러의 『나자와 사자*The Naked and the Dead*』는 125만 부 이상, 루스 베네딕트의 『문화의 유형*Pattern of Culture*』은 40만 부, 그리고 확실한 사례를 하나 들자면 추상적인 표지의 호메로스의 『오디세이*The Odyssey*』 번역본이 35만 부 팔렸다. 북클럽과 일반 서점의 판매를 넘어선 이 같은 매출은, 열광적인 잡지 독자였던 미 국민들이 달성한 것이었다. 물론 책값이 너무 낮아서 저자들에게 돌아간 액수는 얼마 안 되었다. 이런 페이퍼백 100만 부를 팔아서 받는 인세 수입이, 제대로 된 값으로 2만 부 팔린 책에서 나온 것보다 더 적었으니까. 그러나 그럼에도 불구하고, 이 사실들은 미국 출판 시장의 흥미로운 특징을 보여 준다. 쉽게 구할 수 있고 책값이 저렴해야 한다는 단서가 붙긴 하지만, 미국에 고급 독서 시장이 형성되었다는 점이다.

미술 : 수집가와 애호가의 증가

이제 예술 시장으로 넘어가 보자. 20세기의 화가는 두 가지 난관에 봉착해 있다.

첫째는 그의 작품이 일반인들이 다가가기에는 고가高價라는 점
이다.(그가 아무리 하찮은 가격을 받더라도 말이다.) 이는 수집가에
게든 기관에게든 단 하나의 진품밖에 팔지 못하기 때문이다. 게다
가 자금이 넉넉한 수집가는 드물다.

둘째는 요즘 재능 있는 젊은 화가들이 주로 추상화, 잠재적 구
매자들에게 현대 시처럼 이해할 수 있다고 소문이 퍼진 화풍에 매
달려 있다는 점이다. 그래도 대중이 관심을 갖고 있다는 기색은
뚜렷해 보인다. 〔미술 평론가〕 포브스 왓슨은, 미국 역사를 통틀어
서 판매한 것보다 더 많은 그림이 1940년대에 팔렸다는 믿을 만한
진술을 했다. 왓슨에 따르면, 1948년 미국의 미술관에서 100여 차
례의 미국 미술 전시가 열렸으며, 그해 총 전시회 입장객이 5천만
명을 넘었다. 지역 미술관 수도 크게 증가했으며, 여러 대학과 단
과대학들이 예술에 대한 관심을 활발하게 자극했고, 화집 등의 형
태로 복제품 판매도 늘어났다. 일요일을 이용해 그림을 그리는 아
마추어 애호가의 숫자도 급격히 증가했다. 오늘날 미국에서 그림
을 그리는 사람의 수는 최소한으로 어림잡아도 30만 명은 된다고
〔교육자이자 매체 평론가인〕 리먼 브라이슨은 전했다. 미 상무부는

1950년 개최된
'1790-1950
거장들의 예술전
풍경. 들라크루아,
터너, 세잔, 고갱,
피카소, 반 고흐,
로댕, 무어 등
세계적인 화가 및
조각가들의 작품이
전시됐다.

예술용품 매출이 1939년 400만 달러에서 1949년 4천 만 달러로 상
승했다고 발표했다. 그야말로 엄청난 급증이 아닐 수 없다. 따라
서 현대 예술가들이 처한 곤경은, 현대 작가들의 어려운 처지처
럼, 작품 시장이 잠재 수요에 맞춰 아직 조정되지 않았다는 데에
서 비롯된 곤경일지도 모른다.

음악 : 고전음악 전성시대

음악으로 넘어가 보면, 놀라운 광경과 마주치게 된다.

1900년, 미국에는 소수의 관현악단밖에 없었다. 그런데 1951년
5월에는 659개의 '교향악 그룹'이 있었다. 전문 교향악단 32개, 지
역 연주 단체 343개, 대학 연주 단체 231개, 여기저기 흩어져 있
는 잡다한 아마추어 그룹들까지 포함해서 말이다. 이제는 1,500개
의 미국 대도시와 중소 도시가 매년 연주회 시리즈를 후원한다.
여름 음악 축제는 30년 전까지만 해도 상상할 수 없었을 만큼의
청중들을 끌어 모은다. 세실 스미스의 말을 인용해 보자.

달러를 벌어들이려는 유럽 국가들은 음악 축제를 수십 회씩 개
최한다. 결국 이는 미국 여행객들에게 모국에서 접하기 힘든 음
악을 들려주려는 것이 아니라, 음악이 부족한 미국에서 유럽으로
사람들을 끌어들이려는 의도라는 것을 확인시켜 준다. 〔유럽의〕
에든버러 · 스트라스부르 · 암스테르담 · 플로렌스 · 엑상프로방스
의 일정은, 〔미국인들이 즐겨 찾는〕 탱글우드 · 베들레헴 · 라비니
아 공원 · 신시내티 동물원 · 할리우드 보울의 일정에 맞춰서 짜여
졌다.

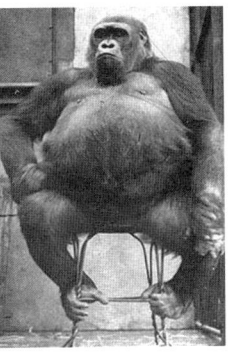

1930년대 **할리우드 보울**(왼쪽)과 1940년대 **신시내티 동물원**의 인기 스타였던 고릴라 '수지'(오른쪽).

스미스는 흥미로운 사실들을 몇 가지 더 언급한다. 텍사스 오스틴 심포니가 여름 야외 콘서트용으로 드라이브인 극장을 인수했다든가, 루이스빌 오케스트라가 베레아에서 연주할 때면 켄터키 구릉 지대에 사는 사람들이 맨발로 찾아온다든가, 작곡자가 직접 지휘하는 스트라빈스키 전 작품 프로그램이 일리노이 주 얼바나를 자연스럽게 사로잡았다는 등의 얘기다.

이 놀라운 상황은 상당 부분 라디오 덕분이었다. 심포니 오케스트라가 처음으로 방송을 탄 것은 1926년이었다. 그리고 1929년에 최초로 후원을 얻은 오케스트라가 탄생했다. 1931년에 메트로폴리탄 오페라단이 방송을 탔으며, 1937년에는 토스카니니가 NBC 오케스트라와 계약을 맺었다. 월터 댐로시가 지휘를 맡은 음악 감상 시간 프로그램은 7만 여 학교에서 700만 명의 학생들이 매주 청취했던 것으로 추정되었다. 디트로이트 심포니가 나오는 '포드 선데이 이브닝 아워'는 전체 라디오 프로그램 중 다섯 번째로 인기가 높았다.

NBC 오케스트라를 지휘하는 이탈리아의 세계적인 지휘자 **토스카니니.**

그러면서 수백만의 사람들이 팝과 재즈, 클래식 등 모든 종류의 음악을 해마다 엄청나게 접하게 되었다. 몇 년 전까지만 해도 관현악단의 연주나 현악 사중주를

들어 본 적이 없던 실업가와 주부, 학생들이 음악을 들을 기회가 많아졌다. 「롤 아웃 더 배럴Roll Out the Barrel」이나 「원 어클락 점프One O'clock Jump」, 베토벤 7번 교향곡 등이 귀에 쏙 들어왔을 때가 다섯 번째 들었을 때인지 혹은 열 번째 들었을 때인지를 가늠할 정도였다. 그러다가 1940년대 말로 접어들며 고전음악 라디오 채널이 위축되기 시작했다. 텔레비전이 물밀듯이 밀려들어와 라디오 산업을 잠식했다. 하지만 어쨌거나 라디오를 통해 음악이 충분히 울려 퍼지고 난 뒤의 일이다.

1920년대에 축음기용 레코드 산업은 라디오의 상승세로 인해 사실상 사라질 위기에 처했다. 하지만 이내 다시 확장세를 타기 시작했다. 음악에 대한 관심을 키워 온 이들은 자기 방식대로 음악을 즐기고자 했다. 그러다가 재즈가 엄청나게 유행하면서 레코드 산업이 더 빠르게 성장했다. 재즈에 빠져든 애호가들은 베니 굿맨과 듀크 엘링턴 음악의 진정한 연구자가 되려면 옛날 녹음들을 수집해야 하며, W. C. 핸디와 빅스 베이더벡, 루이 암스트롱 전문가가 되어야 함을 곧 깨달았다.

1940년대 잡지에 실린 삽화. **라디오**가 젊은이들에게 큰 영향을 끼쳤음을 짐작할 수 있다.

1940년대에는 저녁때 춤추러 다니는 데 일찌감치 싫증 난 젊은이들이 마루에 앉아서 레코드를 들으며 맥주 몇 병을 비우는 게 매우 유쾌한 일임을 발견해 갔다. 취미가 책이나 미술에 한정되어 있던 사람들이 처음 몇 소절을 듣고 유명한 교향곡을 알아맞힐 수 있게 되었을 뿐 아니라, 바흐 시대의 별로 유명하지 않은 작곡가들에 관한 지식과 다양한 오케스트라의 녹음을 듣고 비교우위를 따지는 감식안을 가졌다는 걸 자랑하게 되었다.

1951년 한 해 동안의 음반 판매량을 《빌보드Billboard》 지가 대강 어림잡아 보았는데, 총 1억9천만 장이라는 어마어마한 수치가 나왔다. 이는 미국의 모든 남녀노소가 한 장 이상의 음반을 샀다는 얘기가 된다. 이 가운데 클래식 장르에 속하는 음반의 총 판매량은 10~15퍼센트 정도였다. 즉, 2천만~3천만 장의 클래식 음반이 팔렸다는 얘기다. 그중 완다 란도프스카의 골트베르크 변주곡 하프시코드 연주 음반은, 출시 후 석 달 만에 2만 세트가 팔렸다. 어느 기민한 미국 문화 연구자는 말했다. 그가 미국을 여기저기 돌아다니면서 계속 들었던 말이 "우리 동네는 좀 독특합니다. 여기서 일어나는 가장 신나는 일은 비즈니스 관련 일이 아니라, 우리 교향악단(또는 현악 사중주단이나 지역 합창단)을 성공리에 운영하고 있는 방식입니다."였다는 것이다.

평준화가 이룬 기적, 문화대국 아메리카

지금까지 예술 분야를 죽 둘러본 결과, 회화는 참으로 혼란스럽고, 음악에 대해서는 대중들이 믿을 수 없을 정도로 폭발적인 관심을 보였다. 고전 스타일이든 현대 스타일이든지 간에 발레 애호가 역시 덩달아 늘어났다. 브로드웨이 극장가는 거의 인공호흡기를 달 지경이고, 지역 시립 극단과 대학 극단은 앞날이 밝은 청춘기를 구가하는 듯하다. 수십 년 동안 수많은 사람들의 사랑을 받았던 영화는, 터무니없이 조잡한 수준을 아직 벗어나지 못한 텔레비전에 관객을 조금씩 빼앗기고 있었다.

건축은 과거 유럽 스타일의 모방 단계를 벗어나 고도로 실험적이고 때론 부조리하기도 한 현대 주택과 훌륭한 산업용 빌딩을 짓고 있었다. 물론 뉴욕이나 시카고, 세인트루이스, 로스앤젤레스 등 대도시 외곽 지역은 공항에서 시내로 들어가는 버스 이용객에게 어떤 건축가의 작업 흔적도 보여 주지 못했다. 차고, 모텔, 주유소, 광고판, 중고 자동차 판매장, 고물상 등 눈에 거슬리는 로드 타운이 잇따라 자리 잡은 기타 주요 간선도로와 멋진 자동차용 가로수 길이 공존했다. 너무나 지저분한 간선도로변으로 인해, 가로수 길은 마치 현실도피자들을 위한 대로처럼 보였다.

이 모든 것을 종합해 볼 때, 20세기 전반기 미국 문화 예술계가 처한 상황의 진실은 다음과 같은 것일지도 모른다. 여기에 전례 없는 실험을 수행해 나가는 커다란 나라가 있다. 그 실험은 예술에 대한 교양이 없는 문외한들과 예술을 업신여기던 수많은 사람들을 유례없이 잘살게 만들었다. 그런데 이 대중들이 거꾸로 자신들이 즐기고 이해할 수 있는 오락거리와 설비를 만들어 파는 업체들에게 거대한 시장을 제공해 주었다. 다른 나라의 문학예술 애호가 및 연구자들과 이들을 비교하는 것은 심히 부당하다. 미국 대중들은 엘리트가 아닌 부류에 속하기 때문이다. 이들은 이전까지만 해도 결코 찾아볼 수 없었던, 뭔가 새로운 종족인 것이다.

미국을 카르타고가 아닌 그리스로 보려 했던 미국인들 앞에 놓인 임무는, 앞서 언급한 대중들의 당면한 욕구를 충족시키는 오락거리 및 설비 미디어와 함께, 대중의 까다로운 취향을 만족시키고 그들이 더 유익한 기분 전환거리를 즐길 준비가 되었을 때를 대비하여 다른 매체를 개발하고자 노력하는 것이다. 여기에는 예술적인 문제뿐 아니라 경제적인 문제도 있다. 해결될 수 있는 문제인지는 여전히 예측하기 어렵지만, 여러 지식인들의 낙담에도 불구하고, 세계적으로 훌륭한 저작들 중 상당수가 미국에서 나오는

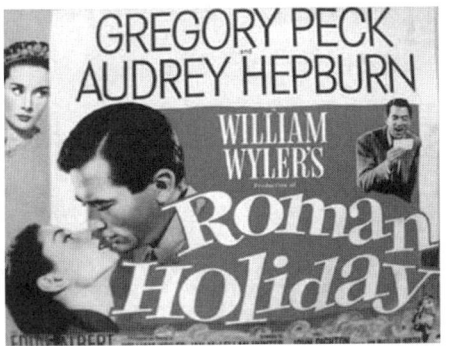

마릴린 먼로 주연의 1953년 작 〈**신사는 금발을 좋아해**〉(왼쪽)와 오드리 헵번 주연의 1953년 작 〈**로마의 휴일**〉(오른쪽) 포스터.

날, 외국 교육기관의 쇠퇴로 미국 대학들이 학문의 여정에서 단지 뒤따르기만 하는 아류가 아닌 여러 대륙에서 학생들을 끌어오는 선봉에 서게 되는 날, 좋든 싫든지 간에 미국이 세계의 문화적 상황에 대한 책임을 무겁게 짊어지게 되는 날, 미국이 만들어 낸 음악 애호가 무리를 주목하는 게 도움이 될 것이다. 순조로운 경제 상황이 위대한 예술 분야에 기여한 결과가 이 음악 애호가들이라면, 다른 분야에서도 같은 기적이 나오지 말란 법이 없으니까. 더나아가, 평준화된 문화가 탁월한 우수함의 적이 아닌 요람이 된다는 것을 증명하게 될지도 모르니까 말이다.

　〔시인〕 월트 휘트먼은 고대 그리스에서 신세계로 온 이주자 뮤즈〔시신詩神〕의 도래를 몽환적인 분위기로 묘사하면서 그 가능성을 엿보았다.

　　기계의 쿵쾅거림과 수증기의 뻑뻑거림에 태연자약하면서,
　　하수도관, 가스 측정기, 인공 비료에 눈 한 번 꿈쩍하지 않은 채로,
　　방긋 웃는 얼굴로, 꼼짝 말라는 빤한 의도에도 즐거워하면서,
　　그녀가 여기 있다. 주방용품에 둘러싸여 앉은 채로!

확실성의 시대에서, 상시적 비상사태 시대로

그래도 여전히 풀리지 않는 의문이 있다.

얼마 전, 과거에 썼던 글들을 훑어보다가 언젠가 했던 졸업식 축사 원고를 발견했다. 거기에는 '불안의 시대에'라는 제목이 붙어 있고, 많은 이들이 '세상의 종말을, 임박한 재앙을 느끼고' 있다고 씌어 있었다. 다시 읽어 보니, 당시 그 원고에 썼던 많은 내용들이 20세기 중반의 분위기와 맞아떨어지는 것 같았다. 원고를 쓴 날짜를 보니 1938년 6월이었다. 원자폭탄 투하나 냉전 이전일 뿐 아니라, 제2차 세계대전이 일어나기도 전이었다.

그보다 훨씬 이전부터 여러 미국인들의 마음속에는 종종 좌절감과 결합된 불안한 긴장감이 가끔씩 출현해 왔다. 어떤 강력하고 다루기 어려운 힘이 사람들을 그 '임박한 재앙'으로 이끌지도 모르며, 그럴 때 인간이 할 수 있는 일은 아무것도 없다는 느낌. 일반적으로 이러한 정신 상태는 〔영국의 사회심리학자이자, 점진적 사회주의 사상 단체인 '페이비언 협회'의 지도자인〕 그레이엄 월러스가 '거대 사회Great Society'〔『*The Great Society*』(1914)〕라고 칭했던 곳에 사는 삶에 정서적으로 적응하기 어렵다는 사실에서 기인했다고 볼 수도 있겠다.(여기서 '거대 사회'란 캔자스의 농부나 시라큐스의 약제사 운명이, 뉴욕 주식시장의 급변이나 워싱턴 정부의 결정, 한국전쟁 등으로 결정될 수 있는 복잡한 사회를 말한다.)

구체적으로 말하자면, 〔보스니아의〕 사라예보에서 일어난 어떤 사건이 1914년부터 1918년까지 지속된 제1차 세계대전을 촉발시켜 미국인들의 삶을 뒤집어 놓은 실례가 있었다. 그러고 나서, 개인적인 근면함과 능률에는 반드시 보상이 따른다고 생각해 온 미국 남녀의 명치를 내려친 대공황이 있었다. 그 뒤에는 히틀러주의의 행진과 제2차 세계대전이 닥쳐와서, 1년 전에는 들어 본 적조차 없던 장소에서 벌어진 죽음의 전쟁으로 젊은이들을 끌어들였다. 이어서 멀리 떨어져 있기는 하지만 냉혹한 위협으로 등장한 소련의 급부상과, 당장에라도 새로운 전쟁이 일어날지도 모른다는 우려, 여기에 더하여 원자폭탄에 대한 공포가 뒤따랐다. 그 과정에서 수많은 미국 젊은이들 눈에는 자유의지란 개념을 조롱하는 듯 보였던 징병제가 실시되면서, 미국인들 사이에 정부의 비상사태 법규에 관한 의심이 널리 퍼졌다.

굉음을 내며 안개를 뚫고 지나가는 여객기 안에 묶여 있는 승객처럼, 거대한 사건에 얽혀 혼자 힘으로는 어떻게 할 수 없는 이런 감정을 한때 느끼지 않은 미국인은 없을 것이다. 내년 예산을 짜거나 장기 계약에 서명하는 사업가, 결혼을 계획하는 젊은 커플, 법학 대학원에 진학할지 고민하는 학부생들, 이들은 모두 어떠한 결정을 내리든지 간에 '큰 혼란이 일어나지 않는다면'이란 암묵적인 단서가 붙는다고 생각했다. 이 책에서 결론 내려 온 "어쨌거나 지난 50년간 미국인들은 대체로 이 나라를 더욱 살기 좋은 곳으로 만들어 왔다"고 얘기하면, 어디서든 다음과 같은 분노에 찬 반응을 들을 수 있었다. "우리가 성공리에 이룬 것이라고는 확실성의 시대에서 상시적인 비상사태의 시대로 이행한 것뿐인데, 어떻게 그렇게 말할 수 있는가?" 그만큼 예측할 수 없는 불확실성에 대한 두려움이 미국의 삶에 영향을 미쳤다. 지난 몇 년 동안만큼 그 공포의 영향이 컸던 적도 없다.

앞서 언급한 1938년의 졸업 축사에서, 나는 우리가 공황과 공황에서 태어난 이성을 잃은 판단의 시대에 살고 있다고 말했다. 그리고 그러한 시대에 일어나는 일은, 우리를 위험 속에 가두어 두는 보이지 않는 힘에 대한 분노를 분출할 수 있는 희생양을 찾는 거라고 언급했다. 실제로 소련 정부의 공격적인 의도가 대부분의 미국인에게 명백히 드러나게 된 1946~1947년에 그런 사태가 발생했다. 사람들은 그들이 당면한 곤경의 책임을 전가할 수 있는 희생양을 찾았다. 그 희생양을 색출하여 벌주면 다시 안심할 수 있을 거라고 말이다. 그 수색 과정이 너무나 당황하고 비이성적이며 오랫동안 지속되어서, 그리고 이 과정이 불러일으킨 의혹과 두려움이 너무나 널리 퍼져 있어서, 20세기 중반기의 미국인들은 자신들의 가장 소중한 유산인 자유를 이런 상황에서 끝까지 지킬 수 있을까라는 불온한 질문에 맞닥뜨리게 되었다.

빨갱이 때려잡기 대소동

이는 단순히 순간적으로 지나갈 지금만의 문제가 아니다. 우리가 인지하고 있음에도 불구하고, 조직적인 공산주의와의 다툼이 전면전으로 번지든 아니든, 10년 또는 20년, 30년 동안 지속될 수도 있기 때문이다. 살아 있는 대부분의 미국인들이 남은 평생 동안 공산주의의 존속을 보아야만 할지도 모른다고 말하는 사람들도 있다. 이는 즉 긴장과 불안, 불확실성의 지속을 의미하며, 그 긴장에 대해 비이성적인 반응이 일어날 위험이 상존함을 뜻하기도 한다.

이 희생양 사냥의 구체적인 형태를 보자면, 우선 이 사냥이 미국 내에서 활동해 온 공산당의 독특한 역사와 성격에 기인했음을 알 수 있다. 대공황 시절에 미국 공산당은 똑똑하고 공공심이 투철한 남녀들을 포섭했다. 이들은 공산당을 단순히 당시 나라를 괴롭히던 문제를 해결할 근본적인 조치를 취하는 데 몰두하는 조직 정도로만 여겼다. 공산당이 러시아와 연결되어 있다 해도, 그들 대부분은 그 사실에 그다지 신경 쓰지 않았다. 왜냐하면 그들은 실제로 그 당시 러시아를 공황에 대한 치료법을 발견한 나라로 여겼기 때문이다. 게다가 1939년 8월까지는 소련 정부도 히틀러에 맞서 민주주의 진영과 공동 전선을 펴고 있었다. 공산당이 비밀 조직이며, 조직원들을 끊임없는 속임수에 연루시킨다고 해도, 그들은 이를 비정하고 투쟁적인 집단에 없어서는 안 될 것으로 순수하게 받아들였다. 공산주의로 전향한 이들은 그다지 많지 않았지만, 전략적으로 배치되었다. 그들은 대부분 지식인들로, 정부 부서나 최전방 조직에 영향력을 행사할 수 있는 위치로 침투할 수 있었다. 노동계 지도자로서 노조를 지배할 수 있는 사람들도 있었다.

1940년에 『원더풀 아메리카*Only Yesterday*』에 이미 썼듯이, "진실은 젊은 반항자들 다수가 공산주의를 환멸의 종착역으로 보았기 때문에, 그것을 받아들이거나 거기에 빠져 들었다는 것이다. 우선, 그들은 현행 질서가 제대로 작동되지 않는다는 사실을 목격했다. 그러자 개혁을 고려하는 방향으로 나아갔다. …… 그리고 미봉책으로는 미국을 되살릴 수 없다는 결론을 내렸다. 그들은 혁명을 제외하고는 아무것도 도움이 되지 않을 거라고 생각했다. 그 여정의 종점에 카를 마르크스가 앉아서 무조건적인 헌신을 요구하며 기다리고 있었다. 미국인의 삶에 존재하는 증오스런 요소를 모두 깨끗이 쓸어버릴 것을 약속하는 공산당이 있었다. 여정의 끝을 발견한다는 것은 얼마나 반가운 일인가! 그들이 싫어했던 모든 것을 자본주의 탓으로 돌릴 수 있다는 것은 얼마나 마음 편한 일인가!"

포섭된 이들 대부분에게 사태는 그렇게 보였다. 그러다가 1939년과 1941년에 공산주의 정책이 180도 달라져서 공산당이 냉소적인 외국의 힘에 완전히 복종하고 있다는 느낌이 확연해지자, 그들 중 많은 이가 고리를 끊었다. 하지만 공산주의에서 벗어날 수 없거나 그렇게 하려고 하지 않은 사람들도 있었다. 이들은 위장한 채 음모를 계속 진행시켜서, 헨리 A. 월러스처럼 고위직에 있던

헨리 A. 월러스
프랭클린 루스벨트의 네 차례 임기 중 세 번째 임기에서 부통령을 했던 인물로,
농업 분야 전문가이며 유전학자였다. 워싱턴 정가에서 그 누구보다 좌파에 가깝
고, 심지어 사회주의자로 여겨졌으나, 외교 문제에 대한 루스벨트와의 이견으로
네 번째 임기에서는 부통령이 트루먼으로 갈렸다. **만일 그가 부통령일 때 루스벨
트가 서거했다면?**

순수한 사람조차 현혹되어 자신이 그 음모에 이용당하는 게 아니
라고 착각했을 정도였다.

공산당은 일원들에게 비밀을 강요했기 때문에, 정부 부서와 이
런 저런 공공 정책을 지원하는 조직이나 노조에서 그들을 색출해
내기란 어려웠다. 수많은 선량한 사람들이 이러한 부서나 조직, 노
조에서 일하고 있었기 때문에, 어쩔 수 없이 이 가운데 일부가 의
심을 받게 되었다. 이렇게 의심을 받던 사람들의 마음속에서도 의
문이 일어났다. 미국의 외교정책이 소련의 세력 구축을, 장제스 정
부에 대한 중국 공산당의 승리를 막지 못했기 때문에, 의혹으로 가
득 찬 마음속에는 한층 더 심각한 의문이 떠올랐다. 우리가 살고
있는 불확실성의 시대와 미국의 불안한 곤경에 대한 책임이, 그들
이 의심하고 있는 이들에게 있는 건 아닐까? 공산주의로 전향한
이들은 대부분 급진주의자인 데다, 과격하고 진보적인 조직에 성
공적으로 침투했기 때문에, 의혹은 분별력을 잃은 마음속에 또 다
른 형태로 나타났다. 어떤 사람이 조금만 색다른 생각을 갖고 있어
도, 그는 공산주의자 또는 공산주의자와 비슷한 부류라고 의심을
받았다. 이러한 의심이 만연했기 때문에, 1940년대에 공산주의에
열중했던 열혈 분자들과 야망에 찬 정치가들이 선량하고 양심적인
여러 시민들에게 배신자라는 오명을 씌우고, 지울 수 없는 불명예
의 낙인을 찍을 기회를 열어 주었다. 공산당의 비밀주의에서 비롯
되어 연달아 일어난 상황은 실로 너무 멀리까지 뻗어 나갔다.

조셉 매카시
"국무성 안에 205명의 공산주의자가 있다!"
1950년 2월, 위스콘신 주의 검사 출신인 매카시의 이 폭탄 발언은 이후 미국 전체를 혼돈과 공포에 몰아넣었다. 정치와 사회 분야의 지도층 인사들이 이 반공산주의 선풍(매카시즘)의 주요 타깃이 되었고, 이로 인해 미국의 외교정책은 경색된 반공노선을 걷게 되었다. 그러나 매카시는 이 공산주의자들이 누구인지 단 한 사람의 이름도 밝히지 못했다.

　그 영향은 더 멀리까지 파급되었다. 각종 의회 청문회와 정부의 충성심 조사, 〔UN 창설에 관계된 미 국방성 관리로, 1948년에 소련 스파이로 고발당한〕 앨저 히스의 기묘한 사건, 조셉 매카시 상원 의원〔위스콘신 공화당 소속〕의 맹렬한 비난, 『레드 채널*Red Channels*』의 출판이 일으킨 미국 연예계에 대한 위협, 여러 학교와 대학 선생들에게 쏟아진 비난…… 이러한 '빨갱이 공포Red Scare'는 생산성이 높고 유능한 수많은 사람들을 위협하여 신경과민적인 순응 상태로 몰아넣었다.

　경제 이론을 가르치는 대학 강사가 강의에서 카를 마르크스가 옳았던 면을 설명해야 하는 대목에 이르면 갈팡질팡하는 사태가 벌어졌다. 신경과민적인 학생이 강사가 공산주의를 가르친다고 보고하면 어쩌나? 수업 중에 러시아 부분이 나오면, 학교 선생들은 자칫 실언을 해서 사친회에서 사람들이 쑥덕거리게 되지 않을까 지레 겁먹게 되었다. 사업가는 유럽 난민들을 위한 기금을 보내 달라고 호소하는 우편을 받으면, 발신인 난을 거북하게 살펴보며 차라리 관계하지 않는 게 나을 집단이 아닌지 고민했다. 좀 더 나은 주택의 보급을 공약으로 내걸고 시의회에 출마하는 정치가라면, 상대편에서 '공산주의적'이라든가 '좌파적'이란 모함을 받을 각오를 해야 했다. 여기서 '좌파적'이란 말은 어디에나

『레드 채널』은 1950년 우익 잡지사에서 발행한 반공산주의 소책자이다.

적용될 수 있는 포괄적인 단어로서 모욕적인 어감을 어렴풋이 함축하고 있었으며, 이 표현 때문에 수천 표를 잃을 수도 있었다. 불안은 미국인들의 모험적이고 건설적인 사고를 억눌렀다.

이 부자연스런 희생양 사냥으로 수많은 미국인들이 긴장감 속에서 불안한 나날을 보냈고, 좌절감에 빠져들었다. 이런 사실은, 1951년 봄에 맥아더 장군의 해임으로 일어난 일대 소동으로 분명해졌다. 이 엄청난 논쟁에서 가장 놀라웠던 점은 아마도 잇따른 담화와 그에 대한 반박, 공무원들을 지루하게 인터뷰했던 양원 합동위원회의 끝없는 회기가 아니라, 맥아더 장군 편을 들지 않은 신문 편집인들과 라디오 시사 해설가들에게 물밀 듯이 밀려든 악의에 찬 편지들이었을 것이다. 마치 어떤 독의 원천이 터진 듯했다. 이로써 한국전쟁으로 대표되는 당시 전반적인 국제 정세가 당시 얼마나 많은 미국인들을 불안에 떨게 만들었는지 분명해졌다. 그들은 발작적으로 격노한 상태에서 누군가에게 이를 분출할 거리를 찾고 있었다. 그러나 이러한 원한의 노골적인 표현은 오래가지 않았다.

맥아더와 트루먼

1951년 4월 19일 국회에서 고별사를 하는 맥아더(위). 맥아더와 트루먼(아래). 더글러스 맥아더는 제2차 세계대전 때 일본군을 항복시키고 일본 점령군 최고사령관이 된 인물로, 1950년 6·25전쟁이 일어나자 이번에는 UN군 최고사령관으로 부임하여 인천상륙작전을 지휘, 전세를 역전시킨 전쟁 영웅이었다. 그는 중국군의 개입으로 UN군이 다시 후퇴를 하게 되자, 만주를 폭격하고 중국 연안을 봉쇄하는 등 강경책을 주장했다. 그러나 당시 대통령이던 트루먼은 전쟁을 빨리 끝내려 했고, 이로 인해 맥아더와 대통령의 갈등이 심해졌다. 결국 1951년 4월, 맥아더는 사령관 지위에서 해임되었다. 이를 두고 미국 내에서 엄청난 논쟁이 일어났다. 맥아더는 귀국 후 레밍턴 랜드의 사장으로 취임했고, 정치적으로 공화당 보수파로서 공화당의 대통령 후보로 지명되기도 했다.

바비 톰슨이 홈런을 쳐서 온 사회가 자이언트 팬이
되었다가 다시 다저스 팬이 되자, 미국 민주주의의 쾌
활함을 다시 한 번 느낄 수 있었다. 그래도 근본적인
문제는 여전히 남아 있었다. 해외에 대한 무겁고 불확
실하며 기약 없는 책임감을 짊어진 채 무장 상태로 긴
장의 나날을 보내야 하는 나라에서, 어떻게 상호 신뢰
와 생각과 표현의 자유를 유지할 수 있단 말인가?

미국인은 천성적으로 낙천적인 국민이었으나, 20세
기 중반과 같은 질긴 긴장감에 시달린 적이 없었다. 미국인의 인
내심과 기질, 용기는 시험대에 올라 있었다.

1951년 뉴욕
자이언츠의 외야수
오른손 타자 **바비
톰슨**이 브루클린
다저스와 맞붙은
플레이오프 마지막
경기에서 **끝내기
홈런**을 쳤다.

18 무엇이 우리를 여기로 데려왔는가?

'자본주의'를 대신할 단어를 찾습니다!

1951년 3월 4일자 《디스 위크*This Week*》 지(독자가 1천만 명이 넘는 일요판 신문 부록 잡지)에 편집인인 윌리엄 I. 니콜스의 사설 하나가 실렸다. 사설 제목은 "'자본주의'를 대신할 새 이름을 찾습니다'였다. 너무나 많은 이들의 마음속에서, 다른 나라에서는 더더욱 '자본주의Capitalism'란 단어가 '19세기의 초기 경제체제'를 상징했기 때문에, 이 말은 더 이상 현재의 미국 시스템에 어울리는 표현이 아니라면서 니콜스는 질문을 던졌다.

"불완전하지만 항상 발전해 나가며, 언제든지 더욱더 발전할 능력을 갖춘 이 시스템, 그 속에서 인간이 함께 일하고 함께 건설하며 늘 더 많이 생산해 내고 증가한 생산에 대한 보상을 함께 나누며 함께 전진해 나가는 이 시스템을 우리는 뭐라고 이름 붙일 것인가?"

그러면서 니콜스는 '신자본주의'니 '민주 자본주의', '경제 민주주의', '산업 민주주의', '분배주의', '상호 부조주의', '생산주의' 등 다양한 제안을 들어 왔지만, 더 좋은 단어가 있지 않을까 생각한다고 했다. 그러면서 독자들에게 더 좋은 생각이 있으면 그것을 잡지 안에 인쇄된 용지에 적어 보내 달라고 했다.

그리하여 1만5천 장의 독자엽서가 돌아왔다. 나중에 니콜스는 "나의 편집장 인생에서 그때만큼 생생하게 신경을 건드린 일도 없었다."고 회고했다.

이 엄청난 반응의 한 가지 이유는, 독자들에게 어떤 개념에 대한 단순하고 쉬운 제안을 요청한다는 아이디어가, 니콜스가 말했듯이 "마치 박스탑 콘테스트처럼" 딱 먹혀든 것이었다.('박스탑 콘테스트'란 일정 기간 동안에 식료품 등의 상자나 포장지에 붙은 쿠폰을 오려서 학교에 보내면 학교의 교육 자금으로 한 장당 10센트씩 환급하여 지원해 주는 행사) 하지만 이 해프닝이 모든 낡은 꼬리표에 도전하는 무언가가, 뭔가 꽤 잘되어 가고 있으며 어찌 되었건 간에 전력을 다해 부딪치고 있는 그 무언가가 있다는 감정이 미국에 매우 광범위하게 퍼져 있다는 걸 시사했다는 것도 틀림없다.

그렇게 많은 이들이 그렇게 느낀 이유 중 하나는, 미국이 그러한 시스템을 실제로 구축해서가 아니라 기존의 구식 시스템을 조금씩 땜질하고 보수·개조하고 있었기 때문일 것이다. 이제 우리는 끊임없이 수리하는 자동차에 비유할 수도 있을 변화된 결과물을 얻기에 이르렀다. 이 차는 낡은 차에서 떼어 낸, 당장의 필요에 부합하는 부품을 달고 달리는데, 이것이 나중에 뷰익이 될지 캐딜락 또는 포드가 될지는 딱 잘라 말하기 어려웠다.

성장 동력은 부의 재분배

나는 이 책의 여러 장에서 이러한 짜깁기 과정이 어떻게 일어났는지 보여 주고자 했다. 19세기 미국의 정치 구조는 연방 정부와 주 정부, 지방자치제가 혼합된 형태로 연방 정부의 역할이 미미하고 매우 제한되어 있었다. 그래서 기업은 정부의 눈치를 보지 않고 마음대로 회사를 경영하는 편이었다. 정부는 사업가가 어떻게 하든지 방임했다. 기업가가 누린 권리와 특권은 창의성 있는 기업을 세우도록 자극하는 데 멋지게 성공했다. 그런데 이것은 예기치 못한 결과를 낳았다. 그 특권이란 것이 고립된 노동자, 구체적으로 말해서 소득이 임금 철칙으로 결정되고 고용주 앞에서는 거의 무기력해지는 노동자를 만들어 내고, 기업이 거둔 이익의 엄청난 몫이 고용주에게 집중되어 버린 것이다. 더욱이 정부는 고용주들이 기업을 운용하는 데 어려움을 느끼지 않도록 자금을 공급하는 사람에게 막강한 권력을 부여했다. 그 결과, 세기 전환기에 미국의 빈익빈 부익부 현상은 심화되었고, 소수의 금융업자가 국가의 경제기구뿐 아니라 정치기구까지 장악하는 듯 보였다.

상황이 이렇게 되자, 나라의 민주적 정신과 국민의 공명정대한 지각이 분개했다. 그리하여 미국은 혁명이 아닌 시스템의 실험적인 재정비를 통해서 사태를 바꾸는 작업에 돌입했다. 그러다가 대공황 시절에 그 시스템이 심하게 고장 나자 보수 작업과 재건 활동이 과감하게 진행되었고, 일부 어처구니없는 일도 있었지만 비혁명적이고 실험적인 변화라는 기본 원칙은 변함없이 잘 지켜졌다. 그로부터 몇 년이 지나자, 미국이라는 자동차가 헐떡거리거나 덜컹거리는 일 없이 계속 잘 굴러가게 될지 국민들 사이에 불안이 팽배해졌다. 그때 '다행히도' 제2차 세계대전이 일어났다. 워싱턴 정부는 바닥에 닿을 정도로 가속 페달을 세게 밟았고, 엔진은 순조롭게 돌아갔다. 전쟁이 끝나고 워싱턴은 가속기에서 발을 뗐지만, 그래도 엔진은 여전히 잘 굴러갔다. 무엇이 이 놀라운 결과를 가져왔던 걸까?

그것은 간단히 말해서, 시스템을 짜깁기 개조하여 임금 철칙을 폐기한 덕분이었다. 미국은 세법을 고치고, 최저임금제를 시행하고, 다양한 종류의 보조금과 담보, 규제 원칙을 세웠다. 여기에 노조의 압력과 경영진의 새로운 태도가 더해졌다. 그리하여 잘사는 사람부터 덜 잘사는 사람에 이르기까지 사실상 자동적인 소득 재분배를 실현해 냈다. 기존의 우려와 달리, 이로 인해 시스템은 멈추지 않았고 오히려 동력이 증강되는 결과를 가져왔다. 개인 사업자가 이익의 일부를 시스템 개선에 투자하여 좋은 결과를 가져오듯이, 국가 전체의 비즈니스 시스템도 국민소득의 일부를 저소득층의 수입과 상황을 개선하는 데 투입하자 더 잘 굴러가는 듯했다. 저소득층이 더 많은 물건을 사서, 시장 전체의 규모를 키웠기 때문이다. 미국은 좀 더 개발해야 할 새로운 미개척 분야를 발견했다. 그것은 바로 가난한 사람들의 구매력이었다.

개인적인 생각으로는 이것이야말로 '위대한 미국의 발견'의 본질이 아닐까 싶다. 이것은 또 다른 부수적인 결과도 가져올 것으로 예상된다. 그것은 예전에는 혜택을 받지 못하던 무수히 많은 이들이 더 많은 기회를 얻게 되면서, 대체로 책임감 있는 시민이 될 것이라는 눈에 안 보이는 이득이다.

점점 커지는 중앙정부의 역할

현재 미국의 중앙정부는 매우 크고 강력하다. 마치 어떤 저항할 수 없는 성장 법칙이라도 작용하는 듯, 중앙정부는 계속 팽창하고 있다. 단지 전쟁과 냉전이 강요했던 의무 때문만이 아니라, 더욱더 복잡한 제도와 점점 더 도시화되는 사람들 간의 상호의존성이 증가했기 때문이기도 하다. 16장에서 보았듯이, 정부는 무수한 방법으로 기업을 규제한다.

한때 전지전능한 힘을 가졌던 수요공급의 법칙과 시장의 법칙에 이제는 정부가 끊임없이 개입한다. 정부는 맞든 안 맞든지 간에 도움이 필요하다고 정부를 설득하는 집단에게 모든 종류의 보조금과 보증을 제공한다. 더욱이 이제 정부는 정부에 지워진 두 가지 커다란 책임을 인정한다. 이 책임들은 괴로웠던 대공황 시절에 정부가 강요받았던 것이다. 하나는 경제적 곤경에 빠진 사람들이 일어설 수 있도록 보살펴 주어야 한다는 책임이다. 친지와 친구의 도움으로도 안 되면 지방정부의 원조를 받고, 그걸로도 안 되면 주 정부의 원조를, 다시 연방 정부의 구제를 받아서라도 그들이 다시 재기의 발판을 다지도록 해야 한다는 것이다. 다른 하나는, 경제 시스템 전체가 붕괴되지 않도록 정부가 신경 써야 한다는 책임이다.

그 결과, 이제는 정부가 국가 경제 전반에 어느 정도의 지배력을 유지하게 되었다. 한국전쟁 발발에 따른 비상사태 때에는 그 지배력이 확대되었다. 물론 정부가 개인 사업까지 관리하려고 들지는 않는다. (원자력 산업 같은 몇몇 예외가 있긴 하지만 말이다. 이런 산업은 보안 문제로 인해 사적 경영의 바다에 홀로 떠 있는 사회주의의 섬이나 다름없다.) 기업은 개인의 손에 남아 있을 때 더 잘 돌아간다는 것을 깨달은 바가 있기 때문이다. 지난 10여 년간 이러한 믿음은 그 효력을 성공적으로 증명해 왔다. 사적으로 경영되는 기업이 대규모 군수품 생산뿐 아니라, 기술 개발에서도 여러 가지 놀랄 만한 발전을 보여 주었다.

말이 나온 김에 얘기하자면, 연방 정부는 주 정부나 지방정부의 권력을 인계받지 않는다. 비록 주 정부나 지방정부가 여러 가지 사안들을 해결하도록 연방 정부가 보조해 주긴 해도 말이다. 그 결과, 국가 통치 권력이 광범위하게 나누어진다. 예를 들어,

미국의 도로 체계는 일부는 지방 관할, 일부는 주 관할이며, 연방 관할은 얼마 되지 않는다. 대학 및 단과대학 체계도 일부는 주 정부가 관리하고, 일부는 독립적이다. 학교 체계는 주로 지방정부가 관리하고(지방 공립 기관에 의해서), 일부는 교회가 운영하며, 일부는 독자적으로 운영된다.

게다가 미국에는 다양한 방식으로 공공 이익에 기여하는 자영 기관과 협회, 단체가 폭넓게 분포되어 있다. 대학, 학교, 교회, 병원, 박물관, 도서관, 여러 사회 기관뿐 아니라, 실질적으로 모든 분야의 후원과 장려를 담당하는 단체들이 있다. 유럽 아동들에게 식량 원조를 하거나, 미국의 야생 오리를 보호하거나, 지역구 체제를 진척시키거나, 기업에 더 많은 자유를 부여하는 방안에 찬성하거나, 교회 활동 범위를 넓히거나, 소년들을 보이스카우트로 만들거나, 미국 삼나무를 지키고 싶다면, 해당 사립 기관을 찾으면 된다.(그런 단체가 종종 몇 개씩 있을 수도 있다.) 이상주의와 유산세의 소산인 사회사업 단체들도 있다. 헤아릴 수 없이 많은 동업조합, 전문가 협회, 동창회, 사회봉사 단체, 지부 등도 있다. 국민으로서 미국인은 적극적인 단체 가입 활동가이자 운동가, 자원 봉사자, 구제자, 개혁가, 개선자, 장려자의 기질을 갖고 있다. 뜻이 맞는 미국인 여섯 명만 모여도 곧 단체가 생겨나고, 이어서 사무국장, 국가 계획, 자금 조달 캠페인이 가동된다.

사설 자원 봉사 단체와 기업 및 정부 사이에 뚜렷한 선을 긋기도 쉽지 않다. 지역의 회사가 공동 모금 캠페인에 상당한 액수의 돈을 기부하거나, 어느 힘 있는 사회사업단이 자동차회사에서 자금을 끌어왔을 때, 혹은 개인 항공회사가 연방 정부 관할 항공로로 비행할 때나, 대학이 일부는 주 정부의 후원을 받고 일부는 개인의 지원을 받을 때(연방 정부의 보조금을 받아 연구를 할 때에도)

그 도움이 사적인 것인지 공적인 것인지 딱 잘라 말하기 어렵다. 16장에서 보았듯이, 사기업과 사적인 공익사업 조직, 정부, 주립 및 사립 교육 기관에서 이와 같은 문제를 놓고 일하는 사람들 사이에 끊임없는 협의와 협력이 이루어진다.

이러한 상황에서 미국의 도덕과 지적인 힘은 사적인 기구에 상당 부분 바탕을 두고 있다 해도 과언이 아니다. 이 사적인 기구는 정부 기구처럼 공적 의무라는 개념에 충실하고, 정부 기구와 거의 구분할 수 없을 정도의 활동을 수행하지만, 정부 기구보다 훨씬 더 다양하고 융통성 있게 일을 처리하고, 개인의 재능과 관심사를 자유롭게 구사할 수 있는 기회를 더 많이 제공한다. 따라서 미국의 전체 시스템은 너무나 다양하고 비체계적이며 심지어 무계획적으로 이루어진 서로 다른 영역들의 혼합물이라, 그 힘의 정체를 명명할 수 없다는 사실 자체가 강점이라고 할 수 있을 것이다.

사회주의를 넘어선 자본주의

이처럼 복잡다단한 국가 경제 체제 구도에 한층 더 심도 있는 변화를 가져오려면 어떻게 해야 할까? 관련 법 마련에 관해서는 여러 가지 논란이 분분했다. 이 법안이 일과 저축, 투자, 발명을 자극하는 힘을 약화시키지 않을까? 그런 법이 마련되면 워싱턴에 전제적인 권력을 주게 되지 않을까? 그 법이 집단이나 산업에 정말로 필요한 법일까? 정부가 그것을 감당할 수 있을까? 이것이 나쁜 선례가 되는 건 아닐까? 사람들은 몹시 흥분해서 서로 물었다. 그도 그럴 것이, 이 새로운 미국 시스템은 매우 실험적이고, 그 시스템을 지속적으로 작동시킬 수 있을지 아무도 몰랐기 때문이다.

몇 가지 불확실성을 검토해 보자.

전후에 물가 상승은 극심하진 않았지만 거의 지속적으로 이어 져서, 건전한 경제에 심각한 위협이 되었다. 그렇다면 계속적인 물가 상승 없이 빠른 성장세를 유지할 방안은 없는 걸까?

또 한국전쟁 전에도 미국은 과세 한도에 거의 근접해 있었다. 이 한도를 넘어서면, 국민들의 세 부담이 지나쳐서 생산 의욕이 떨어지고 탈세가 중대한 사회문제로 떠오르게 된다. 어떻게 하면 세금 부담을 적정하게 유지하면서 생산성을 빠른 속도로 향상시 킬 수 있을까? 만약 소련이 정책을 바꾸어서 미국이 군사 경비를 줄일 수 있다면, 불황을 예방할 만큼 국내 생산을 빠르게 증진시 킬 수 있을까? 만에 하나, 소련을 상대로 총력전이라도 펼치게 되 는 날에는 연방 정부의 부채가 천문학적으로 증가하지 않을까? 그렇게 되면 국가신용에 큰 타격을 입게 되지 않을까?

어떤 경우든지 간에, 한때 월 가가 행사했던 권한의 상당 부분 이 정부의 기존 직권에 덧붙여진 이래로 국가가 너무나 많은 재정 적 책임을 떠맡아서, 개인 금융업자가 아닌 공공 금융인의 무능으 로 인한 새로운 종류의 공황과 재정 붕괴에 직면하지 말란 법은 없다. 우리가 이전 세대보다 경제에 관해 훨씬 더 많이 안다고 자 부하지만, 1929년 그 순수한 신념을 소중히 고수했던 월 가의 거 물들은 우리보다 더 깊이 새로운 시대를 확신했었다. 혜택받지 못 한 사람들을 돕는 정책이, 정확히 어느 지점에서 사기를 저하시키 는 보조금 정책으로 퇴보하게 되는 걸까? 벌써부터 어떤 사람들 은 이미 그 선을 넘었다고 확신하고, 다른 사람들은 아직은 아니 라고 믿었다.

방법은 한 가지뿐이었다. 이 실험적인 국가경제 시스템에 손을 댈 때마다 활발하고도 지속적인 토론을 벌이는 것이었다.

하지만 정치 캠페인에 대한 열광과 이런 저런 의제에 대한 격한 논쟁은 우리의 관심을 다른 곳으로 쏠리게 만들었다. 여기저기서 들리는 현란한 말에도 불구하고, 진화하는 미국 시스템에 진짜로 커다란 변화를 심각하게 제안하는 미국인은 거의 없다.(최근 벌어진 격렬한 논쟁은 국내 정책에 관한 것이 아니라, 외교정책이나 미국 공산주의자와 그 동료들 및 동료로 추정되는 이들이 외교정책에 미치는 영향력에 관한 것이었다.)

워싱턴의 행정부 권력에 대한 반감도 상당했다. 연방 정부의 권력에 재갈을 물리고, 현재의 조례집에 있는 여러 법들을 폐지하며, 관료주의를 약화시키고, 구제를 최소화하고 싶어 하는 이들이 무수히 많았다. 반면, 정부가 대규모 의료보험 제도를 운영하는 식으로 새로운 업무와 권력을 떠맡기를 바라는 사람들도 있었다. 그래도 대다수 미국인들은 정부가 국가경제의 운영에 대한 종합적인 책임을 지속적으로 짊어져야 한다는 데 동의했다. 필요하면 정부가 구제 책임을 져야 하고, '어느 정도'는 기업을 규제하고 감독해야 하며, 다양한 계층에게 '어느 정도'는 보조금을 지급하고 담보를 제공해야 한다고 말이다. 하지만 개입은 제한된 범위에서만 이루어져야 하고, 대부분의 기업 업무는 사적인 경영에 일임해야 한다는 데에도 동감했다. 다만 이 '어느 정도'가 어느 정도냐를 놓고 논쟁을 벌인 것인데, 실질적으로 합의를 이끌어 낸 범위가 작지 않았다. 여기에는 사기업을 개인의 지배에 남겨 두는 문제도 포함되었다.

미국인들은 개인 경영인이 책임지고 운영할 때 그 기업이 더 창의력 있게 운영될 수 있다는 걸 경험으로 터득했다고 믿었기 때문이다. 더군다나 이 개인 기업인이 일반 대중의 복지를, 비록 전부는 아니더라도 최대한 고려하면서 기업을 경영할 수 있다는 걸

이미 보여 주지 않았는가. 그리고 공기업이 됐을 때 위태로워질
수도 있는 능률과 융통성, 모험심이 사기업에는 있었다. 기업을
정부가 소유했을 때 생겨날 수 있는 전제 정치의 위험성도 고려해
야 했다.

　요컨대, 대다수의 미국인들은 미국이 사회주의로 진화하는 게
아니라 이미 사회주의를 넘어섰다는 데 잠재적으로 동의했다.

미국의 '진보적' 정체성

여기서 잠재적인 동의라고 말한 이유는, 미국인 대부분의 의식적
사고 속에서는 망상이 되어 버린 과거의 관념이 여전히 남아 있는
듯 보였기 때문이다. 이는 바로 세상이 사회주의로 진행되는 게
필연적인 추세이며, 따라서 정부가 지금 담당하고 있는 것보다 더
많은 일을 하길 원하는 사람은 진보주의자(예의가 있다면)이거나
급진주의자(공격적이라면)이고, 기업 경영이 개인의 지배로 남기
를 원하는 이들은 보수주의자(예의 바르면)이거나 반동주의자(공
격적이라면)라는 관념이다.

　이러한 정치 스펙트럼 구도는 역사적으로 볼 때 그 근거가 충
분히 있다. 지난 세기 동안, 미국은 정치적으로 정부가 더 많은
일을 떠맡아 이른바 '공공복지'를 넓히는 방향으로 진행돼 왔다.
이 과정에서 정부의 개입을 반대한 사람들이 '보수주의자'로 알려
졌다. 이와 대조적으로, 주요 개인 산업의 소유권과 경영권을 정
부가 인계받아야 한다고 믿고, 더 적극적인 정부 개입을 주장한
이들은 사회주의자 혹은 급진주의자로 알려졌다. 여기서 한 발 더
나아가, 정부가 격렬한 혁명을 주도해서라도 국가의 모든 것을 접
수하길 바라는 사람들은 공산주의자 혹은 극단적인 급진주의자로

알려졌다. 20세기 중반 현재 미국은 정부 차원의 책임이 갖는 강점과 개인의 기업가 정신이 발휘하는 장점을 결합하여, 정부의 개입은 제한적이고 개인 산업과 사립 단체가 상당 부분 재량권을 갖는 시스템이 가장 잘 작동한다는 사실을 꽤 설득력 있게 증명했다. 이 시스템의 가장 강력한 이점은, 의사 결정권과 이에 수반되는 기회를 폭넓게 분산시킨다는 데 있다. 다른 말로, 이제는 진보의 방향이 과거에 사람들이 추정했던 것과는 다르다는 말이다.

그럼에도 불구하고, 시대의 추세가 사회주의로, 더 나아가 공산주의로 흐를 거라는 헛된 믿음이 계속되었다. 미국의 생산고와 부, 생활수준 등이 경이로운 것임에도 불구하고, 노동당 정권 하의 영국이 재정적 원조를 받으러 미국에 왔음에도 불구하고〔1945년 7월 총선거에서 압승을 거두고 C. R. 애틀리의 단독 내각을 조직한 영국 노동당은, 주요 산업의 국유화와 사회보장제도의 정비 등 사회주의 정책을 추진했으나, 당내 갈등으로 1951년 선거에서 보수당에 패배했다.〕, 1947년 〔사회학자〕 이자벨 룬트베르크가 썼듯이, 러시아가 물질적 원조를 한다고 큰소리쳤으나 구두끈 하나조차 제공할 수 없었던 나라들에게 미국이 유형의 상품과 전문적인 과학 기술 서비스를 지원했음에도 불구하고, 미국의 시스템이 잠재적으로 세계에서 가장 혁명적인 시스템일지도 모르는데도, 미국인의 마음속에는 앞서 언급한 헛된 꿈이 너무나 확고하게 자리 잡고 있어서, 외교 문제에 봉착할 때면 본능적으로 자신을 보수주의자로 여긴다. 그리고 더 나은 생활 방식을 바라는 인류의 자연스런 희망을 억누르길 바라는 것처럼 행동하는 경향이 있다. 본능적으로 변화에 강경하게 반대하는 태도를 취하는 것이다. 그리고 터무니없게도, 민중의 더 나은 삶이라는 역사적 공산주의의 목표를 총과 칼이라는 미개한 수단을 이용한 국가 세력 확대라는 목표로 억눌러 버린 소비에트 러시아에 대해, 마치 소비에트 러시아와 그 열성적 동맹국들이 급진주의를 표방하는 양 생각한다. 마치 미국인에게는 변화에 맞서 굳게 유지하지 않으면 자신도 모르는 사이에 흐름에 떠밀려 흘러가는 기질이라도 있는 듯이 말이다. 마치 소비에트 러시아가, 미국은 오래전에 극복한 19세기의 문제를 해결하고자 혁명적인 시도를 도입한 전제적인 중세 국가 이외의 다른 무엇이라도 되는 양 말이다.

이제는 러시아에 대한 이런 관념을 머릿속에서 지워 없애야 할 때이다. 공산주의에 맞서 싸우는 것은 미래가 아닌 과거에 맞서 싸우는 것이란 사실을 깨달아야 한다. 미국이 사회주의나 공산주의로 향하고 있고, 따라서 충성스런 미국인이라면 끝까지 현상 유지를 고집해야 한다는 생각을 버릴 때이다. 이러한 생각은 삶에 아무런 도움이 안 될뿐더러, 좀 독특한 생각을 가진 이들을 싸잡아 불온분자로 의심하게 만든다. 뿐만 아니라, 인간의 상상력을 구속하여 소심한 순응주의에 빠뜨리고, 인간으로서 가질 수 있는 다양한 충동들을 억압한다. 특히 현 시점에서는 원자폭탄을 사용하는 전쟁에 대한 공포와 결합되어, 우리 자신과 우리의 운명에 대한 과감한 신뢰를 갉아먹는다.

이러한 생각을 우리 마음속에서 밀쳐 내고, 세계 속에서 미국이 갖는 냉정한 지도자적 위치는 우리가 정체 상태에 머물지 않는다는 전제에서 나온다는 사실을 직시하는 편이 더 낫다. 20세기 전반에 미국이 고심하며 해결한 외형상의 변화는 성공담이 되겠지만, 그동안 미국이 겪은 일부 경험들은 가혹했을 수도 있고 미래를 어둡게 보이게 할지도 모른다. 그러나 지금껏 힘들게 이룩한 성과와 이 성과의 토대가 된 발명과 개선, 변화와 용기를 생각한다면, 20세기 후반부에 미국이 이룰 업적의 서문만 생각하기에도 벅차다. 용기 있는 사람은 앞에 놓인 길에 도사리고 있을지도 모를 위험을 떠올리며 불행해 하지 않는다. 오히려, 모험적인 여정을 따라 그 위험을 정면 승부해야 할 도전으로 여기고 기꺼이 반긴다.

여전히 진행 중인 '빅 체인지'

미국을 뒤흔든 3가지 '빅 체인지'

'미국의 세기'라 불리는 20세기. 그 한가운데인 1950년, 미국 국민들은 그야말로 탄탄대로를 신나게 달리는 최신 자동차에 타고 있는 느낌이었을 것이다. 전쟁은 끝났다. 그것도 미국의 참전으로 연합국이 승리하고 끝났다. 전쟁과 함께 경제 대공황도 끝났다. 미국은 지구상에서 가장 강한 국가였다. 군사력에서 상대할 자가 없었고, 산업 생산에서 그 어느 국가도 따라올 수 없는 수준이었다. 폐허가 된 유럽의 옛 강대국들은 미국에 의존하는 복구에 돌입했다. 경제는 계속 부흥하는 중이었고, 새로운 소비재의 시대, 대중문화의 사회가 열렸다.

이 책은 바로 1950년 미국의 그러한 분위기가 충만해 있다. 이른바 '즉석 역사학'의 대가로 평가받는 언론인 프레드릭 루이스 알렌은 1950년의 시점으로 미국이 막 지나 온 20세기의 50년간을 정리하면서 '현재', 즉 50년대 초반의 미국이 얼마나 새롭고 놀라운 변화의 산물인지를 이야기해 준다. 그의 관심은 주로 1900년의 미국과 1950년 미국의 엄청난 차이에 있다. 책 제목인 '큰 변화(big change)'가 말해 주듯, 그 50년 사이에 미국은 상상을 초월할 정도로 바뀌어 있었다.

알렌의 장점은 바로 그 변화를 실감나게 설명하는 그 탁월한 안목과 감각, 묘사력에 있다. 그의 첫 책이자 대표 저서인 『원더풀 아메리카Only Yesterday』에서 보여 준 것처럼, 미시적 서사로부터 중차대한 사회문제를 이끌어내는 서술에 대단한 재주가 있다. 일상의 사소하고 작은 일에서 시작된 이야기는 어느새 그 시대를 상징하는 문제로 연결되는데, 그럴 때면 독자는 무릎을 치며 감탄할 수밖에 없다. 인물에 대한 설명도 너무나 생동감 있게 살아 있어서, 잘 알려진 인물임에도 불구하고 알렌의 글을 보면 마치 처음 듣는 이야기처럼 들린다.

그런데 알렌의 마지막 저서인 『빅 체인지』는 『원더풀 아메리카』와는 다른 점이 있다. 『원더풀』이 공식적 역사학을 추구하지 않겠다고 선언하고 거대한 흐름의 파악에 집중하지 않았던 것과 달리, 『빅 체인지』는 역사학 교재로 써도 좋을 만큼 공식 역사서로서의 틀을 갖추고 있다. 전작보다 훨씬 풍부해진 인용과 적극적인 사료 이용이 두드러지고, 시대의 전후 관계를 설명하여 시대적 맥락과 변화를 강조하는 것도 눈에 띄는 대목이다. 이런 요소가 알렌의 전매특허라 할 적절한 비유와 간결하고 명석한 문장과 어우러져, 무겁지 않되 효과적인 교과서 역할을 톡톡히 하고 있다.

총 18장으로 구성된 이 책은 3부로 나누어져 있다.

1부는 '구질서'로 장장 5장에 걸쳐 19세기 말부터 1900년쯤까지 미국 사회의 여러 면을 설명해 준다. 말하자면 좀 긴 서론 격으로, 이전 시기의 모습을 자세하게 서술한다.

2부는 '변화의 계기'로서, 9장으로 구성되어 있다. 여기서는 1900년부터 1950년쯤까지 미국 사회의 변화상을 본격적으로 설명한다.

혁신주의, 대량생산 체제, 자동차의 보급, 주식시장과 대공황, 제2
차 세계대전 등 주요 사건을 중심으로 전반적인 미국 생활이 얼마
나 달라졌는지 설명한다.

마지막으로 3부의 4개 장은 변화의 결과 생성된 '새로운 미국'의
면모를 다룬다. 여기서는 이제 완전히 정착되어 현대 미국의 특성
으로 자리 잡은 새로운 체제와 문화를 설명한다.

알렌이 중점적으로 서술하는 큰 변화, 즉 새롭게 형성되는 구
조는 크게 세 가지라고 볼 수 있다.

1 | 첫째, 경제구조의 변화이다. 19세기 말에도 자본주의경제
가 어느 정도 발전되는 중이었지만, 그 규모는 20세기 초 반세기
동안 엄청나게 커졌다. 거대 기업들이 만들어진 시기가 이때이며,
기업 내부의 업무 구조와 경영 방식이 현재와 유사한 형태로 짜인
것도 바로 이 시기이다. 이전의 방식이 부자富者 가문의 주먹구구
식 사적 경영에 가까웠다면, 20세기 중반의 자본주의는 전문화된
경영·세무·노동·유통·마케팅 등 세부 분야로 구성된 체계적
인 방식을 취하게 된다. 우리에게는 당연한 이 변화가 책 전반에
묘사된 경제구조와 비교해 보면 얼마나 "신기한" 일인지, 알렌의
서술을 따라가 보면 확연하게 드러난다.

미국에서 가장 먼저 현대화·체계화된 부분이 경제였다는 것은
많은 역사가가 동의하는 바이다. 이른바 해당 분야에 전문적인 지
식을 갖춘 전문가들이 분업화된 기업의 세포가 되어 거대한 몸체
를 구성하게 된다. 물론 이 전문가들은 계량된 방법으로 검증받고
자격을 갖추었는지 그 여부를 판정받았다. 흥미로운 것은 이처럼
경제가 변화한 뒤 정치도 변화를 추동하게 되었다는 것이다. 미국
정치의 현대화는 역시 전문가 집단인 공무원의 서열화, 즉 미국

정부의 관료화라고 요약할 수 있는데, 이는 경제에서 일어난 변화를 정치 부분에 차용한 결과이다. 다시 말하면, 미국은 정치가 경제를 따라 리모델링되었다고 할 수 있다. 그 변화를 알렌이 잘 포착한 것이다.

알렌은 그 결과를 알렌답게 실감나는 일화들로 설명한다. 책 서두를 화려하게 장식한 밴더빌트 가문의 거대한 저택들이나 1인당 1천 달러에 달하는 상류층의 저녁 식사 같은 것은 이제 보기 힘든 일이 되어 버렸다. 그들에게 부여되었던 특권이 줄어들고, 그 대신 두터워진 중산층이 합법적으로 누릴 수 있는 권리가 늘어났다. 경제적·문화적·소비적 측면에서 중산층을 상대로 민주화되는 경향이 있었다는 것이 알렌의 주장이다. 이를테면, 일반적인 도시의 화이트칼라 직장인들이 자기 수입으로는 엄두도 내지 못할 식당에서 법인카드를 사용해 식사하는 모습은 1900년에는 상상조차 할 수 없던 새로운 장면이었다.

2| 알렌이 감지한 두 번째 큰 변화는, 정부의 규모와 성격의 변화이다. 『원더풀』에서는 거의 언급된 적이 없는 연방 정부의 모습이 이 책에는 자주 눈에 띄는 이유는 알렌에게 없던 관심이 새로 생겼기 때문이 아니다. 실제로 20세기 초반까지는 미국의 연방 정부가 대단한 기능이나 조직을 갖추지 않았을뿐더러, 일반인의 삶에 미치는 영향도 거의 미미했다고 보아야 한다. 대통령과 행정부가 존재했지만 대부분의 기능은 지방정부, 즉 주 정부와 시 정부에 맡겨져 있었고, 그 역시 대단한 규모는 아니었다. 일반인의 일상에 중요한 변화를 가져올 복지제도나 사회제도는 아직 마련되기 이전의 일이다.

그러던 것이 혁신주의 개혁기에 정부의 공공 정책이 강화되면서 서서히 변화하기 시작했다. 특히 본격적으로 연방 정부의 기능이 강화되고 규모가 확대된 것은, 대공황이라는 위기를 타개하고자 뉴딜 정책을 마련하면서부터였다. 그전까지 미국은 되도록 사적인 관계의 개선을 통해 문제의 해결을 추구했지만, 대공황은 그런 방식으로는 해결할 수 없는 엄청난 위기였다. 때문에 주택·금융시장, 농업 및 상공업 부문까지도 정부의 정책을 통해 구조를 변화시켜야 한다는 데 중지가 모아졌다. 대개 뉴딜 정책에 대한 평가는 개혁의 의의에 집중되기 마련이지만, 이것이 정부 규모를 얼마나 키우는 결과를 초래했는지 지적하는 알렌의 시선은 참으로 예리하다.

이렇게 성장하기 시작한 연방 정부는 제2차 세계대전을 겪으면서 더욱더 힘을 키울 기회를 얻었다. 전후방을 가리지 않고, 군사 부문뿐 아니라 정치·경제·사회 모든 면에서 전투를 치러야 했던 이른바 총력전을 지휘하면서 정부의 규모와 기능은 더 발전했다. 전쟁으로 인해 경제 규모도 크게 성장했고, 그것을 정부 관리를 통해 조정하고 지휘하는 방식에도 익숙해졌다. 세계대전을 전후로 미국의 국제적 역할이 확대된 것도 정부의 규모를 키우고 기능을 다양화하는 데 기여했다.

3 | 20세기 전반 반세기 동안 벌어진 일 가운데 미국 사회를 크게 변화시킨 세 번째 요인은 바로 냉전 체제의 확립이었다. 알렌은 바로 자기 시대에 벌어지고 있는 이 현상을 목도하고 그 의미를 분석한다. 미국의 제2차 세계대전 참전의 의미는, 공황을 종식시키고 다시 미래를 꿈꿀 수 있게 해 주었다는 것이다. 대공황으로 암울해 보였던 자본주의의 앞날은 전쟁을 기점으로 다시 화창하게 열렸다. 그리고 냉전은 바로 그 상태를 유지하게 해 주는

기제로 작동했다.

　미국은 전후 "미국을 위해 세계를 안전한 곳으로 만든다"는 의지로, 안보와 경제정책을 결합시킨 외교 원칙을 발전시켰다. 공산주의 확산을 차단하고자 국방비를 크게 늘리고 개입주의 정책을 펼친 '트루먼 독트린'과, 그러한 미국의 정치적·경제적 동반자로서 유럽 국가들의 부흥 및 안정화 정책을 추구한 '마셜 플랜'은 서로 짝을 이룬 정책이었다. 따라서 냉전 체제의 확립이란 미국의 국내 정책과 대외 정책이, 그리고 국방 정책과 경제정책이 서로 맞물려 추진되었음을 의미한다. 그것이야말로 대공황이나 세계대전의 재림을 막는 길이라 믿어졌다. 바로 그렇게 냉전과 함께 신자유주의 세계화 시대가 열렸음을 알렌은 정확히 간파했다.

　이 책이 씌어진 것은 매카시즘이 미국 사회를 뒤덮고 있던 때였다. 17장과 18장에서 알렌이 단호하고 엄중하게 경고하는 것이 바로 냉전이라는 시대적 배경을 등에 업고 반공이라는 구호로 수많은 시민의 삶을 망가뜨린 그 광풍의 위험성이다. 알렌은 일부 미국인이 과도한 소련 공포증 때문에 국가 전체를 두려움과 의심의 도가니로 몰아넣고 있다고 관찰한다. 그리고 이제 이런 소모적인 싸움을 그만두자고 제안한다. 매카시즘의 칼날 앞에 사회의 정론이 제 기능을 하지 못하던 당시에 이런 주장을 했다는 것이 놀라울 따름이다.

　알렌은 이러한 변화들을 일으킨 자본주의와 전쟁, 국가정책의 방향성에 의문을 제기하지 않는다. 어찌 읽으면 1950년의 미국은 그 자신의 의지도, 남의 요청도 아닌 어떤 불가항력으로 그 위치에 도달한 것처럼 보인다. 한 장의 제목처럼 미국은 '마지못해 강대국'이 되었다는 식이다. 바로 이 지점에서 미국인 특유의 선민의식을 알렌도 어찌하지 못했다는 생각을 하게 된다. 결국 이런 논리 속에는 미국이 최고의 힘과 최고의 선을 지닌 우월한 존재이기 때문에 이와 같은 지위를 수렴할 수밖에 없다는 생각이 담겨 있지 않은가. 매카시즘을 반대한 까닭도 반공 자체를 반대한다기보다, 미국의 자본주의가 공산주의보다 우월하고 이미 그 위협에 도전받지 않을 수준임이 증명되었기 때문에 과도한 경계는 필요 없다는 것이다. 이미 이겼는데 왜 싸우려고 하냐는 것이다.

'빅 체인지' 이후 50년

'빅 체인지'가 중요한 이유는 이 시기에 형성된 미국의 모습이 20세기의 나머지 반세기를 거쳐 지금까지도 이어지고 있기 때문이다. 알렌이 숨 가쁘게 분석한 50년간의 중대한 변화들은 고스란히 현대 미국의 특성을 구성하고 있다. 전문화된 대기업의 경영 체제, 확대되는 정부의 기능, 세계 최강대국으로서 미국의 활동 등이 특히 그러하다. 물론 오늘날은 알렌이 묘사한 시기보다 그런 방향으로의 변화가 훨씬 더 진전된 것으로 파악된다. 또한 평균수명의 증가나 평균적 생활수준의 향상과 같은 중산층 저변의 확대 역시 오늘날까지 지속되고 있는 부분이라 볼 수 있다. 그렇게 보면 알렌이 증언한 것은 단지 1900~1950년 사이의 문제가 아니라, 20세기 전체, 더 나아가 미국의 오늘날까지 아우르는 중요한 변화들이라고 할 수 있겠다.

물론 '빅 체인지' 이후로도 미국은 변화를 거듭했다. 그 가운데 혹시 알렌이 살아서 2000년을 봤다면, 1950년의 시점에서 1900년과 비교하면서 엄청난 변화라며 놀라워한 1950년과 다른 어떤 깜짝 놀랄 만한 변화가 있을까? 이 예민한 지식인도 미처 감지하지 못한 새로운 것이?

당연히 있다. 알렌이 이 책을 쓴 1950년대는 앞에서도 밝혔듯이 그야말로 미국의 국력과 자신감, 그리고 희망이 최고조에 달한 시기였다. 이런 배경을 반영하듯이 알렌은 미국의 역사와 미래에 대해 무척이나 낙관적이다. 그는 자본주의의 발전과 체제 내에서의 개혁이 추진된 결과, 이전보다 훨씬 많은 사람들에게 더 많은 것을 제공하는 사회가 되었다고 확신했다. 아직도 많은 부분 사적 기여에 의존하고 있는 복지제도나 기부제도 등에 알렌은 많은 기대를 걸었다. 그는 이른바 '전반적 상향 조정'을 믿었다. 경제적으로나 문화, 소비의 측면에서나 민주화가 확대되고 있다는 것이다.

무엇보다 알렌은 시장주의에 대한 믿음이 있었다. 공황을 끝낸 것은 물론 전쟁이었지만, 어쨌거나 전쟁 덕에 생산과 구매력이 모두 증진되었기 때문에 경제가 활성화되었다는 것이다. '왜 꼭 전쟁을 거쳐서 경제가 회복되었는가?'라는 질문을 알렌은 던지지 않는다. 그러했기에 그는 1950년대의 상황을 일종의 '문제 해결'로 보았고, 앞으로 다시 대공황만큼 심각한 위기가 찾아올지도 모른다는 생각을 하지 않았다. 그런 그가 1970년대의 유가 폭등과 석유 파동으로 인한 경제 침체를 예측하기란 어려웠다.

하지만 알렌이 조망한 '큰 변화'가 미국 현대사의 모든 것을 잡아내지 못했다고 해서 그것이 문제가 되지는 않는다. 이 책의 장점과 단점, 즉 알렌이 감지한 것과 놓친 것은 그 자체로 학습의 대상이 되기에 충분하기 때문이다. 그가 미처 깨닫지 못한 부분들은 바로 1950년대의 예민한 미국 지식인의 한계가 무엇인지, 그 시대의 특성을 드러내 주는 중요한 열쇠가 될 수 있다. 또한 이 책이 다룬 이후의 시대를 대조해 봄으로써 20세기 역사 전체를 하나의 흐름으로 관망할 수 있다.

못다 얘기한 '빅 체인지'

이 책이 다루지 못한 20세기의 나머지 반세기와 관련하여 반드시 덧붙여야 할 내용이 있으니, 바로 미국 인종 문제의 진전이다. 알렌은 이 책의 12장에서 당시까지 흑인 문제에 대한 미국의 대응을 서술한다. 『원더풀』에는 흑인에 대한 언급이 거의 없었던 점을 고려하면, 이것은 일종의 발전이다. 아마도 1929년과 1952년이라는 시점상의 변화와 차이가 조금이라도 흑인의 지위에 대해 언급하지 않으면 안 되게 만들었을 것이다. 그런데 알렌은 제2차 세계대전 이후 호황이 흑인들에게도 혜택을 주었으며, 인종적 편견도 전보다 완화되고 있다며 긍정적으로 평가한다. 그에 따르면 "고통스러울 정도로 더디지만 이것도 진보는 진보"라는 것이다.

이랬으니 1954년에 사망한 알렌이 10년만 더 살았더라면, 흑인의 권리 신장 속도가 너무 빨라서 멀미가 난다고 하지는 않았을까? 알렌을 포함한 대다수의 백인들은 흑인 문제가 꽤 진전을 보았다고 생각했겠지만, 당사자들인 흑인의 생각은 달랐다. 그들은 더 이상 기다릴 수가 없었다. 노예의 자손들이 자유인의 신분을 획득한 것은 1865년의 일이었지만, 그들은 여전히 차별과 편견의 대상이었다. 흑인과 백인은 분리된 시설을 이용했고, 분리된 삶을 살아야 했다. 알렌이 서술하고 있는 것처럼, 기회의 균등이나 평등권을 얻으려는 노력은 항상 위험을 동반하는 것이었다. 따라서 알렌은 모르고 있었지만, 흑인 지식인과 지도자들, 그리고 진보적인 백인들은 이러한 현실을 전복시킬 준비를 이미 체계적으로 하고 있었다.

알렌이 사망하고 2개월이 지난 1954년 4월, 바로 그 노력의 결실이라고 할 '브라운 대 토피카 교육위원회' 판결이 대법원에서 나왔다. 캔자스 주 토피카에 사는 린다 브라운은 초등학교 3학년 학생으로, 걸어서 다닐 수 있는 거리에 있는 백인 학교에 다닐 수 없어 여섯 블록이나 떨어진 정류장까지 걸어가서 버스를 타고 통학했다. 이에 린다의 아버지 올리버 브라운은 가까운 백인 학교에서 입학을 불허했다며 소송을 제기했고, 그 최종 판결이 대법원에 맡겨졌다. 대법원이 만장일치로 제출한 판결문의 결론은 이러했다. 학교 교육에서의 인종 분리는 헌법 수정조항 14조에 보장된 시민의 동등한 권리를 침해하는 것이다!

당시 거의 모든 남부 지역에서 흑인은 백인 학교에 다닐 수 없어 더 멀리 있는 더 낙후한 시설의 학교에 다녀야 했다. 그런데 대법원에서 피부색을 이유로 교육 기회 평등을 보장하지 않는 것은 흑인 어린이들에게 열등 시민의 낙인을 찍는 것이라며, "분리하되 평등"하면 된다던 종래의 관습은 근본적으로 불평등하다고 결론지은 것이다.

미국 헌정사상 가장 중요한 판결로 꼽히는 이 브라운 판결은 결코 우연히 얻은 성과가 아니었다. 올리버 브라운은 소송의 전 과정에서 NAACP(National Association for the Advancement of Colored People, 유색인 지위 향상 위원회) 법조팀의 조언을 받았다. 여러 해 동안 이와 같은 소송을 준비해 온 흑인 법조인들과 시민단체를 대표하여 NAACP의 법조팀을 이끌던 더굿 마셜은 비슷한 사건들 중 브라운 사건을 골랐다. 전형적인 모범 중산층 가장인 브라운과 그다지 열악하지 않은 린다의 흑인 학교라는 정황상 이 사건은 다른 조건의 개입 없이 법의 의지를 정면으로 물을 수 있는 사건이었기 때문이다. 그 결과는 대성공이었다.

물론 이런 변화를 맞이할 준비가 되어 있지 않던 백인들은 무섭게 저항했다. 통학하려는 흑인에게 위협을 가하거나 길을 막아서기도 했고, 여기에 공권력이 투입되자 아예 학교 폐쇄라는 강수를 두기도 했다. 백인들은 저항했지만 이미 시대는 변해 있었다. 이듬해에는 대중교통에서의 인종 분리 정책에 도전하는 보이콧 운동이 앨라배마 주 몽고메리 시에서 시작되어 여러 지역으로 확산되었다. 보이콧을 지휘한 26세의 마틴 루터 킹 목사는 일약 전국적 유명 인사가 되었다. 그런가 하면 흑인 대학생들은 공공장소에서의 흑백 시설 분리에 반대하는 연좌농성을 시작했다. 그리하여 1960년대 초반에 흑인의 출입이 금지되어 있던 식당, 대합실, 도서관, 호텔, 수영장, 교회 등에 주저앉아 시위를 벌이는 흑인들의 모습을 목격할 수 있었다.

흑인의 민권운동은 곧 투표권 획득 운동으로 점화되었다. 노예 해방과 더불어 시민의 당연한 권리로서 투표권이 주어진 지 100년이 되어 갔지만, 수많은 흑인들은 여러 가지 이유로 그 권리를 향유하지 못했다. 남부의 많은 지역에서 흑인의 유권자 등록을 막는 악법이 만들어졌고, 물리적·심리적 폭력과 위협으로 투표소로 향하는 발걸음을 막고 있었기 때문이다. 법 앞의 평등, 민주주의, 행복할 권리, 열린 기회 등은 흑인에게는 여전히 그림 속의 떡이었다. 민권운동은 시위와 행진을 통해 과연 자유민주주의의 수호자를 자처하는 미국에서 이러한 인권의 유보가 지속되어도 좋은지, 즉 미국의 정체성에 대한 근본적인 의문을 제기했다.

민권운동의 정점은 1963년 8월 킹 목사가 한 "나에게는 꿈이 있습니다"라는 저 유명한 연설이었다. 흑인의 시민권을 보장하는 민권법과 투표권의 실질적 집행을 촉구하는 투표권법이 의회에 상정되어 있는 상황에서, 정부의 결단을 촉구하기 위해 수도인 워싱턴 DC에서 집회가 열렸다. 전국에서 모인 30만 명의 흑백 청중 앞에서 킹 목사는 인종 문제로 인해 제대로 지켜지지 않는 미국 헌법의 정신을 지금이라도 바로 세워야 한다고 외쳤다. 이 연설에서 그는 "건국의 아버지들이 추구했던 그 가치들을 미국이 정말로 실현하려는 의지가 있다는 것"을 보여 줘야 한다고 역설했다. 건국의 아버지들은 흑인들에게도 아버지라는 것, 그리고 흑인의 꿈은 "아메리칸 드림", 즉 미국의 꿈과 다르지 않다는 것이다. 결국 1964년 민권법, 1965년에는 투표권법이 통과되면서 민권운동은 큰 결실을 보게 되었다.

이쯤까지 보았다면 알렌은 "혼란은 있었지만 결국 또 진보했다. 미국의 꿈은 여전히 실현되고 있는 중이다."라고 결론지었을 것이다. 하지만 만일 알렌이 20년 혹은 30년을 더 살아서 1970년대와 80년대를 겪었다면 훨씬 더 비관적인 결론을 내리지 않았을까? 그 사이 미국은 베트남전쟁으로 국론이 분열되고, 정권이 바뀌고, 도시 폭동이 일어나고, 킹 목사를 포함한 수많은 유명 인사들이 암살되는 고통을 겪게 되니 말이다. 민권운동이 이룬 진보는 다시 보수주의의 역풍을 맞아 잠시 주춤하는 양상을 보였다. 국제적인 측면에서도 베트남 전쟁에서의 패배, 유가 파동, 소위 '제3세계'의 약진과 일본이나 독일과 같은 경제 강국의 도전 등으로 알렌의 시대가 경험한 미국의 확고부동한 지위는 흔들렸다.

만일 이 책이 2000년의 시점에서 1900년부터 2000년까지 지난 100년간을 돌아보는 역사책이었다면 또 어땠을까? 그랬다면 혹시 알렌은 미국 현대사에서 가장 핵심적인 쟁점은 인종 문제라고 파악하지 않았을까? 『원더풀』에는 아예 취급되지 않았고 『빅 체인지』에는 최소한 언급되었을 뿐인, 1950년대 초까지도 백인 주류 지식인층이 국가의 역사를 재구성하는 데 별 필요를 찾지 못했던 바로 그 인종 문제를 말이다.

미국 인구의 15퍼센트 미만을 차지하는 흑인 문제가 정말 그렇게 중요한 문제인지 의문을 제기하는 사람이 있을지 모르겠다. 그러나 미국에서 인종은 그야말로 "바로 그 문제"이다. 국가의 기능, 시민의 권리, 미국의 가치에 대한 가장 기본적인 질문을 던지는 문제. 1960년대의 성과는 그 직후 보수주의의 역공으로 후폭풍을 심하게 맞았다. 오늘날 미국에서는 소수집단의 권리 보장만큼이나, 다수가 받는다는 역차별의 문제도 심각하게 다루어진다. 공식적으로는 차별이 폐지되었지만 의식적·무의식적 차원에서 실존하는 편견과 차별을 부인하는 사람도 없다. 도시에는 백인 구역과 유색인 구역을 가르는 보이지 않는 선이 엄연히 존재한다. 240여 년에 걸친 노예화, 그리고 해방 후 140년이 지났음에도 불구하고 미국은 스스로 초래한 모순을 여전히 해결하지 못하고 있는 것이다.

더 '엄청난 변화'가 일어날 수 있을까?

2008년 대통령선거는 그래서 더욱 경이롭다. 흑인이 당 경선에 출마한 경우는 있었지만, 주요 당의 대통령 후보로 지명된 일은 처음이다. 그리고 선거를 코앞에 남겨 놓은 지금, 민주당 대통령 후보인 버락 오바마는 공화당 후보와 엎치락뒤치락하며 선전하고 있다. 여기서 진심으로 묻지 않을 수 없다. 과연 미국에서 흑인 대통령이 탄생할 수 있을까?

엘리트 코스를 밟아 온 오바마가 흑인이라는 정체성을 얼마나 가지고 있을까? 그의 당선이 인종차별 개선에 얼마나 기여할까? 그가 추구하는 '변화'가 미국사에 어떤 흔적을 남길 것인가? 물론 이에 대한 의견은 저마다 다르다. 하지만 그의 후보 지명만으로도 이미 역사에 길이 남을 분기점을 지났다는 데 이의를 제기할 사람은 거의 없을 것이다.

분노, 좌절, 죽음, 분열이 극도에 달했던 1968년의 상황이 재연될지도 모른다는 애초의 우려와 달리, 미국의 '위대한 실험'은 순조롭게 진행 중이다. 오바마가 당선되건 되지 않건, 이제 미국인은 선거를 통해 인종 문제에 대한 자신의 견해를 정리해야 하는 시점에 도달했다. 그리고 그 가운데 미국이 추구하는 가치의 진정성을 되짚어 봐야 할 것이다. 그런 기회를 만든 것만으로도 2008년 대선은 중요한 역사적 의미를 가진다.

알렌이 이 사건을 목도했다면 1952년에 썼던 서문과 비슷한 이야기를 하지 않았을까. "우리는 염세주의자들의 통곡에도 불구하고 진보의 세기에 살고 있으며, 험악한 국제무대에도 불구하고 희망의 시대에 살고 있다."

2008년 9월
박진빈

빅 체인지

2008년 10월 10일 초판 1쇄 발행

지은이 프레드릭 루이스 알렌
옮긴이 박진빈
펴낸이 노경인

종이 화인페이퍼
인쇄 백왕인쇄
공급·반품 문화유통북스
펴낸곳 도서출판 앨피
주소 우)121-842 서울시 마포구 서교동 478-22 벨메송 302호
　　　전화 335-0525, 팩스 0505-115-0525
　　　전자우편 nomio22@hanmail.net
　　　등록 2004년 11월 23일 제313-2004-272

ⓒ 앨피

ISBN 978-89-92151-21-4